城市轨道交通职业教育系列教材 —— 城市轨道交通控制
CHENGSHI GUIDAO JIAOTONG ZHIYE JIAOYU XILIE JIAOCAI
CHENGSHI GUIDAO JIAOTONG KONGZHI

城市轨道交通
联锁设备维护

主　编○张德昕　喻喜平
副主编○邢红霞　李丽兰　王新民　于久成
主　审○翟红兵

西南交通大学出版社
·成　都·

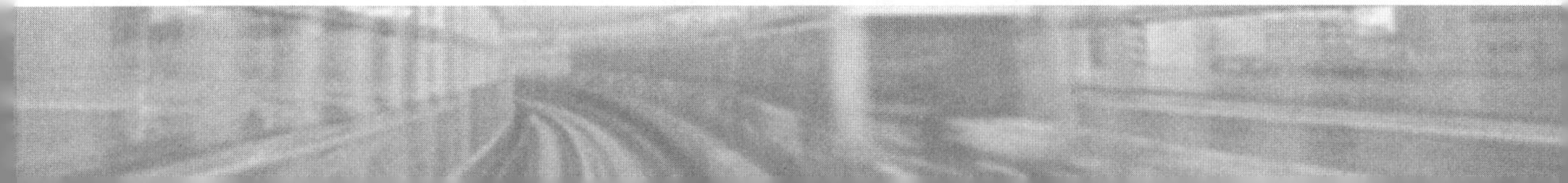

内容简介

本书全面阐述了城市轨道交通信号联锁设备（简称城轨联锁设备）的基本组成和基本原理，包括城轨联锁设备基础知识、6502 电气集中联锁、DS6-11 型计算机联锁系统、TYJL-Ⅱ型计算机联锁系统、TYJL-TR9 计算机联锁系统、SICAS 计算机联锁系统、DS6-K5B 计算机联锁系统、EI32-JD 型计算机联锁系统等内容。除对城轨联锁设备做一般性介绍外，重点对目前我国城轨采用较多的双机热备系统、二乘二取二计算机联锁系统、三取二计算机联锁系统进行了详细介绍。

本书可以作为高等学校城市轨道交通信号专业教学用书，也可以作为中等职业教育相关专业的教学参考用书，还可以作为城轨交通信号专业工程技术人员、技术工人的技术培训用书和参考资料。

图书在版编目（CIP）数据

城市轨道交通联锁设备维护／张德昕，喻喜平主编．
—成都：西南交通大学出版社，2016.8（2019.9 重印）
城市轨道交通职业教育系列教材．城市轨道交通控制
ISBN 978-7-5643-4874-8

Ⅰ．①城… Ⅱ．①张… ②喻… Ⅲ．①城市铁路－轨道交通－联锁设备－维修－职业教育－教材 Ⅳ．①U239.5②U463.23

中国版本图书馆 CIP 数据核字（2016）第 184896 号

城市轨道交通职业教育系列教材——城市轨道交通控制
城市轨道交通联锁设备维护
主编　张德昕　喻喜平

责任编辑	宋彦博
封面设计	何东琳设计工作室
出版发行	西南交通大学出版社 （四川省成都市二环路北一段 111 号 西南交通大学创新大厦 21 楼）
发行部电话	028-87600564　028-87600533
邮政编码	610031
网址	http://www.xnjdcbs.com
印刷	四川森林印务有限责任公司
成品尺寸	185 mm×260 mm
印张	20.75
字数	515 千
版次	2016 年 8 月第 1 版
印次	2019 年 9 月第 2 次
书号	ISBN 978-7-5643-4874-8
定价	49.00 元

课件咨询电话：028-87600533

出版说明

城市轨道交通凭借快捷、准时、舒适、运量大、能耗低、污染小、占地少等优点，日益成为城市现代化建设进程中重要的公益性基础设施项目。城市轨道交通涉及面广、综合性很强，其发展状况已被当成一个城市综合实力和现代化程度的重要评判指标。由此，城市轨道交通建设正在我国兴起一个新的浪潮，社会对城市轨道交通专业人才的需求巨大，给城市轨道交通类专业的职业教育发展带来了良好契机。

西南交通大学出版社与国内诸多交通院校一直保持友好往来，并整合他们在轨道交通领域的尖端科技优势和人才集成优势，致力于为国家轨道交通教育事业做出贡献，形成了以“轨道交通”为核心的出版特色，在教育界、学界都拥有良好的口碑和较高的品牌知名度。

本套丛书从满足快速增长的城市轨道交通专业实用型人才培养需求出发，从校企结合教学直接面向岗位需求这一特点出发，精心组织国内相关专业优秀教育工作者或优秀教育工作高校，分“运营管理”“工程技术”“车辆”“控制”“供电技术”五大类，系统地为读者呈现城市轨道交通教育课程全景。在编写时，力求体现如下特点：

◎ 适用性

理论知识够用即可，在讲述专业知识的基础上，突出实际操作技能的训练，注重岗位关键能力的培养。

◎ 专业性

图书的顶层设计从国家高职高专专业目录规范出发，内容编排紧密结合岗位应用实际，体现专业性和主流设备前沿特征，体现教学实际需求。同时，在编写或修改时，尽可能地让一线用人单位参与进来，根据生产现场实际提出建议。

◎ 生动性

在架构设计和版式设计上，力求简洁生动，图文并茂；努力体现二维码技术等移动互联网时代元素在图书中的应用，尽可能把生产实际和研究成果，用立体生动的形式予以表达，便于读者理解掌握。

这套书可作为高等职业院校、中等职业学校城市轨道交通相关专业的教学用书，也可作为城市轨道交通企业新职工的培训教材。有关教材的课件资料等，可以联系我社使用。

联系电话：028-87600533

邮箱：swjtucbsfx@163.com

西南交通大学出版社

前　言

随着我国经济的快速发展，城市轨道交通（简称城轨）因其具有安全、正点、速度快、运量大、污染小、能耗低等优点，而成为多个城市缓解城市交通压力的最重要的交通工具。到 2010 年年底，我国已有 36 座城市向国家主管部门上报了城市轨道交通建设规划，其中有 28 座城市的轨道交通近期建设规划得到了政府的批准，共规划线路 90 多条，总里程约 2 700 公里，总投资超过 10 720 亿元。我国城市轨道交通协会会长包叙定曾公开表示："十二五"期间将要建成投运 2 500 公里左右，年均 500 公里左右；到 2020 年年末，全国建成总里程将达 7 000 公里左右。为了经济的快速发展，越来越多的城市投入到发展城市轨道交通的热潮中，城市轨道交通将迎来其发展的春天，呈现着十分广阔的发展前景。

在城市轨道交通的各项设备中，联锁设备是非常重要和关键的设备，具有其他设备不可替代的作用。它不仅是城市轨道交通安全运行的保证，也是城市轨道交通调度指挥和运营管理的中枢神经。城市轨道交通的安全、速度、效率、运能等与所采用的信号联锁设备密切相关。

城市轨道交通信号联锁设备技术含量高，具有数字化、网络化、综合化、智能化等特征，其运营条件相对较好，具有站间距离短、运行速度快、行车密度高等特点。目前城市轨道交通信号发展中急需解决的问题是提高广大信号工作人员的技术水平，以充分发挥现代化信号联锁系统的作用。为了满足城市轨道交通发展对技术培训的需要，为了满足从事城市轨道交通信号工作的人员和相关院校城市轨道交通信号专业的学生学习的需要，我们编写了本书。

全书分为上、下两篇，上篇为"理论篇"，下篇为"实训篇"。

上篇分以下八章进行介绍：

第一章是概述部分，简单介绍了城轨联锁设备基础知识，帮助读者建立对城轨联锁设备的初步概念。

第二章是 6502 电气集中联锁，简要介绍了目前较为成熟的继电联锁设备，帮助读者建立联锁关系的概念，并掌握该类设备维护、故障处理的基本方法和技巧。

第三章是 DS6-11 型计算机联锁系统，第四章是 TYJL-Ⅱ型计算机联锁系统。它们都是双机热备系统，读者应在掌握基本原理的基础上，掌握该类设备维护、故障处理的基本方法和技巧。

第五章是 TYJL-TR9 计算机联锁系统，第六章是 SICAS 计算机联锁系统。它们都是三取二计算机联锁系统，读者应在掌握基本原理的基础上，掌握该类设备维护、故障处理的基本方法和技巧。

第七章是 DS6-K5B 计算机联锁系统，第八章是 EI32-JD 型计算机联锁系统。它们都是二乘二取二计算机联锁系统，读者应在掌握基本原理的基础上，掌握该类设备维护、故障处理的基本方法和技巧。

下篇是城轨联锁设备实训指导书，包括车站联锁系统联锁表编制、6502 电气集中联锁系统室内设备名称及端子号识别、6502 电气集中联锁系统室内外设备断线故障处理、DS6-11 型计算机联锁系统的显示、DS6-11 型计算机联锁系统的操作、DS6-11 型计算机联锁系统的日常维护、DS6-11 型计算机联锁系统的故障处理、TYJL-Ⅱ型计算机联锁系统鼠标控制台操作、TYJL-Ⅱ型计算机联锁系统计算机房设备故障处理、TYJL-Ⅱ型计算机联锁系统采集与驱动电路故障查找、TYJL-TR9 的开关机操作练习、TYJL-TR9 型计算机联锁系统设备故障处理、TYJL-TR9 型计算机联锁系统维修台与控制台故障判断及处理、TYJL-TR9 型计算机联锁系统日检与六个月检查内容练习、SICAS 计算机联锁系统的开关机操作练习、SICAS 计算机联锁系统检修内容练习、DS6-K5B 型计算机联锁系统鼠标控制台操作、DS6-K5B 型计算机联锁系统计算机房设备故障处理、DS6-K5B 型计算机联锁系统采集与驱动电路故障查找等实训项目，供教学或培训时选用。

本书由柳州铁道职业技术学院张德昕老师任第一主编，武汉铁路职业技术学院喻喜平老师任第二主编；西安铁路职业技术学院邢红霞老师、王新民老师，郑州铁路职业技术学院李丽兰老师，重庆铁路运输高级技工学校于久成老师任副主编；全书由辽宁铁道职业技术学院翟红兵老师主审。本书在编写过程中，得到了南宁铁路局电务处、南宁电务段、西安地铁培训部、西安电务段教育室、广州地铁培训部、深圳地铁培训部等单位的大力支持，在此表示衷心感谢！

由于我国城轨联锁设备引入多国技术，制式众多，资料难以收全，再加上时间仓促，编者水平有限，书中不免有疏漏和不足之处，恳请读者批评指正，以不断提高本书水平。

编　者

2016 年 6 月

书中常见缩略语说明

ATO/ATP	列车自动防护/列车自动驾驶
BG	单元
BGR	单元框架
BUMA	总线管理器单元
CPU	中央处理单元
DESIMO	信号机分散接口模块
DEWEMO	道岔分散接口模块
DSTT	分散接口模块系统
EPROM	可擦写和可重编程序只读存储器
ESTT	电子接口模块系统
FEMES	电子接口模块中的现地总线耦合模块
KOMDA	命令输出单元
LED	发光二极管
LOW	现场操作工作站
LWL	光纤
MELDE	信息输入单元
OLM	光连接模块
PC	个人计算机
PS	电源
PROFIBUS	处理和现地总线，符合 DIN19245 标准
RTU	远程终端单元
SICAS	西门子计算机辅助信号
SIMATIC	西门子可编程存储控制器
SIMIS	西门子安全微机系统
SMC-86	西门子微机-86
STEKOP	接口模块耦合单元
SV	电源
SV ABS	闸流晶体管单元
SV UEAB	电压监控单元
SV 2602	ESTT 机柜的电源单元
SVK 2102	计算机柜的电源单元
VENUS	处理和存储器单元
VESIN	VENUS 群中断单元
VESUV	VENUS 同步、监控和分配器单元

目　录

上篇　理论篇

下篇　实 训 篇

上篇
理论篇

第一章　城轨联锁设备基础知识

城轨联锁设备是保证城市轨道交通运输安全、正点运行的重要设备。目前城轨联锁设备种类繁多，但不管是哪种制式的联锁设备，其作用都是实现室内外信号设备之间联锁关系，保证行车安全运行。

车站信号平面布置图是有关信号设备布置情况的技术图纸，是编制联锁表的主要依据。如图 1.1 所示，信号平面布置图应包括以下几个主要内容：

（1）信号楼，联锁区域的全部线路，与联锁区结合的非联锁区域线路。

（2）道岔、信号机、信号表示器、轨道电路区段等联锁设备的位置、名称及编号。

（3）尽头线、专用线、牵出线、编组线、机车出入库线等的位置。

（4）正线和到发线的接发车方向，接发车口区间线路的运行方向。

（5）站舍、站台、信号楼等的位置，信号楼与最近线路、股道与股道之间的距离。

（6）联锁道岔、信号机、警冲标与信号楼中心的距离。

（7）进站信号机外方制动距离内有超过 6‰ 下坡道时，应注明。

其中，信号机、道岔转辙机和轨道电路被称为车站信号设备的三大件。

一、信号机

1. 列车信号机

1）进站信号机

接车进路的始端（接车口）应设置进站信号机，采用高柱，五灯位或四灯位。防护的范围至股道另一端出站信号机处或警冲标处。主要方向的进站信号机编号为 X（下行进站信号机）和 S（上行进站信号机）；次要方向的进站信号机编号要加下脚标（如东郊进站信号机 X_D）。

2）出站信号机

发车进路的始端（允许发车的股道头部）应设置出站信号机，采用高柱（能办理通过进路的正线）或矮柱，五灯位或四灯位。防护的范围至区间里第一架通过信号机（自动闭塞区间）或邻站的进站信号机（半自动闭塞区间）处。出站信号机的编号为 $S_{股道号}$（上行出站信号机）和 $X_{股道号}$（下行出站信号机）。

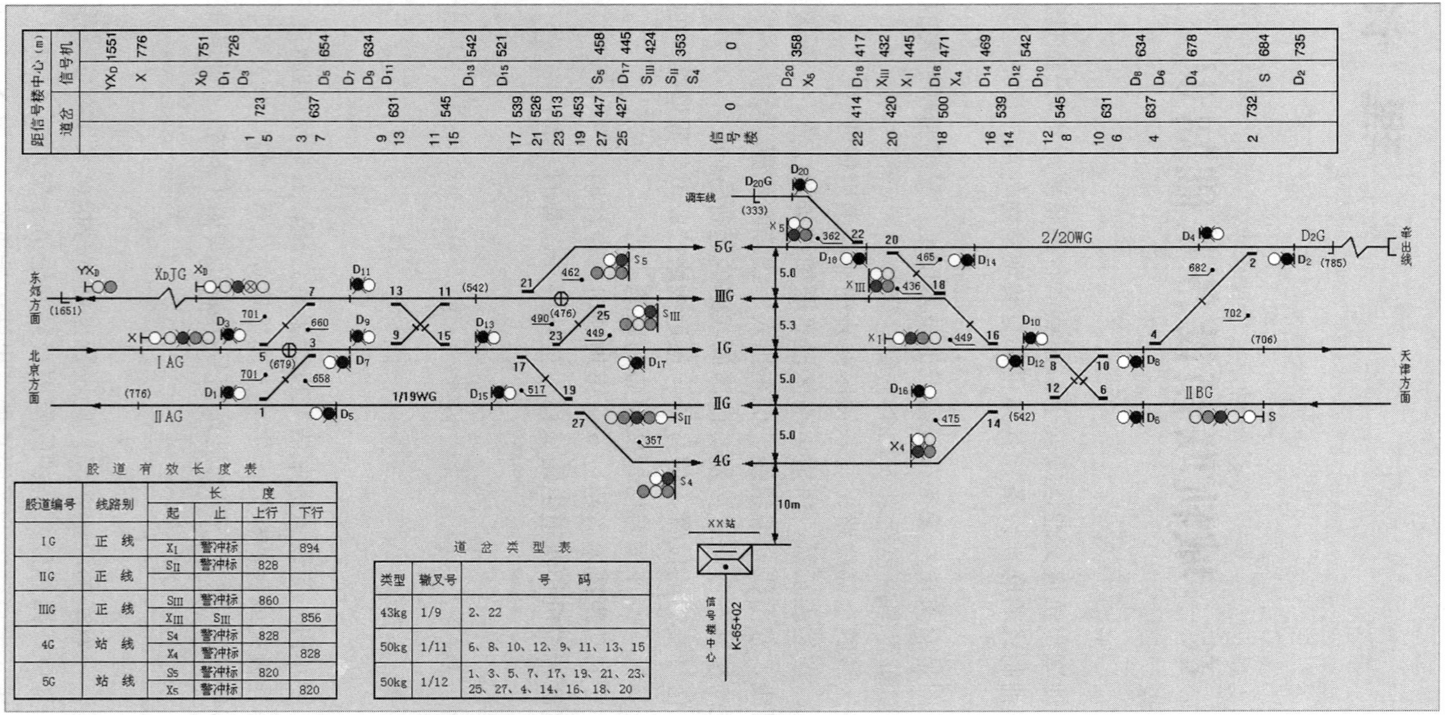

距信号楼中心（m）

信号机	距离
YXD	1551
X	776
XD	751
D1、D3	726
D5	654
D7、D9、D11	634
D13	542
D15	521
S5	458
D17	445
SIII	424
SII、S4	353
信号楼	0
D20、X5	358
D18	417
XIII	432
XI	445
D16、X4	471
D14	469
D12、D10	542
D8、D6	634
D4	678
S	684
D2	735

道岔	距离
1、5	723
3、7	637
9、13	631
11、15	545
17	539
21	526
23	513
19	453
27	447
25	427
信号楼	0
22	414
20	420
18	500
16、14	539
12、8	545
10、6	631
4	637
2	732

股道有效长度表

股道编号	线路别	长度 起	长度 止	上行	下行
IG	正线	X_I	警冲标		894
IIG	正线	S_{II}	警冲标	828	
IIIG	正线	S_{III}	警冲标	860	
		X_{III}	S_{III}		856
4G	站线	S_4	警冲标	828	
		X_4	警冲标		828
5G	站线	S_5	警冲标	820	
		X_5	警冲标		820

道岔类型表

类型	辙叉号	号码
43kg	1/9	2、22
50kg	1/11	6、8、10、12、9、11、13、15
50kg	1/12	1、3、5、7、17、19、21、23、25、27、4、14、16、18、20

图 1.1　车站信号平面布置图

3）通过进路用信号机

通过进路是由正线接车进路和同一正线顺向发车进路组成的复合进路，因此没有为通过进路专门设置信号机，只是在能办理通过进路的进站信号机上设绿灯灯位。

2. 调车信号机

1）调车信号机的分类

（1）按调车信号机在调车作业中的作用分类。

站内的调车作业一般要经历牵出过程和折返过程。

- 牵出过程（从咽喉区外围线路进入咽喉区）：始端设有起始调车信号机。
- 折返过程（从咽喉区退回到咽喉区外围线路）：始端设有折返调车信号机。

在能完成本次调车作业的前提下，如果能限制车列的牵出走行距离，以满足平行作业的需要，可以在牵出进路的终端处设一架阻拦信号机。

（2）按设置位置分类。

① 咽喉区中部的信号机，包括单置、并置和差置调车信号机。

- 单置调车信号机：相邻两组道岔之间只有一架（如 D_{11}、D_{13}、D_8 等）。
- 并置调车信号机：相邻两组道岔之间同一坐标处的一对方向相反的调车信号机（如 D_7 和 D_9、D_{10} 和 D_{12} 等）。
- 差置调车信号机：相邻两组道岔之间的一对方向相反的调车信号机，它们之间有一个无岔区段（如 D_5 和 D_{15}、D_4 和 D_{14} 等）。

② 咽喉区外围的信号机，包括尽头型（如 D_2、D_{18} 等）、进站带调车型（如 D_1、D_6 等）、股道头部型（如 S_4D、X_5D 等）。股道头部型和该处的出站信号机合并为出站兼调车信号机。

2）调车信号机的命名

下行咽喉区的名称下标为单数，上行咽喉区的名称下标为双数；从站外向站内升序依次编号，若水平方向的坐标相同时，按至信号楼的垂直距离由近至远的顺序依次编号。

二、道岔及转辙机

1. 道岔的状态

车站集中控制的参与联锁的道岔称为联锁道岔。道岔主要集中在咽喉区，有定位和反位两种正常状态，以开通不同的线路。道岔既未开通定位，也未开通反位，则处于四开状态，这是一种危险状态。

2. 道岔的分类

排列进路时，如果一组道岔可独立处于定位或反位，则称该道岔为单动道岔。为了形成有效进路，满足平行进路的需要，要求两组道岔必须一致（同时处于定位或反位），则这组道岔称为双动道岔。以此类推，还有三动、四动道岔等。除单动道岔外，其余多动道岔又称为联动道岔。

3. 道岔的编号

（1）下行咽喉单数编号，上行咽喉双数编号，如 21、14 号道岔。

（2）从站外向站内从小到大依次编号。

（3）联动道岔要连续编号，如 1/3、2/4 号道岔。

4. 转辙机

驱动道岔转换的设备称为转辙机，用于转换和锁闭道岔。从传动机构方面分为机械传动、液压传动和风压传动等几种。

三、轨道电路区段

1. 区段的作用

在电气集中车站，由信号机防护的进路以及信号机的接近区段均需装设轨道电路，以便于检查这些区段的空闲、占用、出清或退清情况，参与联锁。

2. 区段的划分原则

站内线路用钢轨绝缘划分成若干轨道电路区段，划分原则如下：

（1）信号机的前后应划分成不同区段。

（2）凡是能平行运行的进路，其间应设钢轨绝缘分割成不同区段。双动道岔间的绝缘节和超限绝缘节都是因为平行进路的需要而设的。

（3）同一轨道电路区段内，道岔数目最多不得超过三组，复式交分道岔不得超过两组，以保证轨道电路工作的稳定性。

（4）在大站，为了提高咽喉区的通过能力，进路应该划分成较短的区段并采用逐段解锁方式解锁进路内各区段。

（5）在集中区和非集中区分界处所设信号机的外方应划分一段轨道电路，作为该信号机的接近区段。

3. 区段的命名

（1）道岔区段：将区段内的道岔号用短横线连接后，加上“DG”，例如 17-23DG。

（2）无岔区段：差置信号机之间的无岔区段，将围成该无岔区段的两端的道岔号用“/”连接后，再加上“WG”，例如 1/19WG，2/20WG。

（3）股道：股道号加“G”，例如ⅡG，4G。

（4）接发车口处：进站信号机（或者站界标）与相邻调车信号机之间的无岔区段，例如下行咽喉通往ⅠG 的ⅠAG，上行咽喉通往ⅡG 的ⅡBG。

（5）尽头型调车信号机的接近区段：例如 D_2G，$D_{18}G$。

四、设备之间的联锁关系

1. 进路的概念

设备之间的联锁关系是通过办理进路来体现的，列车或车列在站内运行时所经过的路径，称为进路。进路按照作业性质分为列车进路和调车进路，按照进路方向分为接车进路方向和发车进路方向。进路是由连续的若干区段组成的，始端设有防护该进路的始端信号机，终端设有标志终点位置的终端信号机或者终端标志（警冲标、站界标等）。

1）接车进路

接车进路是指列车由区间经过咽喉区进入到发线所经过的路径，从进站信号机至到发线上顺向的出站信号机或者警冲标处。进站信号机防护的范围就是接车进路。

2）发车进路

发车进路是指列车由到发线经过咽喉区进入区间所经过的路径，从出站信号机至发车口处的反向进站信号机（区间双向运行）或站界标（区间单向运行）。出站信号机防护的范围包括发车进路和区间（第一个闭塞分区）。

3）调车进路

调车进路是指车列在站内进行线路转移等调车作业所经过的路径，从起点的始端信号机至起阻拦作用的终端信号机、车挡、进站信号机柱或者站界标等处。

不管经过的路径的长短，只开放一架信号机的调车进路称为短调车进路，开放两架（以上）信号机的调车进路称为长调车进路。

4）基本进路和变通进路

如果在进路的起点和终点之间有两条（以上）不同的路径时，规定常用的一条路径为基本进路，其余路径为变通进路。始终端之间如果有多条变通进路，还需给各变通进路排个序，以便于在办理进路时，选出的进路能正确地体现值班员的意图。

判断基本进路的原则主要有以下三点：

（1）对其他平行进路的影响最小，根据进路的影响面，依次考虑对接车进路、发车进路和调车进路的影响。

（2）两点之间路径最短。

（3）两点之间经过的道岔最少。

2. 联锁关系

1）进路与道岔之间的联锁

（1）建立进路时对道岔的要求。

建立进路时要求进路沿途所有道岔均处于开通进路的位置并保持锁闭状态，直至解锁。

（2）对进路之外的道岔的要求。

• 防护道岔：为了保证作业安全，建立一条进路时，有时候必须对不在进路上的其他道岔也要转换并锁闭，而且要在检查其位置正确性之后，才能开放信号，这种道岔即为防护道岔。

• 带动道岔：为了满足平行作业的需要，对属于同一道岔区段，但不经过的道岔也需要转换到能开通平行进路的位置，这种道岔就是带动道岔。如果未完成带动，不会影响到信号的开放，但会影响平行进路的办理，影响车站作业效率。

2）进路与轨道区段之间的联锁

建立进路时，必须检查有关轨道区段的空闲条件才能开放信号，并且在信号的开放过程中，要求一直监督有关轨道区段的空闲。如果区段不空闲，信号不能开放或者关闭。

建立列车进路时，必须检查进路范围内所有区段的空闲；建立调车进路时，一般只需要检查道岔区段的空闲，由于调车作业往往是到无岔区段或者股道里取车连挂，因此不检查无岔区段和股道的空闲。但一次性办理经由咽喉区中部的无岔区段的长调车进路时，需检查该无岔区段的空闲。

当有超限绝缘，经超限绝缘一侧的轨道区段建立进路时，要对超限绝缘相邻的另一区段进行有条件的检查，既要保证平行作业，又要防止发生侧面冲突。

3）进路与进路之间的联锁

建立进路时，要防止与之成敌对关系的进路也同时建立起来，否则就会发生迎面冲撞或者追尾事故。

所谓敌对进路，是指同时建立起来有可能发生危险的任意两条进路。相互敌对的进路总是会出现部分重叠的路径。敌对进路又分为本咽喉敌对和对方咽喉敌对，都需要检查。

本咽喉内相互重叠（顺向、对向）的列车进路之间、调车进路之间均构成敌对进路。两条进路虽有部分重叠，但这两条进路会经过同一道岔的不同位置，由于道岔不可能同时在定位又在反位，所以这两条进路不可能同时建立起来，相互抵触。在检查联锁条件时不需要检查抵触进路。

4）进路与信号机之间的联锁

(1) 进路与信号的关系。

开放信号前，必须先锁闭进路；解锁进路前，必须先关闭信号。只有这样，才能保障行车安全。

(2) 敌对信号。

为了行车安全，防止迎面冲撞或追尾，建立进路时，道岔位置不能区分，又不允许开放的信号为敌对信号。如果敌对进路先建立起来，本进路就不能再建立，也就是在建立进路时，要确认所有敌对进路未建立，敌对信号未开放，并保持在不能开放状态。

(3) 条件敌对信号。

建立进路时，进路之外的某一信号，因为道岔的位置变化，有时是敌对的，有时又变成了非敌对信号，则称该信号为条件敌对信号。

根据车站信号平面图，将车站内各条进路的所有联锁关系用表格的形式表示出来，就构成了该车站的联锁表。联锁表中的联锁关系是设计车站联锁系统（电路）的依据，在车站联锁系统设备施工完毕交付使用前，也必须根据联锁表的内容逐项进行联锁试验。

有关联锁表的内容，在此不作详细介绍，由任课教师根据需要补充讲解联锁表的编制方法。

本章小结

本章在介绍城轨联锁设备如信号机、道岔、轨道区段的设置、命名方法的基础上，重点介绍了城轨联锁设备之间的联锁关系。

思考题

1. 车站信号盘面布置图上主要包括哪些内容?
2. 信号机有哪几种类型? 如何设置? 如何命名?
3. 道岔的种类有哪几种? 有何作用?
4. 轨道区段是如何命名的? 有何作用?
5. 道岔、区段、进路和信号机之间的联锁关系是怎样要求的?

第二章　6502 电气集中联锁

6502 电气集中是我国铁路车站目前应用最普遍的一种站内基础联锁设备，具有电路定型化程度高、逻辑性强，操纵方法简便灵活、不易出错，维修、施工比较方便，符合故障-安全原则，易与区间闭塞设备及其他信号设备结合等特点。

第一节　6502 电气集中设备组成

6502 电气集中主要由室内设备与室外设备组成。

一、6502 电气集中室内设备简介

6502 电气集中室内设备主要由控制台、继电器组合及组合架、电源屏、分线盘、区段人工解锁按钮盘、轨道测试盘等组成。

（一）控制台

1）位　置

控制台设在信号楼车站值班员室内。

2）作　用

控制台的作用是：供车站值班员集中控制和监督全站的道岔、进路和信号机，指挥列车运行和调车作业，同时作为信号维修人员分析判断控制系统故障范围的辅助设备。

3）概　况

控制台是用各种定型的标准单元块拼装而成的，其盘面是按照车站站场的实际情况布置，盘面上的模拟站场线路、接发车进路、方向、道岔和信号机位置均与室外站场实际位置相对应。其盘面上设有各种用途的按钮、表示灯和电流表。控制台中部设有供车站值班员使用的工作台，下部背面设有配线端子板、熔断器及报警电铃。

（二）继电器组合及组合架

1）位　置

继电器组合及组合架设在信号楼继电器室内。

2）作　用

继电器组合及组合架是实现电气集中联锁的设备。

3）继电器组合

6502 电气集中的定型组合是根据车站信号平面布置图上的道岔、信号机和道岔区段设计

的，共有 12 种，有提速线路的车站共有 14 种定型组合。

4）组合架

6502 电气集中采用通用的大站电气集中组合架。组合架分 11 层，最上层或最下层为组合架零层，安装电源端子柱、熔断器端子板和接线端子，其余 10 层安装继电器组合，每层安装一个继电器组合。继电器是按组合放置在组合架上，每个组合包括的继电器数量最多不超过 10 个。

（三）电源屏

1）位　置

电源屏设在信号楼电源室内。

2）作　用

电源屏是电气集中的供电设备。有两路可靠的电源，即主电源和副电源。主、副电源引至信号楼内，能够自动和手动相互切换，经稳压与地隔离和调制后，保证不间断地提供信号设备所需的各种交、直流电源。

3）组　成

6502 电气集中车站一般设置一套电源屏，包括转换屏、调压屏各一面，交流屏两面（其中一面备用），直流屏两面（其中一面备用）。

（四）分线盘

1）位　置

分线盘设在室内电缆引出处。

2）作　用

分线盘的作用是连接室内外设备的控制线路。电气集中的室内与室外联系导线都必须经过分线盘端子。

（五）区段人工解锁按钮盘

1）位　置

区段人工解锁按钮盘设在离控制台一定距离（一般不小于 2 m）的室内墙面上，是控制台的辅助设备。

2）作　用

（1）当轨道电路因故障不能正常解锁时，用它办理故障解锁。

（2）停电后恢复或更换继电器时，使设备恢复正常状态。

（3）用取消进路办法不能关闭信号时，用它关闭信号。

（六）轨道测试盘

1）位　置

轨道测试盘设在组合架上，一般安装在上、下咽喉组合连接处的继电器组合架的第四层上。

2）作　用

轨道测试盘的作用是集中对轨道电路的有关参数进行测试。

二、6502 电气集中室外设备简介

6502 电气集中室外设备主要由信号机、电动转辙机、轨道电路、电缆和箱盒设备等组成。

（一）信号机

1）位　置

信号机设在每条进路的始端处。

2）作　用

信号机的作用有：防护进路，给出各种信号显示，指示列车运行及调车作业。

3）分　类

按用途分为进站信号机、进路信号机、出站信号机、预告信号机、复示和调车信号机等。

4）显　示

信号机有关闭和开放两种状态。信号关闭显示的是禁止信号，如进站信号机关闭显示红灯。信号开放也称为信号机允许信号或允许灯光。

（二）电动转辙机

1）位　置

电动转辙机设在电气集中车站的集中区内，对应每组道岔设一台电动转辙机。

2）作　用

电动转辙机的作用有：转换道岔、锁闭道岔及反映道岔的实际位置。

3）分　类

（1）直流电动转辙机：ZD6 型等

（2）交流电动转辙机：S700K 型等。

（3）电液转辙机：ZYJ7 型等。

（4）电空转辙机：ZK4 型等。

4）基本要求

（1）拉力大，能带动道岔尖轨作直线往复运动；若尖轨受阻，随时能操纵使尖轨能返回原位。

（2）道岔尖轨与基本轨不密贴时，尖轨不能锁闭，没有锁闭则不应使转换过程终止；一旦锁闭应保证不致因列车通过道岔时振动而使尖轨解锁。

（3）能反映出道岔的三种状态：定位、反位和四开状态。道岔的定位和反位为正常工作状态，四开状态是不正常的非工作状态。道岔失去定位和反位表示时，说明道岔处于四开状态。道岔处于四开状态超过 13 s，应报警。

（三）轨道电路

1）位　置

在电气集中车站，凡是由信号机防护的进路，及信号机的接近区段均要装设轨道电路。

2）作　用

轨道电路的作用有：监督进路和接近区段是否空闲，检查钢轨线路的完整性；作为列车与地面信号设备传递控制和表示信息的通道。

3）应　用

在非电气化区段广泛采用交流连续式轨道电路，在电气化区段一般采用25周相敏轨道电路。

（四）电缆和箱盒设备

1）电　缆

在电气集中车站，室外信号机、电动转辙机和轨道电路与室内设备之间的连接一般采用电缆。电缆按控制对象分为信号电缆、道岔电缆和轨道电路电缆；按照电缆径路和设备连接顺序分为干线电缆和分支电缆。它们敷设在地下电缆沟槽内。

2）箱盒设备

在干线电缆之间或干线电缆与分支电缆接头处设有分向电缆盒，分支电缆与设备连接处设有各种变压器箱和电缆盒，这些箱、盒主要供放置变压器和电缆连接用。

第二节　控制台和区段人工解锁按钮盘

一、控制台

目前我国铁路主要采用两个信号厂生产的电气集中控制台，一是西安信号工厂生产的XX型控制台；二是沈阳信号工厂生产的SX型控制台。它们都是单元拼装式控制台，其主要优点是：

（1）不受各种站场形状的限制，有利于工厂预制生产，大大缩短施工周期。

（2）有利于站场的改建和扩建。标准单元块的生产不受具体站场的限制，在站场变更时，只需在原来的控制台上增减相应的单元块即可。

（一）各种按钮的布置

1. 进路按钮

进路按钮分为列车进路按钮和调车进路按钮。列车进路按钮为绿色，安装在盘面模拟站场线路上。调车进路按钮为白色，安装在盘面模拟站场线路旁，以防止办理进路时错误按压不同属性的进路按钮。进路按钮均采用二位自复式按钮。

进路按钮用于办理列车进路和调车进路，实现重复开放信号，与其他按钮配合完成取消进路和人工解锁进路的操纵。

6502电气集中采用双按钮进路式选路法。排列进路时，顺序按压进路的始端和终端按钮，按操纵者的意图选排出进路。

2. 道岔单独操纵按钮

单动或双动道岔，均设一个道岔单独操纵按钮，所有的道岔单独操纵按钮都集中配置在控制台上部相应的咽喉区处。道岔单独操纵按钮采用三位式按钮，按下为自复式，单独操纵道岔时用；拉出为非自复式，单独锁闭道岔时用。

办理引导接车、清扫和试验道岔、检修电动转辙机等作业时，要对道岔进行操纵。为防止因误碰一个按钮而造成道岔错误转换，单独操纵道岔也采用双按钮操作制，即除了按压每组道岔的单独操纵按钮外，还要同时按压总定位按钮（ZDA）和总反位按钮（ZFA）。

3. 总定位按钮（ZDA）和总反位按钮（ZFA）

每咽喉区各设有 ZDA 和 ZFA 各一个，采用二位自复式按钮。

单独操纵某组道岔时，必须同时按压该咽喉区的 ZDA 和道岔按钮 CA，使该道岔转向定位。同时按压该咽喉区的 ZFA 和道岔按钮 CA，可使该道岔转向反位。

4. 总人工解锁按钮（ZRA）和总取消按钮（ZQA）

控制台每个咽喉区下部各设有一个 ZRA 和 ZQA，用于办理人工解锁进路和取消进路。

ZRA 和 ZQA 都是二位自复式按钮。ZRA 带有铅封，使用时要破铅封，并在行车登记簿上登记。

取消进路时，同时按压进路始端按钮和 ZQA。人工解锁进路时，要同时按压进路始端按钮和 ZRA，使进路延时解锁。

5. 引导按钮（YA）和引导总锁闭按钮（YZSA）

在控制台下部对应每架进站信号机处设有一个带铅封的二位自复式 YA，对应每个咽喉区设有一个带铅封的二位非自复式 YZSA，用来办理两种方式的引导接车进路和开放引导信号。

采用按进路锁闭方式引导接车、开放引导信号时，要按压 YA。不能按引导进路锁闭方式开放引导信号时，要实行全咽喉道岔总锁闭方式引导接车，此时先按压 YZSA，后按压 YA。

6. 其他按钮

（1）接通光带按钮（TGA）。

每个咽喉，在控制台对应每个喉咽区的下方设有一个二位自复式 TGA，以便于值班员了解每个喉咽区的路径的开通情况。

（2）接通道岔按钮（TCA）。

在控制台对应每一喉咽区的下方设有一个二位非自复式 TCA，以便于值班员了解每个喉咽区的道岔位置。

（3）挤岔按钮（JCA）。

每站控制台的下方中部设有一个二位非自复式 JCA，用来切断挤岔电铃电路。

（4）表示灯调压按钮（BTA）。

每站控制台的上方中部设有一个二位非自复式 BTA，用来对控制台表示灯点灯电源进行人工调压。

（5）信号调压按钮（XTA）。

每站控制台的上方中部设有一个二位非自复式 XTA，用来对室外信号机点灯电源进行人工调压。

（6）主、副电源按钮（ZFDA）。

每站控制台的上方中部设有一个二位非自复式 ZFDA，用来切断主、副电源在自动倒接过程中的报警电铃电路，使之停止报警。

（7）信号断丝报警按钮（DSBA）。

控制台每个咽喉区下方设有一个二位非自复式DSBA，用来切断主灯丝断丝报警电铃电路。

除上述按钮外，根据车站作业的需要，区间采用半自动闭塞设备时，需设置闭塞按钮（BSA）、复原按钮（FUA）、事故按钮（SGA）及有关表示灯；区间采用双线双向自动闭塞设备时，需设置允许改变运行方向按钮（YGFA）、总辅助按钮（ZFA）、接车辅助按钮（JFA）和发车辅助按钮（FFA）及有关表示灯；有非进路调车作业时，设置非进路调车按钮（FA）；有局部控制道岔时，设置局控按钮（JKA）等。

（二）各种用途的表示灯

为了对值班员的各种操作给出提示，反映进路、道岔和信号机的状态及设备的运用情况，同时为了反映电路的动作程序，以便发生故障时能及时发现，并方便分析、判断故障的范围，在控制台上设有各种表示灯，主要有：

（1）轨道光带：设在控制台盘面以光带形式模拟站场，用来反映进路的锁闭范围，监督线路的占用状态。

（2）信号复示器：设在控制台盘面模拟站场上相当于信号机位置处，用来反映室外信号机的显示状态。

（3）道岔表示灯：设在道岔单独操纵按钮的上方，用来反映室外道岔的位置。

（4）按钮表示灯：设在按钮内、按钮的上方或近旁，用来提示按钮按下有效，反映记录电路的动作状态的位置。

（5）进路排列表示灯：控制台每个咽喉区上方设一个，用来反映选岔电路的动作状态，指示是否允许排列下一条进路。

此外，还有列车接近和离去表示灯、主灯丝断丝表示灯、半自动闭塞用表示灯等给出各种提示。

（三）报警电铃和电流表

表示灯只有在值班人员注视控制台的情况下才起作用。有些情况，如道岔被挤、道岔转换途中受阻、列车接近等，除用表示灯反映外，还采用了电铃报警、道岔电流表读数异常等方式引起值班人员注意，方便电务维修人员分析、判断故障。

在控制台背面下方配线端子板上设有以下报警电铃：

（1）每个咽喉区设置一个主灯丝断丝报警电铃和列车接近电铃。

（2）全站设置一个挤岔电铃和一个主、副电源切电铃。

（3）若区间采用半自动闭塞设备，还需设置半自动闭塞电铃。

二、区段人工解锁按钮盘

区段人工解锁按钮盘设在离开控制台有一定距离的控制台室内墙上。在区段人工解锁按钮盘的盘面上，设有许多带铅封故障按钮，即SGA。当解锁电路故障，不能按进路方式解锁时，在区段无车的情况下，登记后破铅封，两人协同操纵，一人在控制台上按压总人工解锁按钮，另一人在区段人工解锁盘上按压故障区段的事故按钮，实现区段的故障解锁；用取消进路或人工解锁方式不能关闭信号时，可用它关闭信号。

按钮盘的类型按照事故按钮的数量分为 40 个、60 个、80 个、120 个四种类型，工程设计时可根据全站设 Q 组合的区段数量合理选用。

第三节　继电器组合及组合架

6502 电气集中的组合是根据车站信号平面布置图上的道岔、信号机和轨道电路区段设计的。每个组合包括的继电器数量不能超过 10 个，以使安装在组合架上对称、有规律。采用继电器组合形式设计电路，简化了设计，加快了设计过程，并可工厂预制，缩短了施工工期。

一、信号组合类型

因信号机类型不同，信号显示不同，控制电路的联锁条件不同，构成组合的电路环节有明显差异。因此，信号组合分为下列 6 种定型组合：

（1）引导信号组合（YX）。

（2）列车信号主组合（LXZ）。

（3）一方向列车信号辅助组合（1LXF）。

（4）二方向列车信号辅助组合（2LXF）。

（5）调车信号组合（DX）。

（6）调车信号辅助组合（DXF）。

二、道岔组合类型

因单动道岔和双动道岔的电路结构不同，双动道岔所使用的继电器数量超过了 10 个，所以，道岔组合分为：

（1）单动道岔组合（DD）。

（2）双动道岔主组合（SDZ）。

（3）双动道岔辅助组合（SDF）。

三、区段组合类型

区段组合只有一种基本类型：Q。

四、其他组合类型

（1）方向组合（F）：主要是为放置方向继电器而设置。

（2）电源组合（DY）：主要由人工解锁用的继电器和挤岔报警用的继电器构成条件电源。

（3）零散组合：零散组合里的继电器数量也不能超过 10 个，其构成的电路环节根据需要而设计。

五、继电器组合架

继电器组合架用于安放继电器组合，设置在机械室内。组合架共分为 11 层，从下至上顺序编号为 1、2、3、…、10、0，1～10 层安装继电器组合，每层安装一个继电器组合。每个继电器组合，包括两块组合侧面端子板和 10 个继电器插座板的位置。第 11 层称为零层，安装有各种电源端子板、熔断器端子板和零层端子板共 13 块。组合架与控制台和人工解锁盘间的连线，都必须经由零层端子。为了施工维修的方便，室内由地沟走线，可将零层端子板放在组合架的最下层。

从进门开始从前往后数称为 1 排、2 排、3 排……从左至右数称为 1 架、2 架、3 架……如某个继电器组合处在第 2 排第 3 架第 6 层位置时，表示为 23-6。

组合架上部安装有走线架，架间的引线全部经过走线架引出。若将零层放在组合架最底层时，下部设地沟，架间的引线经过地沟引出。

第四节　进路按钮的配置和操作方法

一、进路按钮的配置原则

以举例站（见图 1.1）控制台盘面图的下行咽喉为例，介绍进路按钮的配置方法。

（一）配置原则

（1）进路始端设有信号机处均设一个进路按钮。

（2）进路终端处设一个进路按钮。

（3）同一个地方，既是列车进路始端又是调车进路始端，分别设一个列车进路按钮和一个调车进路按钮，区分列车和调车进路的性质。

（4）进路始端按钮可兼作同性质的进路终端按钮。选路时，先按的起始端按钮作用，后按的起终端按钮作用。

（5）有通过信号的进站信号机，设一个通过按钮。

（6）变通进路上，若没有调车按钮兼作变通按钮用，设一个变通按钮。

（二）列车按钮的配置方法

（1）X 进站信号机处设一个 XLA。因北京方面是双线单方向运行区段，它只能作接车进路的始端按钮使用，不能作发车进路的终端按钮使用。

（2）在北京方面的发车口处设一个 SLZA。

（3）因东郊方面是单线双方向运行区段，对应 X_D 进站信号机，设置一个 X_DLA。X_DLA 不仅作列车进路始端按钮使用，且兼作列车进路终端按钮使用，但它不能作调车进路终端按钮使用。

（4）北京方面有通过进路，X 进站信号机处设有 XLA 和 XTA。对应 S_5 信号机，分别设有 S_5LA 和 S_5DA，这两个按钮既可分别作为发车进路始端和调车进路始端按钮使用，又可分别作为接车进路和调车进路的终端按钮使用。

（5）股道端部的调车信号机，分别设置列车进路按钮和调车进路按钮。

例如：D_{17} 信号机，既要设一个 D_{17}DA，又要设一个 D_{17}LA。因为下行咽喉向Ⅰ股道接车时，需要 D_{17}LA 作为接车进路的终端按钮使用，但它不能作发车进路的始端按钮使用。

（三）调车按钮的配置方法

（1）每架调车信号机处，设一个调车进路按钮。这些按钮，都可兼作调车进路始端按钮和终端按钮使用（单置调车进路按钮不能作反方向进路的终端按钮使用）。

例如：尽头式调车信号机 D_1，设有 D_1A；单置调车信号机 D_{11}、D_{13}，分别设有 D_{11}A、D_{13}A；并置调车信号机 D_7、D_9，分别设有 D_7A、D_9A；差置调车信号机 D_5、D_{15}，分别设有 D_5A、D_{15}A。

（2）X_D 进站信号机的内方，没有设无岔区段和同方向的调车信号机，但此处可作为调车进路的终端，所以要设一个调车进路终端按钮 X_DDZA，但该按钮不能作为调车进路始端按钮使用。

（四）变通按钮的配置方法

1. 排列基本、变更进路说明

（1）平时正常使用基本进路，只有当基本进路有车占用或进路发生故障而不能排通时，才使用变通进路。

例如：由ⅡG 向北京方面发车时，有两条进路：一条经 27、17/19、1/3 道岔定位；另一条经 27、13/15、9/11 道岔定位，17/19、1/3 道岔反位，前者为基本进路，后者为变通进路。

（2）根据双按钮进路式选路法的基本原则，顺序按压进路始端和终端两个按钮，只准许选出基本进路，即使基本进路因故选不出来，也不准自动改选变通进路。6502 电气集中规定：按压始端按钮之后，再按一下变通按钮，最后按终端按钮，才准许选出变通进路。选变通进路时，因故选不出，绝不允许自动选出基本进路。

2. 变通按钮的配置方法

（1）列车变通进路上已有调车进路按钮时，该调车进路按钮兼作变通按钮使用。

（2）调车变通进路上，设有单置调车信号机且与进路始端调车信号机方向相反时，该调车进路按钮（简称单置反向调车按钮，如 D_{11}、D_{13} 信号机）可兼作调车变通进路的变通按钮使用。如没有单置反向调车按钮可兼作变通按钮使用时，可分段办理选出调车变通进路。

（3）变通进路上没有调车进路按钮可兼作变通按钮时，在控制台模拟站场线路相应处，设一专门的变通按钮 BA。BA 既可作列车进路变通使用，也可作调车进路变通按钮使用。

二、进路操纵方法

以举例站（见图 1.1）控制台盘面布置图下行咽喉为例，说明各种进路操作方法。

（一）列车进路操纵方法

列车进路的操作方法是按列车的运行方向顺序按压进路的始端按钮和终端按钮，即双按钮进路式选路法。

1. 办理接车进路

例如：X→ⅢG 接车基本进路，先按压 XLA，后按压 $S_{Ⅲ}$LA。

2. 办理发车进路

例如：ⅡG→向东郊方面发车，先按压 $S_{Ⅱ}$LA，后按压 X_DLA。

3. 办理通过进路

办理列车通过进路有一次办理和分段办理两种操作方法。例如办理下行由ⅠG通过进路：

一次办理的方法：顺序按压 XTA 和 XLZA。

分段办理的方法：先办理下行ⅠG 发车进路，即顺序按压 $X_{Ⅰ}$LA 和 XLZA，然后办理下行ⅠG 接车进路，即顺序按压 XLA 和 $X_{Ⅰ}$LA。

（二）调车进路操纵方法

1. 选排以并置（或差置）调车信号机为阻拦信号的调车进路

选排以并置调车信号机为阻拦信号的调车进路（或差置），它的进路终端按钮不是阻拦信号的调车按钮，而是另一架背向调车信号机的调车按钮，这是由电路结构所决定的。例如：选排 D_3 到 D_9 的调车进路时，顺序按压 D_3A 和 D_7A；选排ⅠG 至 D_7 的调车进路时，顺序按压 D_{17}A 和 D_9A。

2. 选排以单置调车信号为阻拦信号的调车进路

选排以单置调车信号机为阻拦信号的调车进路时，作为阻拦信号的调车按钮即可为终端按钮。例如：选排 D_3 至 D_{11} 的调车进路，顺序按 D_3A 和 D_{11}A；选排 D_9 至 D_{13} 的调车进路，顺序按 D_9A 和 D_{13}A。

但是，单置调车进路按钮不能作反向调车进路的终端按钮使用。例如：由ⅢG 向 X_D 内方调车，顺序按压 $S_{Ⅲ}$DA 和 X_DDZA，因为 D_{11} 信号机与该进路方向相反，故 D_{11}A 不能作该进路的终端按钮。

3. 选排以股道、牵出线、专用线等为进路终端的调车进路

选排由咽喉区调车信号机为始端，以股道、牵出线、专用线、接发车口处为进路终端的调车进路时，应以咽喉区调车信号机的进路按钮为始端按钮，以该咽喉区股道头部的出站兼调车信号机的按钮为终端，或以牵出线、专用线、接发车口处的尽头式调车信号机的调车按钮作终端。例如：选 D_5 向ⅡAG 调车，顺序按压 D_5A 和 D_1A；选 D_{15} 向ⅡG 调车，顺序按压 D_{15}A 和 S_4DA；选 D_7 向ⅠAG 调车，顺序按压 D_7A 和 D_3A。

4. 选排长调车进路

长调车进路有一次办理和分段办理两种操作方法：一次办理就是先后按压长调车进路的始、终端按钮；分段办理就是分别办理长调车进路中的各条短调车进路。例如办理 D_3 至ⅠG 长调车进路：

一次办理的方法：顺序按压 D_3A 和 D_{17}DA 即可选出进路。

分段办理的方法：分别选 D_{13} 至ⅠG，D_9 至 D_{13}，D_3 至 D_9 三条短调车进路。

（三）变通进路操纵方法

1. 列车变通进路操作方法

办理方法：办理列车变通进路时，按列车运行方向，先后按压进路始端按钮、变通按钮和进路终端按钮。列车变通进路上的调车按钮可兼作变通按钮使用。

例如：选 X 至 I G 经由 5/7、13/15 反位的列车变通进路时，顺序按下 XLA、D_{11}A 和 D_{17}LA 三个按钮，其中 D_{11}A 兼作变通按钮使用。

2. 调车变通进路操作方法

办理方法：

（1）选调车变通进路时，不能采用差置、并置或同方向单置调车进路按钮作为调车变通按钮使用，只能用单置反向调车进路按钮作为调车变通按钮使用。

（2）调车变通进路上有专设的 BA 时，顺序按压进路始端、BA 和进路终端按钮，变通进路便可选出。例如：

① 选 D_3 至 I G 经由 5/7、13/15 的变通进路时，只能按长调车进路的分段办理方法操作。先选出 D_{11} 至 I G 这段短调车进路，即顺序按压 D_{11}A 和 D_{17}DA，后按压 D_3A 和 D_{11}A，选出 D_3 至 D_{11} 这段短调车进路。

② 选由 I G 至 D_3 经 13/15、5/7 的变通进路时，顺序按压 D_{17}DA、D_{11}A、D_3A 三个按钮，该调车变通进路即可选出。

第五节　选择组电路组成

选择组电路分为记录电路、选岔电路和开始继电器电路三部分。

一、记录电路

记录电路由按钮继电器电路和方向继电器电路组成。其作用是记录值班人员按压按钮的动作，记录进路的性质和运行方向。

由于进路按钮采用二位自复式按钮，当手按压按钮时接通，手松开后自动断开，为了使值班人员下达的操纵命令不随进路按钮的复原而消失，需要把按压按钮的动作记录下来。其方法是对应每一个进路按钮设置按钮继电器，按下按钮使该按钮继电器励磁并自闭。当按钮复原后，按钮继电器就以其吸起状态记录下控制命令。

按下始端，始端按钮继电器吸起后，方向继电器随之吸起，记录下进路的性质和方向。直到进路选出，记录电路才相继复原。

二、选岔电路

选岔电路由六条网络线组成，所以又称为六线制选岔网络。其作用是按照值班员的意图，选出进路上所有道岔的位置和信息点。

选岔电路六条网络线用途如下：

(1) 第 1、2 线为“八”字形第一笔双动道岔反位操纵继电器 FCJ 的网络线。

(2) 第 3、4 线为“八”字形第二笔双动道岔反位操纵继电器 FCJ 的网络线。

(3) 第 5、6 线为双动道岔定位操纵继电器 DCJ、单动道岔定位操纵继电器 DCJ 和反位操纵继电器 FCJ，以及选信号点的进路选择继电器 JXJ 用的网络线。

当值班员按压进路始、终端按钮，相应按钮继电器均已动作后，能自动使道岔定位操纵继电器 DCJ 或反位操纵继电器 FCJ 动作，通过道岔操纵继电器前接点接通道岔启动电路，自动转换道岔。道岔转换完毕，接通道岔表示电路，给出道岔位置的正确表示。

进路上所有道岔操纵继电器吸起时称为进路选出。当进路上所有道岔都转换到规定位置，并给出相应的表示后，称为进路排通。

为了缩短选路时间，进路选出后，用进路选择继电器 JXJ 的吸起，及时使按钮继电器和方向继电器复原，为继续选另外的进路准备好条件。但此时先选的进路还没有排通，信号还没有开放。当记录电路复原后，FKJ 记录进路的始端，ZJ 记录调车进路的终端。由于列车进路的终端是网络线两端，一般不设 ZJ。

三、开始继电器（KJ）电路

第 7 线是开始继电器 KJ 的励磁网络。凡是作进路始端的信号机，在其信号组合里的开始继电器都接在 7 线网络上，用以检查选排进路的一致性。检查选排进路的一致性涉及进路上的每组道岔，这些联锁条件都接在 7 线网络上。当进路上道岔操纵继电器（DCJ 或 FCJ）全部吸起，并且当进路上道岔都转换到规定位置，给出相应的表示后（DBJ 或 FBJ 吸起），即进路选出与进路排通一致（DCJ 与 DBJ、FCJ 与 FBJ 动作一致），接在 7 线网络上的开始继电器 KJ 方能励磁吸起。选排进路的一致性是很重要的联锁条件，进路锁闭前要检查，信号开放前还要重复检查一次，它是保障进路上道岔安全和行车安全的关键措施之一。

当信号开放以后 FKJ 落下，用 KJ 吸起代替 FKJ，继续记录进路的始端，一直到进路解锁为止。由此可见，进路要有明确的始、终端，从确定按压进路始、终端按钮开始，到进路使用完毕，进路始、终端的记录条件，随着电路的动作过程是变化的，但一直保持着。

第六节　选择组表示灯电路

选择组表示灯包括进路排列表示灯和进路按钮表示灯，通过这些表示灯可以监督选择组电路动作是否正常，以便于分析、判断选择组电路的故障范围。

一、进路排列表示灯电路

对应每个咽喉区设一个进路排列表示灯，为红色灯光，装设在控制台相应咽喉区中部上方，用来反映方向继电器（LJJ、LFJ、DJJ、DFJ）工作是否正常、进路是否全部选出。

图 2.1 所示是进路排列表示灯电路。

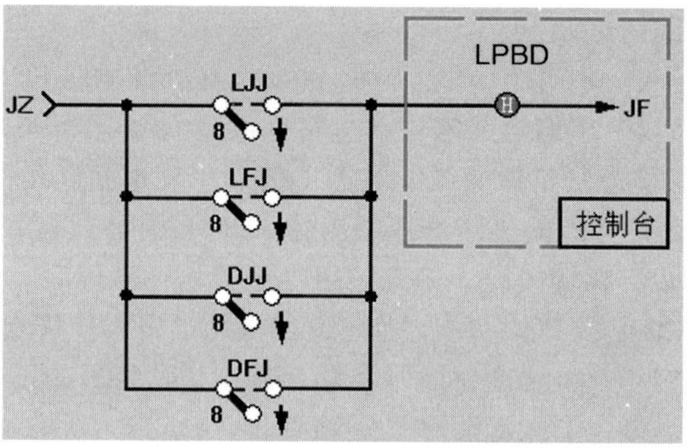

图 2.1　进路排列表示灯电路

选路过程中，任何一个方向继电器励磁吸起，进路排列表示灯点亮红灯。进路全部选出后，随方向继电器的自动复原，进路排列表示灯的红灯熄灭。

因为规定在同一咽喉区同时只准许选一条进路，所以进路排列表示灯正在亮红灯期间不准许再选其他进路。

二、进路按钮表示灯电路

控制台盘面上对应每个进路按钮处各设一个进路按钮表示灯。值班员按下进路按钮时，AD 反映 AJ、FKJ、LKJ 等电路工作是否正常。

图 2.2 所示是列车与调车共用的进路按钮表示灯电路。

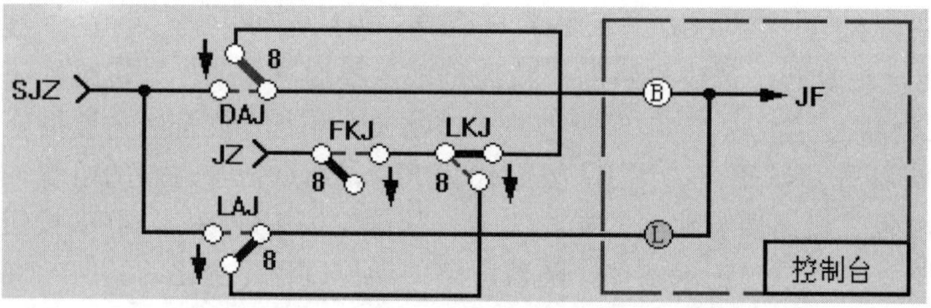

图 2.2　列车与调车共用进路按钮表示灯电路

办理列车进路时，只要按压 LA，该列车进路按钮表示灯 LAD 立即闪绿灯，表示该 LA 已被按压过或正在选路过程中。

该按钮作始端按钮使用，该信号点选出后，LAD 改点稳定绿灯，表示该信号点已经选出并已确定为始端点。信号开放后 FKJ 失磁落下，稳定绿灯熄灭。

办理调车进路，按压 DA，该调车进路按钮表示灯 DAD 立即闪白色灯光，表示该 DA 已被按压过或正在选路过程中。

该按钮作始端按钮使用时，该信号点选出后，DAD 改点稳定白灯，表示该信号点已经选出并已确定为始端点。信号开放后 FKJ 失磁落下，始端 DAD 的闪白灯变为熄灭。

该按钮作终端按钮用时，该信号点选出后，DAD 由闪白灯变为熄灭。

图 2.3 所示是单置调车进路按钮表示灯电路。

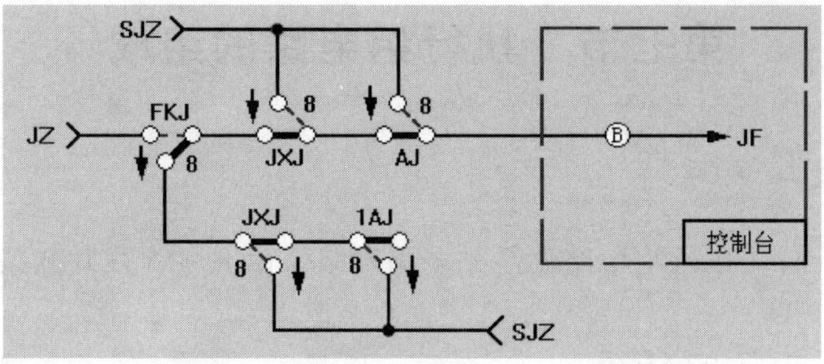

图 2.3　单置调车进路按钮表示灯电路

单置调车进路按钮作始端按钮使用时，只要按压 DA，该按钮表示灯闪白灯；进路选出后，按钮表示灯改点稳定白灯，表示进路全部选出；信号开放后，该按钮表示灯由亮稳定白灯变为熄灭。

单置调车进路按钮作终端按钮使用时，1AJ 和 2AJ 励磁吸起，用 1AJ 前接点接通闪光电源 SJZ，使按钮表示灯闪白灯；进路选出后，1AJ、2AJ 和 JXJ 相继复原，该按钮表示灯由闪白灯变为熄灭。

单置调车进路按钮作变通按钮使用时，1AJ 和 2AJ 都要励磁吸起，经 1AJ 或 AJ 的前接点接通闪光电源，使该按钮表示灯亮白灯。由于作变通按钮使用时，FKJ 不励磁，按钮表示灯不会显示稳定白灯。进路选出后，1AJ、2AJ、AJ 和 JXJ 均失磁落下，按钮表示灯由闪白灯变为熄灭。

经由单置调车信号机办理列车进路或长调车进路时，单置调车信号机作为进路中间信号点要参与选路工作，但 AJ 不励磁，而是用 JXJ 的吸起来证明中间信号点已选出。用 JXJ 的前接点带动中间信号点的按钮表示灯，使之闪白灯。进路选出后，JXJ 复原落下时灭灯。

图 2.4 所示是尽头式、并置与差置调车进路按钮表示灯电路，图 2.5 所示为专设的变通按钮表示灯电路，它们与单置调车进路按钮表示灯电路原理基本相同。

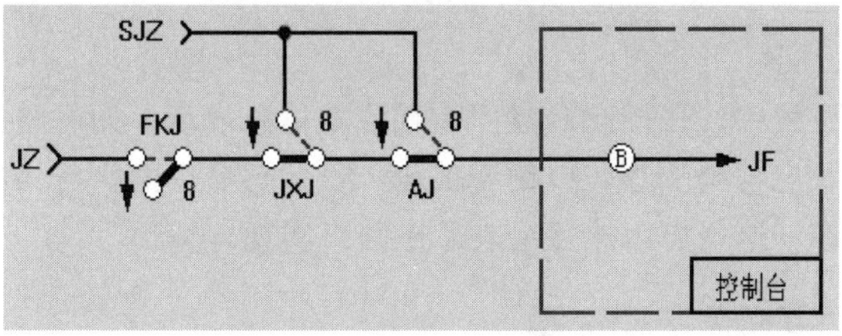

图 2.4　尽头、并置、差置调车进路按钮表示灯电路

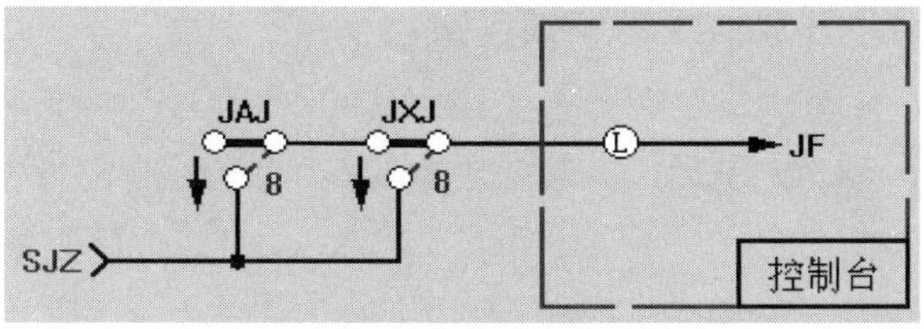

图 2.5　变通按钮表示灯电路

第七节 执行组电路的组成

一、执行组电路结构

与选择组电路一样，执行组电路也是站场型网络，由 8～15 线共八条网络线组成。

二、执行组电路的任务

1. 转换道岔

选岔电路中相关道岔操纵继电器励磁吸起，接通道岔启动电路，使道岔转换，并由道岔表示电路给出相应的道岔表示。

2. 锁闭进路

在选择组电路检查选排一致的基础上，提前检查开放信号的联锁条件，即检查道岔正确、进路空闲、敌对进路未建立后，实现进路锁闭，将与进路有关的道岔和敌对进路锁好。

3. 开放信号

检查开放信号的联锁条件后，由信号继电器（LXJ 或 DXJ）的励磁吸起接通信号机的点灯电路，开放信号。进站信号不能正常开放时，可以采用引导接车，开放引导信号。

4. 解锁进路

列车或车列使用完毕进路或取消进路时，由解锁电路完成进路解锁的任务。它包括进路的正常解锁、取消解锁、人工解锁、调车中途返回解锁、引导进路解锁、各种故障情况下的解锁。

5. 信息表示

执行组电路工作过程中，在控制台盘面有相应的信息表示，如进路光带显示、电流表指针摆动、表示灯显示及电铃鸣响等，以便于值班人员监督命令的执行情况，观察设备状况及列车、车列的运行动态。这些均由执行组表示电路来实现。

三、执行组电路的动作程序

转换道岔→锁闭进路→开放信号→解锁进路。

四、8～15 网络线的作用

1. 8 线网络

8 线是控制 XJJ 用的网络线，通过 8 线检查进路是否空闲、道路位置是否正确、敌对进路是否建立。当满足要求时，XJJ 励磁吸起，为锁闭进路、开放信号准备条件。

2. 9、10 线网络

9 线是 QJJ 和 GJJ 的励磁网络线，各区段的 QJJ_{3-4} 线圈和 GJJ_{1-2} 线圈均并接在网络线上。XJJ 励磁吸起后，通过 9 线接通与所选进路有关的 QJJ，使其励磁吸起，使进路中的区段转入锁闭状态。10 线是 QJJ 的自闭网络线，各区段的 QJJ_{1-2} 线圈并接在网络线上，防止进路迎面错误解锁，保证行车安全。

3. 11 线网络

11 线是信号继电器（LXJ 或 DXJ）的网络线，兼作 YXJ 用的网络线。通过 11 线检查道岔位置是否正确，敌对进路是否在未建立状态，进路是否锁闭等条件。若各项条件满足，信号继电器励磁吸起接通信号点灯电路，信号开放。

4. 12、13 线网络

在 12、13 网络线上接有各区段的 1LJ 和 2LJ 的线圈。通过网络线检查各种进路解锁的条件，满足解锁条件后接通解锁电源，使各区段的 1LJ 和 2LJ 按照一定的规律励磁吸起，使进路解锁。12、13 线网络通常也称为解锁网络。

5. 14、15 线网络

14、15 线是控制进路光带的网络线。用 14 线控制白光带，白光带反映进路的锁闭与解锁。用 15 线控制红光带，红光带反映进路的占用与出清，以及轨道区段的故障情况。

五、执行组电路工作过程概述

（1）转换道岔是按照进路式操纵时，选岔电路中 DCJ 或 FCJ 的吸起条件接通道岔启动电路，使直流电动转辙机或交流电动转辙机转换道岔到规定位置。道岔转换完毕，由道岔表示电路给出道岔位置表示。道岔在定位时，DBJ 吸起；道岔在反位时，FBJ 吸起。

（2）锁闭进路前应提前检查开放信号的联锁条件，即检查有无开放信号的可能性。用 XJJ 的吸起表示有可能开放信号，反之说明不可能开放信号，不能开放信号时，禁止锁闭进路。锁闭进路是将与进路有关的轨道区段中的道岔锁闭，敌对进路不能建立。锁闭的对象不应是整条进路，而必须是道岔区段。对应每个道岔区段需设置一个区段检查继电器 QJJ，哪个区段的 QJJ 吸起，则哪个区段的 LJ 和该区段道岔的 SJ 就会相继失磁落下，使该区段道岔锁闭。进路中各道岔都锁闭，敌对进路未建立，则实现进路锁闭。

（3）信号开放时应再次检查开放信号的联锁条件，当满足道岔位置正确、道岔和敌对进路锁好、进路空闲等联锁条件时，XJ 才能励磁吸起，接通信号机点灯电路，使信号开放。XJ 吸起后使 FKJ 复原，如不重新办理开放信号手续，信号一旦关闭就不会自动重新开放。

（4）解锁进路是由站场解锁网络实现的，进路解锁时应检查解锁条件，进路解锁方式不同，检查的条件也不同。例如：进路的正常解锁必须做到三点检查，进路的人工解锁要检查办理方法是否正确。但是无论何种解锁都必须先关闭信号，再解锁进路。解锁进路是指解除对道岔的锁闭和敌对进路的锁闭，使各区段的 LJ 和 SJ 相继励磁吸起，锁闭迎面敌对进路的照查继电器 ZCJ 励磁吸起，实现进路解锁。

六、网络线上接点分析

（1）用道岔表示继电器 DBJ 和 FBJ 的接点作为网络的区分条件。

（2）用 KJ 的前接点确定网络的进路始端，以 KJ 的接入方向确定进路的运行方向。

（3）用 ZJ 的前接点确定网络的调车进路终端，以 ZJ 的吸起证明所选进路为调车进路。列车进路的终端在网络线的两端，列车进路内的 ZJ 均处于落下状态。

第八节　执行组表示灯电路

执行组表示灯电路包括信号复示器电路、轨道光带表示灯电路、解锁表示灯电路及电源表示灯电路。

一、信号复示器电路

信号复示器用来反映室外信号机的显示状态，监督室外信号机各灯泡主、副灯丝的完整性，在建立进路时反映 XJ 的工作是否正常。

根据信号机的类型不同，信号复示器分为进站信号复示器、出站兼调车信号复示器、调车信号复示器。

（一）进站信号复示器电路

图 2.6 所示是进站信号复示器电路。

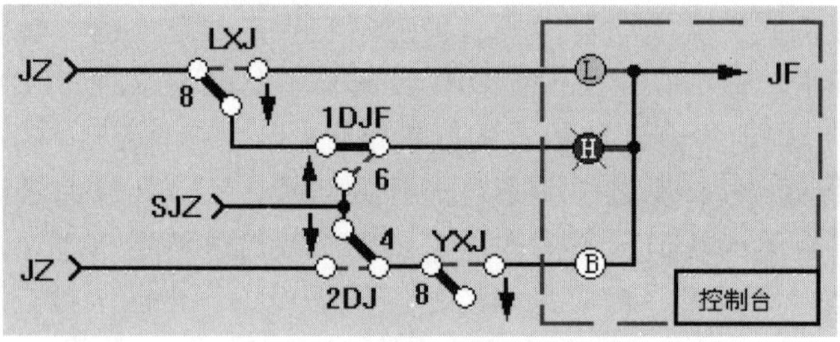

图 2.6　进站信号复示器电路

平时进站信号复示器亮红灯，表示进站信号机处在关闭状态。进站信号机的红灯主、副灯丝都断丝或红灯点灯回路断线时，因 DJ 落下，1DJF 也落下，将 SJZ 接入进站信号复示器的红灯灯泡中，使进站信号复示器闪红灯，引起值班员注意，以便通知信号维修人员及时更换灯泡或进行维修。

办理进路 LXJ 励磁吸起，该复示器点亮绿灯，表示进站信号机已经开放。这时，若进站信号机的绿灯或黄灯主、副灯丝断丝，DJ 落下使 LXJ 失磁落下，转接红灯点灯电路使 DJ 重新励磁，进而使 1DJF 励磁。因 LXJ 失磁和 1DJF 吸起，使进站信号复示器由亮绿灯改亮红灯。

办理引导接车，开放引导信号时，因 YXJ 和监督引导白灯的 2DJ 都励磁吸起，进站信号复示器的红灯和白灯同时点亮，表示进站信号机引导信号开放。如果发生引导信号白灯灯泡断丝时，则 2DJ 将失磁落下，而 YXJ 仍然吸起，将使进站信号复示器白灯闪光而红灯亮灯，反映引导信号的月白灯灯泡已坏，通知维修人员更换。

（二）出站兼调车信号复示器电路

出站兼调车信号复示器电路如图 2.7 所示。

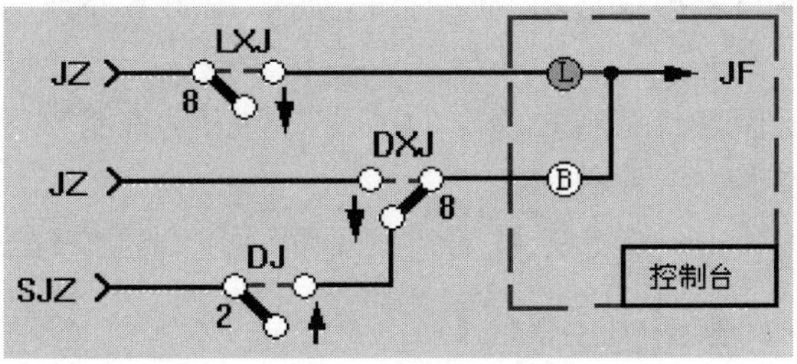

图 2.7　出站兼调车信号复示器电路

平时出站兼调车信号机关闭，其信号复示器不亮灯。办理发车进路时，LXJ 励磁，信号复示器点亮绿灯，表示出站信号机已开放。出站信号机开放可能亮绿灯，也可能亮黄灯或双绿灯，但信号复示器仅反映其是否开放，让值班员确认信号已开放即达到目的。已开放的列车信号若发生允许信号灯泡主、副灯丝断丝，将使 LXJ 失磁落下，信号复示器点亮的绿灯熄灭。

办理调车进路时，DXJ 励磁，信号复示器亮白灯，反映出站兼调车信号机已开放调车信号。若调车信号白灯灯泡断丝，则信号复示器白灯灭灯。

出站兼调车信号机的红灯主、副灯丝断丝或红灯回路断线而灭灯时，由于 DJ 落下，将 SJZ 接入信号复示器白灯，使出站兼调车信号复示器闪白灯，表示信号机红灯灯泡断丝或电路故障。

（三）调车信号复示器电路

图 2.8 所示是调车信号复示器电路。

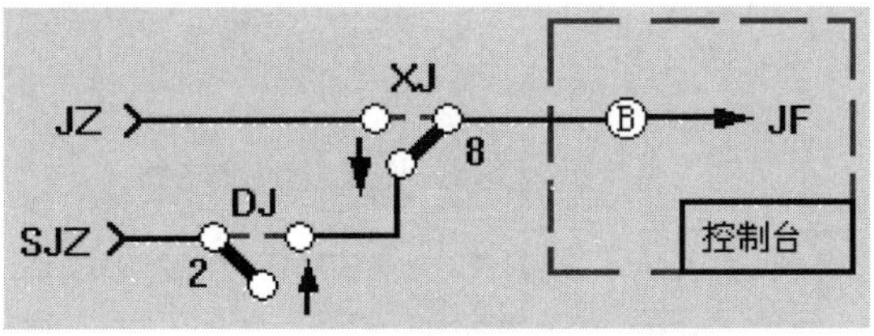

图 2.8　调车信号复示器电路

平时调车信号复示器不亮灯，表示调车信号机关闭。办理调车进路时，DXJ 励磁，调车信号复示器点亮白灯，表示调车信号已经开放。若调车信号机蓝灯或红灯灯丝断丝，由于 DJ 落下，将 SJZ 接入信号复示器白灯，使调车信号复示器从不亮灯变为闪白灯。

若在开放调车信号时发生月白灯灯泡断丝灭灯，则信号复示器白灯灭灯，经重复开放信号后仍为此现象，说明月白灯已坏，需更换。

二、轨道光带表示灯电路

控制台模拟站场线路上，对应轨道电路区段设有与站场形状相似的轨道光带表示灯，用来直观地反映出所办理进路上道岔的开通、进路锁闭、监督列车或车列在进路上的运行及进路解锁情况。每条进路的光带是由进路中各轨道电路区段的光带组成，6502 电气集中用 14 线和 15 线控制轨道光带表示灯。

控制台盘面点亮一条与所排进路相一致的白光带，说明所办理的进路已经锁闭。

哪个区段白光带改点红光带，说明车已经占用该区段；随着车的运行红光带自动熄灭，说明该区段已经解锁。某区段红光带在无车的情况下熄灭，说明该区段故障消除。如果某区段由灭灯改点红光带，说明该区段故障。

道岔区段和无岔区段轨道光带表示灯的形状不同，每一类型的表示灯由若干节光管组成。

（一）道岔区段光带表示灯电路

对应每个道岔，在岔前、岔后的直股和弯股部位都设有白色和红色表示灯。直股部位的分别用定位白灯 DB 和定位红灯 DH 表示，弯股部位的分别用反位白灯 FB 和反位红灯 FH 表示，岔前部位的分别用岔前白灯 QB 和岔前红灯 QH 表示。

图 2.9 所示是以 19-27DG 区段为例的道岔轨道光带表示灯电路（道岔都在定位）。

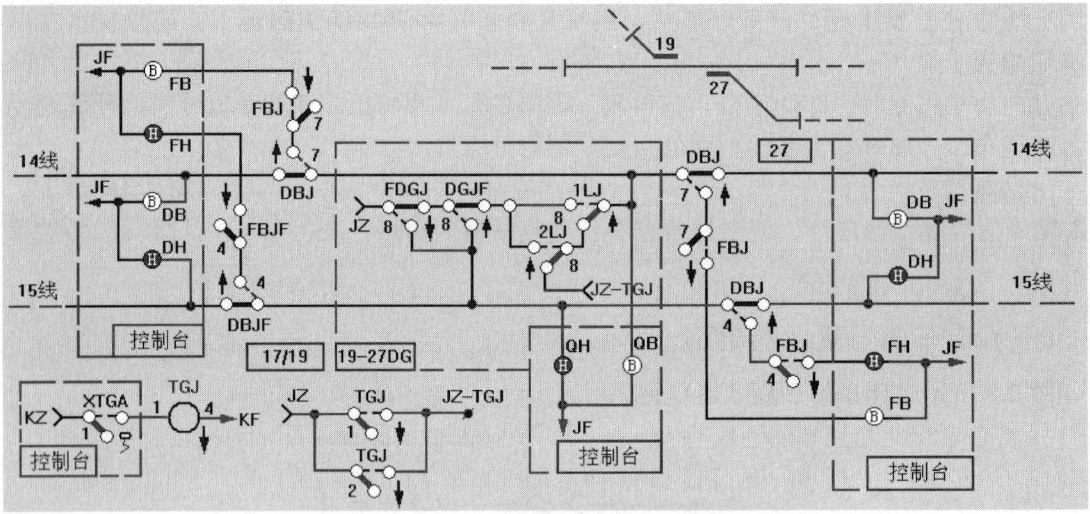

图 2.9　道岔区段光带表示灯电路

平时，光带不亮灯。进路锁闭后，19DB、19-27QB 和 27DB 都亮灯，形成一条白光带。

列车驶入 19-27DG 区段，19DH、19-27QH 和 27DH 亮灯，形成一条红光带。进路解锁后，DGJF、1LJ、2LJ 励磁吸起，FDGJ 失磁落下，红光带熄灭。

（二）无岔区段和股道轨道光带表示灯电路

无岔区段设有固定的直光带，分别用区段白灯 QB 和区段红灯 QH 表示。

图 2.10 所示是以 1/19WG 区段（设有 Q 组合）为例的有列车经过的无岔区段轨道光带表示灯电路。

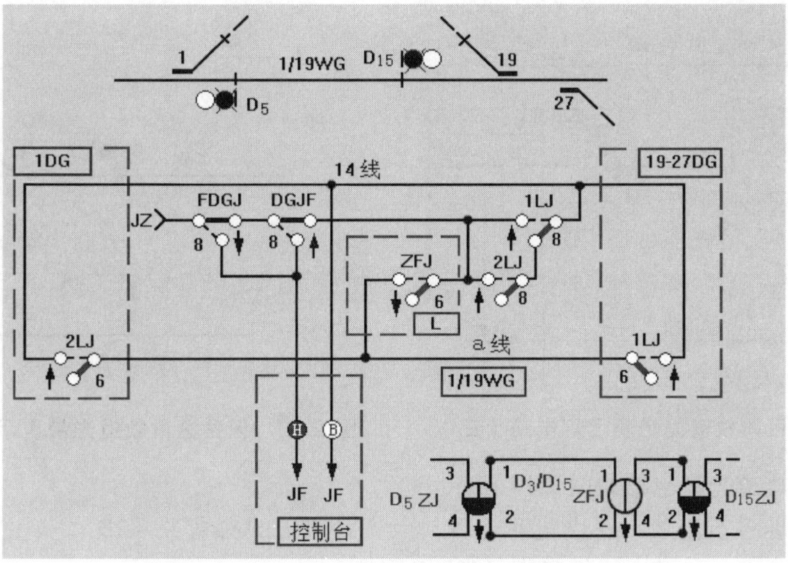

图 2.10 无岔区段轨道光带表示灯电路（一）

建立经过无岔区段的列车进路时，1LJ 和 2LJ 均需落下，由其后接点构成无岔区段的白光带。建立向无岔区段的调车进路时，1LJ 和 2LJ 不会落下，由 ZJF 的前接点构成无岔区段的白光带。

经该区段建立列车进路或向该区段建立调车进路，1/19WG 区段均点亮一条白光带。列车或车列驶入 1/19WG 区段时，该区段点亮红光带。进路解锁，DGJF、1LJ、2LJ 励磁吸起，FDGJ 失磁落下，红光带熄灭。

其他类型的无岔区段轨道光带表示灯电路如图 2.11～2.13 所示。

图 2.11 所示是无列车通过的无岔区段光带表示灯电路，图 2.12 所示是进站内方兼调车的无岔区段光带表示灯电路，图 2.13 所示是发车口处尽头式调车信号机的接近区段光带表示灯电路。其原理不再赘述。

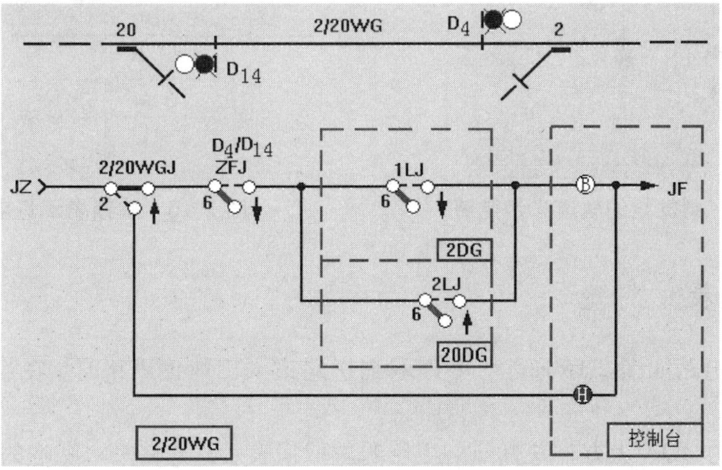

图 2.11 无岔区段轨道光带表示灯电路（二）

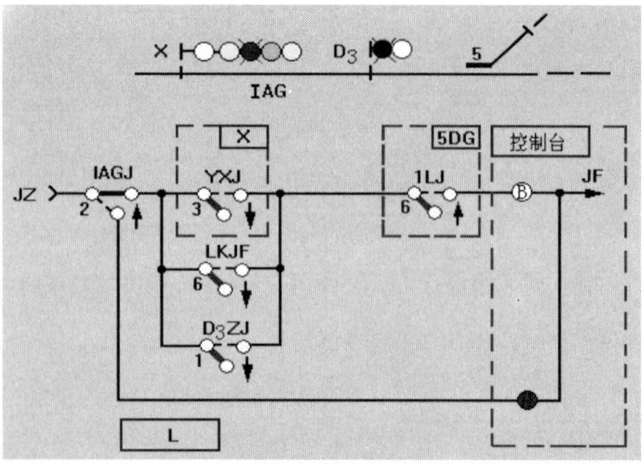

图 2.12　无岔区段轨道光带表示灯电路（三）

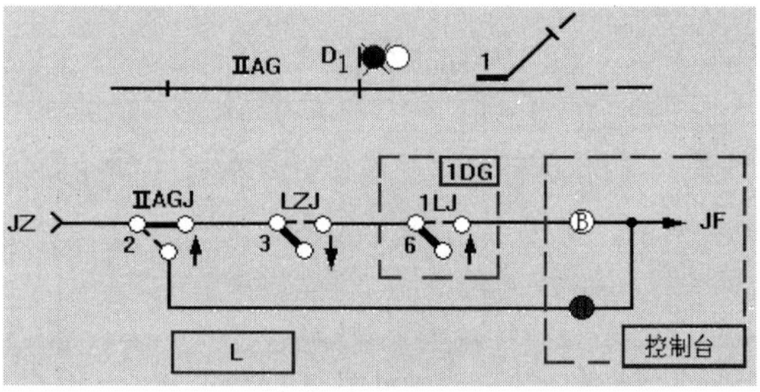

图 2.13　无岔区段轨道光带表示灯电路（四）

到发线的轨道光带电路如图 2.14 所示。

向股道办理接车进路：在进路锁闭后，点亮股道上的白光带（2B）；车进入股道后，白光带熄灭，点亮整条股道上的红光带（1H 和 3H）。

车全部进入股道，接车进路解锁后，只有股道中间两节单元块点亮红光带（3H）。车出清股道后，GJ 吸起，红光带（3H）熄灭。这样做既能省电又能避免整条股道点亮红光带而刺眼，从而改善值班员的工作环境。

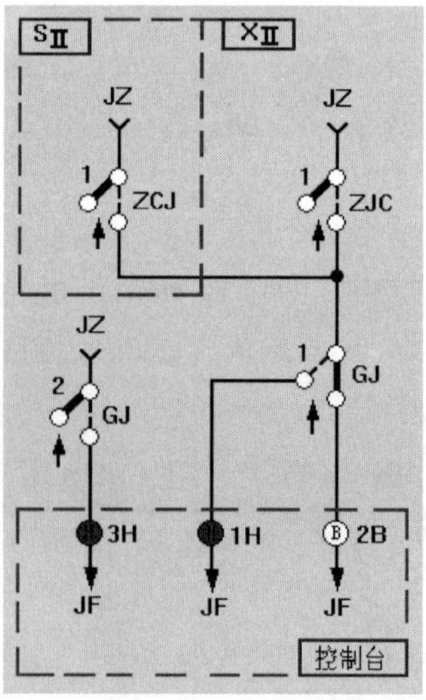

图 2.14　到发线的轨道光带电路

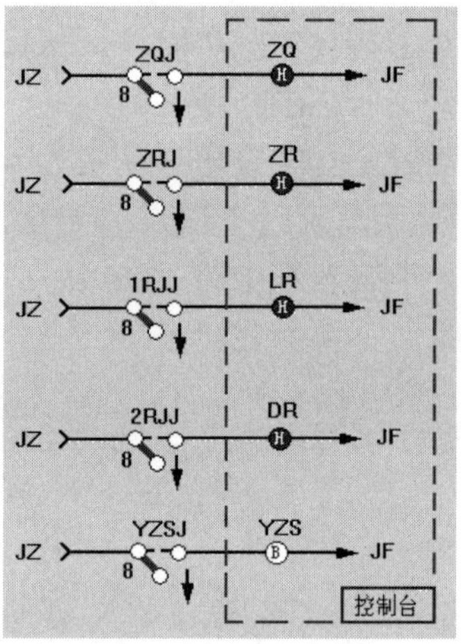

图 2.15　解锁表示灯电路

三、解锁表示灯电路

解锁表示灯电路如图 2.15 所示，办理取消进路或人工解锁进路时，在控制台上给出相应显示。

在每个咽喉的 ZQA 上方，设有一个红色的总取消表示灯；在每个咽喉的 ZRA 上方，设有一个红色的总人工解锁表示灯，左边有一个 30 s 延时的人工解锁表示红灯，右边有一个 3 min 延时的人工解锁表示红灯。

办理取消进路或取消误碰按钮的记录时，按压 ZQA 使 ZQJ 励磁吸起，用 $ZQJ_{81\text{-}82}$ 使总取消表示灯红灯亮灯，表示正在办理取消手续。

办理人工解锁进路时，按下 ZRA，使 ZRJ 励磁吸起，用 $ZRJ_{81\text{-}82}$ 将总人工解锁红灯点亮，表示正在办理人工解锁手续。ZRA 恢复后，ZRJ 缓放 1 s 后落下，使红灯熄灭。

办理全咽喉总锁闭方式引导接车进路时，要破铅封，按压 YZSA，使 YZSJ 励磁吸起，用 $YZSJ_{81\text{-}82}$ 接通引导总锁闭白色表示灯。拉出 YZSA 后，YZSJ 失磁落下，引导总锁闭白色表示灯熄灭。

四、电源表示灯电路

电源表示灯电路如图 2.16 所示。

在控制台中部上方设有主电源表示灯、副电源表示灯、昼间表示灯、夜间表示灯。上述表示灯反映表示电源的供电情况。

主电源供电时，1XLC 励磁，其常开触点 27-28 闭合，将主电源表示灯绿灯点亮。

副电源供电时，2XLC 励磁，其常开触点 27-28 闭合，将副电源表示灯白灯点亮。

主电源切换到副电源供电时，1XLC 失磁使副电源表示灯亮灯，同时电铃电路经 ZFDJ 的后接点和 2XLC 的常开触点接通，使电铃鸣响，此时值班员按下 ZFDA，使 ZFDJ 励磁，一方面使电铃停响，另一方面使电铃电路处于监督副电源供电状态。

副电源又转换至主电源供电时，电铃再次鸣响，拉出 ZFDA，使 ZFDJ 落下，使电铃停止鸣响。

用 XTA 来控制信号机点灯电压，昼间用 220 V 电压供电，夜间可用 180 V 电压供电。

白天使交流屏的 1XTJ 落下，用 $1XTJ_{31\text{-}33}$ 点亮白天表示灯绿灯，表示信号灯用 220 V 电压供电。

夜间按下 XTA，使 1XTJ 吸起，用 $1XTJ_{31\text{-}32}$ 点亮夜间表示灯黄灯，表示信号灯由 180 V 电压供电。

用 BTA 对控制台表示灯的亮度进行控制。白天控制台表示灯用交流 24 V 供电，夜间可按下 BTA，使 BTJ 励磁，供出 19.6 V 交流电，使表示灯亮度减弱，减小对值班员眼睛的刺激。

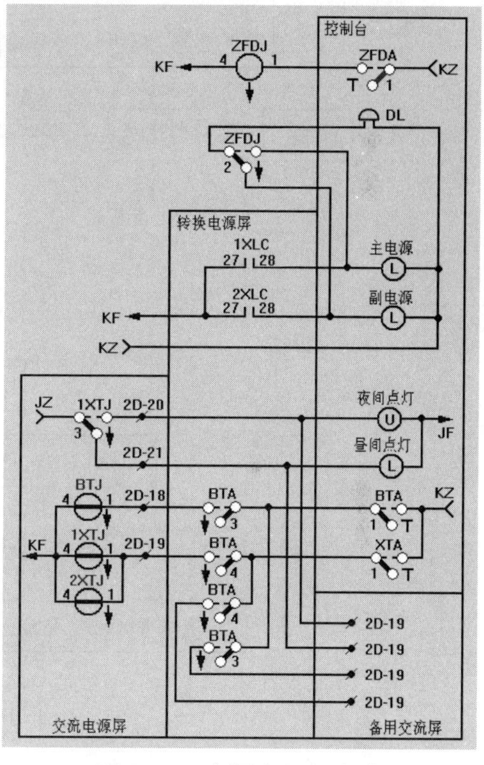

图 2.16　电源表示灯电路

第九节　电路动作逻辑关系图

6502 电气集中是用电气（继电器）方式对道岔、信号机、进路进行集中控制和监督的，道岔、信号机、进路之间必须满足一定的联锁关系，才容许开放信号。实现道岔、信号机、进路之间联锁关系的电路具有很强的逻辑关系，掌握这种逻辑关系，对电务维修人员快速、准确地处理铁路信号设备故障具有十分重要的意义。下面是各种操作的电路动作逻辑关系图举例。

一、$D_5 \rightarrow D_1$ 调车进路电路动作逻辑关系图（见图 2.17）

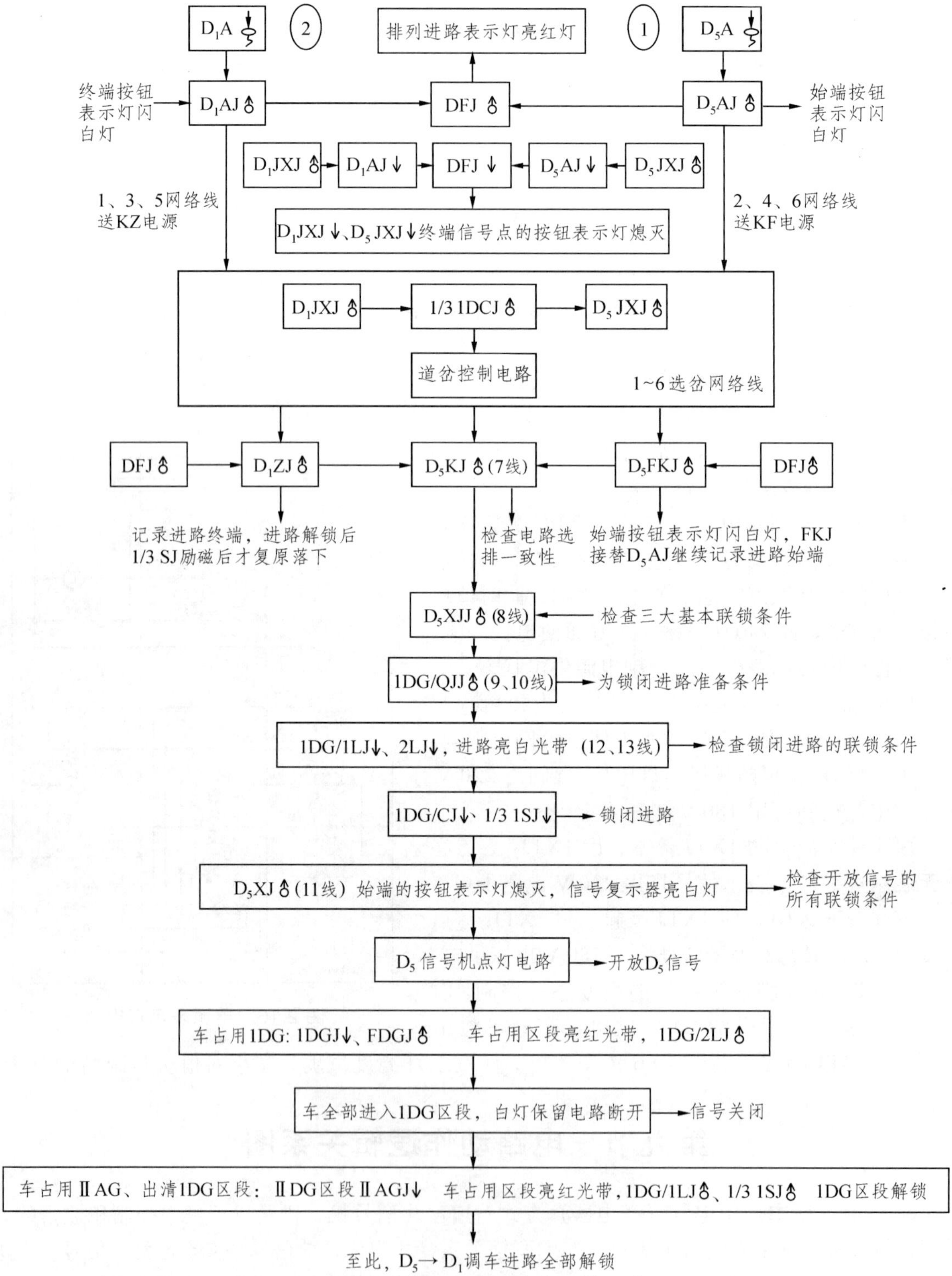

图 2.17 $D_5 \rightarrow D_1$ 调车进路电路动作逻辑关系图

二、D_{13}→ⅡG 调车进路电路动作逻辑关系图（见图 2.18）

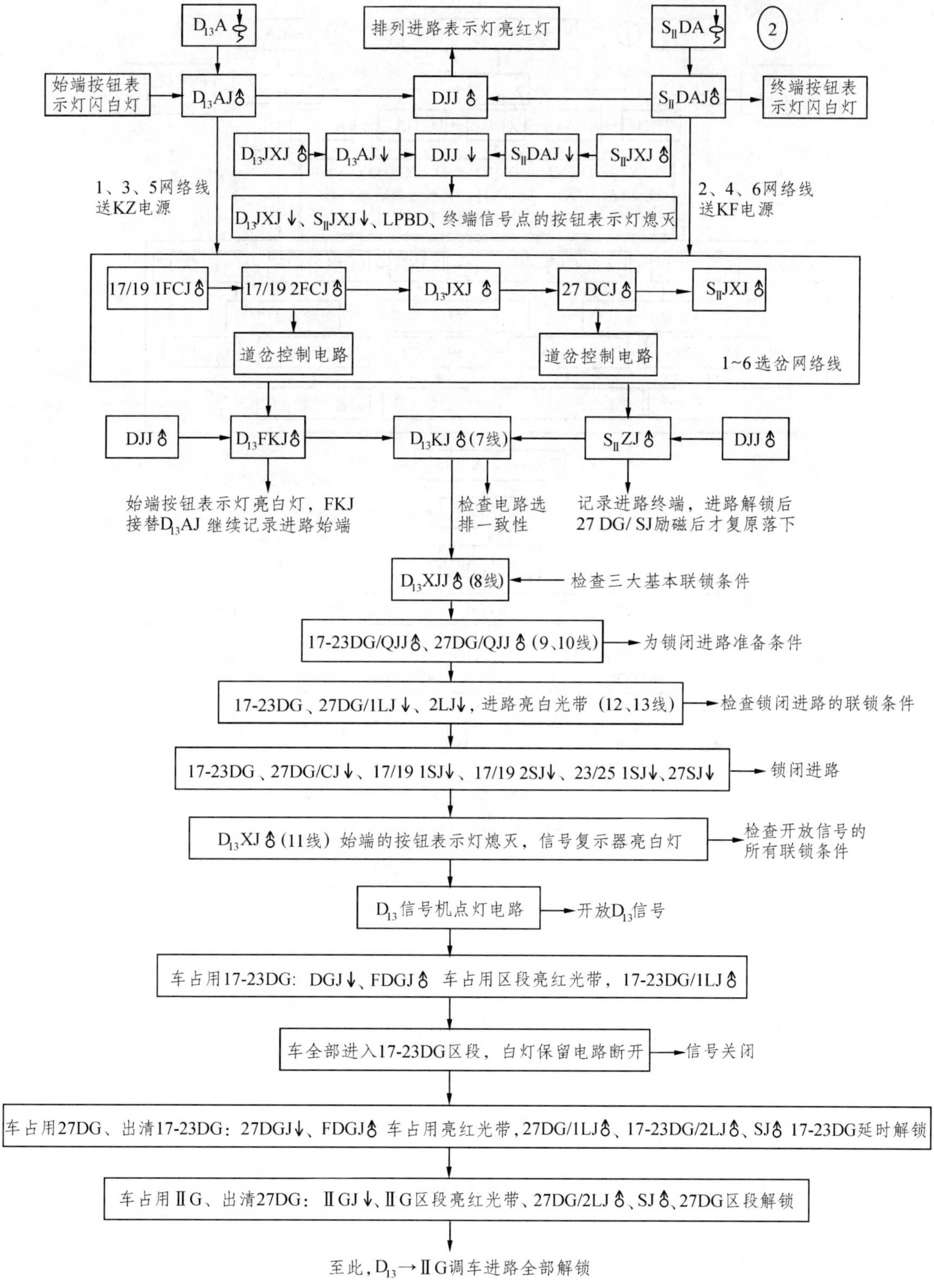

图 2.18　D_{13}→ⅡG 调车进路电路动作逻辑关系图

三、X→ⅠG接车进路电路动作逻辑关系图（见图2.19）

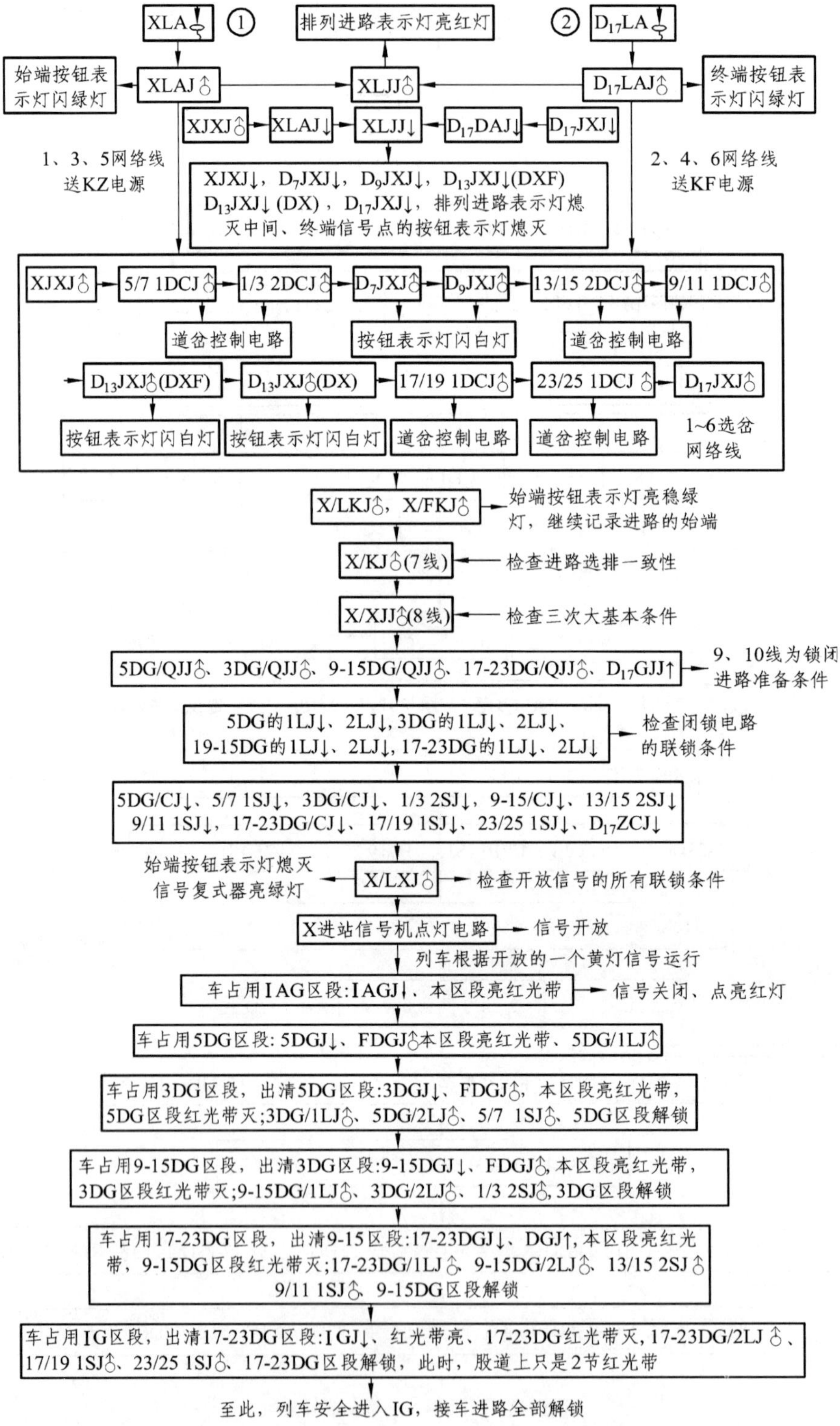

图2.19 X→ⅠG接车进路电路动作逻辑关系图

四、ⅡG向北京方面发车进路电路动作逻辑关系图（见图2.20）

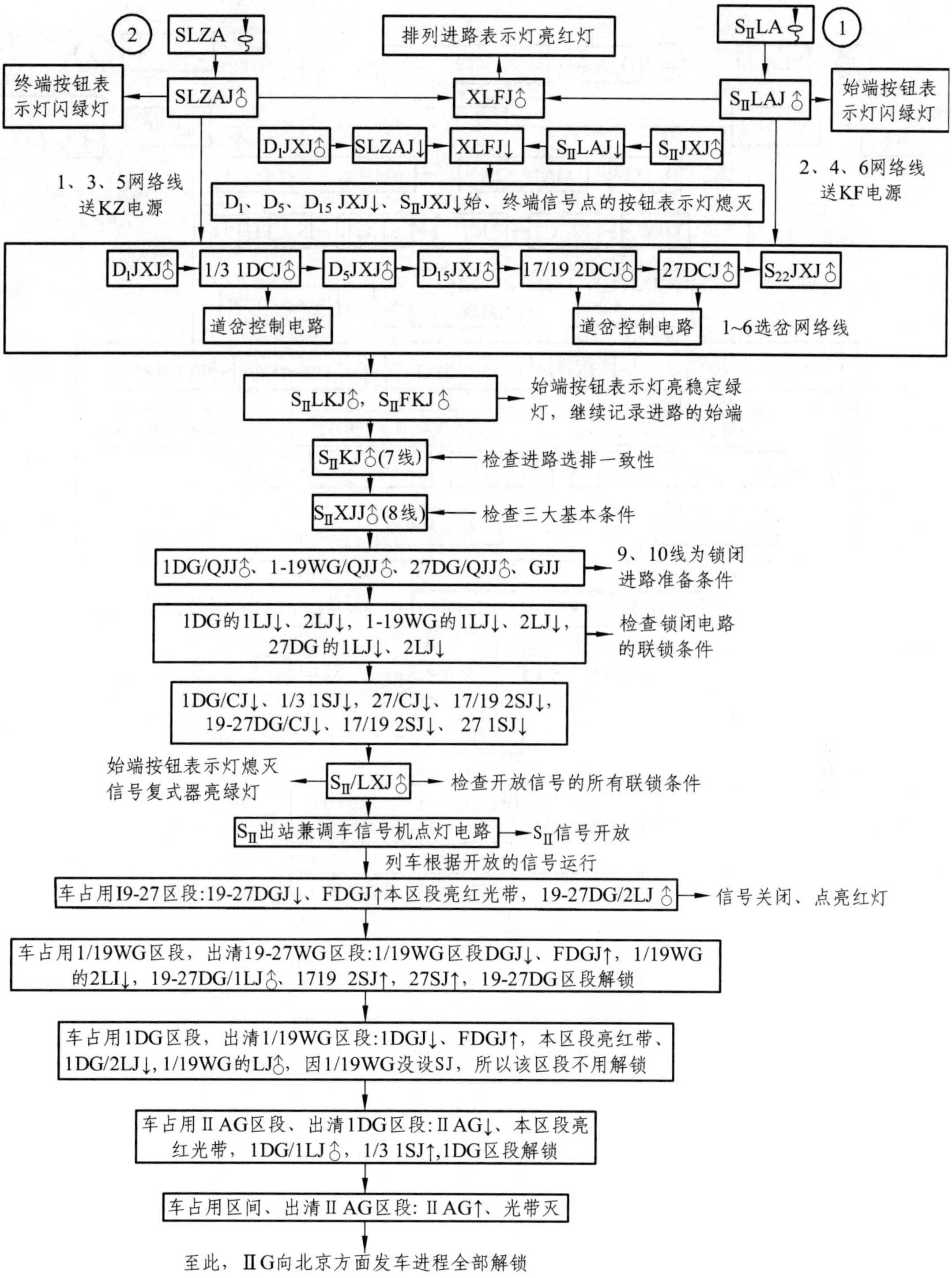

图2.20　ⅡG向北京方面发车进路电路动作逻辑关系图

五、X→ⅢG 接车变更进路（至信号开放）动作逻辑关系图（见图 2.21）

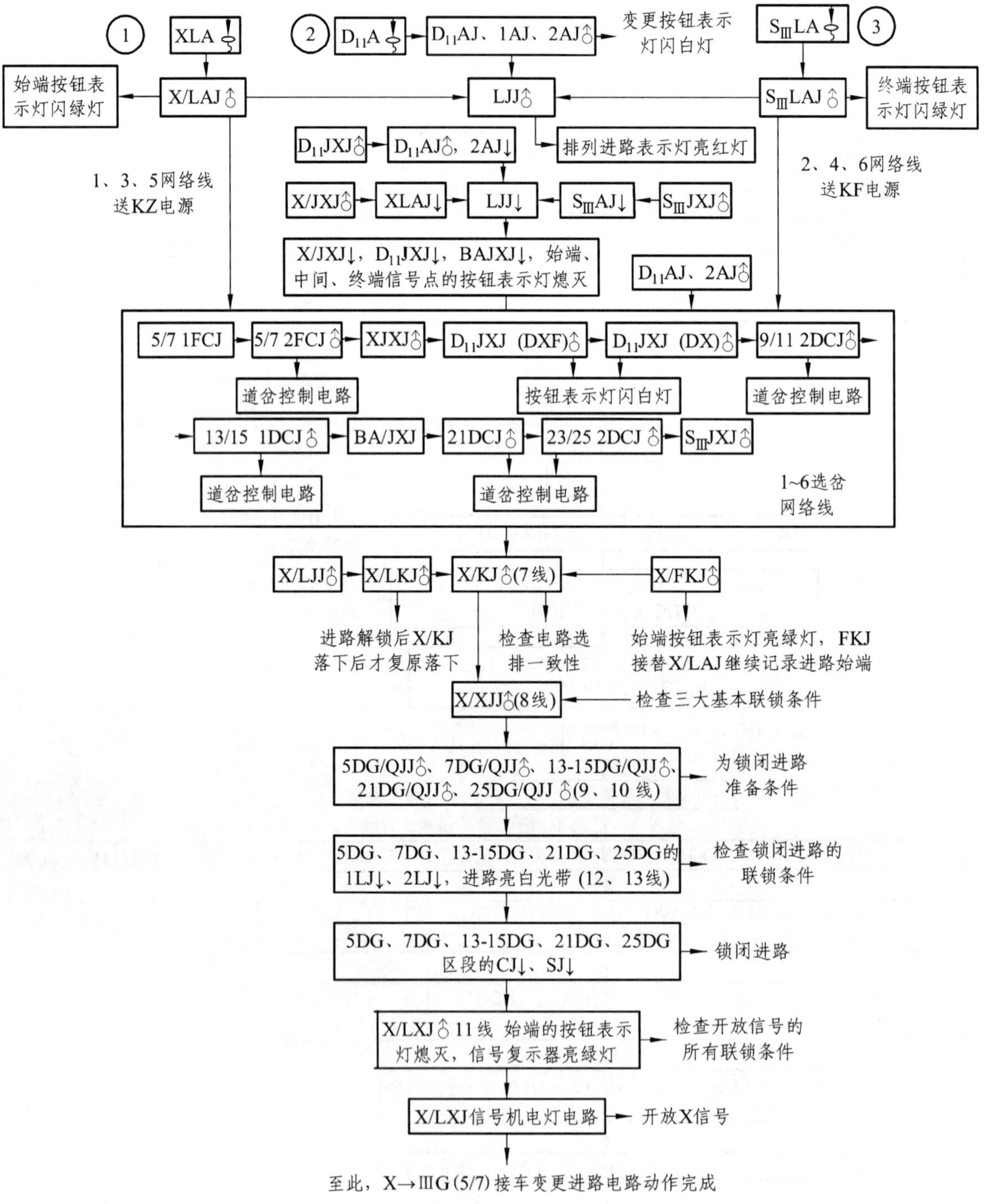

图 2.21 X→ⅢG（5/7）接车变更进路电路动作逻辑关系图

六、X→ⅠG 接车取消进路电路动作逻辑关系图（见图 2.22）

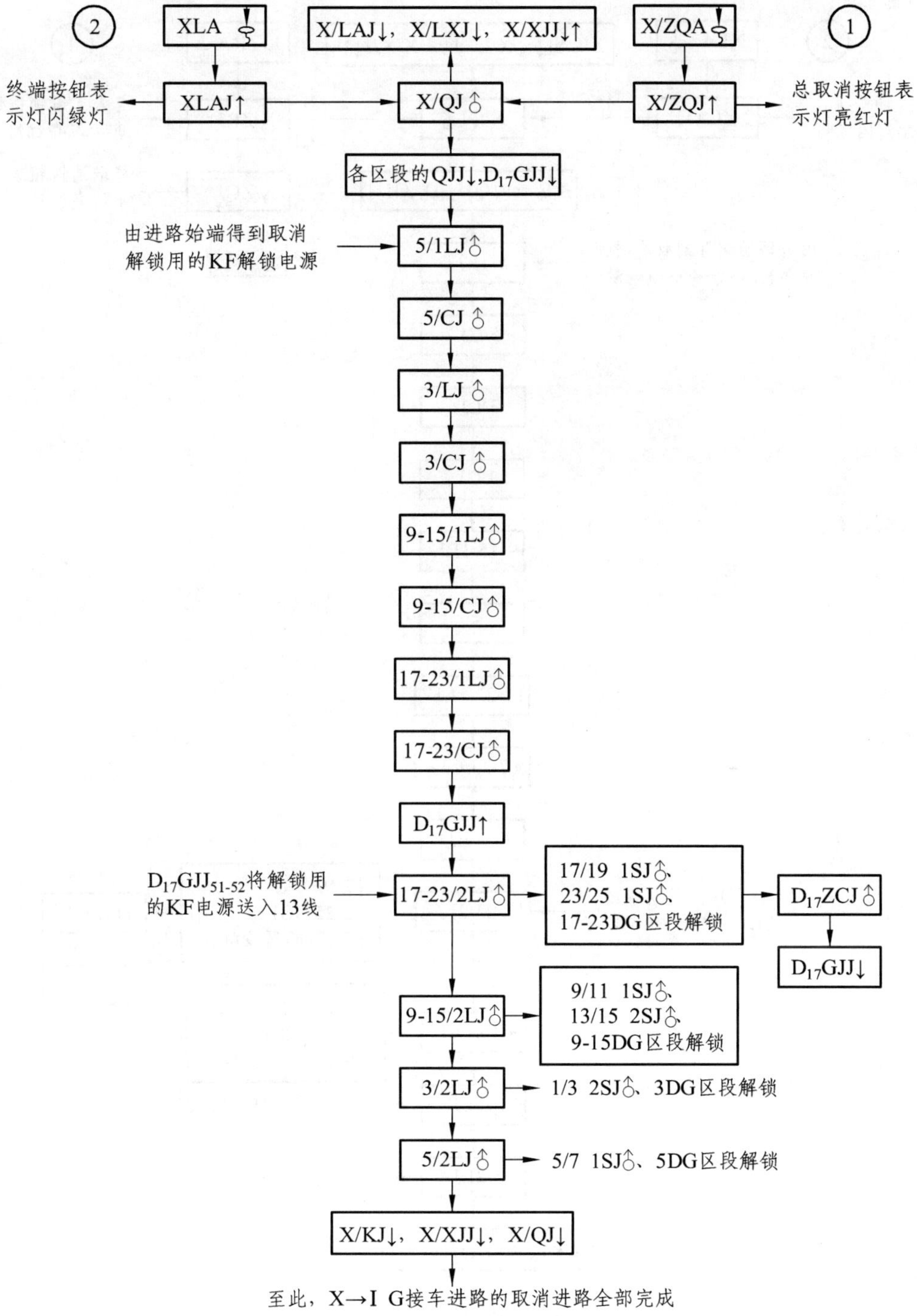

图 2.22　X→ⅠG 接车取消进路电路动作逻辑关系图

七、X→ⅠG 接车人工解锁进路电路动作逻辑关系图（见图 2.23）

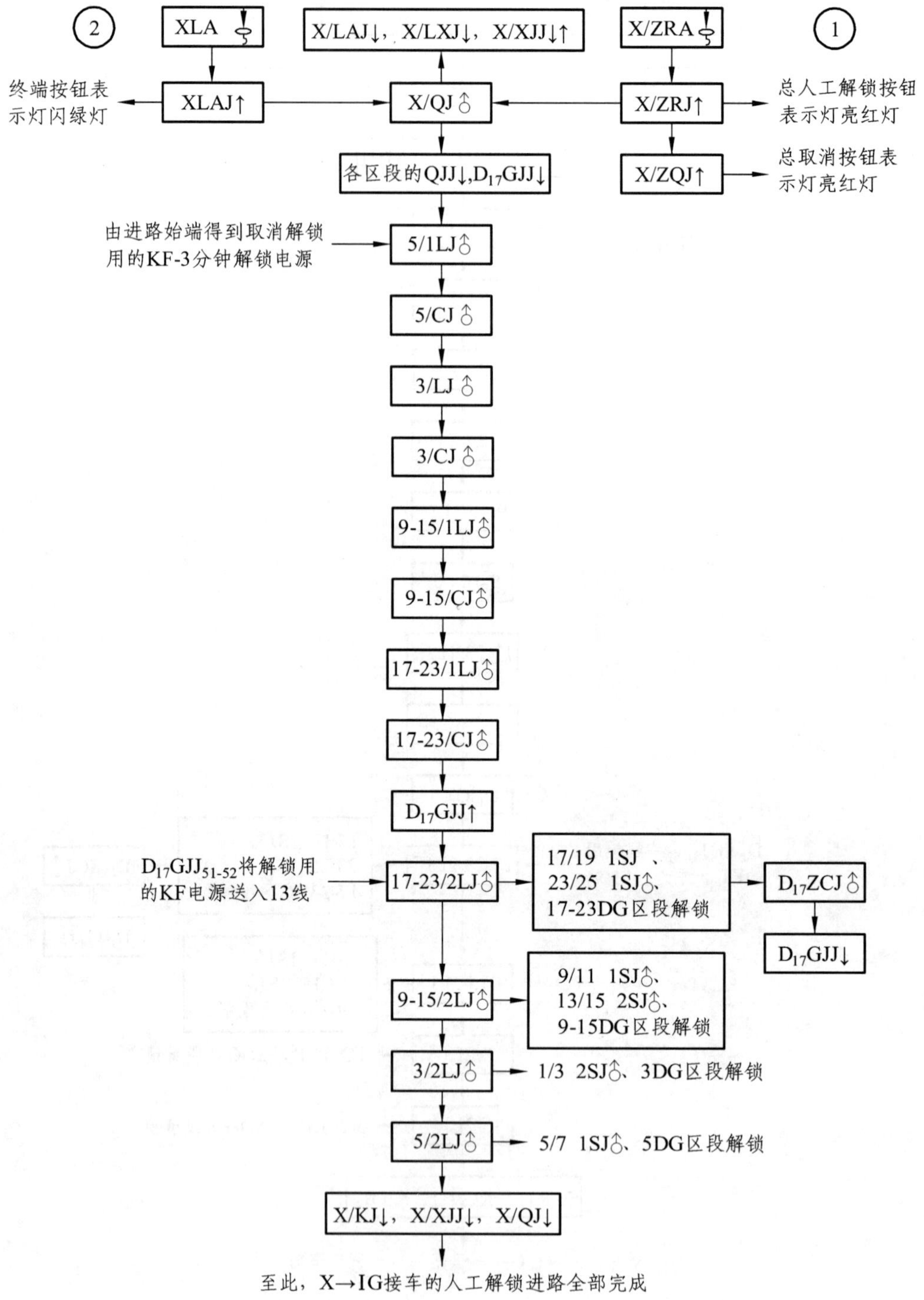

图 2.23 X→ⅠG 接车人工解锁进路电路动作逻辑关系图

八、引导进路解锁电路动作逻辑关系图（见图 2.24）

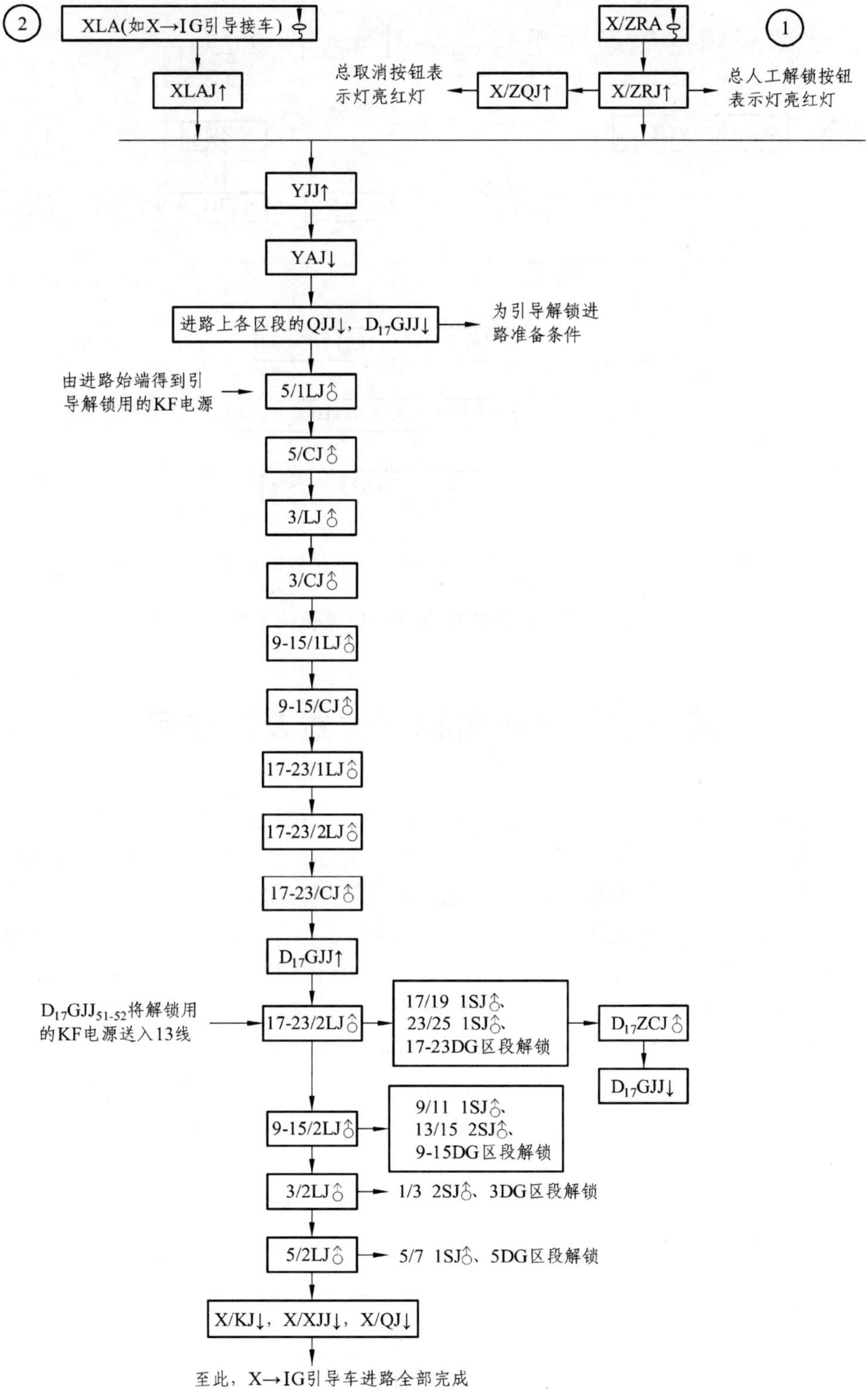

图 2.24　引导进路解锁电路动作逻辑关系图

九、故障解锁电路动作逻辑关系图（见图 2.25）

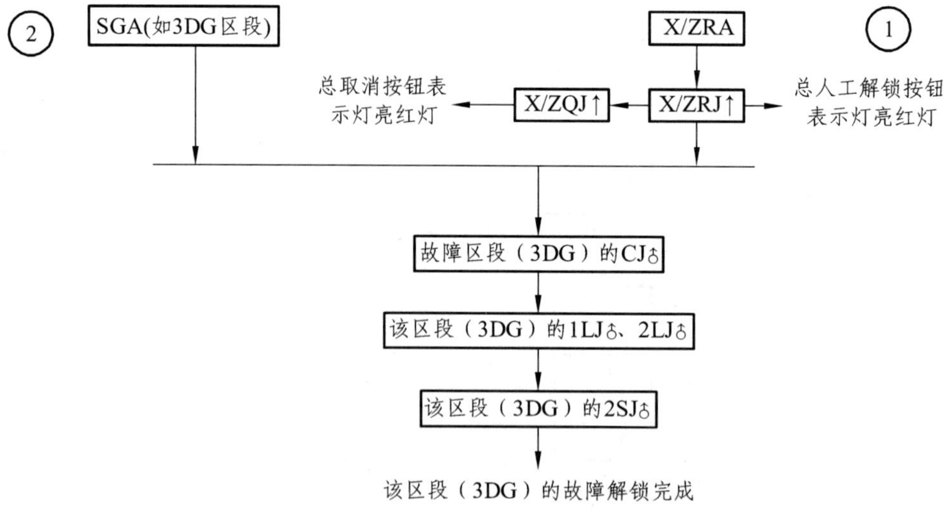

图 2.25 故障解锁电路动作逻辑关系图

第十节 设备名称、位置及端子号

电气集中车站信号楼内，用导线把控制台、组合、按钮盘和电源屏连接起来，组成各种电路。控制台、组合、按钮盘和电源屏是在工厂装配好后，运到现场再进行连接的，因此必然要经过接线端子。与控制台、按钮盘连接宜采用信号电缆，便于绑扎，走线美观，因此组合与控制台或按钮盘连接时，都要经过组合架零层端子。零层端子一侧是螺丝螺帽，便于与控制台或按钮连接；另一侧是焊片，便于与组合连接。电源屏提供给控制台和组合用的电源都须经过熔断器，控制台内有熔断器端子板，而组合使用的熔断器板则设在组合架零层上，所以电源屏与组合的连接也必须经过组合架零层端子。为了环状供电，组合架零层端子之间也要互相连接。设备使用一定时间后，会发生各种各样的故障，作为信号维护人员，要想在短时间内排除故障，保证设备的正常使用，必须非常熟悉有关设备名称、位置及端子号。

一、分线盘端子

1. 位 置

分线盘设在室内电缆引出处，电气集中的室内与室外联系电缆和导线都必须经过分线盘端子。

2. 作　用

分线盘的作用有：向室外信号设备送电、控制道岔转换、控制信号点灯、连接轨道电路受电端和与区间设备联系等。

3. 分　类

分线盘有 6 柱和 18 柱端子板两种。

4. 端子编号

分线盘可安装 10 层，从下向上顺序编号为 F1～F10，每层可装 13 块端子板。站在分线盘正面看，每层端子板从左向右顺序编号。用两个数字就可以给每个端子板编号。比如“F23”表示第 2 层第 3 块端子板。分线盘的第 1 层一般装 4 柱熔断器板，其他层装 6 柱端子板。至此可以给分线盘的任一端子编号，比如“F310-6”表示第 3 层第 10 块端子板的第 6 个端子。分线盘可以分层使用，比如第 1 层专供向室外设备送电，第 2 层用于轨道受电，第 3 层用于道岔控制，第 4 层用于信号点灯和与区间联系等。如果设备较少，同一层也可作不同用途，为方便维修，此时不同用途的端子板之间应留有空位。每层端子板的分配应按站场设备的顺序。例如，分配道岔控制用端子，从第 1 块开始向右依次排下行咽喉的道岔，道岔号码也是由小到大；排上行咽喉的道岔，则从最后一块开始向左，道岔号码由小到大。两咽喉使用同一层端子板时其间应最好留有空位，以便于维修。

二、控制台端子

1. 位　置

控制台设在信号楼车站值班员室内。

2. 作　用

控制台是车站值班员集中控制和监督全站的道岔、进路和信号机，指挥列车运行和调车作业的控制中心，是信号维修人员分析、判断控制系统故障范围的辅助设备。其盘面是按照车站站场的实际情况布置的，盘面上的模拟站场线路、接发车进路、方向、道岔和信号机位置均与室外站场实际位置相对应。其盘面上设有各种用途的按钮、表示灯和电流表。控制台中部设有供车站值班员使用的工作台，下部背面设有配线端子板、熔断器及报警电铃。

3. 端子编号

控制台零层端子板设在控制台的下部。站在每段控制台后面看，从左向右依次为：4 柱电源端子板、4 柱熔断器板、30 柱汇流排端子板和 18 柱控制台零层端子板（西信为 24 柱端子板）。每种端子板排成三行，分别从上到下和从左向右顺序编号。每块 4 柱端子板端子从上到下顺序编号，30 柱和 18 柱端子板的端子分成两排，左面编为奇数，右面编为偶数。K_1、K_2和 K_3分别表示控制台一段、二段和三段；D 表示 4 柱电源端子板；RD 表示熔断器端子板，H 表示汇流排端子板，01～0n 为 18 柱控制台零层端子板，如图 2.26 所示。

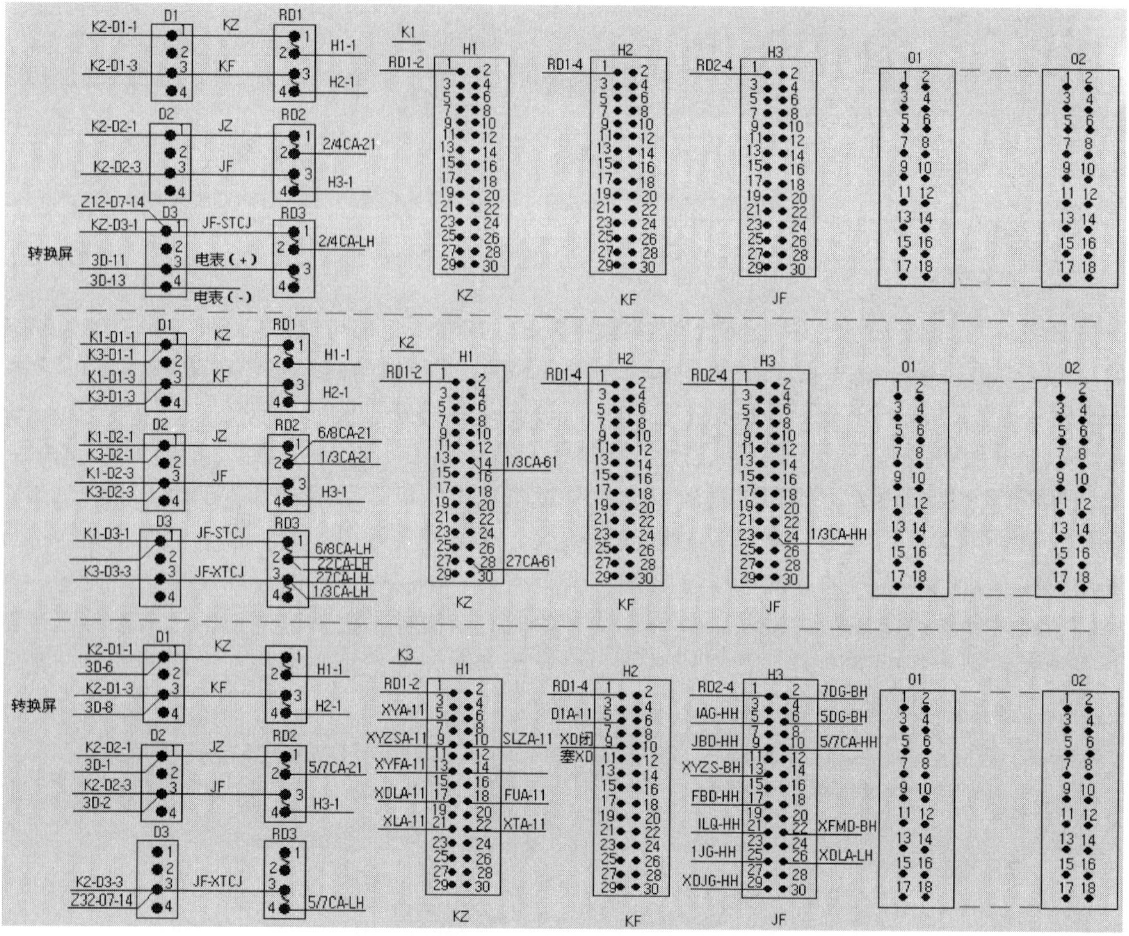

图 2.26　控制台零层端子板

三、区段人工按钮盘端子配线

1. 位　置

区段人工按钮盘设在离控制台一定距离（一般不小于 2 m）的室内墙面上。

2. 作　用

区段人工按钮盘是控制台的辅助设备，盘的下部有沟槽，便于走线。当轨道电路因故不能正常解锁时，用它办理故障解锁；停电后恢复或更换继电器时，使设备恢复正常状态；用取消进路办法不能关闭信号时，用它关闭信号。

3. 端子编号

按钮盘共有四种规格，具体设计时可根据站场规模选择不同的规格，举例站场选用了 D 型规格按钮盘。按钮盘的零层可容纳 4 柱熔断器板 3 块，18 柱端子板 9 块，分三行排列，每行排列着 1 块熔断器板和 3 块 18 柱端子板。熔断器板从上到下编号为 D_1～D_3，18 柱端子板每一列从左向右编号为 01～09。

SGA 接点的有关电路绘制在 Q 组合类型图中，各区段事故按钮 SGA 的 11 接点都连 KF-ZRJ-Q 电源，其 12 接点接至按钮盘零层 18 柱端子板的端子上，然后集中接至某一组合架零层端子板，再分别连到对应的 Q 组合的 05-3 侧面端子上。

四、组合架端子

进继电器室先看到第一排组合架的正面，每排的组合架数量以 4 架或 5 架为宜。如果因组合架数量多，每排须设置 6 架以上时，应在每排组合架中间留有通道，避免绕行排架时，走行过长。为了便于维修，排间应留有净空 1 m，当利用原有房屋改建时，不小于 0.8 m。第一排组合架距分线盘和电缆柜应留有不小于 2 m 的间距，以便施工及日常维修时搬运必要的设备。组合架右侧辅助通道应不小于 1 m，左侧主通道应不小 1.2 m，并应注意排间照明。

（一）组合架零层端子

每个组合架零层能安放 13 块端子板。从组合架的正面看，从左向右顺序编号，01～03 号为 4 柱电源端子板，04～06 号为 4 柱熔断器端子板，07、08 号为供本架各组合用的各种电源的 18 柱端子板，09～013 号为供组合与控制台、人工解锁按钮盘连接用的 18 柱端子板，如图 2.27 所示。

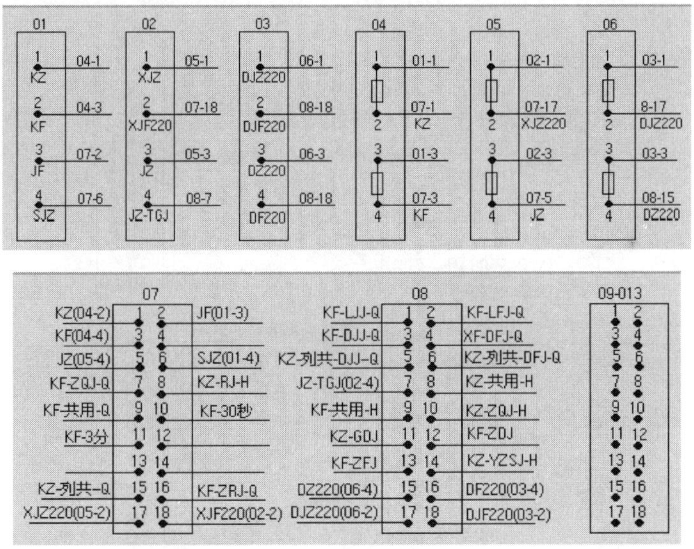

图 2.27　组合架零层端子板编号及固定使用的端子配线

（1）从电源屏引进组合架的电源有控制电源 KZ、KF，表示灯电源 JZ、JF，闪光表示灯电源 SJZ，道岔动作电源 DZ220、DF220，道岔表示电源 DJZ220、DJF220，信号机点灯电源 XJZ220、XJF220 等。这些电源的正极和 KF（不含 SJZ）从转换屏输出端子首先引至距离最近的 11 组合架零层的 01～03 号的 4 柱端子板，然后全站各组合架的 01～03 号的 4 柱端子板同各端子进行“S”形环连。在每架的零层，上述引入的电源中除 SJZ 以外，其他正电源以及 KF 电源都须经过 04～06 号的 4 柱熔断器端子板后，再引至本架 07 号 18 柱端子板 1～6 号端子、17～18 号端子和 08 号 18 柱端子板的 15～18 号端子。这些端子不需要和其他架的端子环连，直接就引入本架有关组合侧面电源端子，如图 2.28 所示。

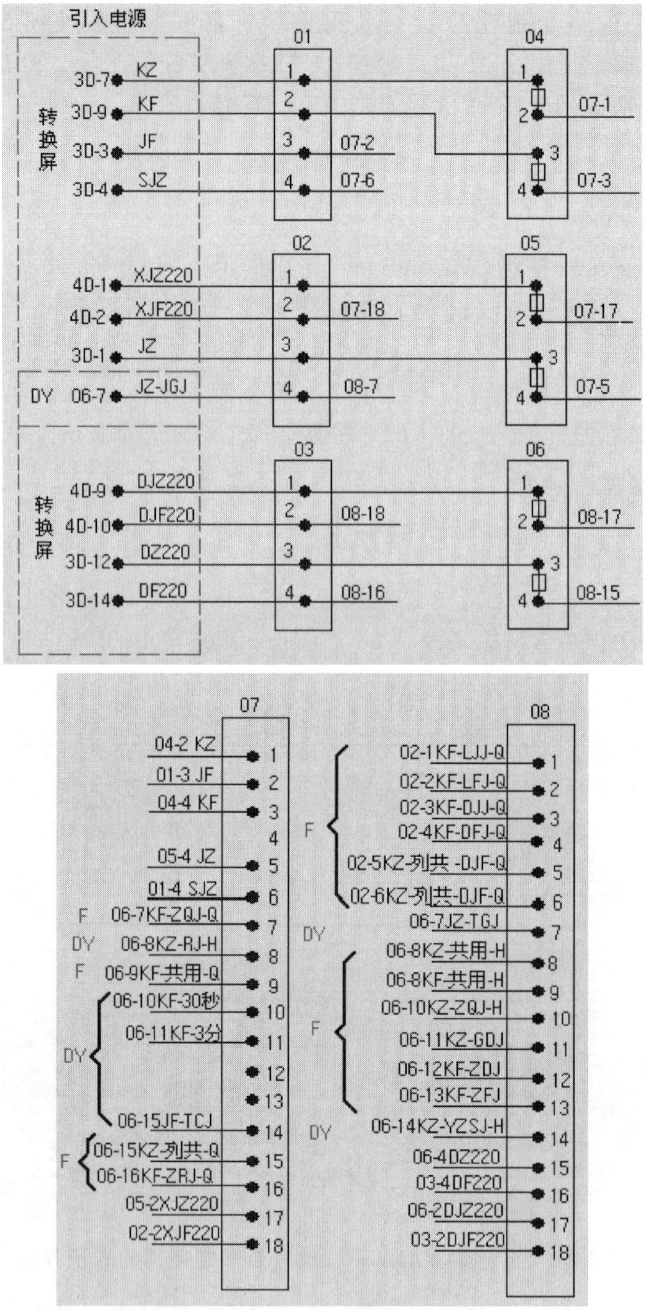

图 2.28　组合架零层电源端子配线图

（2）从电源组合（DY）引出的接通光带电源 JZ-TGJ，引至本组合架的 02 号端子板的端子 4，然后同咽喉的各组合架的 02 号端子板的端子 4 再进行环连。每个组合架的 02 号端子板的端子 4 再与 08 号端子板端子 7 相连，然后再与本架有关组合侧面端子相连。从电源组合引出的 JF-JCJ 条件电源，先引至本架 07-16，再至控制台零层端子供电盘，道岔位置灯环配。

（3）从电源组合（DY）和方向组合（F）引出的其他条件电源，引至所在组合架的 07 和 08

号两块端子板端子上，然后同咽喉的同名端子再进行环连，然后再引至有关组合侧面电源端子。

(4) 07 号端子板还空余 4、12 和 13 号端子。移频结合电路和半自动结合电路需用 JZ220、JF220 电源，在移频结合和半自动结合所在组合架零层的 07 端子板 12 和 13 号端子，就可以从电源屏引进 JZ220、JF220 电源，然后再连接有关组合的侧面端子。

（二）组合侧面端子

（1）组合架侧面端子配线包括组合与组合间的配线、组合与组合架零层之间的配线和组合与分线盘之间的配线三部分，另外还包括一个组合侧面端子之间的配线。

（2）从组合架后面看，每个组合右侧有两块侧面端子板，每块端子板上有三列 18 柱端子，从右向左依次编号为 01～06，每列端子从上到下依次编号为 1～18。

（3）六列侧面端子的用途，原则上为：15 条定型网络线用 01 和 02 列；除定型网络线以外，组合与组合之间的联系用 03 和 04 列；组合与控制台、按钮盘和分线盘的联系用 05 列；引进和引出电源用 06 列。但也有例外，例如不参加拼贴的电源组合和方向组合，其 01 和 02 列端子的使用不受上述规定限制；双动道岔辅助组合的 01～04 四列端子都用于 15 条网络线，其中 01 和 02 列用于左方道岔，03 和 04 列用于右方道岔；调车信号辅助组合的 01～04 列端子上的空余端子也可作其他用途；对于引出电源较多的方向组合，除 06 列端子外，还占用 02 列端子的部分端子引出电源。

（4）组合侧面 06 列电源端子也应固定使用。表 2.1 是各种定型组合侧面电源端子固定使用分配表。

表 2.1　组合侧面电源端子固定使用分配表

	F		DXF	SDZ	DD	1LXF	2LXF	Q	SDF	LXZ	DX	XY	DY
	02	06	06	06	06	06	06	06	06	06	06	06	06
1	KF-LJJ-Q	KZ	KZ	KZ	KZ	KZ	KZ	KZ		KF	KZ	KZ	KZ
2	KF-LFJ-Q	KZ	KZ	KZ	KZ	KZ	KZ	KZ		KF	KZ	KZ	KZ
3	KF-DJJ-Q	KF	KF	KF	KF	KF	KF	KF	KF	KF	KF	KF	KF
4	KF-LJJ-Q	KF	KF	KF	KF	KF	KF	KF	KF	KF	KF	KF	KF
5	KZ-列共-DJJ-Q	JZ		JZ	JZ	JZ	JZ	JZ		JZ	JZ	JZ	JZ
6	KZ-列共-DFJ-Q		SJZ			SJZ	SJZ			SJZ	SJZ	SJZ	JF
7		KF-ZQJ-Q						JZ-TGJ△		KF-ZQJ-O	KF-ZQJ-Q		JZ-TGJ△
8		KF-共用-H	KF-共用-H							KZ-RJ-H	KZ-RJ-H		KZ-RJ-H
9		KF-共用-Q*	KF 共用-Q							KF 共用-Q	KF 共用-Q		
10		KZ-ZQJ-H	KF-ZQJ-Q		KZ-ZQJ-H				KZ-ZQJ-H	KF-30 秒	KF-30 秒		KF-30 秒
11		KZ-GDJ				KZ-GDJ	KZ-GDJ	KZ-GDJ		KF-3 分			KF-3 分
12		KF-ZDJ		KF-ZDJ	KF-ZDJ								
13		KF-ZFJ		KF-ZFJ	KF-ZFJ								
14		KZ-YZSJ-H		KZ-YZSJ-H	KZ-YZSJ-H								KZ-YZSJ-H△
15		KZ-列共-Q*		DZ220	DZ220						KZ-列共-Q		JF-TCJ△
16		KZ-ZRJ-Q*		DF220	DF220							KF-ZRJ-Q	
17				DJZ220	DJZ220					XJZ220	XJZ220	XJZ220	
18		KF-共用-H	KF-共用-H	DJF220	DJF220					XJF220	XJF220		
	在组合架零层端子板 08 分配									在组合架零层端子板 07 分配			

五、熔断器端子

1. 道岔用

RD_1（3 A）、RD_2（3 A）、RD_3（5 A）、RD_4（0.5 A）。

2. 信号用

（1）进站信号机：RD_1（0.5 A）、RD_2（0.5 A）、RD_3（0.5 A）。

（2）出站信号机：RD_1（0.5 A）、RD_2（0.5 A）。

（3）调车信号机：RD_1（0.5 A）、RD_2（0.5 A）。

六、终端电缆盒

HZ_{12}及HZ_{24}端子编号，规定从基础开始按顺时针方向依次编号。时钟“1 点钟”方向的端子为 1 号端子，如图 2.29 所示。

七、分向电缆盒

HF-4、HF-7 方向盒，面对信号楼以时钟“1 点钟”方向的端子为 1 号端子（用红漆涂以红点），按顺时针方向依次排列，如图 2.30 所示。

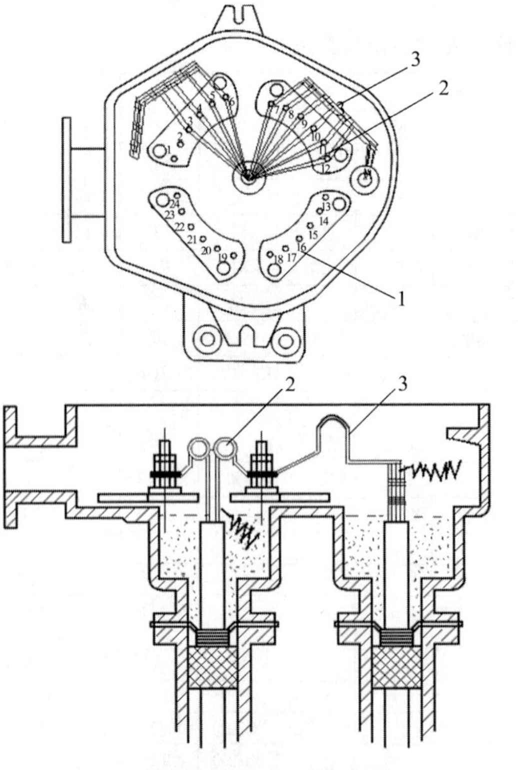

图 2.29　电缆盒端子排列及配线

1—弯六柱端子板；2—主管电缆芯线；3—副管电缆芯线

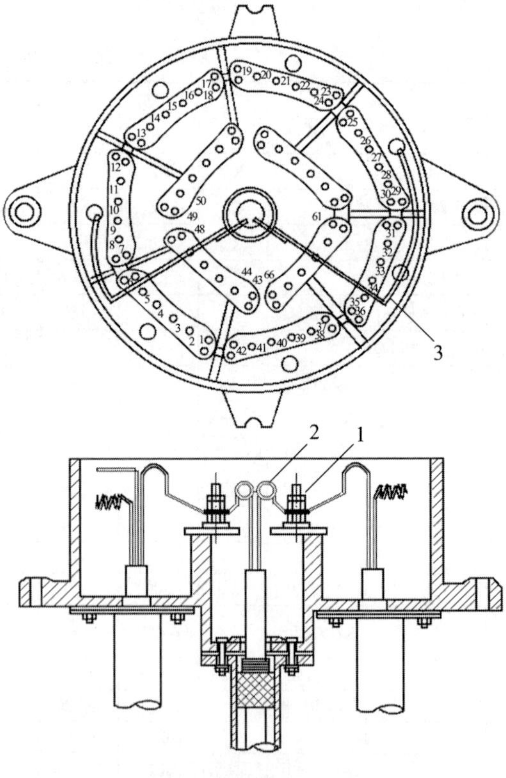

图 2.30　方向盒端子排列及配线

1—弯六柱端子；2—主管电缆芯线；3—副管电缆芯线

八、信号变压器箱

XB_1、XB_2 变压器箱，站在箱子引线口侧看，自右向左依次编号，从灌胶室端开始，靠箱壁侧为奇数端子，靠设备侧为偶数端子，如图 2.31 所示。用于轨道电路时，第一位端子空着，避免变压器箱连线头碰着端子而造成交流 220 V 触电的危险。

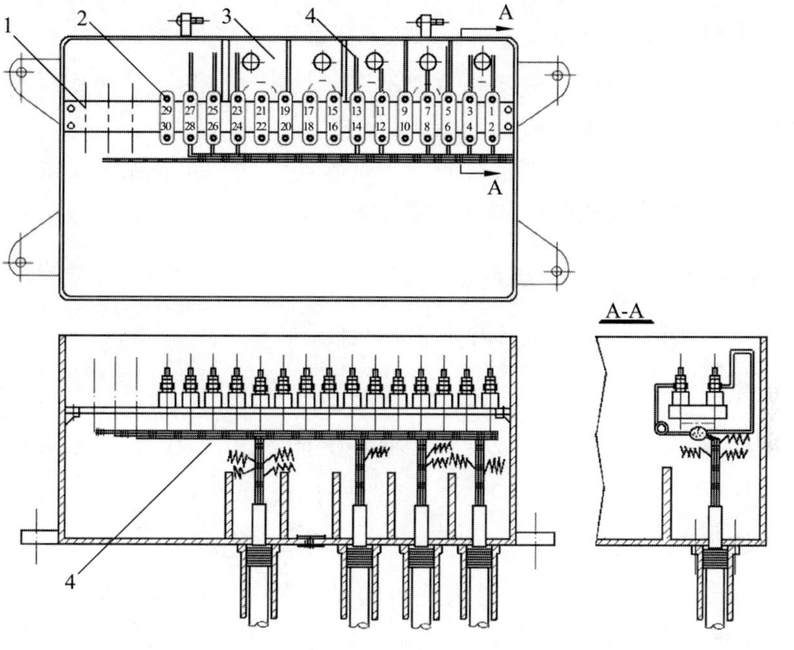

图 2.31 变压器箱端子排列及配线（XB_2）

1—端子坐板；2—二柱端子；3—灌胶室；4—电缆芯线

九、杆上电缆盒

杆上电缆盒 HG_6、HG_{10}、HG_{16}、HG_{24} 型均是从盒正面看，自上而下左侧为奇数端子、右侧为偶数端子，下部两个是电源保险管柱，右下角是杆上盒防雷接地螺栓。

第十一节 故障分类与处理方法

6502 电气集中设备在长时间使用过程中，由于连接导线、元件、器材的材质性能，产品质量的差异，焊接、安装质量及使用条件，维修水平和自然界客观因素影响等，都有可能产生故障或不能正常工作。

一、故障分类

（一）非潜伏性故障和潜伏性故障

按故障的表现分为非潜伏性故障和潜伏性故障。

1. 非潜伏性故障

非潜伏性故障指故障发生后能及时被发现的故障，即设备在运用中通过电路本身的自诊技术直观表现出来的故障。如道岔失去表示、灯泡主灯丝断丝等故障。

非潜伏性故障发生后，系统或设备不能正常工作，修复后才准许恢复正常工作。非潜伏性故障一般不考虑与其他非潜伏故障的组合。

2. 潜伏性故障

潜伏性故障指故障发生后不能及时表现出来，只有在与另一故障构成组合时才可显示出故障现象。如电源正极接地等故障。

潜伏性故障发生后可能会出现短暂的不正常状态，而后设备系统又能正常工作。潜伏性故障应该考虑与其他潜伏性故障或非潜伏性故障的组合。

（二）责任故障和非责任故障

按故障的责任原因分为责任故障和非责任故障。

1. 责任故障

责任故障指因对设备维修不良或违章作业等责任原因造成的设备故障。如设备超期使用发生故障、人为短路烧断保险等责任故障。

2. 非责任故障

非责任故障指因突发因素或因无法抗拒的外界干扰、自然灾害等造成的故障。如设备被盗；环境与气候不良，雷击、冰雪、高温、有害物质侵蚀；其他部门管理设备不良直接反映在信号设备上。

（三）断线故障和混线故障

按故障的性质分为断线故障和混线故障。

1. 断线故障

断线故障指闭合电路某处线路断开，电路转变为开路状态，导致设备不能正常工作。

2. 混线故障

混线故障指闭合电路某处线路相混或混入其他电源，使电源短路或接地，造成设备不能正常工作，或使联锁条件和控制条件短接，导致设备错误动作。

（四）信号责任事故故障和信号障碍

按事故责任分为信号责任事故故障和信号障碍。

1. 信号责任事故故障

根据《铁路行车事故处理规则》的规定，信号设备责任故障按照事故的性质、损失和对行车造成的影响，分为重大事故、大事故、险性事故和一般事故。上述事故区分是根据事故后果，即造成的人员伤亡数目，机车、车辆破坏程度和数目，中断行车时间而定。

凡因信号设备故障耽误列车时属一般事故。信号责任事故应按下列规定确定:

(1)信号设备维修不良。

(2)信号维修人员违章作业。

(3)车站人员发现信号设备不良危及行车安全时，应立即停止使用，来不及采取措施耽误列车时，列为一般事故。

(4)信号设备中分散安装的晶体管、电容、电阻、压敏元件及其组成的整机，未经测试或超越周期使用，发生故障耽误列车时，列为一般事故。

(5)工厂生产的产品，自安装使用起，在工厂保修期内，发生质量故障耽误列车时，为生产厂责任事故；超过保修期的列为信号部门责任事故。

(6)信号工作人员发现信号设备不良危及行车安全时，应积极设法修复。若不能立即修复时，应在“行车设备检查总登记簿”内登记，停止使用。停止使用的设备，发生强行使用造成耽误列车时，列为使用单位责任事故。

2. 信号障碍

信号设备不良，影响正常使用，但未耽误列车时属于信号障碍，主要包括以下几个方面:

(1)发生信号升级、降级及错误开放。

(2)道岔错误转换或错误表示。

(3)错误闭塞或错误解除闭塞。

(4)因信号设备不良，造成改变接、发车进路，引导接车，非正常手续发车，改变闭塞方式。

(5)影响调车作业。

(6)应加封加锁的设备，未按规定进行加封加锁，发生人为错误办理。

二、处理故障的程序

处理故障不能盲目乱动，要按一定的程序进行，这是缩短故障处理时间，防止将故障扩大、复杂化的关键所在。处理设备故障一般应按下面的程序进行。

1. 赶赴现场

信号设备发生故障不能正常动作时，信号人员应立即赶赴现场了解情况。

2. 询问情况

信号维修人员到达现场后，应向有关部门询问具体情况，问明故障设备的名称、号码、区段及故障发生的时间，以及故障现象和状态。经过了解后，对故障原因一时查不清或原因已清楚，但不能及时进行修复的设备，应办理停用登记手续，并向调度及领工员汇报，重大、大事故应向段长汇报，以求得帮助。

3. 登　记

办理停用登记时，应在车站有关登记簿上记明故障发生与设备停用的时间，以及由于停用故障设备而影响到的其他设备的名称、号码、区段、地址，在签上登记者姓名后，应请车站值班员确认签字。注意，发生故障后不能忙于处理，应先登记后再处理，不能使事故性质升级。

4. 汇　报

在问明情况后，应及时向段调度和领工员汇报。汇报内容包括故障设备名称、故障现象及影响范围，并说明已采取的措施，以得到技术上的指导，必要时还应请求行政领导的帮助。

5. 特殊情况会签

原因一时不清或涉及车务、工务及机务等部门时，应会同有关人员进行详细记录，经签字确认后开始工作。注意，在没有弄清原因之前不得擅自乱动设备。

6. 查找原因

设备停用后，应按故障现象、状态进行分析查找。查找过程中应采取一定的措施与方法，使用合适的工具及仪表，必要时应征得值班员同意后方可进行试验，以确定故障的性质和范围，做到沉着、细心、耐心、又快又准地把故障地点和原因找出来。

7. 处理修复

故障原因查清后，在修复过程中不准采用拆甩联锁条件、不合理的人工解锁等不正当的处理故障方法，严禁盲目乱干，防止事故越级上升。在处理修复过程中，自始至终应执行“三不动、三不离和十二禁止”的安全措施，迅速使设备恢复正常工作状态。

8. 试验

故障修复后，应按所停用的范围，认真进行试验，经试验确认故障已排除，无其他异常现象后方可交付使用。

9. 消记恢复使用

故障确已排除，经过试验确认一切良好后，可在有关登记簿上进行登记，写明恢复停用设备的名称、时间与故障原因，并经车站值班员签字。至此，设备恢复正常使用。

10. 事故障碍登记

把故障发生原因概况登记在工区事故障碍登记簿上，作为依据和资料。

11. 处理汇报

故障处理完后，应把故障的发生状况、处理经过、故障原因及修复措施、恢复使用时间、影响行车情况及故障责任人从中吸取到的教训、今后的改进措施等，如实地向段调度和领工员进行汇报。

二、处理故障的方法

（一）应急处理方法

信号发生故障，一时又无法修复，有可能发生重大或大事故时，应采取应急处理，尽可能采取有效措施，把损失减少到最低限度。但应特别注意，决不能使故障升级，为避免发生

一般事故而违章作业，以致造成重大事故。可借鉴现场采取的应急处理方法有:

1. 危及行车安全，有可能发生重大事故时的应急处理方法

(1) 关闭信号。

首先应关闭防护进路的信号机，室内可采用取消进路或人工解锁方式关闭信号，室外可采取短路有关轨道电路区段关闭信号。当机车已越过信号机，司机看不见停车信号时，应向列车发出停车手信号。

(2) 改排进路。

若时间允许应改排进路，使列车避开危险处。列车已驶入进路，如果时间、条件允许，危险处能用道岔隔开时设法隔开，如用手摇把摇动道岔。

(3) 道岔四开处理。

当对向道岔故障，处于四开位置时，应用手摇把摇动道岔使其密贴，无手摇把时应用其他办法将尖轨靠向基本轨，并设法钉固。

2. 进站信号机不能开放，中断行车时的应急处理方法

办理基本进路信号机不能开放时，应改排变通进路。变通进路不能开放时，改变接车股道。改变接车股道仍不能开放信号时，改用引导接车开放引导信号。引导信号不能开放时，利用手信号引导接车。

3. 出站信号机不能开放，影响发车时的应急处理方法

当办理发车进路，出站信号机不能开放时，应改排变通进路。若变通进路仍不能开放出站信号或无变通进路时，单线区段则改用电话闭塞，签发路票发车；双线区段接车线设有区间半自动闭塞时，可办理向接车线发车。双线区段接车线仍不能发车时，采用电话闭塞，签发绿色许可证发车。

4. 进路不能解锁影响其他作业时的应急处理法

确认列车或车列通过进路后，进路不能解锁时，首先考虑应进行取消进路方式解锁，其次按人工解锁方式解锁，最后按故障解锁方式解锁。上述方式仍不能解锁，可考虑停电后重新送电再办理解锁。若是全咽喉道岔均不能解锁，可能是条件电源 KZ-GDJ 无电所致。

应特别注意，信号设备是车站值班人员操纵使用的，应急处理不仅是信号部门的事，还应与车务人员相互配合。

（二）处理故障的常规方法

铁路现场的信号维修技术人员，从实践中总结出处理故障的常规方法，即“一看、二试、三查、四测、五处理”。掌握和灵活运用这些方法，对于稳、准、快地处理 6502 电气集中设备故障是很有帮助的。

1. 看

看，就是认真观察控制台现象。

主要从控制台各种表示灯的亮灯及其灯光显示变化情况，电流表指针摆动，电铃鸣响及非自复式按钮的位置等方面获取故障信息，进行综合分析，初步判断故障的性质和故障的范围。

2. 试

试，就是办理与试验。

通过重复办理试验使故障再现，核实故障发生的现象与经过。再经不同办理与试验，进一步缩小故障范围。所谓不同办理，其一是指同一控制对象的不同操纵方法，如对道岔的单独操纵和进路式操纵，同一进路的取消进路解锁和人工解锁等；其二是指路径重叠或部分重叠的进路办理，如 X 至 Ⅰ G 接车和 D3 向 Ⅰ G 调车的长调车进路或该调车进路的分段办理，以此确定具体的故障电路或故障部位。

3. 查

查，就是核实与复查。

首先要核实继电器室内或现场与控制台作出的判断是否相符，如根据控制台始端按钮表示灯未亮稳定灯光判断 FKJ 不励磁，就要在继电器室外确认 FKJ 是否在落下状态。其次，要复查是否满足故障电路的联锁条件，该动作的设备是否动作，不该动作的设备是否误动。

4. 测

测，就是测试。

故障范围缩小，故障点已确定在某段电路上后，应使用万用表进行测试，查出故障点。室内网络电路应在组合侧面端子测试，先将故障确定在某个组合内。属局部电路故障，如信号机点灯电路应采用接点查找测试，找出故障点。如果故障与室外设备有关，应在分线盘上测试，区分室内还是室外，再进行查找。

5. 处　理

处理，就是查出故障原因后，对症下药，采取相应的措施。需更换元器件的应立即更换；能修复的尽快修复；一时不能修复的，应采取应急处理措施；确定不能修复时，应将设备停用。

第十二节　室内电路故障分析处理

电路是否故障，可根据选择组电路中有关继电器状态进行判断。继电器动作是有规律的，它们总是按照一定的顺序吸起或落下，如果某一部位电路或设备发生故障，最终造成该吸起的继电器不能吸起，该落下的继电器不能落下，而且还会在控制台显现出故障现象，仔细观察和分析控制台的现象是电路故障分析的着手点。

一、控制台表示灯显示与继电器动作的对应关系

控制台的表示灯显示由关键的动作层次上有关继电器控制，它们之间存在着一定的对应关系。

（一）进路按钮表示灯与继电器动作的对应关系

（1）列车进路按钮表示灯闪绿光：说明该按钮被按压过，表示 LAJ 吸起。

（2）出站兼调车或进站内方兼调车的调车按钮表示灯闪白灯：说明该调车按钮被按压过，

表示 DAJ 吸起。

（3）单置调车按钮表示灯闪白灯：表示 DXF 组合内的 1AJ 或 JXJ 吸起，还表示 DX 组合里的 AJ 或 JXJ 吸起。

（4）尽头式、差置或并置处调车进路按钮表示灯闪白灯：表示 AJ 或 JXJ 吸起。

（5）列车进路按钮表示灯亮稳定绿灯：说明该按钮作列车进路始端按钮，表示 LKJ 和 FKJ 均吸起。

（6）调车进路按钮表示灯亮稳定白灯：说明该按钮作调车进路始端按钮，表示 FKJ 吸起。

（7）进路排列表示灯亮红灯：表示 LJJ、LFJ、DJJ、DFJ 四个方向继电器中有一个吸起。

（8）无论是列车进路还是调车进路，当进路按钮表示灯由闪光变为亮稳定灯光，终端按钮表示灯由闪光变为灭灯，排列进路表示灯由亮红灯变为灭灯，则说明选岔电路工作正常，进路已经选出。

（9）观察控制台各种表示灯显示时，应特别注意各种按钮的位置。

（二）道岔表示灯与监督道岔状态的继电器的对应关系

（1）道岔定位表示灯亮绿灯：说明 DBJ 或 TCJ 在吸起状态，表示道岔在定位。

（2）道岔反位表示灯亮黄灯：说明 FBJ 或 TCJ 在吸起状态，表示道岔在反位。

（3）总定位表示灯亮绿灯：说明按压了 ZDA，准备将道岔操至定位，表示 ZDJ 在吸起状态。

（4）总反位表示灯亮黄灯：说明按压了 ZFA，准备将道岔操至反位，表示 ZFJ 在吸起状态。

（5）道岔单独锁闭表示灯亮红灯：说明道岔已单独锁闭，表示 CA 在拉出位置。

（6）控制台电流表指针摆动：说明道岔正在启动，表示 1DQJ 自闭电路接通。

（三）进路光带表示灯与进路锁闭、解锁继电器的对应关系

（1）进路中某区段亮白光带：说明该区段已锁闭，表示至少有一个 LJ 在落下状态。

（2）进路中某区段亮红光带：说明该区段有车占用或故障，表示区段 DGJ（或 DGJF）落下或 FDGJ 在吸起状态。

（3）股道亮白光带：说明股道已锁闭，表示 ZCJ 在落下状态。

（4）股道亮红光带：说明股道有车占用或故障，表示 GJ 或 GJF 在落下状态。

（5）整条进路亮白光：说明进路锁闭，进路中各区段的 1LJ 和 2LJ 均已落下。

（6）引导总锁闭按钮表示灯亮红灯：说明全咽喉道岔实现总锁闭，表示 YZSJ 吸起。

（7）总取消按钮表示灯亮红灯：说明按压了 ZQA，表示 ZQJ 吸起。

（8）总人工解锁按钮表示灯亮红灯：说明按压了 ZRA，表示 ZRJ 吸起。

（9）3 min 延时解锁表示灯亮红灯：说明接车进路或正线发车进路办理了人工解锁，进路要经过 3 min 才解锁，表示 1RJJ 吸起。

（10）30 s 延时解锁表示灯亮红灯：说明站线发车或调车进路办理了人工解锁，进路要经过 30 s 才能解锁，表示 2RJJ 吸起。

(四) 信号复示器与开放信号用继电器的对应关系

1. 进站信号复示器

(1) 亮红灯：说明进站信号机在关闭状态，表示 1DJF 吸起，LXJ 落下。

(2) 闪红灯：表示 1DJF 落下。

(3) 亮绿灯：说明进站信号已开放，表示 LXJ 励磁吸起。

(4) 亮一红灯一白灯：说明引导信号已开放，表示 LXJ 落下，YXJ 吸起。

(5) 亮一红灯闪一白灯：说明引导白灯未点亮，表示 YXJ 吸起，2DJ 落下。

2. 出站兼调车信号复示器

(1) 亮绿灯：说明列车信号已开放，表示 LXJ 吸起。

(2) 亮白灯：说明调车信号已开放，表示 DXJ 吸起。

(3) 闪白灯：说明红灯主、副灯丝断丝，表示 DJ 落下。

3. 调车信号复示器

(1) 亮蓝灯：说明调车信号关闭状态，表示 DXJ 落下。

(2) 亮白灯：说明调车信号已开放，表示 DXJ 吸起。

(3) 闪白灯：说明红灯主、副灯丝断丝，表示 DJ 落下。

(五) 控制台各种报警及表示灯

1. 接近报警电铃及表示

当列车进入一接近区段或二接近区段时，区段亮红光带，同时接近电铃鸣响，表示 1JGJ 或 2JGJ 吸起。

2. 挤岔报警电铃及表示

当发生挤岔事故时，道岔处于四开状态，13 s 后挤岔电铃鸣响，同时挤岔表示灯亮红灯，说明 DBJ 和 FBJ 均为落下状态。

3. 主灯丝断丝报警电铃及表示

当列车信号的主灯丝断丝后，点亮灯丝断丝报警表示红灯，同时电铃鸣响。

4. 主、副电源切换电铃及表示

当主电源切换为副电源时，主电源表示绿灯改为副电源表示黄灯，同时响铃；当副电源切换为主电源时，副电源表示黄灯点为主电源表示绿灯，同时响铃。

二、室内电路故障举例

(一) 排列由 S_{II} 向上行方面的发车进路

1. 故障现象

按压 S_{II}LA 后，按钮表示灯闪一下绿灯后熄灭，排列进路表示灯未亮红灯。

2. 故障分析

按压 $S_{II}LA$ 后，应使 $S_{II}LA$ 励磁吸起，用 $S_{II}LAJ_{81\text{-}82}$ 给按钮表示灯接通 SJZ 电源，使 $S_{II}LA$ 闪绿灯。现在按压 $S_{II}LA$ 后，仅能使该按钮表示灯闪一下绿灯，说明 $S_{II}LA$ 曾吸起后又失磁落下，其自闭电路没有构成。因为排列进路表示灯未亮红灯，该按钮又是进路始端按钮，排除了按钮表示灯泡断丝故障造成此种故障现象的巧合。由于未构成自闭电路，则 AJ 随时会随着进路按钮的松开而失磁，中断 FJ 励磁电路，使排列进路表示灯未亮红灯，造成选路工作停止，所以进路按钮表示灯仅闪一下绿灯后熄灭。

3. 处理方法

（1）自闭电路中的 XJ、QJ、FKJ、JXJ 后接点和本身第 7 组接点中的某组接点接触不良。

处理方法：在侧面 06-3 或 06-4 端子上借 KF 电位后，分段测量电路中 KZ 电位可查明故障点，然后更换该继电器。

（2）$S_{II}LA_{1\text{-}2}$ 线圈继电器断线。

处理方法：用万用表 50 V 直流挡，将红表笔接线圈 1 上，黑表笔接线圈 2 上，按下 $S_{II}LA$ 后，观察是否为 24 V 电压，如有 24 V 电压，松开按钮后 LAJ 立即落下，则说明其 1-2 线圈断线，更换继电器即可。

（3）按压进路按钮松手过快，AJ 来不及接通其自闭电路。

处理方法：按正常速度按压按钮，即可构成自闭电路。

（二）办理 D_3 至 D_{13} 长调车进路

1. 故障现象

D_3A 表示灯和 $D_{13}A$ 表示灯一直闪白灯而不灭，但是 D_7A 表示灯和 D_9A 表示灯以及排列进路表示灯不亮灯。

2. 故障分析

D_3A 表示灯和 $D_{13}A$ 表示灯一直闪白灯，说明 D_3AJ 和 $D_{13}2AJ$ 励磁吸起且自闭。当 D_3AJ 和 $D_{13}2AJ$ 吸起后，构成了 DJJ 的励磁电路和自闭电路，DJJ 应该吸起，从而点亮排列进路表示红灯，现在该灯不亮，说明 DJJ 未吸起或该表示灯断丝。

3. 处理方法

为进一步查出故障点，应做如下处理：

（1）直接对排列进路表示灯灯泡进行测试作出判断，确属断丝可更换灯泡。还可试排任一条列车进路或发车方向的调车进路。若排列进路表示灯仍不亮，一般情况下可确认为表示灯断丝。但不能排除 DJJ 故障，因为表示灯断丝不会造成 D_7A 表示灯和 D_9A 表示灯不亮灯。

（2）为确认 DJJ 因故障未吸起，除直接对 DJJ 线圈或其励磁电路进行测试作出判断外，还可办理另一条同方向调车路，确认 DJJ 是否吸起，一般情况下，DJJ 是不会吸起的，即可能 DJJ 有故障。

（3）由于 DJJ 不能励磁，则 KF 一共用 Q 无电，造成 $D_{13}JXJ$ 无法构成自闭电路。有时在选路过程中还会出现 $D_{13}JXJ$ 与 1/3 2DCJ 来回“跳动”的现象，使 5 线的 KZ 电源无法向右传递，D_7JXJ 也无法励磁，使 D_7A 表示灯和 D_9A 表示灯不闪白灯，造成进路不能选出。

（三）办理 X 进站信号机至ⅠG 的接车进路

1. 故障现象

按压进路始端按钮 XLA 和进路终端按钮 D_{17}LA 后，XLA 表示灯和 D_{17}LA 表示灯均闪绿灯。排列进路表示灯亮红灯，中间信号点按钮表示灯未亮灯，进路无法选出。

2. 故障分析及处理

XLA 和 D_{17}LA 表示灯均亮绿灯，说明 XLA 和 D_7LA 工作正常，均已励磁吸起，排列进路表示灯亮红灯，说明 XLJJ 励磁吸起并且自闭。进路始端 XLA 表示灯未从闪绿灯变为亮稳定绿灯，进路无法选出。由此可初步确定电路故障范围在选岔电路或进路始端的 FKJ 和 LKJ 电路中，为缩小故障范围查明原因应进行以下处理：

（1）取消所办理 X 至ⅠG 接车进路，在原接车进路上办理三段调车基本进路，即 D_{13} 至ⅠG、D_9 至 D_{13}、D_3 至 D_9 三条调车进路。若哪段接车进路无法选出，故障就在那段进路范围之内。因 X 至ⅠG 接车进路始端按钮表示灯未亮稳定灯光，中间信号点按钮表示灯未闪光，故障一般在接车进路始端这一段，即 D_3 至 D_9 这一段进路的选岔电路范围内。

（2）选岔电路内产生迂回电流的堵截二极管被击穿最为常见。

查找方法是观察哪一道岔的操纵继电器被错误选出，查明并更换已被击穿的二极管。例如 5/7 号道岔，应该选至定位，经 5、6 线使 5/7 号道岔 1DCJ 励磁吸起，使 1/3 号道岔 2DCJ 励磁起。此时 5/7 号道岔 SDF 组合内 D_2 二极管被击穿，就会错误地造成 5/7 号道岔 1FCJ3-4 线圈经 D_2 的迂回电流，使 5/7 号道岔 1FCJ 励磁，用其第 4 组前接点切断 5 线向右送的 KZ 电源，从而使 5/7 道岔右边的 5 线得不到 KZ 电源，右边中间信号点的 JXJ 不会励磁吸起，中间信号的按钮表示灯不会闪光，造成进路无法选出。

（3）选岔电路故障的另一种可能是进路始端 X-D_3/JXJ 未励磁吸起，或由于 KF-共用-Q 无电，未能构成其自闭电路。此时检查 6 线的 KF 电源是否接通，应分别测量，可找到故障点，一般为接点接触不良或线头焊接质量不高造成的。

（4）进路始端的 LKJ 或 FKJ 没有励磁吸起，造成进路始端的 XLA 表示灯不能亮稳定绿灯，致使进路无法选出。因为 LKJ 和 FKJ 是单元电路，应分别查明原因，排除故障点。

（四）办理 X 至ⅢG 接车的基本进路（经 23/25 道岔反位）

1. 故障现象

按压进路始端 XLA 和进路终端 $S_{Ⅲ}$LA 后其表示灯均闪绿灯，排列进路表示灯亮红灯；当 XLA 表示灯变为稳定绿灯后，D_7A 表示灯和 D_9A 表示灯一直闪白灯而不灭，但 D_{13}A 表示灯不闪白灯，$S_{Ⅲ}$LA 表示灯一直闪绿灯不灭，进路不能选出。

2. 故障分析及处理

（1）XLA 表示灯和 $S_{Ⅲ}$LA 表示灯均闪绿灯，说明 XLAJ 和 $S_{Ⅲ}$LAJ 均已励磁吸起，工作正常。进路排列表示灯亮红灯，说明 XLJJ 励磁吸起。

（2）XLA 表示灯由闪绿灯变为亮稳定绿灯，表明 X-D_3/JXJ、XLKJ 和 XFKJ 工作正常，X-D_3/JXJ 吸起，还说明 1、2 网络工作正常，23/25 号道岔 1FCJ 和 23/25 号道岔 2FCJ 励磁吸起且自闭，并且 5、6 网络也已开始工作。

（3）D_7A 表示灯和 D_9A 表示灯一直闪白灯，说明 D_7JXJ 和 D_9JXJ 励磁吸起且自闭。由此可判断 X 至 D_9 这一段选岔网络工作正常。

（4）$D_{13}A$ 表示灯不闪白灯，说明 $D_{13}DXF$ 组合内的 JXJ 没有励磁吸起，则可判断 D_9 至 D_{13} 这一段选岔网络有故障。为查明故障原因和故障点，应重点在这一段 5、6 网络上查找。在这一段 5、6 网络上由左向右接有 9/11 1DCJ、13/15 2DCJ 和 $D_{13}DXF$ 内的 JXJ 共三个继电器，可通过重复办理试验，核实与复查，确定哪个继电器未励磁吸起。

（5）若 9/11 1DCJ 或 13/15 2DCJ 未吸起，则可能 D_9 右边的 5 线断线或继电器本身故障而使进路不能选出。

（6）若 $D_{13}DXF$ 内的 JXJ 未吸起，则可能 D_{13} 右边的 5 线断线或 JXJ 线圈断线。

（7）最后用万用表进行测试，直到查出故障点后进行相应处理。

（五）办理 X 至 4G 的接车进路

1. 故障现象

进路锁闭后整条进路点亮白光带，X 进站信号复示器亮绿灯，列车通过进路后，5DG 和 3DG 区段由白光带变为红光带，然后红光带熄灭。但是，9-15DG、17-23DG 和 19-27DG 三个区段由白光带变为红光带后，又点亮白光带。

2. 故障分析

办理好进路后整条进路点亮白光带，当列车根据信号机的显示驶入进路，压上哪个区段，则那个区段亮红光带，列车出清该区段后，应使红光带熄灭，表示该区段正常解锁。5DG 和 3DG 区段在列车通过进路后红光带熄灭，表示 5DG 和 3DG 区段已随着列车占用、出清而自动解锁。但 9-15DG、17-23DG 和 19-27DG 区段在列车占用时点亮红光带，而当列车出清后又点亮白光带，则说明这三个区段没有解锁，解锁电路有故障。

3. 处理方法

（1）首先确认 9-15/1LJ、9-15/2LJ 是否吸起。如果 9-15/1LJ 吸起而 9-15/2LJ 未吸起，则故障在 9-15/2LJ 励磁电路中。正常解锁时，9-15/2LJ 的解锁电源 KF 是由 $17\text{-}23FDGJ_{11\text{-}12}$ 接入 13 线网络的。此类故障一般是由于 17-23DG 区段的 FDGJ 故障而引起的，因为在 $FDGJ_{1\text{-}4}$ 线圈上并联有 *RC* 支路，当电容 *C* 被击穿或老化时使 FDGJ 不能可靠吸起，KF 不能接入，更换电容 *C* 后可使故障消除。或者由于 10 线网络断线使 17-23QJJ 在列车未压入区段时失磁落下，造成 17-23FDGJ 不能吸起，也会使 9-15/2LJ 励磁电路不通，则应查找 10 线网络有无断线，确定 17-23QJJ 提前失磁落下原因，将其排除即可。

（2）如果经检查测试，电容 *C* 无故障，10 线网络也完好，可对 9-15DG 区段进行故障解锁。若此时 9-15/2LJ 仍不能吸起，则说明其本身 3-4 线圈或 13 线网络有故障，应找出故障处，分别予以修复或更换。

（3）如果经观察确认 9-15/1LJ 和 9-15/2LJ 都未吸起，则说明 12 线网络有故障，为缩小故障范围，首先对该区段进行故障解锁。若 9-15/1LJ 和 9-15/2LJ 不能吸起，则说明其线圈应接入的条件电源 KZ-GDJ 无电，当 9-15/1LJ 不能吸起时，则说明其线圈本身故障，应分别进行处理。若 9-15/1LJ 和 9-15/2LJ 在故障解锁时均能吸起，则说明故障确实在 9-15/1LJ 励磁电路的 12 线网络上。

（4）为证实和缩小 12 线网络故障，再对该进路进行取消进路解锁，若 9-15/1LJ 和 9-15/2LJ 都能吸起，那么故障就不在 12 线上，故障可能在向 12 线网络送解锁电源的局部范围里，即 KF 要检查的 3/2LJ、3/1LJ 前接点和 3CJ 后接点，用万用表测量后找出断线故障点，便可排除故障。若取消进路时 9-15/1LJ 和 9-15/2LJ 不能吸起，则故障必定在 9-15/1LJ 励磁电路的 12 线网络上，用万用表在 12 线上进行测量找出故障点。测量时为减少测试点，可采用 1/2 电压法。

当 9-15DG 故障排除后，因为正常解锁电路动作规律是由进路始端向终端逐段解锁，所以 17-23DG 和 19-27DG 也就恢复正常了。

第十三节　室外设备故障分析处理

6502 电气集中室外信号设备包括透镜式色灯信号机、电动转辙机、轨道电路和电缆连接箱盒及电缆线。道岔控制电路和信号机点灯电路既有室内又涉及室外，特别是室外设备与铁路行车密切相关，工作条件恶劣，受外界干扰大，发生故障的概率要比室内大得多。所以，室外信号设备的维修和故障分析处理一直是信号工作人员工作岗位的重点内容。

一、ZD_6 型电动转辙机道岔控制电路故障分析

（一）故障分类

（1）与道岔有关的故障，从结构上可分为电路故障和机械故障。

（2）从电路动作程序上可分为启动电路故障和表示电路故障。

（3）从设备位置上可分为室内设备故障和室外设备故障。

（4）从故障现象上还可分为道岔不启动、空转和无表示三种故障。

（二）如何区分室内外故障

1. 道岔启动电路的区分

（1）道岔启动电路故障时，可单操道岔，道岔原来位置表示灯不灭，说明 1DQJ 未励磁；单操道岔，道岔原来位置表示灯熄灭，但是当松开单操按钮时，道岔原来位置表示灯又点亮，说明 2DQJ 不转极。根据上述两种故障现象，可判断故障在室内。

（2）道岔定、反位表示灯均无表示，且发生挤岔报警时，不单操道岔，应在分线盘有关端子上测启动电路回路电阻，以区分室内、外故障。

对于四线制道岔来说，X_1 为定位的启动和表示公用线，X_2 为反位的启动和表示公用线，X_3 为定、反位表示公用线，X_4 为定、反位启动公用线。因此道岔在定位，X_2 与 X_4 之间应该是通的；道岔在反位，X_2 与 X_4 之间应该是通的。以道岔在定位为例，X_2 与 X_4 之间不通，说明故障在室外，如果 X_2 与 X_4 之间电阻值不是无穷大，一般可确定为室内电路开路。为可靠起见，可单操道岔，用万用表直流 250 V 电压挡在分线盘处测 X_2 与 X_4 之间有无直流电压，如果无电压，能确定故障在室内，如果有电压，则故障在室外。当判断故障在室内时，应首

先看室内道岔启动电路的熔断器，如果熔丝熔断，应换上熔丝后试验一次，再烧断，则为混线故障。区分混线故障在室内还是室外，应再次在分线盘处测试。拆下分线盘处故障道岔 X_2 与 X_4 的电缆线，测启动电路室内的电阻，如果电阻无穷大（开路），则为室外故障；如果电阻不是无穷大，则为室内故障。对于双动道岔，单独操纵后电流表指针摆动一次为室外故障。

2. 道岔表示电路区分

对于四线制道岔控制电路，定位无表示时，在分线盘处测 X_1 与 X_3 的交流电压；反位无表示时，在分线盘处测 X_2 与 X_3 的交流电压。若测得交流电压为 110 V 左右，说明室外开路。若测得电压为 0 V 时，应拆开 X_3 电缆线再测电压，为 110 V 左右则是室外短路，仍为 0 V 则是室内开路。

（三）混线故障分析

以下分析的混线是在两条电缆线完全相混的情况下出现的，当不完全混线或因电缆线较长混线点距信号楼较远，回路中有一定线路电阻时，可能不会烧断室内熔断器，但控制台电流表的读数是比较大的。

1. X_1 和 X_2 相混

（1）故障现象。

道岔原在定位，向反位操纵时，道岔启动后烧断反位的熔断器，不能转换到底，无位置表示。

（2）故障分析。

道岔向反位启动后，接通了自动开闭器第 2、4 排接点，由于 X_1 和 X_2 相混，使反位启动的 DZ 电源从室内经 X_2 送出后又串到 X_1，经自动开闭器 41-42 接点送到定子线圈的 1 端子上，使道岔又有往回转的趋势。这样，两定子线圈的自感电势相互抵消，导致回路电流过大，烧断反位的熔断器，使道岔停止转换。

2. X_1 和 X_3 相混

（1）故障现象。

道岔原在定位，无位置表示，向反位操纵后，道岔能转换到底，但在反位密贴来回窜动；控制台上电流表指针往返摆动，一直无位置表示。

（2）故障分析。

因 X_1 和 X_3 相混，当道岔向反位转换完毕后，断开自动开闭器第 1 排静接点，接通第 2 排静接点，虽然反位启动电路被断开，但因 1DQJ 有缓放作用，在动接点转换过程中能一直保持吸起，启动电源没有断开，于是 DZ 经自动开闭器 11→21→22→二极管 $Z_{1\text{-}2}$→23→24→移位接触器 01→02→自动开闭器 43→44→X_3→X_1→自动开闭器 41→42→定子线圈 $_{1\text{-}3}$→转子线圈 $_{3\text{-}4}$→遮断开关 05→06→X_4→DF，接通定位启动电路，使道岔向定位转换。但只要道岔向定位启动，自动开闭器接点立即变位，断开第 2 排静接点又接通第 1 排静接点，即断开刚接通的定位启动电路，重新接通了反位启动电路，又使道岔向反位转换。反位刚转换完毕，自动开闭器动接点又迅速打向第 2 排静接点，于是定位启动电路又被接通。就这样，循环往复出现道岔在定位密贴处来回窜动的现象。

3. X_2 和 X_3 相混

（1）故障现象。

道岔原在定位，有定位表示，操纵至反位时，道岔能转换到底，无反位表示。

（2）故障分析。

因为 X_2 和 X_3 混线，反位表示电源短路造成道岔无反位表示。

4. X_1 和 X_4 相混

（1）故障现象。

道岔原在定位，有定位表示，操纵至反位时，先后烧断定位、反位的 DF 熔断器，道岔不能转换到底，一直无位置表示。

（2）故障分析。

由于 X_1 和 X_4 混线，道岔由定位操纵到反位时，在 1DQJ 刚一吸起，2DQJ 未转极的瞬间，直接将 DZ、DF 电源短路，烧断定位 DF 的熔断器；当 2DQJ 转极后，DZ 和反位 DF 可正常供出，使道岔启动，但当自动开闭器动接点变位接通第 4 排静接点时，X_4 的 DF 经 X_1 和自动开闭器 41-42 接点，直接接到定子线圈 1 端子上，将转子线圈短路，导致烧断反位 DF 的熔断器，道岔停止转换，定位和反位均无表示。

5. X_2 和 X_4 相混

（1）故障现象。

道岔原在定位，操纵至反位时，只要 2DQJ 转极，直接烧断反位 DF 的熔断器，道岔不能启动，无道岔位置表示。

（2）故障分析。

道岔原在反位，操纵至定位时，1DQJ 吸起，直接烧断反位 DF 的熔断器，2DQJ 转极后，道岔刚一启动，烧断定位 DF 的熔断器，无道岔位置表示。

6. X_3 和 X_4 相混

（1）故障现象。

道岔原在定位，操纵至反位时，道岔能转换到底，且有反位表示，但反位 DF 熔断器被烧断。

（2）故障分析。

由于 X_3 和 X_4 混线，当道岔向反位转换完毕，虽然反位启动电路被断开，但 1DQJ 有缓放作用，缓放过程还可能送出 DZ 和 DF 电源，于是，X_2 上的 DZ 经自动开闭器 11→21→22→二极管 $Z_{1\text{-}2}$→自动开闭器 23→24→43→44→X_4→DF，从而将 DZ 与 DF 短路，烧断反位熔断器。

（四）道岔空转故障分析

ZD_6 型电动转辙机对道岔尖轨的锁闭采用内锁闭。当道岔转换完后，为防止列车通过道岔时，将尖轨震开缝隙，在电动转辙机内由带有锁闭圆弧的锁闭齿轮和齿条块底边和削尖齿圆弧重合，实现将尖轨锁在密贴的位置上。ZD_6 型电动转辙机在转换道岔过程中其主轴共旋转 324°，其中解锁用 32.9°，转换尖轨用 258.2°，锁闭用 32.9°。电动转辙机的转换锁闭装置，在将电机的旋转运动变为尖轨的直线往复运动过程中，尖轨动作前必须先解锁，尖轨动作后，对它进行锁闭。在这个动作过程中，电动转辙机会发生空转的故障。

电动转辙机转换道岔的空转故障是机械故障，常见现象有三种：不解锁空转、解锁空转与密贴空转。

1. 不解锁空转

不解锁空转最明显的特点是齿条块不动。道岔有 32.9° 的锁闭量，即锁闭齿轮要转动 32.9°，才能带动齿条块动作。锁闭齿轮转动小于这个数值而发生的空转称为不解锁空转。不解锁空转的原因有：摩擦电流偏小，动接点轴锈蚀，检查柱与表示杆缺口卡阻，锁闭圆弧与齿条块缺油等。

2. 解锁空转

解锁空转是指锁闭齿轮转动 32.9° 后发生的空转。解锁空转有以下几种现象：

（1）齿条块不动。原因可能是锁闭齿轮与齿条块不啮合，或它们之间有异物卡阻。

（2）齿条块能动，但密贴杆空动距离小于 5 mm。其原因是道岔不方正，密贴杆轴套的中心线与挡架中心线不在同一条直线上而被卡阻，或是异物卡阻。

（3）齿条块带动密贴杆能完成空动距离，但尖轨不动。其原因一般为密贴压力过大或基本轨有“肥边”。

（4）道岔在四开位置空转，即尖轨能动，道岔转换不到底。其主要原因一是摩擦电流小，二是摩擦阻力大，三是有异物卡阻。其中摩擦阻力过大一般为滑床板不干净，尖轨尾部轨端无缝及接头螺检过紧等。

解锁空转原因一般都是存在异物卡阻，当不能直观发现存在异物卡阻时，要区分电动转辙机箱内还是箱外卡阻，其方法是：手摇道岔至摩擦空转，突然松开手摇把，如果手摇把有明显的反转，外部卡阻的可能性大，因为尖轨卡阻后受力变形，松开摇把，尖轨有复原的过程而带动摇把反转。如果手摇把无明显的反转，则尖轨尖端部位或箱内卡阻可能性大。而尖轨尖端部位卡阻比较容易发现，多数原因是尖轨与基本轨之间有异物。箱内卡阻原因主要有：齿条块上部有异物，挤切销盖松动后顶锁闭齿轮，或表示杆调整不当与后盖抵住等。

3. 密贴空转

密贴空转有锁闭空转与不锁闭空转等两种情况。锁闭空转说明道岔能锁闭，但道岔启动电路未能断开，一般是启动电路混线所造成。不锁闭空转是因为道岔密贴杆带动道岔的动程大于尖轨走行的动程而造成的，经重新调整后可恢复正常。

二、S700K 型电动转辙机道岔控制电路故障分析

（一）启动电路故障分析与处理

1. 组　成

S700K 型电动转辙机启动电路由 1DQJ、2DQJ、1DQJF、TJ、BHJ、DBQ 电路和三相交流电机电路组成。

2. 工作原理

室内 1DQJ 和 2DQJ 励磁电路与 ZD_6 型电动转辙机道岔启动电路基本相同。为防止道岔转换不到底时电机长时间空转，在 $1DQJ_{1-2}$ 线圈自闭电路串接有 BHJ 前接点和 TJ 后接点。当 1DQJ 吸起，30 s 后 TJ 吸起，切断 1DQJ 电路。转辙机采用三相交流电动机，通过改变交流电源 B、C 的相序，达到改变电动机旋转方向的目的，当道岔由定位向反位转换时，分线盘处 X_1、X_3、X_4 送出 380 V 电源；由反位向定位转换时，X_1、X_2、X_5 送出 380 V 电源。

3. 故障分析

启动电路发生故障时，先区分故障是在室内还是在室外。

（1）观察控制台的提速道岔启动表示灯是否亮灯，判断道岔是否启动，如果亮灯说明道岔已经启动；灯亮后 30 s 才灭灯，说明室外道岔尖轨未转换到底，室外道岔有故障。如果操纵道岔后，启动表示灯不亮，说明室外道岔未转动。此种情况下应首先在室内检查，判断 1DQJ 是否吸起，2DQJ 是否转极，在 DBQ 的 11、13、51 端子上测量是否有三相电源。

（2）为区分故障在室内还是在室外，应拔掉表示熔断器后在分线盘处测室外电缆回路电阻。三相交流电动机一相线圈绕组约为 7.5 Ω，一个回路为两相线圈绕组，再加上电缆回路电阻，一般为 50 Ω 左右，如果三相间都是 50 Ω 左右，则说明室外设备正常。这时应检查室内插接件是否牢固、配线及继电器有无故障，更换 DBQ 继电器即可恢复正常。如果在分线盘处测得三相电缆回路电阻，其中有一个回路电阻值为无穷大，则说明室外设备有故障，可能有电缆断线、转辙机接点开路或电机绕组断线等。

（3）如果道岔已经启动，尖轨与基本轨不密贴，一般为室外机械故障。故障原因主要有：锁闭铁安装螺栓松动，造成燕尾铁不平衡以致卡阻；燕尾铁有泥沙，摩擦卡阻不灵活或缺油；尖轨有异物卡阻；滑床板严重缺油或吊板等。

（二）表示电路故障分析与处理

1. 组　成

S700K 型电动转辙机表示电路由 BD1-7 变压器、DBJ 和 FBJ 及室外转辙机接点及密贴检查器接点、整流元件等组成。

2. 电压关系

表示电路中检查了三相交流电动机的线圈绕组，电机线圈的电感特性起到滤波作用，并且整流元件与表示继电器线圈并联。当反位表示时，X_1 与 X_2 交流电压约为 65 V，X_2 为负、X_4 为正时直流电压为 21 V 左右；X_1 与 X_3 交流电压约为 65 V，X_3 为正、X_5 为负时直流电压为 21 V 左右。

3. 故障分析

（1）道岔表示电路故障时，一般是应该吸起的 DBJ 或 FBJ 处于落下状态，控制台道岔位置表示灯不亮。首先应判断是室内还是室外故障，以道岔定位无表示为例，应在分线盘处测 X_1 与 X_2 间是否有交流电压。若无交流电压，应断开 X_1 端子后再测室内 X_1 与 X_2 间是否有交流电压。若还是无交流电压，则故障在室内，应检查室内保险是否良好，或者有配线及接点是否开路。若有交流 110 V 电压，说明室外有开路故障。

（2）查找室外开路故障，应从主机电缆盒开始，测 1、2 号端子无交流电压，说明是电缆断线；有交流 110 V 电压，说明是转辙机或密贴检查器开路。

（3）查找室外转辙机或密贴检查器开路故障时，先检查是否卡缺口。如果没有卡缺口，应采用电阻法逐步测量，直到找出故障，并进行相应处理。卡缺口故障一般是连接杆螺母松动和调整不当造成的，紧固螺母并重新调整即可恢复。

三、信号机及点灯电路故障分析

（一）区分室内外故障

1. 故障现象一

信号机未开放，控制台信号复示器闪光，且发生灯丝断丝报警，说明禁止信号点灯电路故障。判断处理方法：

（1）在分线盘处测试禁止信号点灯电压，如果有交流 220 V 电压，可断定故障点在室外；如果电压较小或为 0 V，可初步确定为室内故障，再观察组合侧面的熔断丝是否烧断，换上熔丝后又烧断，说明有混线故障。

（2）区分混线故障在室内还是室外，应再次在分线盘处进行测试。其方法是：在分线盘上拆下一根故障回路的电缆线，先测室内部分的回路电阻，如果有电阻值，则室内混线；如果电阻为无穷大，则故障在室外。

2. 故障现象二

信号开放后自动关闭，信号复示器一直闪光或复示器闪光后自动灭灯，说明允许灯光点灯电路故障。如果开放的允许信号同时点亮两个灯，先要区分哪个灯位故障。允许灯光点灯电路故障，区分故障在室内还是室外的方法与上述禁止信号点灯电路方法相同。

（二）信号机及点灯电路故障分析

（1）信号机采用双灯丝灯泡，设有主、副灯丝自动转换装置，对应每个灯泡各设一台信号点灯变压器，起到变压器隔离防护作用。信号点灯电路采用了双重系统，具有主灯丝断丝后自动转换副灯丝和自动报警的功能，当点灯电路出现故障可能从控制台信号复示器亮灯状态以及电铃鸣响报警得到及时发现。

（2）信号机及点灯电路出现故障时，应根据控制台显示区分故障在室内还是室外。经测试判断确定为室内故障时，应首先在室内察看熔断器，检查电源是否有电，再检查测试是否满足控制条件。室内电路故障可按执行组电路故障分析法查找。

（3）确定不是室内故障时，应按下述方法进行处理。

① 应先根据信号机故障现象，观察室内控制台上信号复示器亮灯状态及主灯丝断丝报警电铃是否鸣响，在分线盘处对故障回路电缆接线端子进行测试，确认故障是否在室外。

② 经确认故障在室外后，对高柱信号机应在信号变压器箱处，对矮型信号机应在信号机内电缆端子处测试，无电压则为电缆故障；有 220 V 交流电压，一般为信号变压器故障或灯泡接触不良，灯泡主、副灯丝均断丝或灯丝转换继电器故障等。当电缆故障时，应在该故障回路电缆经过的方向盒或终端盒端子处测试，找出故障断线点进行相应处理或换上备用芯线。

当信号机内元器件故障时进行相应处理或更换元器件即可。

四、轨道电路故障分析

（一）有车占用，无光带显示的故障分析

1. 故障现象

有车占轨道电路区段时，控制台无光带显示。

2. 故障分析处理

（1）此类故障是非常危险的，很容易引发大事故。发生这类故障后应首先通知值班员或信号员停用设备，然后进行处理。

（2）这类故障发生的原因一般在室外设备，本着“先室内后室外”的原则，可先检查控制台光带表示灯是否有故障，轨道继电器是否落下，接点是否卡阻或粘连等。

（3）这类故障发生在室外设备的主要原因有：

① 道岔区段轨道电路设有轨端绝缘但没有设在受电端的双动道岔渡线或侧线上，因轨端接续线或岔后跳线断开、脱落，而造成死区段。

② 轨面电压调整过高或送电端可调电阻调整的阻值过小造成车辆压不死，即不能分路。

③ 一送多受轨道区段，因各受电端距离较远，轨面电压调整不平衡，有个别受电端轨面电压过高而造成车辆压不死。

④ 钢轨轨面生锈，车辆自重较轻或轮对电阻过大等，使车辆轮对分路不良。

⑤ 室外发生混线，有其他电源混入，或牵引电流干扰等。

（二）无车占用，点亮红光带的故障分析

1. 故障现象

无车占轨道电路区段时，控制台点亮红光带。

2. 故障初步分析判断

发生这种故障时，应先在控制台观察故障现象，作出初步判断。

（1）如果几个轨道区段同时出现红光带，应重点检查分线盘检查轨道电源熔断器熔丝和送电电缆芯线。

（2）若相邻两个轨道区段同时出现红光带，一般是相邻两轨道电路轨端绝缘双破损。

（3）只有一个轨道区段亮红光带时，应首先在分线盘处测试送电电缆端子有无电压，若有电压，确认为室外故障时，再去室外或通知室外维修人员处理。

（4）判断轨道电路是开路故障还是短路故障是分析轨道电路故障的关键。以交流连续式轨道电路为例，首先应测试送电端轨面电压，如果电压较高，一般能确定为开路故障。为确定是开路故障还是短路故障，无论电压是高还是低，应开箱测试 BG_5 变压器二次侧电压与可调电阻器电压，并进行比较后再作判断。若二次侧电压不正常，可从 BG_5 一次侧至熔断器方向查找故障点。若二次侧电压正常再测可调电阻器电压，如果可调电阻器电压为 0 V 或明显低于平常值，表明轨道电路开路；如果可调电阻器电压接 BG_5 二次侧电压明显高于平常值，

说明轨道电路短路。

3. 电路开路故障分析

轨道电路开路后，DGJ 落下，虽然无车占用，控制台会点亮红光带。开路故障应查轨端接续线、道岔跳线和箱盒与轨面的引接线，即“三线”。无论哪条开路，用电压法查找，很容易找到故障点。如果从送电端至受电端顺序测试轨面电压，故障点就在电压突然下降处；如果从受电端至送电端顺序测试轨面电压，故障点在电压突然升高处。

4. 轨道电路短路故障分析

轨道电路短路后，DGJ 也会落下，使控制台在无车占用时点亮红光带。短路故障应检查绝缘，绝缘破损是造成短路的主要原因。还有其他原因，如异物短路和铁丝、撬杆等金属物，或跳线、引接线混线等。

本章小结

本章介绍了目前较为成熟的 6502 电气集中联锁设备的控制台和区段人工解锁按钮盘，继电器组合及组合架，进路按钮的配置和操作方法，选择组电路组成，选择组表示灯电路，执行组电路组成，执行组表示灯电路，设备名称、位置、故障分类与处理方法及端子号，并在此基础上，重点介绍了如何运用电路动作程序逻辑关系图分析、查找、处理室内、外电路故障。

思考题

1. 6502 电气集中联锁由哪些设备组成？
2. 控制台和区段人工解锁按钮盘如何设置？有何作用？
3. 控制台上设有哪些按钮？有何作用？如何操作？
4. 6502 电气集中有哪些组合？组合架如何命名？
5. 列车、调车的基本进路、变更进路如何操作？
6. 选择组电路由哪些电路组成？选择组表示灯电路的表示灯有何含义？如何根据表示灯的显示分析、判断故障？
7. 执行组电路由哪些电路组成？执行组表示灯电路的表示灯有何含义？如何根据表示灯的显示分析、判断故障？
8. 根据举例站画出 $D_1 \to D_5$ 调车进路电路动作逻辑关系图。
9. 根据举例站画出 X→ⅢG 接车进路电路动作逻辑关系图。
10. 根据举例站画出ⅡG 向东郊方面发车进路电路动作逻辑关系图。
11. 根据举例站画出 X→ⅢG 接车取消进路电路动作逻辑关系图。

第三章　DS6-11 型计算机联锁系统

DS6-11 型计算机联锁由通号集团公司研究设计院于 1995 年研制成功，1997 年起上道使用，1999 年 1 月通过铁道部技术鉴定，批准推广使用。目前，在全国十几个铁路局及地方铁路的一百多个车站上日夜运行，为日益繁忙的铁路运输提供了安全、可靠的保障。该系统采用具有高可靠性的工业控制计算机，运用网络通信技术构成多机分布式控制系统。控显子系统采用双机冷备结构，通过控显转换箱进行人工切换，满足系统高可用性要求。人机界面的操作方法可选按钮盘、数字化仪或鼠标，站场显示设备可选图形显示器（CRT）或光带表示盘。联锁子系统采用动态冗余的双机热备结构，具有故障自动切换和人工切换功能，满足系统高可靠性和可用性要求。控制命令输出采用动态驱动方式，状态信息输入采用动态编码方式，满足故障导向安全要求。联锁软件采用双份编码，程序设计具有标准化、模块化和结构化的特点。该系统具有完善的自检测和故障诊断功能，能够与其他自动化系统，如调度集中、调度监督以及管理信息系统等联网实现信息交换，并可提供远程监视，为设备维护提供有力的技术支持。

第一节　设备组成及功能

DS6-11 型计算机联锁设备和其他类型计算机联锁设备相同，分室内设备和室外设备两部分，其中室外设备和 6502 电气集中联锁相同，这里不再重述。室内设备由控制台子系统、联锁子系统、输入/输出接口、监测子系统和电源系统组成。其中，监测分机、控制显示计算机（简称控显机）、联锁机 A、联锁机 B 之间通过网络 A 和网络 B 组成双冗余网互连，结构如图 3.1 所示。各子系统采用的计算机统一为 PC 总线工业控制微机，机箱和电源为整体结构，具有良好的适应工业现场环境的能力和抗干扰能力。系统的所有输入/输出接口均经过光电耦合器实现计算机设备与现场设备的电气隔离，能够有效地防止来自现场方面的电气干扰。

DS6-11 系统设备布置如图 3.2 所示。

计算机室内安装 3 个 19 英寸（1 英寸＝2.54 cm）的标准机柜，分别为联锁机柜 A、联锁机柜 B、监控机柜。联锁机柜 A 自上而下分别安装联锁机 A、三层输入/输出接口、电源控制箱、UPS_1 模块；联锁机柜 B 自上而下分别安装联锁机 B、三层输入/输出接口、两块直流 24 V 电源模块、UPS_2 模块；监测机柜自上而下分别安装监测机显示器、监测主机、控显 A 机、控显转换箱、控显 B 机。

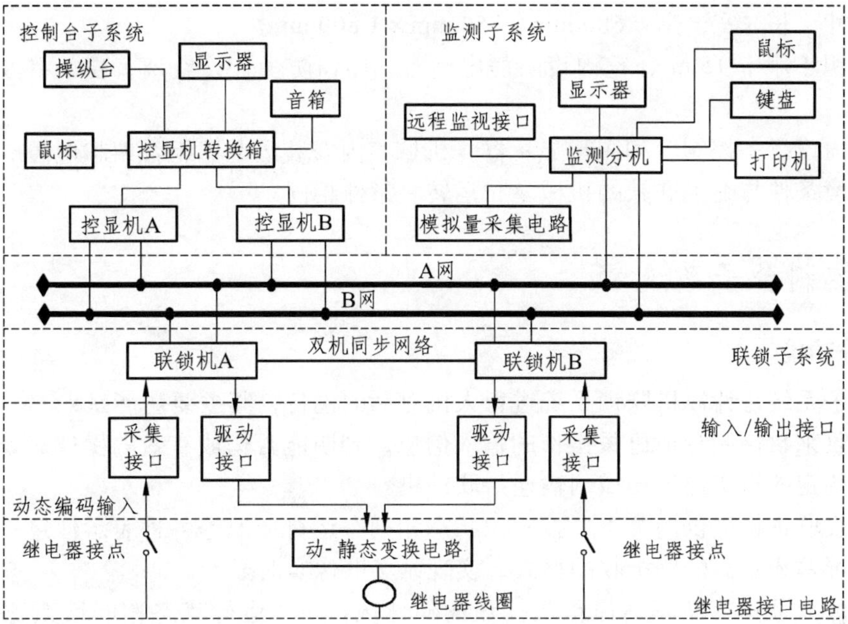

图 3.1　DS6-11 型计算机联锁系统结构

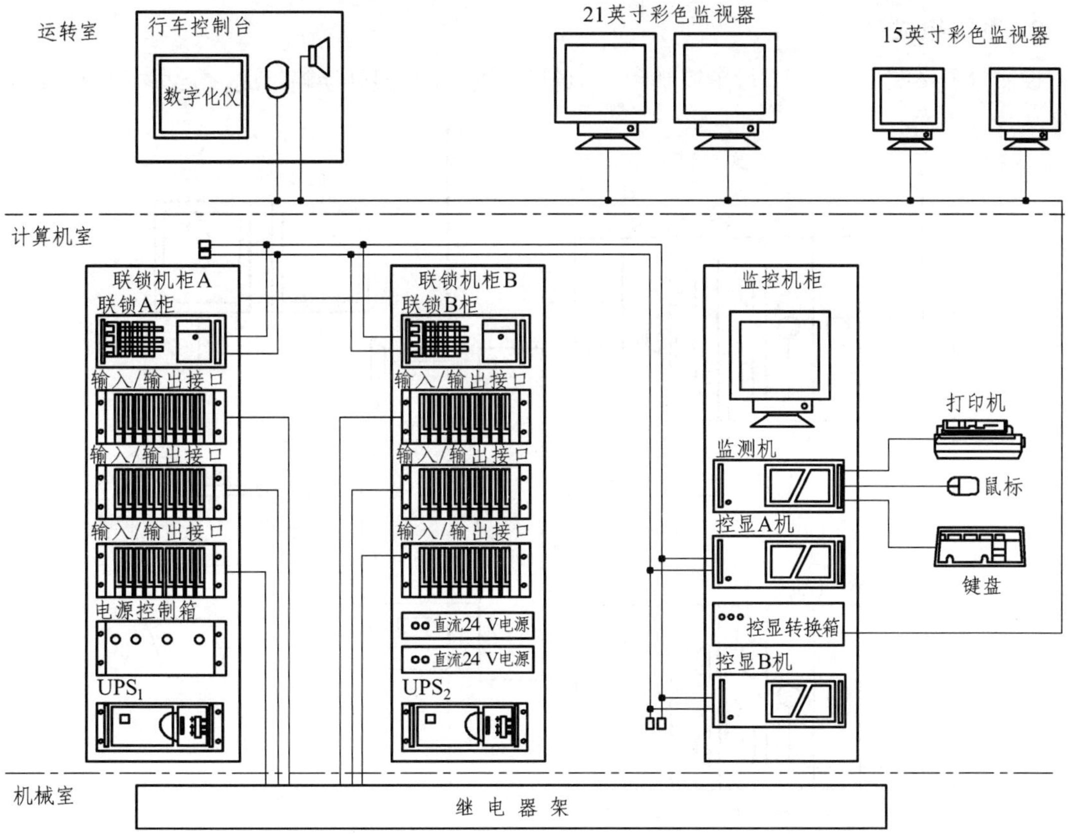

图 3.2　DS6-11 系统设备布置图

机柜尺寸：长×宽×高＝600 mm×750 mm×1 800 mm。

机房面积不小于 15 m^2，室内设防静电地板，门窗防尘，设空调，夏季室内温度不超过 25 °C 为宜。

运转室内设行车控制台和图形显示器，机械室内安装继电器组合架和电源屏。机械室和运转室的环境条件与继电联锁的机械室和运转室条件相同。

一、控制台子系统

1. 系统功能

控制台子系统是计算机联锁系统进行人机对话的设备，其主要功能是：

（1）接收来自控制台值班员操作的输入信息，判明能否构成有效的操作命令，并将操作命令转换成约定的格式通过局域网输送给联锁机。

（2）接收联锁机提供的关于监控对象状态和列车运行情况等各种表示信息，把它们转换成表示盘或屏幕显示器能够接收的格式，实现站场图像实时显示。

（3）实时记录和存储车站值班员按钮操作情况、列车运行状态和联锁系统运行出错等信息。

（4）向辅助系统提供记录信息，与其他必要的信息系统接口。

2. 系统组成

控制台子系统由控显机、行车控制台、站场显示设备、控显转换箱组成，其结构如图 3.3 所示。

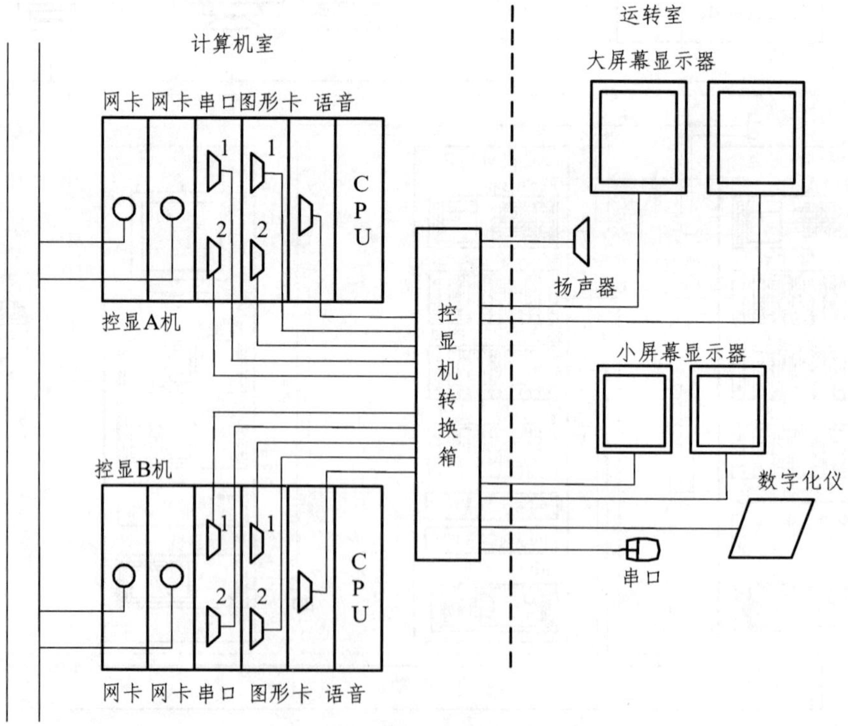

图 3.3 控制台子系统结构

1）控显机

控显机采用 IPC-610 型工控机，主板可以向上兼容。1999 年以前主板采用 PCA-6147 或 6148，CPU 为 486。1999 年以后主板采用 PCA-6159 或 PCA-6359，CPU 为 586。控显机出厂时配有软盘驱动器、键盘，这些设备在系统调试时使用。工程开通后，这些设备禁止使用，将从系统配置中删除。采用 DOM 半导体盘取代硬盘，直接安装系统程序。控显机内安装两块 AN-520BT 网卡，用于实现网络通信。一个连接网络 A，网络节点地址为“05H”；另一个连接网络 B，节点地址为“06H”。网络通信管理软件对双网的工作状态自动监视。正常情况下，从 A 网取得数据，当 A 网通信故障时自动切换到 B 网，保证通信不中断。

2）行车控制台

行车控制台是办理行车作业的人机界面。控制台操作方式和站场表示设备可以有不同选择。操作方式有按钮式操纵盘、数字化仪和鼠标三种。采用按钮盘操作时，控显机内安装按钮采集接口板，采用矩阵扫描方式采集按钮信号。采用数字化仪操作时，控显机通过串行接口与数字化仪连接。本系统对以上两种操作方式都同时配备鼠标作为备用操作手段。鼠标也通过串行接口与控显机连接。根据用户需要，可以选定鼠标作为唯一操作方式。

3）站场显示设备

站场表示设备可以采用光带式表示盘或图形显示器。采用光带表示盘时，光带由计算机控制。采用图形显示器时，控显机内须安装图形卡。图形显示器屏幕长宽比例为 4∶3。大型站场须用两台甚至三台显示器并列。为便于后台值班员观察，在其面前设同样数量的小屏幕（15 英寸）显示器。关于图形显示器屏幕的尺寸，由于运转室空间的限制，操作员与显示器的距离一般在 1 m 左右。在这样的观察距离上，21 英寸的显示器是最佳尺寸，不宜采用更大屏幕的显示器。

4）控显转换箱

控显转换箱是控制台操作、显示设备与控显机接口的转换装置，其结构如图 3.4 所示。

本系统控显机采用双机互为备用，但控制台的操作、显示设备只有一套。当控显机切换时，转换箱在人工操作下实现控制台显示器、数字化仪、鼠标、语音输出与控显机接口及控显机电源的自动转换，免去拔、插联机电缆插头的烦琐操作。

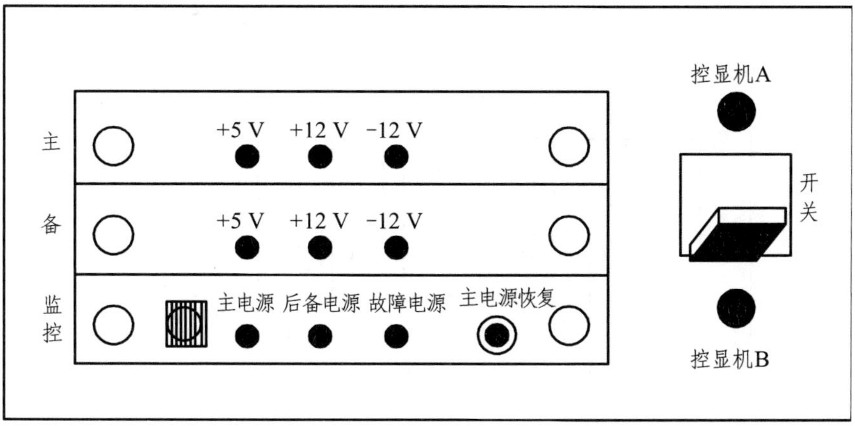

（a）正面

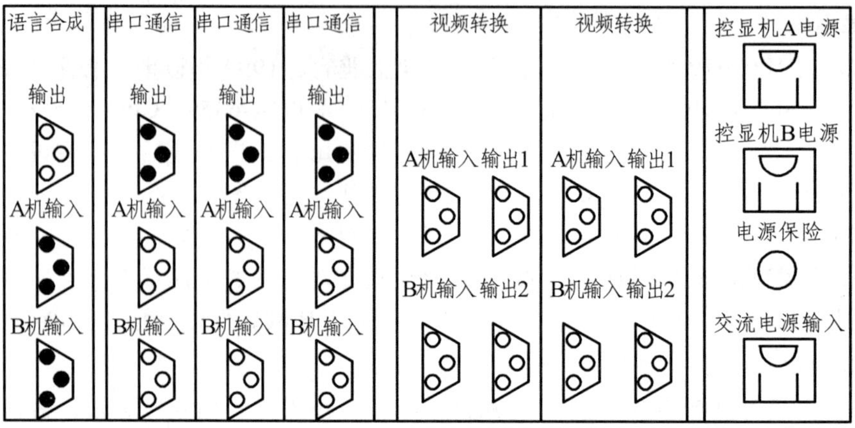

（b）背面

图 3.4　控显转换箱

转换箱内装有语音卡、串行接口卡、屏幕扩展卡。采用按钮盘时须安装按钮切换卡。语音卡用于产生故障报警和操作提示的语音信号。屏幕扩展卡将图形卡输出的图形信号扩展驱动两个屏幕，以满足前后台值班员需要。串口卡用于鼠标和数字化仪的切换。

二、监测子系统

1. 系统功能

（1）实时监视联锁系统的工作状态，包括值班员的操作过程、现场设备动作和行车作业情况，以及设备故障报警和系统输出情况等。

（2）自动记录和储存车站值班员按钮操作情况、现场设备动作情况和行车作业情况，可将前一段时间内的系统运行情况和作用情况按规定格式显示或打印出来，也能以站场图形方式显示在屏幕上，按照实际操作和车列运行情况再现出来。

（3）用于信号设备开关量监测测试，并可实现与调度监督系统、远程监视系统联机。

2. 系统组成

监测子系统由监测分机和模拟量采集接口组成，结构如图 3.5 所示。

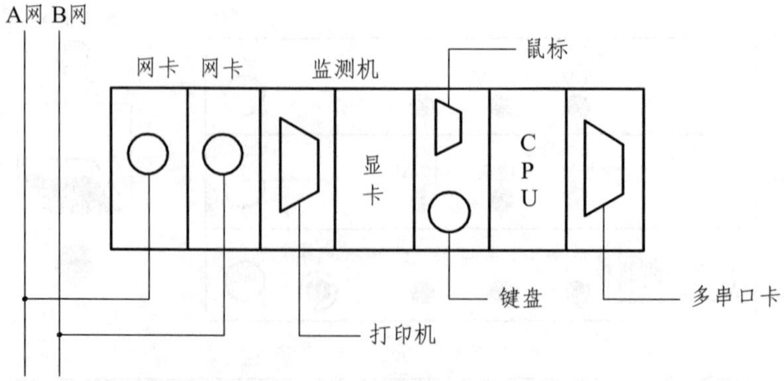

图 3.5　监测子系统的结构

1）监测分机

监测分机配有显示器、键盘、鼠标、打印机，为信号维修人员提供查询、显示和打印各类监测信息的操作界面。

监测分机通过网络通信从控显机接收控制台按钮操作信息，从联锁机接收信号设备状态、系统输出命令、输入/输出端口状态、系统故障报警信息等。

2）模拟量采集接口

模拟量采集接口完成模拟量信号的采集并完成 A/D 转换，通过串行接口将数字化的模拟信息发送给监测分机。

三、联锁子系统

1. 系统功能

联锁子系统是整个系统的核心，完成的主要功能有：

（1）实现与控显机和执表机的通信调度。

（2）实现信号设备的联锁逻辑处理功能，完成进路确选、锁闭，发出开放信号和动作道岔的控制命令。

（3）采集现场信号设备状态，如轨道电路状态、道岔表示状态、信号机状态等。

（4）输出控制命令，通过开关量输出接口电路，控制现场设备动作。

（5）实现主备机间的同步。

2. 系统结构

联锁子系统由两套联锁机和各自的输入/输出接口组成，双机热备，其结构如图 3.6 所示。

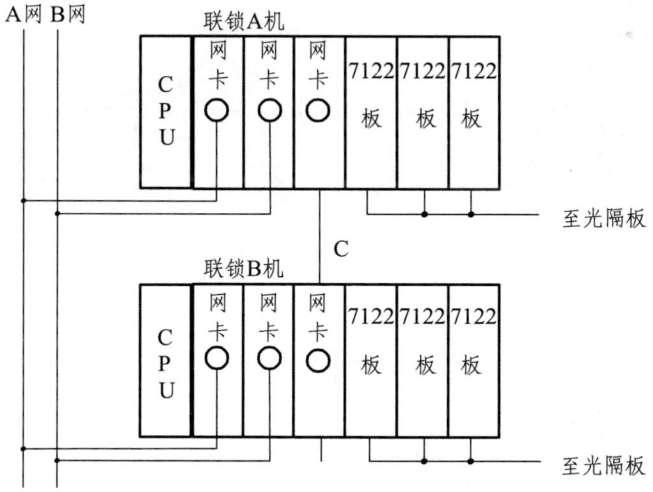

图 3.6　联锁子系统结构

1）联锁机

联锁机通过开关量输入接口采集现场信号设备状态，通过网络接收控显机发来的控制台操作命令，进行联锁运算，产生输出命令，通过开关量输出接口驱动继电器，实现对道岔和信号机的控制。

联锁机采用 ICS-C4000 工控机，主板为 SBC-598，CPU 为 586，可以向上兼容。联锁双机分为 A 机和 B 机，两机除网络节点地址不同外，其他配置完全相同。机内安装三块 ANl520BT 网卡。A 网与 B 网用于实现系统网络通信，C 网用于实现联锁双机同步。联锁机内安装 DOM 半导体盘替代硬盘，直接安装系统程序。

联锁机内安装若干 7122 开关量信号输入/输出接口板，用于表示信息的输入和控制输出。每块 7122 接口板上有 144 路 I/O，这 144 路 I/O 可分成 6 个通道。每个通道与标准 8255A 可编程外围接口（PPI）芯片相连，共有 24 路，分为 A、B、C 三个 I/O 口，每个口为 8 路，可由程序设定为输入或输出。每个通道都有一个独立的 OPTO-22 定义接插件，可用一条 50 芯扁平电缆连到光电隔离输入或输出板。每个系统需要安装 7122 板的数量取决于站场规模。该输入/输出接口板主要是将联锁逻辑运算的控制数据由此变成控制命令发布给现场设备，然后再利用该板的输入口将现场设备状态变成动态数据送给计算机。

联锁机双机构成动态冗余热备系统，两联锁机互为备用。根据开机顺序，先投入运行的自动成为工作机，后投入的为备机。工作机运行中发生故障时自动退出运行状态，热备机自动转为工作机。因此联锁机有三种状态：工作状态、热备状态和冷机状态。每个联锁机柜上部设有四个指示灯：电源灯（红色）、运行灯（绿色）、控制灯（黄色）、同步灯（绿色）。联锁机柜接通交流 220 V 电源时，电源灯亮红灯；联锁机投入运行后，运行灯闪绿灯；作为联锁工作机（主机）时，控制灯亮黄灯；联锁双机同步时，备机同步灯闪绿灯。联锁机三种状态之间的转换如图 3.7 所示。

构成双机热备系统的关键技术是双机同步和切换控制问题。本系统备用机投入运行与工作机实现同步的过程是：备用机首先向工作机发出同步请求，工作机接受请求，通过网络通信将中间状态信息发送给备用机；备用机接收到工作机发来的中间信息后，自己建立中间数据，并发送给工作机；工作机确认备用机的中间数据与本机一致后，通知备用机进入热备状态。双机同步过程如图 3.8 所示。

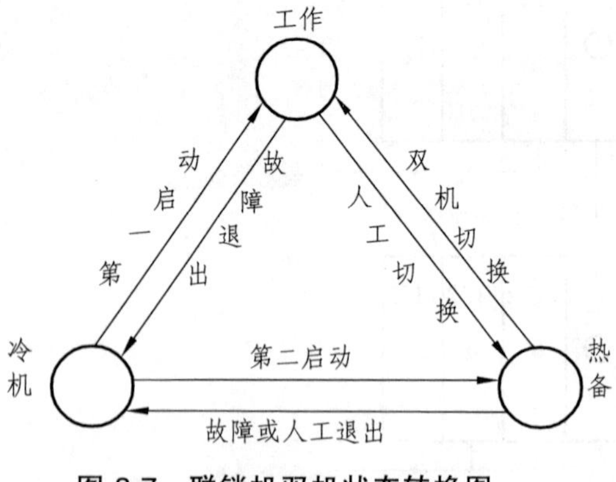

图 3.7　联锁机双机状态转换图

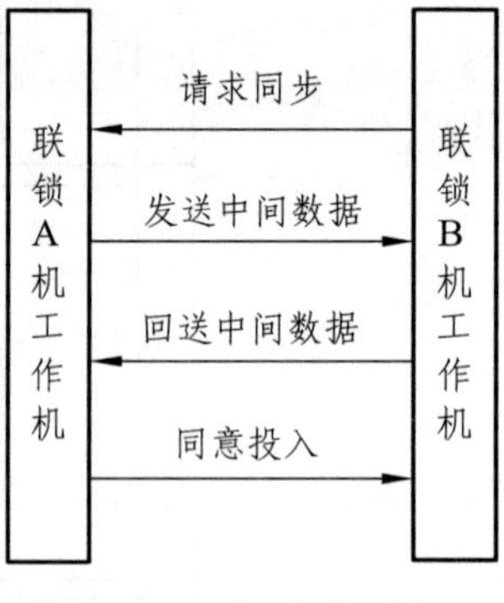

图 3.8　双机同步过程

DS6-11 系统的双机切换有自动切换和人工切换两种方式。自动切换通过自检测功能实现。当系统检测程序检测到系统运行异常或设备发生某些故障时，将使联锁机停止运行。若故障发生在工作机，则双机自动切换，备用机成为工作机；若备用机发生故障，自动退出运行。故障机退出后，可停机检修，待故障排除后，由人工复位，经过上述的同步过程进入热备状态。

人工切换是在监测分机键盘上输入切换命令。切换命令发送到工作机，工作机首先判断他机是否在热备状态，若是，则改变本机的工作状态，变为热备状态，原热备机自动成为工作机；若工作机接收到切换命令时，备机不在热备状态，则命令无效，工作机状态不变。

2）输入/输出接口

计算机系统与站场信号设备之间的联系是通过继电电路实现的。计算机从继电器接点取得信号设备的状态信息。计算机输出后，通过操纵继电器实现对信号机和道岔的控制。计算机逻辑电路的工作电压为 5 V，继电器电路的工作电压一般为 24 V。为了实现计算机和继电电路之间的电平转换和电气隔离，在输入/输出接口中采用了光电隔离电路。

光隔输入板将继电器接点输入的 24 V 信号转变为 5 V 信号输入计算机，光隔输出板将计算机输出的 5 V 信号转变为 24 V 信号驱动继电器。联锁机的主机板（CPU）通过安装在联锁机箱内的开关量输入/输出板（7122 板）经过 50 线扁平电缆与光隔输入/输出板相连。每块光隔板上有 24 路输入或输出。输出板面板上对应每路输出有一个发光管指示输出状态，有输出时指示灯闪光，无输出时灭灯。

（1）输入接口电路。

为了提高输入信息的可靠性，输入接口设计为采用闭环工作方式和动态编码信号。系统指定一组输出接口周期性地输出若干种编码信号。编码信号有 15 种，每一编码表示一种设备的一种状态。每台联锁机设一块光隔状态板，用于产生 15 种状态码。状态码的输出经防雷单元后通过 26 芯信号电缆连接到接口架的插座上。动态编码输入接口框图如图 3.9 所示。

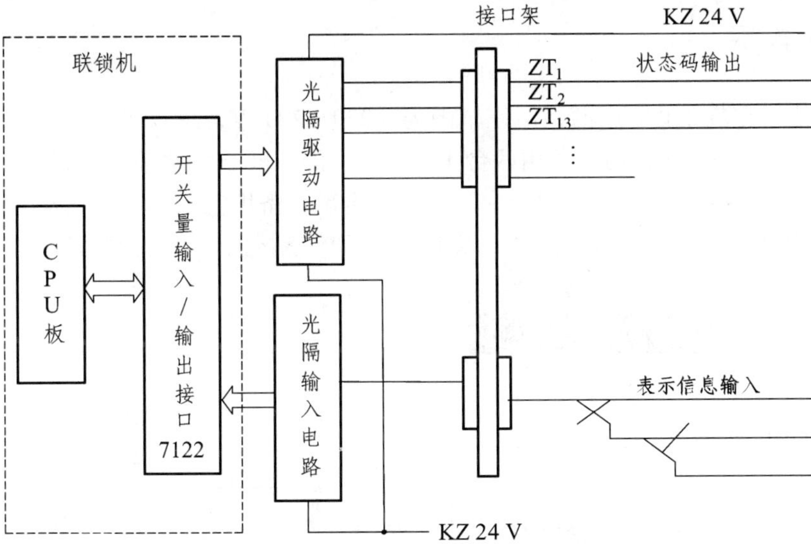

图 3.9 动态编码输入接口框图

用于同一种设备的不同状态的信号编码设计有足够大的码距。这些信号送到对应设备的表示继电器的前接点或后接点上，输入接口从对应继电器的中间接点读入信号。这种输入方式能够有效地检查输入接口的故障，如混线、断线及串码，保证输入信息的可靠性。例如当某个采集接口（与直流 24 V 或其他状态码）混线时，这个接口将采集不到正确的编码（采集到稳定数据或乱码），从而使联锁软件很容易判断出采集接口故障。

采用动态输入方式，每一个输入对象只占用一个输入接口，能够在很大程度上减少输入接口的数量。例如对于一组道岔，只需要一个输入接口就可以采集 DBJ、FBJ 两个继电器的状态。

（2）输出接口电路。

光隔板的输出通过 26 芯信号电缆连接到接口架的插座上。系统动态输出控制可以采用直接驱动动态继电器或经动态板驱动直流继电器两种方式。采用经动态板驱动直流继电器方式时，其动态输出接口框图如图 3.10 所示。

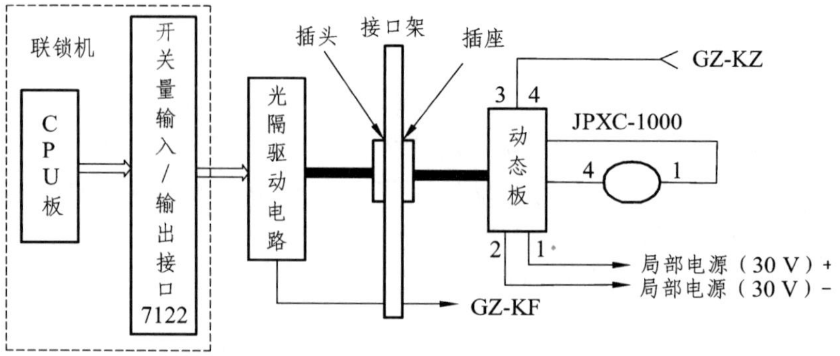

图 3.10　动态输出接口框图

光隔输入板、光隔状态板与继电电路连接的一侧采取共地连接。光隔输入板采用电源屏 KF 电源，光隔状态板采用电源屏 KZ、KF 电源。光隔输出板采用计算机系统提供的 GZ-KF 电源。输入电路接收＋24 V 信号，输出电路在有输出时向负载送出－24 V 电压。

四、电源系统

计算机设备使用交流 220 V 电源，电压范围为（220±22）V，总容量不超过 2 kV·A，由信号电源屏单独引出一路电源供给。采用两台 1.4 kV·A 的 UPS，大站采用 2.2 kV·A 的 UPS。两台 UPS 通过电源转换箱的控制，采用一台工作供给全部设备用电，另一台热备的工作方式。两台 UPS 间可以自动切换或人工切换，也可以不经过 UPS 直接供电。电源配置如图 3.11 所示。

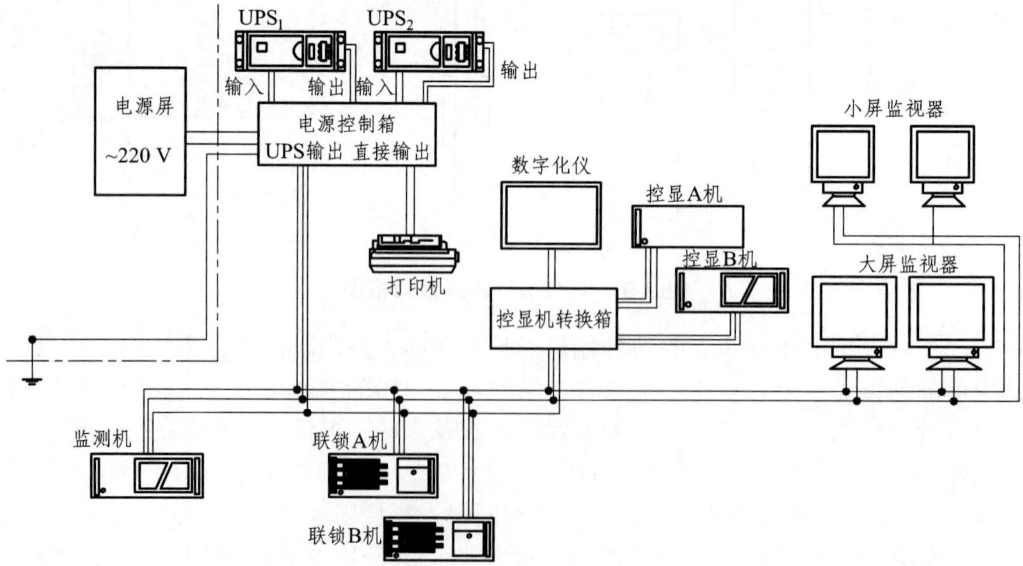

图 3.11　电源配置图

输入和输出接口使用直流 24 V 电源，电压范围为（24±2.4）V。输入板及状态板电源由信号电源屏输出的直流 24 V 电源供给，输出板 24 V 电源由计算机系统提供。采用动态板时需另配一路动态板局部电源，电压为 32 V。

计算机系统要求单独设置两根地线。一根为安全工作地线，另一根为防雷地线。安全工作地线接地电阻要求小于 4 Ω，防雷地线接地电阻要求小于 10 Ω。两根地线埋设地点及与其他地线间距均要求不小于 20 m。地线上不得搭接其他设备。

五、软件系统

DS6-11 计算机联锁系统的软件分为系统软件和应用软件。

1. 系统软件

系统软件由三部分组成：

（1）实时多任务处理程序：系统软件的核心，完成任务调度、中断处理、时钟管理等功能。

（2）设备管理程序：提供对外部设备，如打印机、键盘、磁盘操作的管理。

（3）软件调试工具：系统开发、调试及维护工具。

2. 应用软件

应用软件由站场数据库和应用程序两部分组成。

1）站场数据库

站场数据库包括联锁数据库和显示数据库。站场数据库是参与联锁运算和站场图形显示的基础数据。数据库结构设计综合了各种站场情况，保证联锁程序具有通用性。专门开发的计算机辅助设计软件能够自动生成站场数据库。

2）应用软件

应用软件由控制显示软件包、监测软件包、网络通信软件包、联锁软件包、输入/输出软件包、安全检查程序等六个软件包组成，如图 3.12 所示。

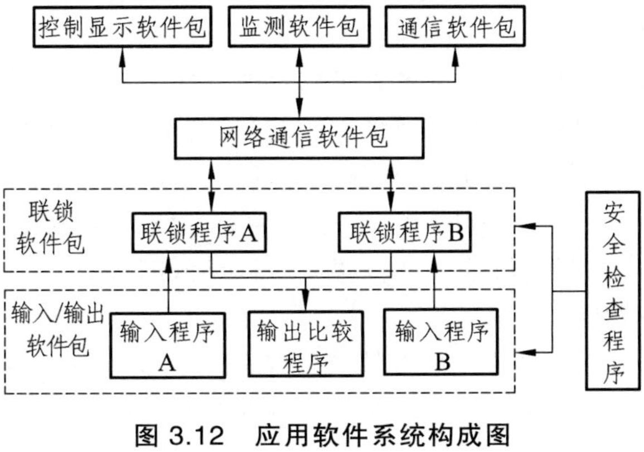

图 3.12　应用软件系统构成图

（1）控制显示软件包。

控制显示软件包在控制显示分机上运行，由下列程序模块组成：

① 控制台操作信息采集程序：定时采集控制台按钮操作信号，采集周期为 100 ms，并对信息进行分析处理，以便给出有关的显示和向联锁机传递正确的操作命令。

② 站场图形显示程序：以图形方式实时显示站场信号设备的变化、轨道占用情况等图形。

③ 鼠标操作处理程序：将鼠标操作转换为与按钮操作对应的信息，使鼠标操作具有与按钮操作等同的效果。

④ 操作提示和报警信息的汉字显示和语音输出处理程序。

（2）监测软件包。

监测软件包由下列程序模块组成：

① 人机命令处理程序：响应键盘操作，完成对数据库的检索、显示、打印，图形显示、再现，双机切换等处理。

② 实时数据库管理程序：将从控制显示分机和联锁机接收来的信息记录在数据库。

（3）网络通信软件包。

网络通信软件包分别安装在控制显示分机、监测分机和联锁机上运行，主要完成以下功能：

① 信息传输控制：实现系统内部各模块之间通信的传输控制。

② 双冗余网络的动态管理：本系统采用动态冗余的双重网络，正常情况下从 A 网的通信缓冲区读取数据，当 A 网通信故障时，从 B 网缓冲区读取数据。

③ 数据转换处理：完成各子系统交换信息格式的转换功能。

（4）联锁软件包。

联锁软件包在联锁机上运行，主要由下列程序模块组成：

① 控制台命令处理程序：根据控制显示分机发送的操作信息形成相应的控制台命令，如选路、重复开放信号、取消进路、人工解锁、事故解锁、引导、引导总锁闭、道岔单操单锁等命令，唤醒不同的程序模块进行相应的处理，对非法操作进行防护。

② 联锁运算程序：系统设计了两套联锁程序，两套程序采用不同的设计方法进行联锁运算。一套联锁程序按照进路联锁表的数据结构进行运算，另一套联锁程序按照信号设备的相互关系对与之对应的数据结构进行运算。两套程序执行的结果在输出命令级进行比较，比较一致时执行输出；比较不一致时，输出安全侧命令，同时给出报警标志。

（5）输入/输出软件包。

① 输入处理程序：完成全站信号设备表示信息的采集。表示信息采集采用动态编码方式，输入处理程序控制编码信号的产生和闭环采集的同步进行。输入处理程序首先在每一路状态码输出口上设置第一位状态代码，经过一定的延时后，从所有的输入口读回表示信息第一位代码。然后输出第二位状态码，再读回第二位表示代码。依此循环八次，读回八位表示信息。输入处理程序将串行读入的代码转换成并行码。这样读入的代码还需要经过软件滤波处理才能成为有效的表示信息代码。

② 输出处理程序：输出处理程序将联锁运算生成的控制命令发送到对应的输出端口，执行动态输出控制，对输出命令进行闭环检查，并对设备的动作时间进行监视。

（6）安全检查程序。

安全检查程序对程序运行状态、各任务模块执行次序、任务执行时间进行监视，完成对关键数据的合法性检查。发现危及安全的错误时停止系统运行，使本机的输出全部导向安全。

第二节　基本工作原理

一、DS6-11 计算机联锁系统采集、驱动过程

现以单独操纵道岔为例，说明 DS6-11 计算机联锁系统采集、驱动过程。

按压总定（总反）按钮和道岔号以后，操作命令送至控显机，通过网络通信送至联锁 A、B 机。联锁机经过联锁运算，在驱动板相应灯位输出命令，送至接口架相应端子，再送至组合架侧面端子，然后到驱动盒。驱动盒输出使 YCJ、DCJ（FCJ）吸起，道岔动作。转换完毕后，DBJ（FBJ）吸起，微机输出的状态码经 DBJ（FBJ）吸起接点，送至接口架相应端子，送回联锁 A、B 机，联锁 A、B 机采集板上相应灯位给出表示，表示信息经过控显机送回控制台显示器。驱动过程、采集过程如图 3.13 和图 3.14 所示。

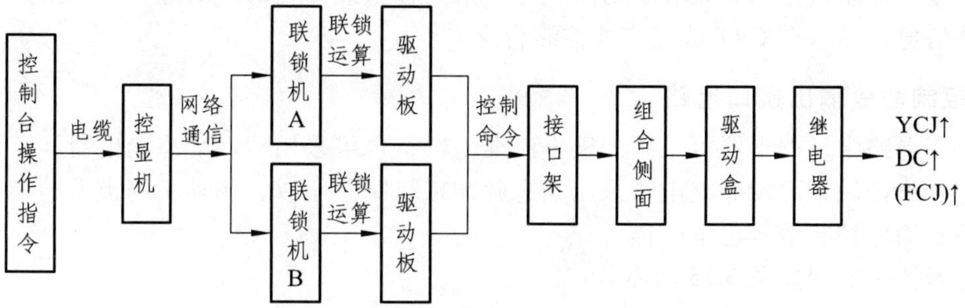

图 3.13　DS6-11 计算机联锁系统驱动过程

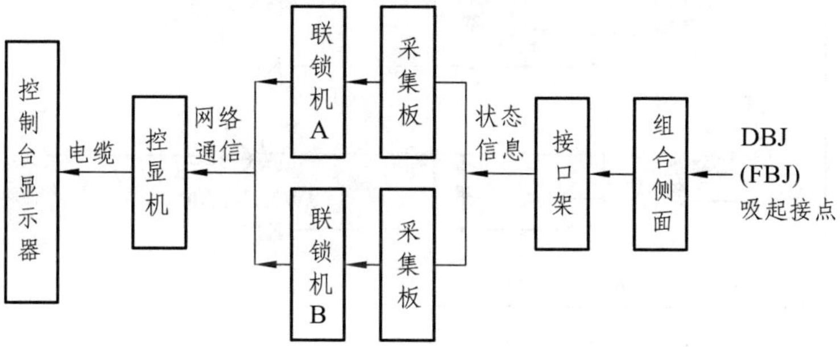

图 3.14　DS6-11 计算机联锁系统采集过程

二、DS6-11 计算机联锁系统接口电路

1. 接口电路概述

DS6-11 计算机联锁系统与室外信号设备之间的结合，目前采用继电电路，主要有信号点灯电路、道岔控制电路、轨道电路、64D 半自动闭塞电路、自动闭塞电路及其他结合电路。

保留的继电器：信号电路有 LXJ、DXJ、YXJ、TXJ、ZXJ、FXJ、DJ、2DJ，道岔控制电路有 DCJ、FCJ、1DQJ、2DQJ、DBJ、FBJ，轨道电路有 GJ 等。这些继电器除 GJ、DBJ、FBJ、1DQJ、2DQJ、DJ、2DJ 外，均由计算机输出的控制命令驱动。

每组道岔设一个道岔允许操纵继电器 YCJ。YCJ 平时处于落下状态，其前接点接在道岔

启动电路的 KZ 回路中。转换道岔时，若该道岔区段在解锁状态，计算机在输出道岔操纵命令的同时输出 YCJ 吸起命令。道岔转换到位后，计算机停止输出，YCJ 落下。

在 64D 半自动闭塞电路中，接车锁闭继电器 JSBJ、发车锁闭继电器 FSBJ、闭塞按钮继电器 BSAJ、复原按钮继电器 FUAJ、事故按钮继电器 SGAJ 由计算机输出控制，其他保留原有电路不变。计算机从 64D 电路采集 JSBJ、FSBJ、开通继电器 KTJ、选择继电器 XZJ 及 64D 表示灯电路的状态。自动闭塞车站，计算机需采集离去继电器 1LQJ、2LQJ、3LQJ，接近轨道继电器 1JGJ、2JGJ、3JGJ 的状态。

应急盘是在计算机系统发生故障时提供的应急操作手段，是一项可选设备。应急盘上设有道岔单操按钮，引导总锁闭按钮，引导信号按钮，道岔定、反位表示灯，引导总锁闭和引导信号表示灯。在应急盘上可实现单操道岔、确认道岔位置、办理引导总锁闭、开放引导信号等操作。

为了完成控制台上的有关表示功能，需要采集移频故障、灯丝断丝、熔丝报警、主副电源等状态信息，显示在 CRT 或光带式控制台上。

2. 控制命令输出接口电路

在控制电路中，继电器可采用无极直流继电器，也可采用双口动态继电器。直流继电器用静态电平来控制，而动态继电器采用动态脉冲来控制。所以，驱动不同类型的继电器，要求的计算机输出控制信号也不一样。

继电器控制原理如图 3.15 所示。

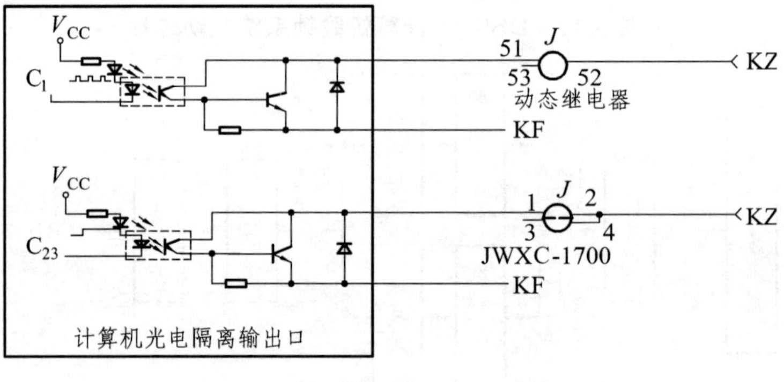

图 3.15 继电器控制原理图

图 3.15 中，上面部分为动态继电器控制连接图。当需要使动态继电器吸起时，计算机光电隔离板 C_1 端输出动态脉冲，光电耦合器的光敏三极管呈动态导通和截止，动态继电器 51 端子获得间断性 KF 电源，继电器吸起。

下面部分为直流继电器控制连接图，当需要使直流继电器吸起时，光电隔离控制端 C_{23} 输出低电平，光电耦合导通，无极继电器吸起；否则，控制端 C_{23} 为高电平，光电耦合不导通，于是继电器落下。计算机输出动态脉冲还是固定的电平信号，主要取决于计算机软件的设定。

1）信号继电器控制电路

信号继电器控制电路是指直接受微机输出的信号命令控制的继电器，主要包括 LXJ（接车和发车）、DXJ 和 YXJ 等。这些继电器均采用双口动态继电器，联锁机 A 和联锁机 B 的输出分别送到继电器的两个输入驱动口上。当需要使继电器吸起时，微机（工作机）输出控制脉冲信号，受控的动态继电器吸起。如果微机不向受控继电器的驱动口送控制信号，则继电器落下。信号继电器控制电路如图 3.16 所示。

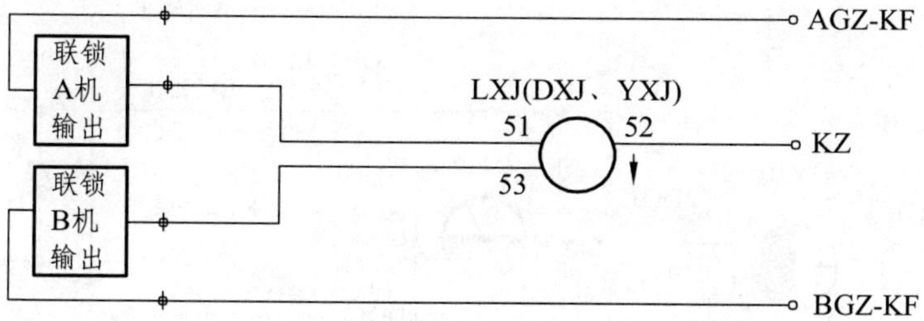

图 3.16　LXJ（DXJ、YXJ）控制原理图

图中 AGZ-KF 和 BGZ-KF 均是条件电源，当微机 A 工作时，AGZ-KF 有电；当微机 B 工作时，BGZ-KF 有电。通常只有一台联锁机处于工作状态，而另一台微机处于热备状态，因此只有一路条件电源（AGZ-KF 或 BGZ-KF）有电。

2）道岔控制电路

（1） YCJ 控制电路。

允许操作继电器 YCJ 控制电路也采用双口动态继电器。它的两个输出驱动口分别和 A 机、B 机的输出端口相连，如图 3.17 所示。

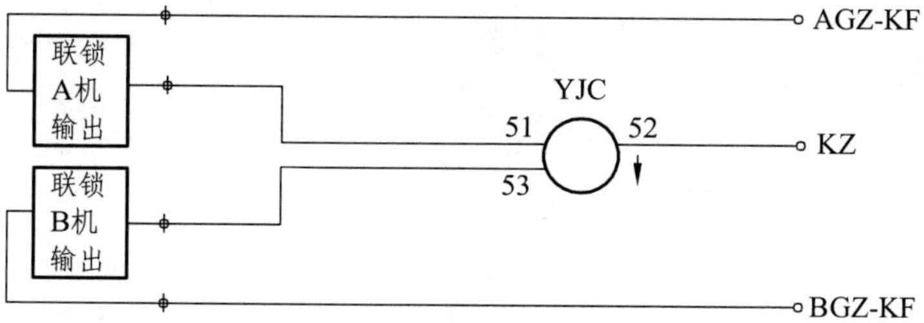

图 3.17　YCJ 控制原理图

YCJ 控制原理如前所述，为了提高道岔控制的安全性，在每个道岔控制电路均设有 YCJ 接点，如图 3.17 所示。平时 YCJ 处于落下状态，只有当转换道岔时，该继电器才吸起。YCJ 的功能与继电联锁中锁闭继电量 SJ 基本相似。

（2）道岔启动电路。

计算机联锁系统道岔表示电路和 6502 电气集中一样，这里不再重述，只介绍道岔启动电路的原理，结构如图 3.18 所示。

假设道岔在反位，即 2DQJ 的第二组 121-123 接点、第四组 141-143 接点分别接通，B 机工作（切换继电器 QHJ 落下）。当需要道岔由反位转向定位，计算机光电耦合器的控制端输出低电平，光电耦合器 H 导通，发光二极管 D 发光，功放三极管 T 导通。同时计算机输出允许操纵信号使 YCJ 吸起，在区段空闭的条件（GJ↑时）和联锁条件满足下，1DOJ 得到驱动信号而吸起，2DQJ 由反位落下状态变为定位吸起状态，转辙机由反位转向定位。当 DC 输出控制信号使 1DOJ 励磁且自闭和 2DOJ 转极后，光电耦合输出板的控制端变成高电平，同时 YCJ 也落下，到此道岔启动电路的动作结束。

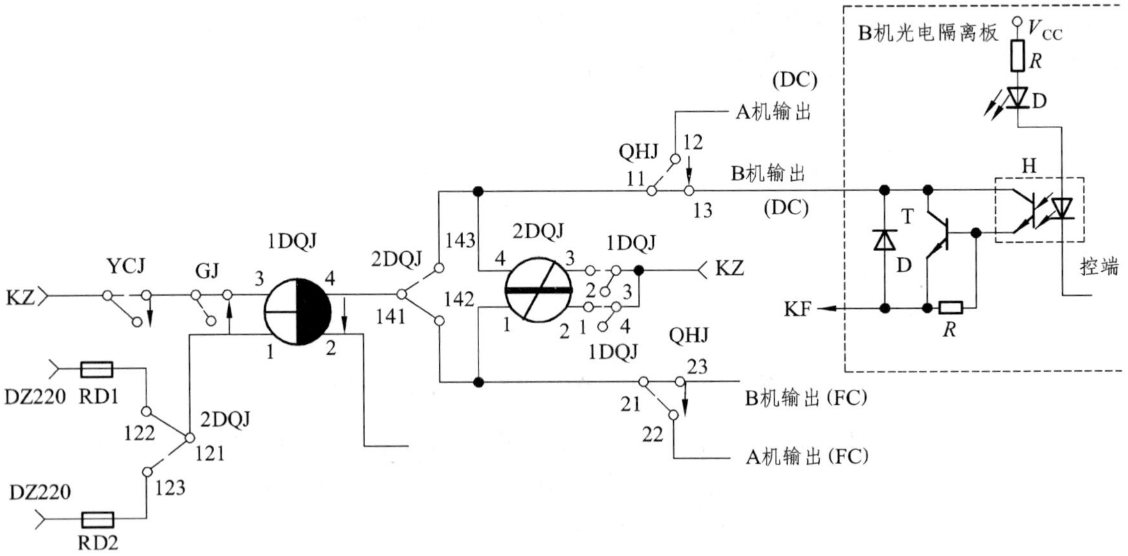

图 3.18 道岔启动部分电路原理图

3）微机控制条件电源及双机切换电路

为了表明哪一台联锁机处于工作状态，每台联锁机各设一个工作继电器（AGZJ 和 BGZJ）和一个运行继电器（AYUJ 和 BYUJ），结构如图 3.19 所示。

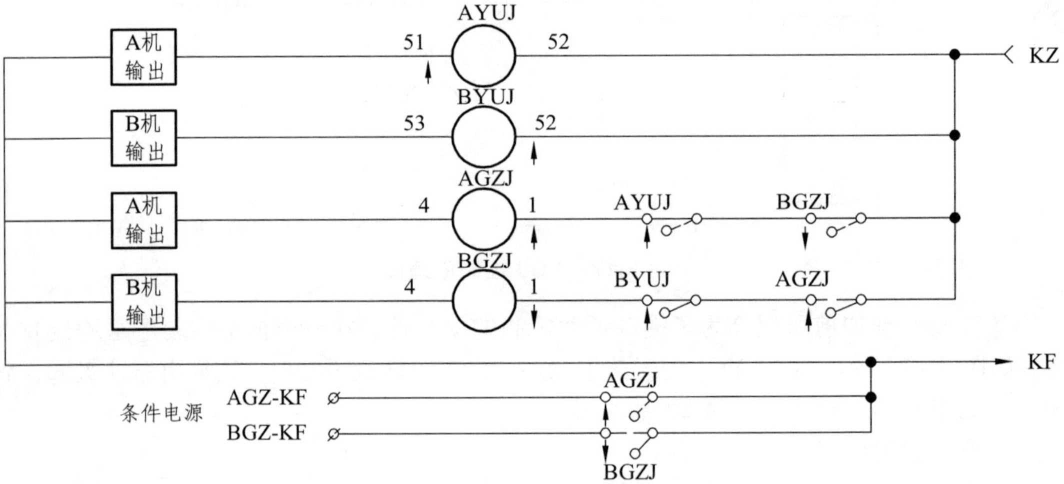

图 3.19 双机切换及条件电源控制电路

从图 3.19 可以看出，当 A 联锁机处于工作状态时，联锁 A 机输出动态控制信号，使 A 机运行继电器 AYUJ 吸起，同时输出静态控制信号使 AGZJ 吸起。AGZJ 的吸起接通了由 A 机控制接口继电器的条件电源 AGZ-KF。如果此时联锁 B 机处于热备状态，则 B 机也输出动态信号使 BYUJ 吸起。但由于 AGZJ 的吸起切断了 BGZJ 的励磁电路，BGZJ 处于落下，因此条件电源 BGZ-KF 无电，B 机不能对接口继电器实行控制。

在 A 机工作过程中，若出现了故障，则 A 机停止输出控制信号，AGZJ 落下，B 机输出控制信号使 BGZJ 吸起，B 机工作，BGZ-KF 电源有电。因此 B 机可以对接口继电器进行控制，而 A 机现在不能对接口继电器控制，从而实现了 A、B 机的倒换。

3. 状态信息采集接口

状态信息的采集采用动态编码输入方式。计算机产生 15 种不同编码的脉冲信号，每种编码信号有 8 位脉冲，依次称为状态 1、状态 2、…、状态 15（下面用 $ZT_1 \cdots ZT_{15}$ 表示）。规定每一种编码信号表示某种信号设备的一种状态，例如：规定 ZT_1 表示道岔定位，ZT_2 表示道岔反位，ZT_3 表示轨道空闲等。这些脉冲信号由计算机的一组输出接口发出，送到组合架上，连接到被采集继电器接点组的前、后接点上，通过中间接点返回到计算机的输入接口。计算机根据读入信号的编码判断继电器的状态。

在双机热备系统中，两套联锁机采集表示信息各用一组接点，各自产生自己的状态码信号（$ZT_1A \cdots ZT_{15}A$ 和 $ZT_1B \cdots ZT_{15}B$），送到各自的采集接点组上。

1）表示信息编码信号输出接口

表示信息编码信号输出接口如图 3.20 所示。

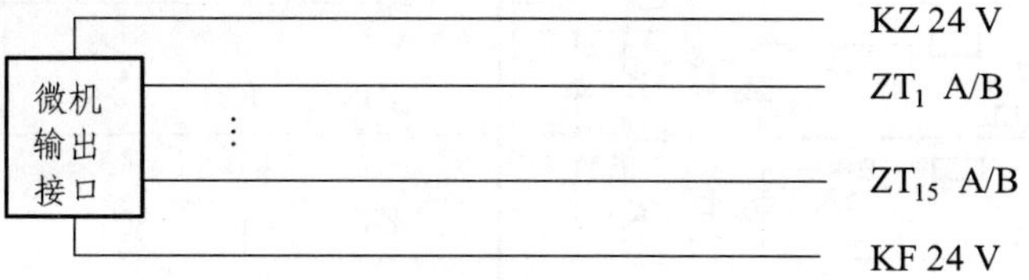

图 3.20　编码信号输出接口原理图

状态码的定义如表 3.1 所示。

表 3.1　状态码定义

状态码	状态码代号	定义						
		道岔	轨道区段	信号机	允许操纵继电器	其他零散继电器	半自动闭塞	
1	ZT_1	定位						
2	ZT_2	反位						
3	ZT_3		空闲					
4	ZT_4		占用					
5	ZT_5			调车信号开放				
6	ZT_6			调车信号关闭				
7	ZT_7			列车信号开放			接车表示绿 发车表示绿	KTJ、XZJ 落下
8	ZT_8			列车信号关闭			接车表示红 发车表示红	KTJ、XZJ 吸起
9	ZT_9			进站信号开放单黄灯				KTJ、XZJ 落下
10	ZT_{10}			表示进站信号开放双黄灯				
11	ZT_{11}			出站信号开放双绿或进站信号开放绿黄				
12	ZT_{12}			表示进站信号开放引导信号				
13	ZT_{13}	四开		信号机灯丝断丝			灭灯	
14	ZT_{14}				落下	落下	继电器落下	
15	ZT_{15}				吸起	吸起	继电器吸起	

2）道岔状态信息采集接口

在道岔状态信息采集接口电路中，微机分别从状态信息输出口连续送出三种信息状态码。再根据道岔的实际位置，计算机便可从信息输入口采集到唯一的一种状态码。经过对状态码的分析，便可断定道岔处于何种状态，然后将该道岔的动态存储单元填入一个反映道岔状态的动态数据，以便进行联锁逻辑运算。例如在图 3.21 中，当道岔在定位状态（DBJ 吸起）时，所采集的信息为 ZT_1 状态码；当道岔在反位状态（FBJ 吸起，DBJ 落下）时，所采集的信息为 ZT_2 状态码；如果 DBJ 和 FBJ 均处于落下，微机所获得的信息为 ZT_{13} 状态码 （四开位置）。

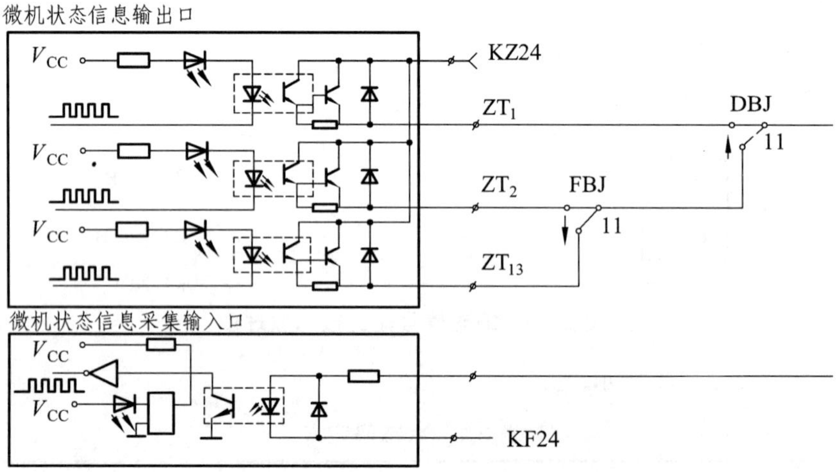

图 3.21　道岔状态信息采集接口

3）道岔允许操纵继电器状态信息采集接口

道岔允许操纵继电器（YCJ）是在进行排列进路过程中或对道岔实行单操时，在检查了联锁条件满足后随之吸起，以构成道岔转换的一个联锁条件，从而保证计算机联锁系统的安全性。平时，在不进行道岔操纵时允许操纵继电器落下。设置 YCJ 信息采集接口电路，以便监督操纵的有效性和系统是否出现故障。图 3.22 所示为允许操纵状态信息采集接口，可以看出，进行道岔操纵时，YCJ 励磁吸起，计算机便从信息采集口采集到 ZT_{15} 状态码；若 YCJ 落下（平时和道岔转完后），计算机采集到 ZT_{14} 状态码。

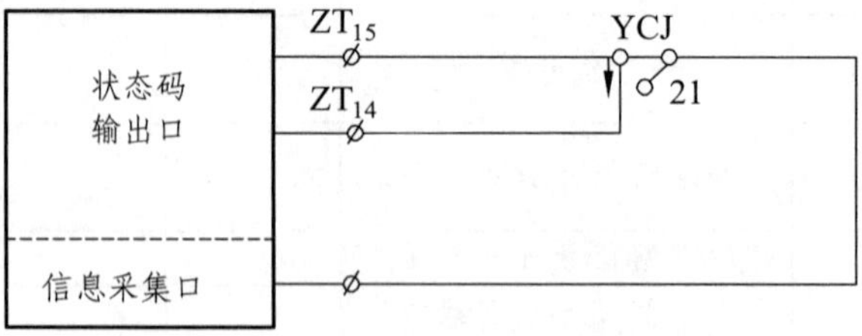

图 3.22　允许操纵状态信息采集接口

4）轨道状态信息采集接口

为了采集到轨道区段状态信息，计算机从其状态信息代码输出口将状态代码 ZT_3 和 ZT_4 分别送到轨道继电器 GJ 的一组前后接点上。如果该轨道区段空闲（GJ↑），微机便收到了

ZT_3 代码，否则，微机收到 ZT_4 代码信息，由此便可判断出现场轨道区段的所处状态。轨道区段信息采集电路如图 3.23 所示。

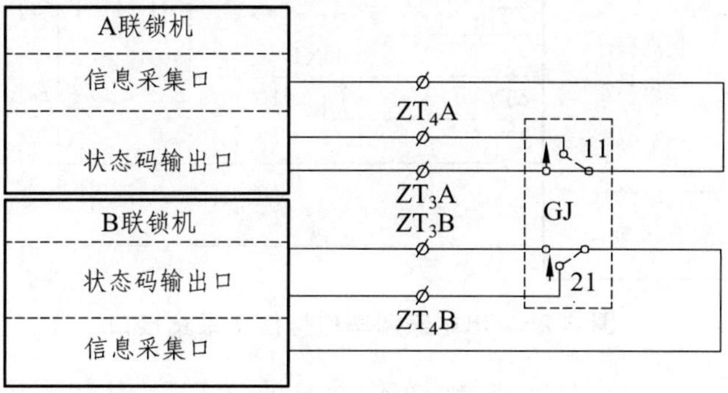

图 3.23　轨道状态信息采集接口

需要指出的是，在双机热备系统中，为了保证系统工作安全可靠，两套联锁机同时通过同一个继电器的两组接点分别获得状态信息。为了介绍方便，除轨道区段状态信息采集电路图画成双机采集框图外，其他表示信息采集电路均画成单机采集电路框图，并且在图上均省略了 ZT 后面的 A 和 B。

5）信号信息采集接口

信号信息采集接口包括进站、出站兼调车和调车信号信息采集接口。

(1) 进站信号状态信息采集接口。

进站信号状态信息采集电路如图 3.24 所示。

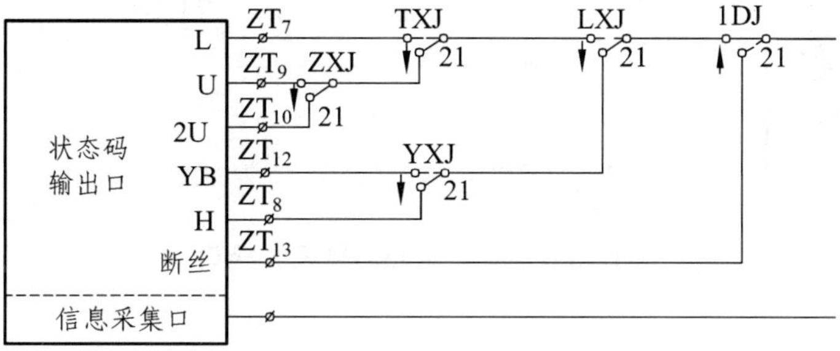

图 3.24　进站信号信息采集接口

进站信号状态信息采集电路，是把微机输出的 ZT_7、ZT_9、ZT_{10}、ZT_{12}、ZT_8、ZT_{13} 中的一种状态代码信息经由有关继电器的接点回送到微机中，微机根据从状态信息采集口所采集的状态代码信息，即可判断出进站信号目前所处的状态。当微机采集到 ZT_7 代码信息（通过信号继电器 TXJ 吸起、列车信号继电器 LXJ 吸起、灯丝完好）时，表明进站信号机点亮绿灯；当微机采集到 ZT_9 信息（正线继电器 ZXJ 吸起）时，表明进站信号机点亮一个黄灯；若采集到 ZT_{10} 代码信息（ZXJ 落下）时，表明办理的是侧线接车进路，即进站信号机点亮两个黄灯；若采集到 ZT_{12} 代码信息（列车继电器 LXJ 落下，引导信号继电器 YXJ 吸起），说明是引导进路，即进站信号机显示引导信号（红、白灯亮）；若采集到 ZT_8 代码信息，表明进站信号机点亮红灯；如果计算机收到了 ZT_{13} 代码信息，表明亮着的灯出现主副灯丝断丝故障。

（2）出站兼调车信号信息采集接口（见图 3.25）。

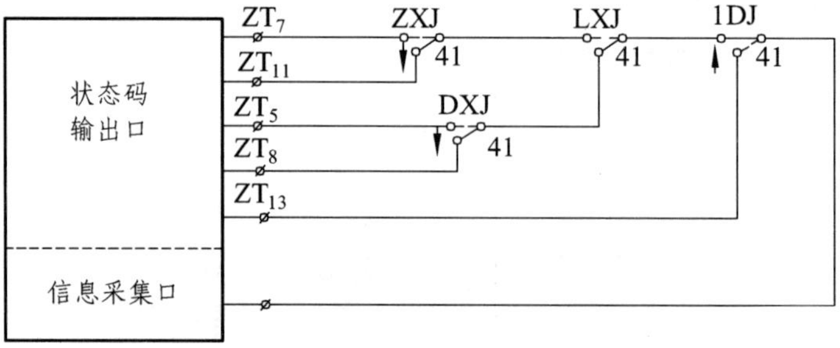

图 3.25　出站兼调车信号信息采集接口

由图 3.25 可以看出，为获取出站兼调车信号的状态信息，从代码输出口送出五种信息代码，分别加到有关继电器的前后接点上，再通过继电器的动态接点将唯一的一种状态代码信息回送到计算机中，由此代码信息可判断出出站兼调车信号所处的状态。例如，当采集到 ZT_7 信息时，说明信号机显示一个绿色灯光（1DJ↑、LXJ↑、ZXJ↑）；当采集到 ZT_{11} 代码信息时，表明出站信号点亮两个绿灯（主方向继电器 ZXJ↓）；若微机采集到 ZT_5 代码信息，则表明出站信号点亮调车白灯信号；若出站兼调车信号关闭（亮红灯），则微机可采集到 ZT_8 代码信息；当点亮的灯主副灯丝均断丝，则计算机可采集到 ZT_{13} 代码信息。

（3）调车信号状态信息采集接口。

调车信号状态信息采集接口如图 3.26 所示，其信息采集原理如前所述。

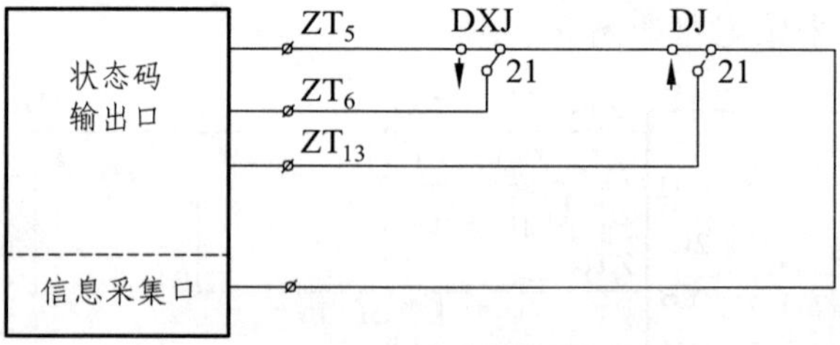

图 3.26　调车信号信息采集接口

第三节　设备维护及故障处理

DS6-11 计算机联锁系统设备稳定可靠，故障率低，并且设计了完善的自诊断、故障恢复、动作记忆、查询再现功能，给维护人员查找故障提供了有力的帮助。

一、对维护人员的要求

维护人员的主要责任是为系统正常运行创造良好的环境条件，掌握并运用系统提供的设备显示和记忆信息，确定故障，用更换备件的方法排除硬件故障。为此，维护人员应具备电气集中的基本知识，掌握 DS6-11 型计算机联锁系统的下列知识和技能。

（1）熟悉计算机联锁系统的构成。

（2）熟悉各组成部分的功能。
（3）熟悉系统各组成部分之间的连接方法。
（4）熟悉系统各组成部分之间交换的信息内容。
（5）熟练掌握全系统复位和子系统单独复位操作。
（6）熟练掌握冗余系统的人工切换操作。
（7）熟练掌握系统可更换部件或电路板的更换操作。
（8）熟练运用监测系统的记录信息分析和查找故障。

计算机系统设备可靠性高，故障率低，在设备长时间正常运行的情况下，维护人员缺少实际动手操作的实践机会，因而容易使操作变得生疏，发生问题时，往往因操作不熟练而延误时间，甚至处置失当，扩大了故障范围。因此维护人员在设备正常的情况下，在不影响运输的前提下，应定期（如每季度一次）进行实际操作演练，保持对系统操作的熟练程度。

担任计算机联锁系统维护工作的电务人员，必须有高度的责任心，努力学习计算机联锁知识，熟练掌握计算机联锁系统的维护技能。

对维护人员应实行定期技术考核（如每年一次）达标上岗制度，促使维护人员钻研业务，提高技术水平。

二、系统启动步骤

1. 启动前的准备

（1）确认设备连接正确，所有接插件连接牢靠。
（2）确认电源电压符合规定要求，接通 UPS 电源，待 UPS 自检完成后，进行启动操作。

2. 顺序加电

（1）接通联锁机电源及计算机直流 24 V 电源。机柜面板上“运行”指示灯闪光，表明联锁机投入运行。首先加电的联锁机面板上“控制”指示灯亮，表示该机为工作机。后加电的联锁机面板上“控制”指示灯不亮，表示该机为备用机。备用机与工作机取得同步后，其同步灯闪绿灯。

（2）接通控制台分机和显示器电源，屏幕上出现站场图形，按压控制台按钮，或用数字化仪光笔或鼠标点压按钮，有声响发出，表明控制台分机进入工作状态。

（3）接通监测分机和显示器电源。打印机电源可在需要打印时加电，不打印时不加电。

注意：计算机系统从停机状态加电运行，事先应与车务人员联系，取得车务人员的同意，并确认现场没有行车作业，没有办理引导接车。

系统从开始加电到进入正常运行，视操作熟练程度不同需要 2～3 min。联锁机、控制台分机、监测机加电后应将机箱门锁好，取下钥匙妥善保管。

三、日常维护工作

在系统正常运行的情况下，维护人员的主要任务是保持机房环境和掌握设备运行状况。当设备发生故障时，及时采取妥当的应对措施，使系统尽快恢复运行并排除故障。

1. 保持机房环境

机房环境条件包括：温度、湿度、电源、地线、防尘等。良好的环境有利于计算机设备的稳定运行，延长使用寿命。相反，恶劣的环境条件使设备故障率增高，使用寿命缩短。

（1）日常维护工作应注意检查机房的温度。夏季应开启空调。计算机设备可在允许的最高环境温度下工作，但长时间在高温环境下工作将使设备的故障率上升，缩短设备使用寿命。因此，空调发生故障应及时修复。

（2）测量各种电源的电压值是否在规定的范围内。

（3）定期监测地线的接地电阻，电阻值增高应采取措施降低。计算机系统的保护地线不允许有其他设备搭接在上面。

（4）机房应保持清洁。工控机箱内的防尘网应定时清洗，以保证机箱内通风良好。

（5）保持计算机联锁设备与其他设备隔离。

2. 掌握设备运行状况

维护人员对设备运行状况要做到了如指掌。为此应建立值班定时巡视制度（每班至少早晚各巡视 1 次）。值班人员在巡视时须仔细观察设备运行状态，并认真做好值班记录。

在值班记录中必须记录以下内容：

- 联锁机工作状态。通过观察联锁机柜面板的“运行”和“工作”指示灯确定哪一台机器为工作机，哪一台机器为备用机。
- 通过观察比较双机输出板指示灯状态，判断双机同步情况。
- 是否发生双机切换，如有，应记录切换发生时间和切换原因。
- 控显机工作状态，并检查工作机和备用机的标志状态是否正确。
- UPS 工作状态。记录两台 UPS 所处的状态（工作或备用），有无故障指示灯点亮。
- 网络工作状态。观察每个网卡的指示灯和监测机的网络状态图。

（1）掌握备用机状态。

DS6-11 计算机联锁系统采取了冗余的工作方式。工作机的故障能够被及时发现。备用机的故障处于隐蔽状态，不易被发现（有些明显的故障是可以发现的，如电源故障导致备用机停机等），应通过定时巡视和定期倒机（每个月一次）及时发现并排除故障，保证系统的冗余性能完好。人工倒机须向车站值班员要点，在停止行车作业的情况下进行。值班人员应分别记录联锁和控显双机工作状态，确定哪一台是工作机，哪一台是备用机。如果自动发生了双机切换，应记录切换时间及切换原因。

（2）识别指示灯状态。

系统各组成部分都设有指示灯，直接表示设备的运行状态。监测系统为维护人员设计的人机界面，可以显示系统的运行状况和故障报警记录。并能将输入/输出接口的常见故障定位到电路板和端口。维护人员应熟记设备指示灯的正常显示状态和监测机的操作方法。定时巡视时，应仔细观察各指示灯的状态，并与正常显示状态相比较，确定设备运行是否异常，此外还应查看监测机的系统状态显示和历史记忆信息，及时发现故障情况，采取必要的维护措施。

（3）电源系统维护。

计算机设备所需的交流 220 V 电源由具有冗余功能的电源控制系统提供，该电源系统由电源屏供给一路 220 V/10 A 的经稳压净化的电源，经过具有冗余功能的电源控制箱和两台足够容量的 UPS 为 DS6-11 系统的全部计算机设备供电。UPS 处于互为热备的状态，以保证系统供电的连续和稳定。UPS 的日常维护应根据其使用说明书，检查面板上的指示灯是否在正常状态，如发现异常应尽快处理。

两台 UPS 应人工定期切换，使其带载时间均衡，UPS 电源的蓄电池使用寿命一般为 3～5 年，如果维护得当会延长电池的使用寿命。一般的电池维护方法是定期充放电（3 个月左右一次）。充放电可在天窗修时间进行，放电时必须有维护人员在场，此时让设备正常运行，只是关掉电源控制箱后面的开关，即切断外电，令 UPS 通过电池供电。此放电过程中，应观察 UPS 面板上电池容量指示灯，当指示灯只剩下 2 个点亮，即电池还有 30% 左右的电量时，应将电源恢复，停止放电。电池放电还有其他方法，但在现场建议采用上述方法。

在此过程中切忌将电池电量放光，否则会给 UPS 造成不可恢复的损害。

（4）接口电路的维护。

定期检查接口架插头固定螺丝是否紧固，联锁机柜内电缆插头固定螺丝是否紧固，24 V 电源电压是否正常，动态板稳压电源的电压、电流是否正常，防雷地线电阻有无变化等。

（5）控制台子系统的维护。

控制台子系统的故障主要表现为控制台按钮操作失效和站场显示失去表示。判断控制台子系统故障首先要确定故障在控显机还是在操作、显示设备及接口。

控显机故障将导致控制台功能全部失效。这时，在监测机的网络状态图上，可以看到控显机处于红色下网状态。

控制台部分功能失效应从有关设备及其接口上查找故障。现以操作设备采用数字化仪为例，说明当控制台上按钮操作失效时分析故障的步骤。

① 首先检查数字化仪电源。数字化仪右上角电源指示灯亮红灯表示电源正常，灭灯表示电源故障。

② 用光笔点压数字化仪面板，电源指示灯由红变绿，表示数字化仪光笔工作正常。若电源指示灯不变绿，表示光笔操作失效，应更换光笔或数字化仪面板。

③ 用光笔点压数字化仪面板，电源指示灯由红变绿，用光笔点压站场图形上的按钮，控显机应发出一声声响。

若没有声响，表明控显机未接收到按钮信号，应检查控显机和控显机与数字化仪的接口。

若有声响，表明控显机接收到按钮信号，应从监测机上查看是否有按钮操作记录。若监测机存在相关按钮操作记录，表明控显机工作正常，应从联锁机上查找原因。若监测机上无按钮操作记录并且联锁机上无相应的反应，应判断为控显机网络故障，需检查相应的网络接口。

若显示器黑屏或显示器发生缺色、掉色现象，可以从图形卡、屏幕扩展器、视频电缆以及显示器本身（包括消磁）等方面查找故障。

（6）主机的维护。

监测机、联锁机和控制台分机机箱内的电路板均为高集成度电路，这部分电路的维修可用备用板替换故障板。更换 CPU 板和 DOM 涉及软件安装问题，须由设计单位指定具备资格的维修人员操作。故障板返回生产厂家检修。

四、计算机设备故障处理

计算机联锁的维护人员应当对计算机设备各部分的组成、功能，以及各部分之间的连接关系，有清楚的了解，并熟记于心。这样，在设备发生故障的时候才能迅速、准确地作出判断，找出故障点，从而采取措施，排除故障，使设备尽快恢复正常运行。

（一）工控机主机故障

联锁双机、控显双机和监测机采用的都是 PC 总线工业控制计算机，其型号虽然不同，但主机的组成和结构类同，包括电源、CPU 板、硬盘、电子盘（DOM）、机箱底板、风扇等。这些部分的故障，具有共同的现象，判断故障和排除故障的方法基本相同。

1. 电源故障

机器在运行中突然死机，或关机后重新加电不能启动，应首先判断是否为电源故障。判断电源故障的步骤如下：

（1）确认交流 220 V 输入正常，输入插头连接牢固，排除外部原因。

（2）接通机器电源开关，观察机箱电源指示灯是否正常。仔细听机箱风扇和硬盘是否转动。指示灯不亮，风扇和硬盘不转，可以判定为电源故障，须更换电源模块，注意各电源类型及其极性。

2. CPU 板故障

在确定工控机电源无故障的前提下，计算机加电后仍然不能运行，可以怀疑 CPU 主板故障。但是，CPU 不能执行引导和运行程序又和硬盘或 DOM 有关，不能简单作出判断，须连接显示器（联锁机平时不连接显示器，此时需临时借用其他显示器），从屏幕上看故障提示，根据提示判断故障。在确认显示器连接正确，显卡性能良好的情况下，屏幕上没有任何显示出现，基本可以认定是 CPU 板故障，用同样型号的 CPU 板更换即可。

3. 硬盘或 DOM 故障

在进行上述 CPU 板故障检查时，如果是由于硬盘或 DOM 的原因导致程序不能引导和执行，显示器屏幕上会给出“Non-System disk or disk Error. Replace and press any key when ready.”的提示，此时需更换新的硬盘或 DOM。

4. 机箱底板故障

机箱底板的故障率很低，现场极少发生。在经过前面的检查处理后，故障仍然不能排除，可以怀疑机箱问题，应通知生产厂家维修中心派人到现场更换机箱。

5. 风扇故障

机箱内的风扇，从系统开始运行起，就连续不间断地运转。时间久了，发生故障在所难免。风扇故障表现为转动发出异常的声响，转速减慢或完全停转。风扇故障在短时间内不影响机器的运行，但会影响机箱内通风，使机箱内温度升高，加速机箱内电路板电子元器件的老化，使其寿命缩短，故障率增高，严重时可能因温度积累，直接烧毁电路。因此，对机箱风扇故障应给予足够重视，发生故障后应及时采取措施，恢复风扇正常转动。

机箱风扇经常由于前面的防尘网灰尘过多，阻碍通风，使风扇旋转阻力增大而损坏。因此，应经常清除风扇前防尘网上的灰尘，保持通风良好。

（二）控制台子系统故障

控制台子系统由设在运转室的图形显示器（大站前、后台分设，小站只设前台）、数字化仪、鼠标、语音扬声器和设在计算机室内的控显双机、控显转换箱，以及连机电缆组成。

1. 控显机故障

控显双机没有自动切换功能，当前工作状态的控显机故障将导致控制台全部功能失效。但是联锁机死机或网络通信中断也会造成控制台全部功能失效。所以，发生控制台全部功能失效，首先通过观察联锁机指示灯或查看监测机信息记录，排除联锁机或网络通信故障因素。

判断控显故障及处理的方法前面已经说明。确定控显机故障，首先进行控显双机切换，使系统尽快恢复使用。然后对故障机进行脱机检查。控显机内安装的其他板卡，一般只影响与该板卡有关的设备功能。

2. 控显转换箱故障

控显转换箱内安装有视频转换卡、串行口转换卡和语音转换卡。这些板卡是互相独立的，一个板卡故障，只影响与该板相连的设备功能。

控显转换箱的电源是转换箱内所有板卡正常工作的条件，转换箱电源故障将使控制台所有设备停止工作。因此，当控制台操作表示功能全部失效时，应首先检查控显转换箱的电源，确定控显转换箱电源正常后再去检查其他控显机。

控显转换箱的电源有两路，一路工作，另一路为热备。面板上有指示灯，指示其工作状态。如有故障，取下故障电源板并更换。

3. 显示功能故障

显示功能故障主要表现为黑屏。发生控制台显示功能故障后，应首先检查控制台操作功能是否有效。用光笔点压数字化仪按钮，如果有声响回应，说明按钮输入有效，可以排除控显主机和控显转换箱电源故障，确定为单一显示功能故障。造成单一显示功能故障的原因有：

（1）显示器损坏：表现为黑屏。若检查视频信号线和电源线连接正常，显示器电源指示灯不亮，则更换显示器，可恢复显示。

（2）控显机内视频卡故障：当前工作的控显机视频卡坏，切换控显机，可恢复正常。

（3）控显转换箱内视频转换卡故障：控显倒机后显示仍不能恢复，将显示器连线从转换箱上取下，直接连到控显机视频卡插座上，如果显示恢复，证明控显转换箱内视频转换卡故障，更换视频转换卡。

（4）控显倒机和跳过转换箱仍然不能恢复显示，应检查连接电缆是否断线或是否接插件接触不良。

4. 操作设备故障

控制台的操作设备包括数字化仪和鼠标，个别车站还有单元式控制台，一般情况下数字化仪为主用设备，鼠标为备用设备。有单元式控制台的车站，操作方式为按钮操作方式。

（1）在数字化仪及鼠标操作同时发生失效故障而显示器上未提示故障停用时，应为控显机故障，须进行要点倒机，使系统恢复使用。

（2）若主用设备数字化仪失效，需要按以下步骤确认并排除故障：

① 检查数字化仪电源是否正常。

② 用光笔点压数字化仪时，数字化仪右上角的表示灯是否由红变绿，如果是，为数字化仪本身故障。

③ 查看数字化仪图纸坐标是否对齐，如发生移位，须对齐后操作。

④ 确认数字化仪使用过程中是否掉电，若数字化仪掉电，须复位控显机才能使数字化仪正常工作。

⑤ 确认数字化仪长线、控显转换箱上串行通信板乃至控显机内串口是否故障。在此过程中需电务维修人员要点试验，如果不能马上确定故障点使设备恢复正常，则应该首先启用备用操作方式，以免影响行车。

⑥ 切换控显机，将故障机从网络上脱开单独测试，确认故障点。

（3）鼠标操作失效时，通常是鼠标故障、鼠标长线断线或控显转换箱中串口板故障。若通过更换相应设备不能排除故障，可将控显机倒至备机工作，将故障机从网络上脱开，单独加电测试。

（三）联锁机故障

联锁机包括联锁双机的主机、双机切换电路和双机的输入/输出接口电路。联锁主机的故障处理前面已说明。

1. 双机切换

双机切换控制电路如图 3.27 所示。假设联锁 A 机为工作机，联锁 B 机为备用机，只要发生以下情况之一，即可导致双机切换。

（1）工作机（A 机）发生硬件故障造成死机或人工关机，A 机状态板第 24 路停止动态输出信号，AYUJ 落下。

（2）A 机发生错误开放信号的危险性故障，或人工在监测机上输入双机切换命令，A 机状态板第 23 路停止输出负电位，AGZJ 落下。

（3）由于外部原因使 AYUJ 或 AGZJ 之一落下。

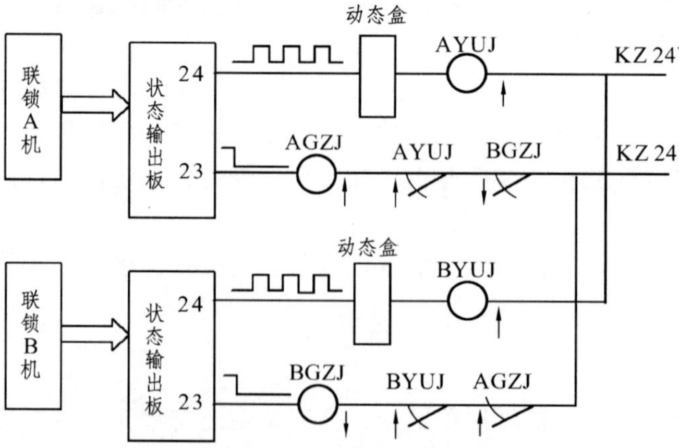

图 3.27 双机切换控制电路

因故障导致双机切换后，全站自动进入引导总锁闭状态。值班员必须对全站办理引导总锁闭解锁之后，才能恢复控制台操作。在监测机上输入双机切换命令实现的双机切换不进入引导总锁闭状态。

发生双机自动切换后，应立即检查系统状态，确定引起切换的原因，并采取相应的措施加以修复。如果发生局部故障，如个别的输入/输出接口故障，不会导致联锁双机自动切换。工作机发生局部故障时，应立即采取人工切换，保证系统正常运行。然后更换有故障的电路板，使系统恢复。

2. 状态码和输入接口故障

状态码与输入接口连接如图 3.28 所示。DS6-11 的表示信息采取动态编码方式输入。输入接口和状态码输出构成闭环工作。查找表示信息故障必须把状态码输出和表示输入结合起来共同分析。

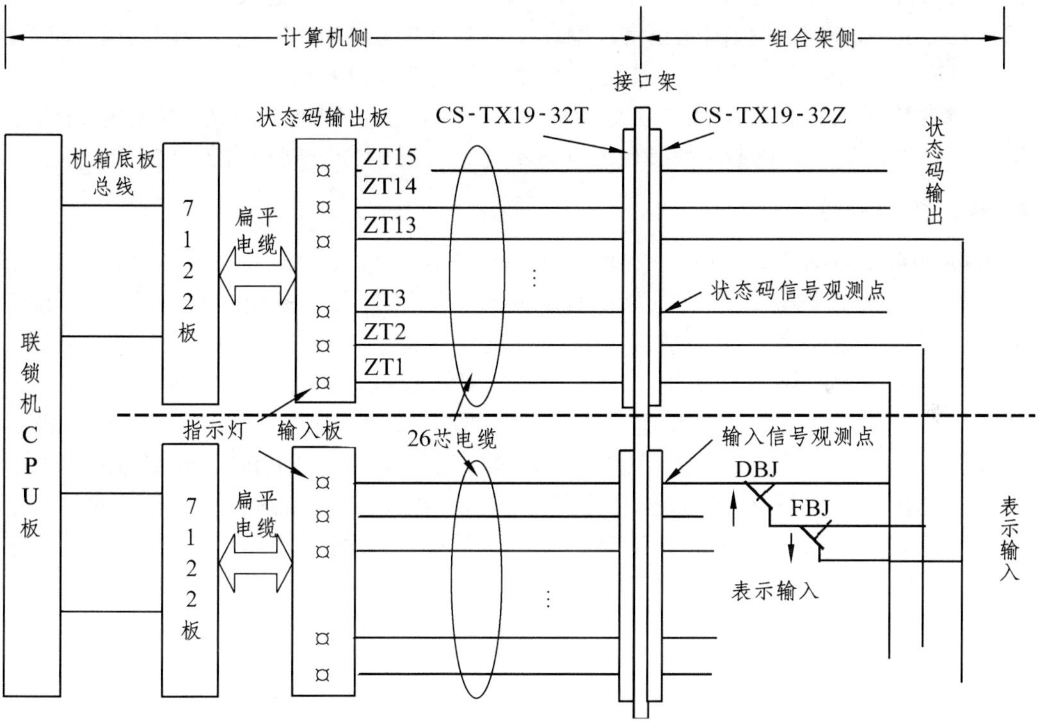

图 3.28 状态码与输入接口连接图

当发生表示信息输入错误时，首先要判断是状态码输出故障，还是输入接口故障。

1）状态码输出故障

发生某一类或几类设备的相同状态同时失去表示，可以判定故障在状态码输出上。例如：假设所有在定位的道岔同时失去表示，可以判定是 ZT_1 输出故障；假设所有处于关闭状态的调车信号机失去表示，可以判定是 ZT_5 输出故障。

状态码输出的故障点有：

（1）状态码输出板：观察状态码输出板指示灯，正常应闪光；如不闪光，可更换状态码输出板。

（2）扁平电缆：若更换状态码输出板无效，应检查连接 7122 板和状态码输出板的扁平电缆有无破损、断线或两端的插头有无松动。

（3）7122 板：若扁平电缆连接正常，可更换 7122 板。

（4）26 芯电缆或组合架配线：若状态码输出板指示灯闪光正常，在接口架观测点测量。若观测不到状态码信号，应检查 26 芯电缆的通断和接插件的连接情况。若观测点有状态码信号，则故障点在组合架配线。

2）输入接口故障

发生某一个设备或集中在某一个输入板上的若干设备无表示，而其他处于相同状态的设备表示正常时，可以确认为该设备的输入接口故障。

输入接口故障点有：

（1）输入板：输入板指示灯正常应闪光；如不闪光，可更换输入板。

（2）扁平电缆：若输入板闪光正常，检查扁平电缆有无破损、断线或两端的插头有无松动。

（3）7122 板：采取以上措施无效后，可尝试更换 7122 板。

（4）26 芯电缆或组合架配线：在更换输入板后，若指示灯仍不闪光，应在接口架观测点上测量。如有输入信号，则故障为 26 芯电缆不通；若无信号，则组合架上断线。

4．输出接口故障

输出接口连接如图 3.29 所示。在联锁机运行正常，且表示输入正确的情况下，值班员正常办理作业，从监测机上查看是否有命令输出，如果有命令输出但操作命令不能使相应设备动作，可以认定是输出接口故障。联锁机发出的控制命令要经过输入/输出接口板、光隔驱动板、联机电缆、接口架插头、插座、组合架间配线、动态板等到达被操纵的继电器。这中间任何一个环节的故障都可能造成继电器不动作。CPU 板与 7122 板同时装在联锁机机箱内，两者之间通过机箱内部总线相连。7122 板与光隔驱动板之间通过 50 线扁平电缆连接。光隔驱动板到接口架采用 26 芯信号电缆连接。接口架的插头、插座为 J19H32 型 32 线接插件。判断故障在接口架哪一侧的方法是在接口架的插座上测量故障点的电压。本系统采取动态输出。在接口架观测点，用示波器观察，在计算机有输出时可以看到脉冲宽度为 200 ms 的方波信号。用电压表测量，为 11～13 V 的脉动电压。JPXC-1000 继电器 1、4 线圈电压应大于 16 V。

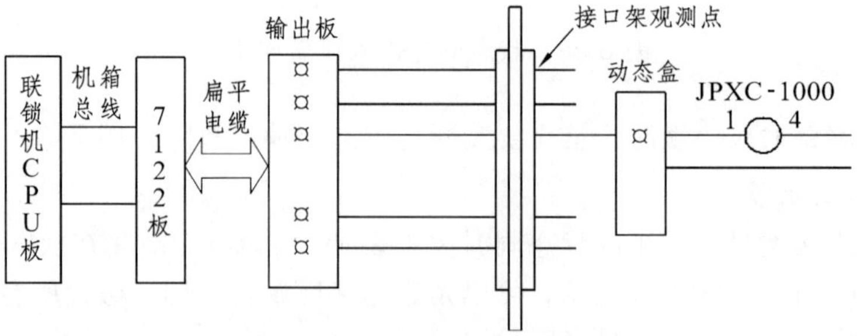

图 3.29　输出接口连接图

查找输出接口故障点的步骤如下：

（1）输出板是输出接口的主要故障点。确定输出接口故障后，应首先用确认是好的输出板更换机架上怀疑有故障的输出板。

（2）更换输出板后，在有输出命令时，看输出板指示灯是否闪光。若输出板指示灯不闪光，说明命令没有发送到输出板。

（3）有输出命令时，输出板指示灯不闪光，此时应到监测机上查看输出命令记录，是否有命令输出。如果没有命令记录，应查找不能产生输出命令的其他原因；如果监测机有输出命令的记录，应进一步检查扁平电缆。必要时可更换 7122 板。

（4）有输出命令时，输出板指示灯闪光，说明命令已经发送到输出板，此时应观察动态盒上的指示灯。

（5）有输出命令，输出板指示灯闪光的情况下，动态盒指示灯闪光，说明输出信号已经发送到动态盒。用确认好的动态盒更换原来用的动态盒。如果继电器仍然不动作，应测量继电器线圈两端电压，检查动态盒到继电器之间的配线。

（6）更换动态盒后，如果动态盒指示灯仍然不闪光，说明命令没有发送到动态盒，应检查 26 芯电缆和组合架配线，可在接口架上的观测点观察输出信号。如果有信号，说明命令已经发送到接口架，故障在组合架配线。如果没有信号，应检查 26 芯电缆扁平电缆。

5. 更换 7122 板的注意事项

在联锁机箱内有多个 7122 板，更换时必须根据更换的不同位置，对备用板上的地址开关进行不同的设置。

实际更换 7122 板时，可对照被替换下来的 7122 板设置备用板，也可以对照下面的开关位置图（图 3.30）和地址设置表（表 3.2）进行设置。板上的 JP0～JP6，以及 SW2 对于每个位置的 7122 板是相同的。

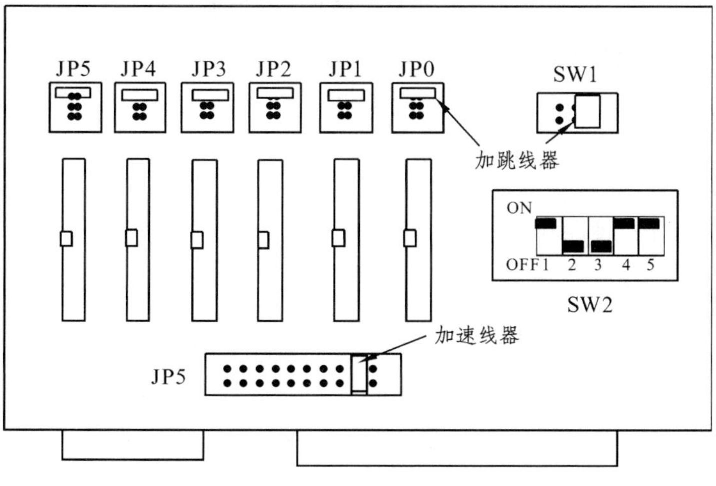

图 3.30　7122 板开关和跳线器位置示意图

表 3.2　7122 板地址开关设置表

电路板位置	地址	SW1-1	SW1-2	SW1-3	SW1-4	SW1-5
第一块板	2C0H	ON	OFF	OFF	ON	ON
第二块板	2E0H	ON	OFF	OFF	OFF	ON
第三块板	300H	OFF	ON	ON	ON	ON
第四块板	320H	OFF	ON	ON	OFF	ON
第五块板	340H	OFF	ON	OFF	ON	ON
第六块板	360H	OFF	ON	OFF	OFF	ON
第七块板	380H	OFF	OFF	ON	ON	ON
第八块板	3A0H	OFF	OFF	ON	OFF	ON

（四）网络故障

DS6-11 系统为多机分布式结构，系统中的各台计算机通过网络进行通信。网络通信故障将导致系统瘫痪。DS6-11 系统采用双重冗余网络，系统中每个工控机内安装两个网卡，通过两条独立的网络电缆连接。维护人员在日常维护中应通过仔细观察掌握网络状态，及时发现网络的单重故障，加以排除，保证系统的可靠性。

网络连接及节点地址分配如图 3.31 所示。

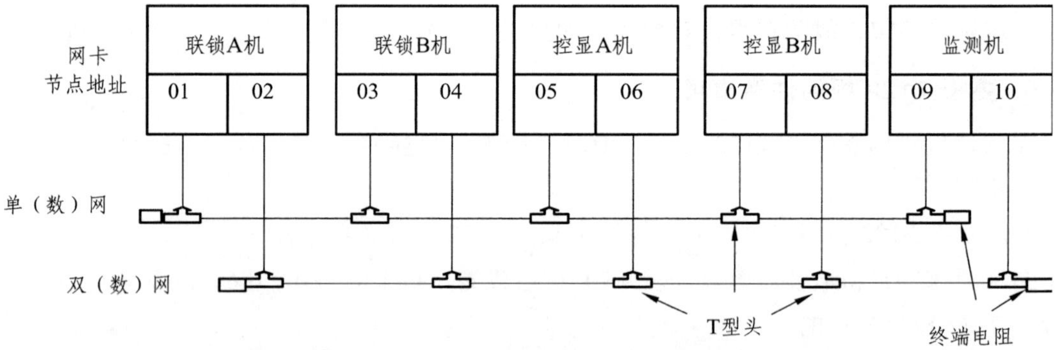

图 3.31　网络连接图及节点地址分配

1. 网络的工作状态的判断

（1）观察控制台显示器屏幕上闪烁的字符提示。

①“A-OK”表示联锁 A 机网络状态。

②“B-OK”表示联锁 B 机网络状态。

③“C-OK”表示控显机的网络状态。

④“D-OK”表示监测机的网络状态。

上面的字符显示绿色，表示该机双网通信正常；显示黄色，表示该机有一个网卡下网，处于单网工作状态；显示红色，表示该机两个网卡全部下网。

（2）从监测机上的系统网络工作状态图判断下网节点。

（3）从每个网卡后面的工作状态指示灯判断网卡状态。指示灯亮稳定绿灯（偶尔闪烁一两下）表示正常，连续闪烁或灭灯表示故障。

单网故障一般不影响系统正常运行，但应及时采取措施排除，避免故障积累，造成双网故障，导致系统瘫痪的严重后果。

2. 网络故障的处理

（1）更换网卡。更换网卡时，换上的新网卡必须正确设置网卡上的 SW1、SW2、JP1～JP14。每个网卡的节点地址用 SW2 设置。单网卡和双网卡的 SW1、SW2、JP1～JP14 设置均不相同，须仔细对照换下的故障网卡，将欲换上的新网卡的 SW1、SW2、JP1～JP14 设成与更换下的故障网卡一致。网卡上开关及跳线器位置如图 3.32 所示。

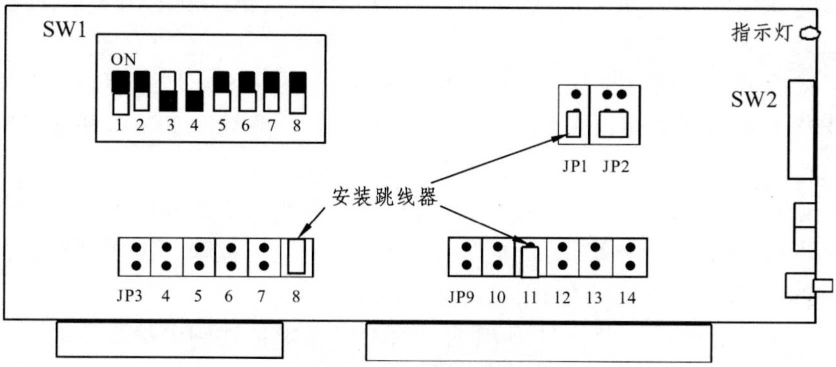

图 3.32 网卡上开关及跳线器位置示意图

（2）T 型头和终端电阻接触不良，应重新安装牢固。

（3）如确认网络连接电缆断线，则更换电缆。

（五）监测机故障

由于监测机的配置与其他机器的配置有所不同，因此其故障点也有所区别，监测机内配有容量较大的硬盘，所以在长期使用的过程中有时会遭到损坏，此时机器启动后会提示找不到硬盘或系统等，需要生产厂家维修或更换硬盘方可恢复。另外监测机有时也会发生主板故障和显示故障，发生此类故障时，更换相应的备用板卡便可以使故障得到妥善处理。

（六）电源故障

电源系统的构成比较简单，因此故障现象并不复杂，通常的故障就是 UPS 蓄电池故障。维护人员可以根据 UPS 面板指示灯的提示很容易地发现此故障，更换电池就可以排除故障。

UPS 面板如图 3.33 所示，各指示灯含义如下：

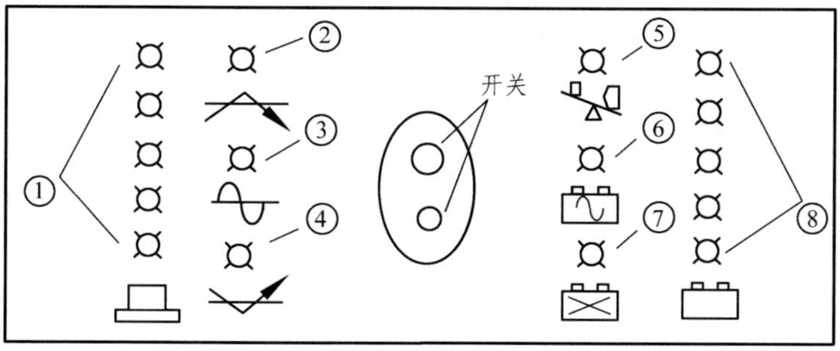

图 3.33 UPS 面板

①——负载指示灯：指示当前 UPS 所带负载大小，点亮指示灯的多少代表所带负载达到 UPS 额定容量的百分比。

②——机敏调压指示灯：正常情况下不亮，该灯一旦点亮，说明 UPS 正在调低输入电压，补偿超高电压。

③——外电输入正常指示灯：UPS 正常工作时点亮。

④——机敏升压指示灯：正常情况下不亮，该灯一旦点亮，说明 UPS 正在调高输入电压，补偿超低电压。

⑤——超载指示灯：该灯一旦点亮，说明负荷超过了 UPS 容量，同时伴有声音报警。此时，需要查找并去除新增负荷，使 UPS 供电恢复正常。一般情况下设备开通后不会有新增负荷，所以一旦出现该问题应为 UPS 自身故障，需更换 UPS。

⑥——电池供电指示灯：当外电断电时 UPS 转为电池供电，同时 UPS 伴有声音报警。

⑦——电池故障指示灯：该灯点亮时，说明该 UPS 电池故障，需要更换。在外电不断的情况下，该故障不影响 UPS 正常使用。

⑧——电池容量指示灯：显示 UPS 电池当前的已充电量达到电池容量的百分比。

本章小结

本章介绍了 DS6-11 计算机联锁的系统概况、组成、功能特点、工作原理、系统维护管理、系统故障处理等相关的内容，着重介绍了该系统各种状态下设备的故障情况分析及故障排除方法。

思考题

1. DS6-11 计算机联锁监控机软件的主要任务是什么？
2. DS6-11 计算机联锁的联锁机有几种状态？各状态间转换的条件是什么？
3. DS6-11 计算机联锁的联锁机在建立一条进路时，任务分几个环节完成，各环节是如何进行的？
4. DS6-11 计算机联锁系统软件由哪几部分组成？
5. DS6-11 计算机联锁系统是如何完成采集数据过程的？
6. DS6-11 计算机联锁系统是如何完成驱动过程的？
7. DS6-11 计算机联锁系统的接口电路有哪些？
8. DS6-11 计算机联锁系统是如何采集轨道区段状态信息的？
9. DS6-11 计算机联锁系统是如何采集道岔状态信息的？
10. DS6-11 计算机联锁系统是如何采集信号机状态信息的？
11. DS6-11 计算机联锁系统对维护人员有何要求？
12. DS6-11 计算机联锁系统启动前需要做哪些准备工作？
13. DS6-11 计算机联锁系统日常维护有哪些内容？
14. DS6-11 计算机联锁系统各相关组成设备发生故障后是如何处理的？

第四章　TYJL-Ⅱ型计算机联锁系统

第一节　TYJL-Ⅱ型计算机联锁系统的构成

TYJL-Ⅱ型双机热备计算机联锁系统为分布式计算机控制系统，主要由以下五部分组成：控制台、监控机、联锁机、执表机和电务维修终端。其系统结构如图 4.1 所示。

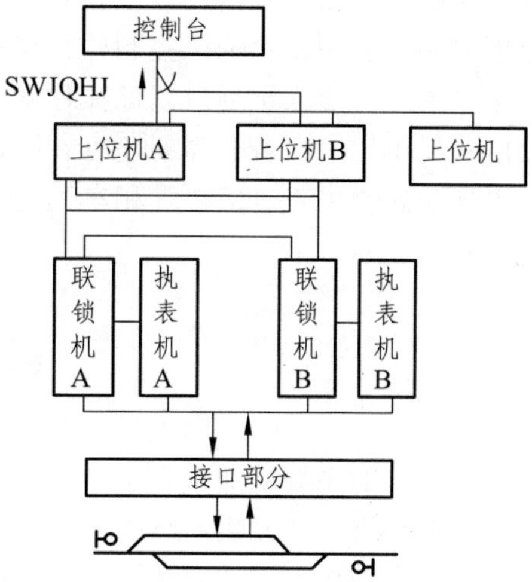

图 4.1　系统框图

控制台和维修终端是单套配置。联锁机、执表机为主备双套配置，具有热备和自动切换功能。监控机也实现了双机热备工作，两台监控机工作状态一致。由于控制台是单套配置，所以双套监控机仅有一套与控制台相连，但可以通过控制台切换单元来更改连接方式。各备用计算机构成了备用子系统与工作子系统同步工作，但对继电部分无控制权。备用子系统也可脱离工作子系统独立工作，故还可用作软件修改时的模拟联锁实验设备。

TYJL-Ⅱ型系统是安全双机热备计算机联锁系统，该系统由两套独立的计算机控制系统组成，两个独立的单元具有相同的硬件结构和软件结构，都能独立完成车站信号系统的联锁控制功能，工作方式为一主一备。

主、备机的输入信息完全相同，区别在于主机对车站被控对象输出控制信息，备机不输出控制信息，即由主机行使控制权，并且主、备机通过专门设置的通信环节定时或定点交换信息。

比较两机在交换数据前已经完成的多组运算数据，由于两台计算机控制系统的硬件和软件结构完全相同，在正常工作时，运算结果应当是相同的。当系统中任一台计算机系统出现故障时，两台计算机的数据必然不同。当发现数据不一致时，系统应能自动启动故障检测与诊断程序，进入自检状态，找出故障机和故障原因，切换故障单元并对系统重新组合，以保证系统的连续运行。

这种工作方式叫比较诊断法，没故障时系统只对双机运算的数据进行比较，仅在发现双机运算数据不一致时，即出现故障时才启动检测诊断程序，这样有利于提高系统的运行效率。这种方法是建立在两套计算机系统在同一个时刻出现相同故障的概率非常低的基础上的。

本系统的主要特点如下：

（1）最大限度的利用软、硬件资源，对直接危及行车安全的联锁逻辑处理部分和执行表示部分提出了高的故障-安全要求，采用联锁软件冗余及其他容错技术大大地提高了系统安全性和可靠性。

（2）计算机联锁容量不受限制，通过增设执表机柜满足容量要求，每一台联锁机或执表机柜的容量为 640 个表示信息（灯丝、信号继电器、道岔表示条件等），256 个控制对象（信号继电器和定反操继电器等），488 个表示信息或 488 个控制对象。

（3）采用分离式的控制台和大屏幕显示，操作简便、舒适，显示清晰。

（4）大屏幕彩色监视器能显示 6502 所有的表示，还增加了时间、音响和汉字提示，如“始端…×××”“终端…×××”“道岔×××扳不动”，等等，还可以在故障时给出设备错误号，供维修人员诊断故障使用。

（5）采用双机互为备用（热备）的计算机系统，系统有自动切换功能，备用系统有脱机、联机、联机同步三种工作状态。

（6）设备维护简便。微机设备均采用模块接插件结构，便于更换。在机房内可通过电务维修机的监视器监视现场设备和列车运行情况。设于机柜上的测试孔和指示灯是供维修人员分析和判断故障使用的。控制监视机按时间顺序储存按钮动作情况、设备错误号和现场变化信息，电务维修人员通过鼠标操作就能在屏幕上将前一段时间内的机器状态或作业情况按规定格式显示出来，若有需要还可在打印机上打印输出，记录储存时间为一个月。系统提供图像再现功能，可将进路办理和车列运行情况以图像形式再现，以便更直观地查找故障和分析问题。

第二节　控制台

控制台的主要功能是显示站场状态，接受操作命令，将站场表示、进路状态、操作结果用彩色监视器或单元表示盘的光带显示给操作人员，将操作人员的操作命令传输给监控机。

控制台的操作方式有数字化仪操作盘、鼠标操作、单元按钮控制台三种；表示方式有两种，即彩色监视器和单元表示盘。当前计算机联锁控制台均采用多种操作方式并用，以防操作设备故障造成系统瘫痪。其结构有如下几种：

（1）数字化仪＋数字化仪＋显示器。

（2）数字化仪＋鼠标＋显示器。

（3）鼠标＋鼠标＋显示器。

（4）数字化仪＋显示器＋单元块表示盘。

（5）按钮＋单元块表示盘＋提示窗（若有必要，还可添加鼠标和显示器）。

本书以“数字化仪＋鼠标＋显示器”为例进行介绍，所有设备设置在车务值班室。

控制台监视器的数量取决于站场规模，通常为 1～2。还可通过视频分配器（一拖四）向后台值班员提供复示显示。

此外，与 6502 控制台一样，仍然设置道岔电流表。

监控机到控制台的视频线、鼠标线、数字化仪线和语音线均使用专用的屏蔽电缆（通常长度不超过 50 m，这些线缆可统称为显示和命令通道），经切换装置后与值班员室内的控制台相连。切换装置安装在值班室内或计算机房的微机桌内。

当控制台切换板故障时，可以从切换板拔下工作机的输入线和去控制台的输出线，然后直接进行对接，保证设备的正常工作。

第三节　监控机

一、监控机的功能

监控系统是计算机联锁系统操作界面的人机接口，其主要功能有：

（1）对值班员的所有操作进行提示、处理并记录，接受信号值班员的有效操作命令，向主控系统发出相应的执行命令。

（2）接受主控系统提供的站场表示信息，向值班员提供站场图像的实时显示。

（3）向值班员提供整个系统的工作状态信息、报警信息和简要的故障信息。

（4）记录系统的全部操作和运行信息。

（5）向辅助系统提供记录信息，与其他必要的信息系统接口。

（6）每套监控机同时与联锁机的主机和备机通信，所以每套监控机都能看到两套联锁机发来的信息，通过键盘上的 1、2 键来切换。

（7）控机显示界面下方有一排功能键，用于提示按压键盘上的功能键可以实现的功能。这些键的功能如下：

① F1 全显：显示联锁机发来的所有信息和监控机的所有操作信息。

② F2 变化：显示联锁机发来的所有站场变化信息。

③ F3 按钮：显示监控机由控制台收到的所有按钮操作信息。

④ F4 铅封：显示监控机由控制台收到的所有铅封按钮操作信息。

⑤ F5 错误：显示联锁机发来的所有错误信息。

⑥ F6 报警：显示联锁机发来的所有报警信息。

⑦ F7 清错：清除控制台上所有的报警信息。

二、监控机构成

监控机系统主要由监控机（又称上位机）和控制台构成。监控机是监控系统的核心，一般放置在机房综合柜中，通过引出的视频线、鼠标线、数字化仪线和语音线（通常不超过 50 m）与值班员控制室内的设备相连，如图 4.2 所示。

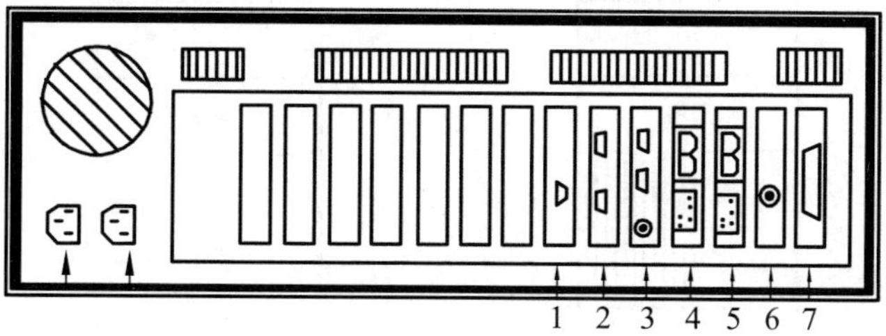

图 4.2　监控机主机箱后视图

1—以太网卡，用于与维修机通信；2—232 扩展卡，用于与检测、TDCS 等接口；3—主板外接口，接鼠标数字化仪；4，5—ARCNET 网卡，用于与联锁机通信；6—语音板，用于接控制台喇叭；7—多屏卡

（一）配　置

工控机采用的标准通用机型配置如下：

（1）主机板：低功耗无风扇 CPU，主频 233 MHz，内存容量 128 M。

（2）2 个 RS232（串行通信接口），1 个并行口。

（3）1 块 PC-01 网络卡，1 块以太网卡。

（4）多屏卡。

（5）3 英寸软盘驱动器 1 个，容量大于 20.0 G 的硬盘。

（6）2 个 RS232（串行通信接口），1 个并行口，15 英寸 CRT，全 ASCII 键和中文输入键盘。

（二）功　能

（1）2 个 RS232 串口卡用于连接数字化仪和鼠标的串行接口，有 232 卡时就不用主板上的 2 个 232 接口。

（2）网络板用于与联锁机通信，采用 2 块 ARCNET 网络板实现监控机与主、备联锁机的通信。

（3）1 块以太网卡用于主、备上位机之间以及与维修机的通信。

（4）多屏 VGA 显示图卡提供控制台值班员 CRT 的图像显示和机房屏幕显示。

（5）语音声卡提供控制台的语音提示和音响。

（6）局域网通信卡用于与其他系统接口（可选）。

（7）电子盘用于监控机程序的固化。

三、监控机的切换

监控机为冷备设置，故障时需要人工切换。监控机的切换按钮设在联锁 A 机第一层小面板上，切换继电器设在联锁 A 机机柜底层。上位机切换时，与之相接的数字化仪和 20 英寸监视器可同时切换到由工作机控制，其切换继电器设在控制台内。

综合柜结构如图 4.3 所示。

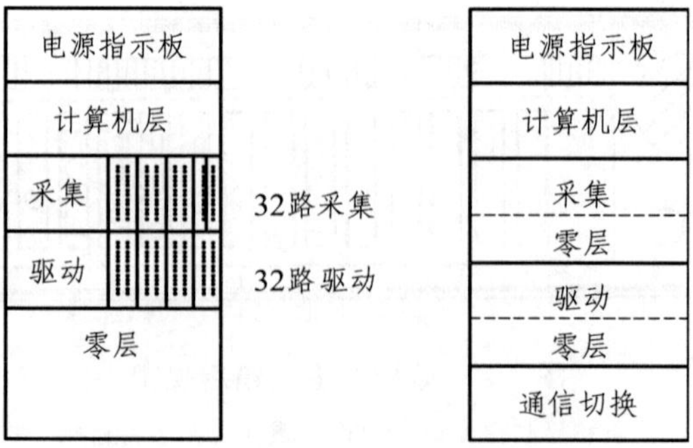

图 4.3　综合柜

切换组合安装有控制台切换手柄、切换板、指示灯及切换电源。集线器用于监控机和维修机之间通信的连接。配电箱安装有 UPS 切换手柄、电流表和供电空气开关，两个 UPS 手柄分别用于控制系统由 UPS A 或 UPS B 供电。

电流表指示两路供电的各自电流，供电空气开关分别控制不同设备的输入电源。

第四节　联锁机和执表机

一、设备布置

联锁机和综合柜设备布置如图 4.4 所示。

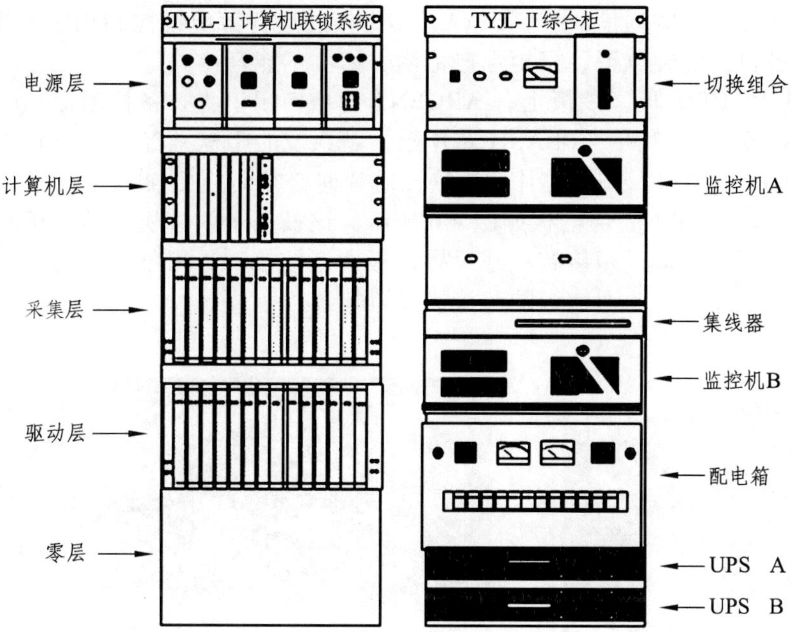

图 4.4　联锁机和综合柜设备布置图

二、联锁机主要功能

（1）实现与上位机和执表机的通信调度。采用循环呼叫应答方式，如通信不通则超时报警及退出，接着呼叫下一个设备。联锁机备机（在联机状态）定时呼叫主机，进行信息交换和信息比较。

（2）实现信号设备的连锁逻辑处理功能，完成进路确选、锁闭，发出动作道岔和开放信号的控制命令。

（3）采集现场信号设备状态，如轨道状态、道岔表示状态、信号机状态等。

（4）输出动态控制命令，通过动态板驱动偏极继电器，控制现场设备动作。

三、执表机主要功能

（1）接收联锁机发出的执行命令和向联锁机发送采集信息。
（2）同联锁机功能（3）。
（3）同联锁机功能（4）。

四、联锁机和执表机的构成

主要由计算机层、电源层、采集层、驱动层、零层等组成。

1. 计算机层

计算机层由 APCI5093 型 CPU 板、APCI5656 型 ARCENT 通信板、APCI5314 型 I/O 板构成。APCI5093CPU 板通过背部电缆实现主、备机通信。APCI5656 型 ARCENT 通信板通过背部电缆实现与监控机的通信。APCI5314 型 I/O 板通过背部电缆控制相应采集、驱动板的工作。各板子有各自的安装位置，机柜上已标明，槽位不能互换。

APCI5093 型 CPU 板（该板上有 ARCENT 通信口用于主、备机通信）联锁程序固化在 CPU 板上的 U16 和 U17 两个 FLASH 芯片上，是系统的中枢神经，负责联锁关系的运算。图 4.5 所示为 CPU 两个 FLASH 芯片，更换该芯片时必须对应更换。

APCI5656 型 ARCENT 通信板如图 4.6 所示。该板用于联锁机与监控机间及联锁机与执表机间的通信。板子上通过短接跨接线设置该板的通信接口，用于不同的通信端口。更换备用通信板时应与原使用中的通信板的跨接线设置一致。

图 4.5　CPU 板 FLASH 芯片

图 4.6　PCI5656 型 ARCENT 通信板

2. 输入/输出层

APCI5314 型 I/O 接口板如图 4.7 所示。在 I/O 板上有 8 个 I/O 端口地址，每个端口地址有 8 位输入或输出量，可输入或输出 64 位信息。I/O 板是通用板，在采集或驱动板上一次可获得 8 个设备信息。通用板包括选择输入/输出设备端口的地址码和接收及发送信息的数据通道。每个通用板可对应 64 个输入/输出通路，直接在采集或驱动机笼处区分，不在通用板处区分。

注意：更换计算机所有的板卡，必须确认该机工作在备机状态，且应关闭电源。

联锁机和执表机的应用程序已都固化在 CPU 板和 Flash 芯片上，只要开启电源，程序就开始运转，设于 CPU 板面板上的指示灯应给出相应指示。

图 4.7　APCI5314 型 I/O 接口板

3. 机柜电源层

机柜电源层由计算机用电源、采集电源、驱动电源组成。该层 A 机放置有切换单元，B 机放置地线检查器，各自有固定的安装位置。各路电源在机柜的电源面板上均装有电源指示灯和测试孔。各路电源之间要求有良好的隔离性能。机柜电源层如图 4.8 所示。

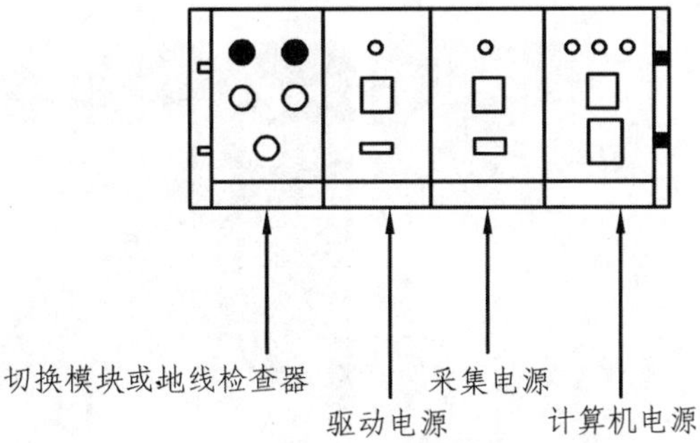

图 4.8　机柜电源层

计算机电源主要提供计算机层、采集层驱动板的工作电源。

系统对计算机电源的要求很高，其电压不能低于 4.9 V，否则可能会出现死机或脱机。

采集和驱动要求直流电压的输出值大于 10 V，一般在 11～12 V。

切换单元内包括监控机切换手柄、联锁机切换手柄、联锁机备用或工作指示灯及联机按钮。联锁机切换手柄通常置于自动位，在备机同步的情况下实现自动切换功能。必要时可人工将切换置于 A 机或 B 机，强制 A 机工作或 B 机工作。

每块采集单元可以采集 32 位信息，并以红色采集指示灯指示。红灯点亮表示采集信息送到采集板，可以用万用表直流 25 V 挡借助逻辑地测量。采集到的电压应在 11 V 以上，当采集电压低于 8 V 或采集板故障时会出现采集灯点亮，但机器采集不到信息的故障现象。

（1）联锁机柜第一块采集板面板左侧的指示灯有如下含义：

① 第一个指示灯指示该机为 A 机还是 B 机。经常亮灯的是 A 机，不经常亮灯的是 B 机。

② 第二个指示灯指示该机是工作机还是备用机。亮灯的是工作机，灭灯的是备用机。

③ 第三、四个指示灯指示设于继电器室内的切换手柄。人工切换时状态电路中的接法是工作机的第三个指示灯亮灯，第四个指示灯灭灯，备用机的第三个指示灯灭灯，第四个指示灯亮灯。

④ 第五个指示灯指示切换校核条件。校核无误，工作机和备用机第五指示灯亮灯。当指示不正常时，联锁机将按故障处理。

⑤ 第七个指示灯指示对方机切换继电器的状态，它的点灯条件是 BQHJ 吸起或 AQHJ 吸起。

⑥ 第八个指示灯亮灯表示切换手柄在中间（自动切换）位置，第三或第四个指示灯都不应亮灯。

⑦ 第十六个指示灯是联机按键按下的指示灯(联锁机采集到该位状态的变化即认为在做联机操作)。

（2）执表机柜第三层第一块面板左侧的指示灯有如下含义：

① 第一个指示灯指示该机为 A 机还是 B 机。经常亮灯的是 A 机，不亮灯的是 B 机。

② 第二个指示灯指示该机是工作机还是备机。亮灯的是工作机，灭灯的是备用机。当指示灯不符时执表机将按故障处理。

4. 驱动板层

驱动板位于机柜第四层，驱动板包含有电源测试板及 32 芯采集端子，如图 4.9 所示。

（a）正面　　（b）背面

图 4.9　驱动板层

每块驱动板有 32 位驱动信息，对应每位驱动信息驱动板上有一个绿色指示灯，有驱动信息时指示灯应以 3～6 Hz 的频率闪烁。建议用机械万用表测试驱动信息，用直流 10 V 挡测试独立驱动回线（正表笔接驱动回线，负表笔接驱动信息）。有驱动信息时，表针应在 6 V 刻度位置抖动。

每机柜第一块驱动板的第一位和第四位输出驱动事故继电器。平时工作机的事故继电器在吸起状态，第一块驱动板的第一个事故指示灯不停地闪烁。当工作机出现某些关键性的错误时，备用机将发出倒机命令，自动将备用机切换成工作机，系统保持正常工作。

5. 零　层

位于机柜最下方的零层由电源开关、地线端子、零端子、ARCENT 通信插头、测试切换手柄和测试切换继电器组成。不同机柜生产厂家的机柜可能有所不同。

电源开关控制机柜的输入电源地线端子有三个，分别为数字地、采集地和驱动地，其中逻辑地（数字地、采集地）接大地，驱动地浮空。（当“工作地”不直接接地时，称为悬浮接地，当“工作地”与大地之间的绝缘电阻值大于 1 MΩ 时，可以认为直流工作接地是悬浮的。其优点是可以避免电路之间产生导电性电磁干扰，产生地环路和电气噪声。）

零端子（01 端子）为 32 芯端子。因采集、驱动电源均通过零端子连接到接口架，正常工作时严禁拔插，只有在全站要点的情况下才能检查此端子。

测试切换手柄、测试切换继电器用于软件脱机测试。

ARCENT 通信插头用于环链联锁机与监控机、执表机的通信线。

第五节　输入整形电路（采集电路）

现场的表示信息通过输入整形电路送入计算机，为减少机柜内板间电缆，采集板采用母线工作方式，即各采集板连接到同一母线，微机的输出通过 I/O 板为母线提供 5 个输入/输出端口，共可选通 8 块采集板。

现场表示信息的采集是主控系统通过对相关继电器闭合接点的数字量采集完成的。采集电路原理如图 4.10 所示。

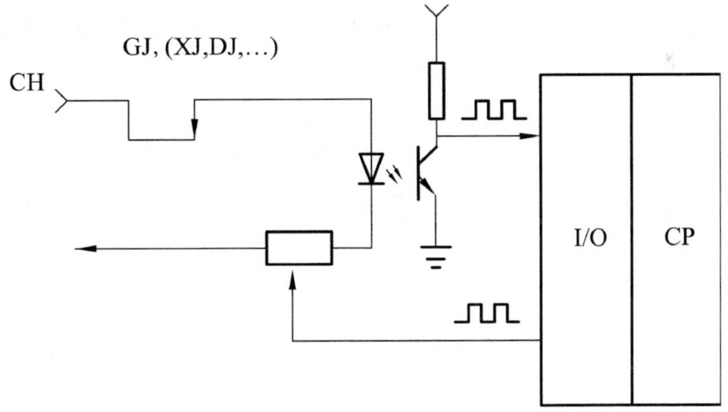

图 4.10　采集电路原理

由机柜电源层送出的采集电源在机械室各继电器架之间环接，称之为采集回线。采集回线送出采集电源至各个继电器的接点，当接点闭合时即经其至相应采集板的输入端，以动态脉冲的方式经 I/O 板交由 CPU 识别处理。

CPU 经 I/O 板将 0、1 交替出现的序列脉冲送到采集单元电路，作为该单元电路的驱动信号。在继电器吸起接点闭合时，电路工作正常的状态下，在单元电路的输出端可得到一串与驱动信号频率相同的序列脉冲。若电路中任何元器件故障，均会导致输出端“1”或

“0”的固定输出，软件判断固定的“1”“0”为无效信息，该信息出现时控制系统将倒向安全侧。

轨道继电器的安全侧信息为 GJ 落下，即轨道区段占用。GJ、ZCJ 等信息微机无法校核，且和联锁直接相关，对这些信息系统采集前后接点，程序软件对这些信息的前、后接点加以比较，若均为“1”或均为“0”可断定电路某处发生了故障，这种情况按落下接点处理以保证安全。图 4.11 所示为采集回路。

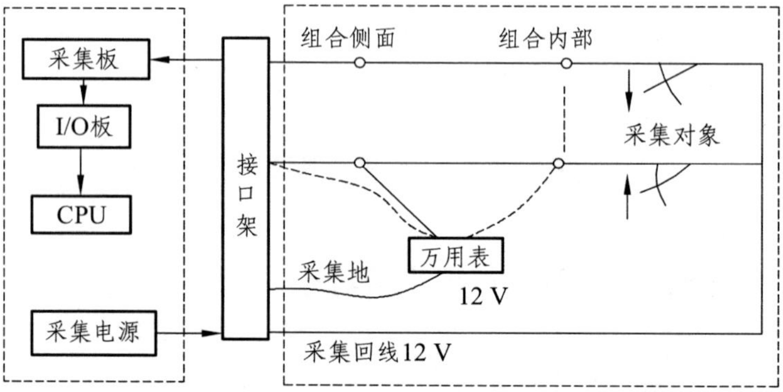

图 4.11　采集回路图

第六节　输出驱动电路

对现场设备的控制是由主控系统通过驱动板送出驱动命令，控制相关继电器的动作来完成的。驱动电路的原理如图 4.12 所示。

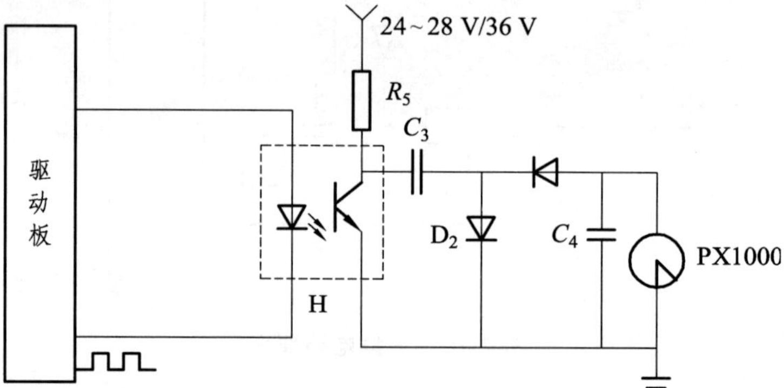

图 4.12　驱动电路原理

由机柜电源层送出的驱动电源在机械室各继电器架之间环接，称之为驱动回线。驱动回线送出的驱动电源至各个驱动盒，当驱动盒收到驱动板送来的驱动脉冲信号后使相应继电器励磁吸起。不是脉动的信号不会使继电器励磁。

图 4.13 所示为驱动回路的走向图。

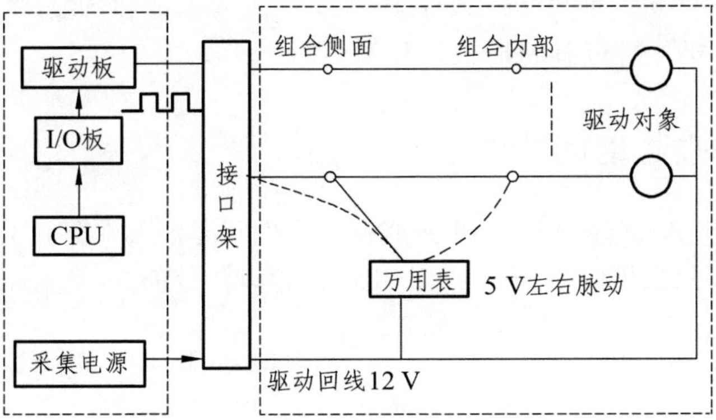

图 4.13　驱动回路图

一、联锁机和执表机的切换（切换电路见配线图册）

（1）在联锁机机柜内设一个三位式手柄，可选择两种工作方式，即人工工作方式或自动工作方式。手柄在中间位置时继电器 SBAJ、SBBJ 都在落下，为自动工作方式；手柄倒向 A 方向，继电器 SBAJ 吸起，联锁 A 机工作；手柄倒向 B 方向，继电器 SBBJ 吸起，联锁 B 机工作。

自动工作方式时，联锁机 A 机或联锁机 B 机可通过各自的切换继电器 AQHJ 或 BQHJ 吸起实现自动切换。AQHJ、BQHJ 平时在落下状态，在自动切换时，瞬间吸起。SBAJ、SBBJ、AQHJ、BQHJ 均设在集中楼继电器室内。

（2）无论在人工工作方式或自动工作方式，切换继电器 LQHJ 吸起为 A 机工作，LQHJ 落下为 B 机工作。

（3）联锁机的备机有脱机、联机和联机同步三种状态，只有在联机同步时系统才处于热备状态，如主机出现故障将自动倒向备机，不影响现场设备状态。

（4）在备机自动升为主机工作后，原主机处于脱机状态，必须在修复故障，确认机器工作正常后，按压联机按钮，原主机作为备机转入联机状态。

（5）动态继电器的驱动电源和局部电源受切换继电器控制。切换继电器只接通工作机的工作电源，同时切换局部电源的方向，以保证只有工作机的驱动控制能使动态继电器吸起。

开机时，由于 A、B 机的切换继电器都不工作，设于继电器室的切换继电器 LQHJ 处于落下状态，此时 B 机为工作机，A 机为备机。若想把 A 机设置为工作机，需要用切换手柄将系统人工切换成 A 机工作，B 机备用。

只有在联锁机切换手柄处于自动位置时，按压备用联锁机的联锁按钮才有效。按压备机联机键后，主备联锁机开始通信。当主机、备机的控制命令和锁闭信息一致时，双机同步，同步灯亮灯表示主机、备机已处于联机热备工作状态。当主机出现故障如死机、通信中断、事故继电器落下等状况时，备机发出切换命令，使备机的切换继电器吸起。例如备机为 B 机，则 BQHJ 吸起，切断设于继电器室内的切换继电器 LQHJ 的自闭电路，使 LQHJ 失磁落下，备机 B 机升为工作机，而 A 机处于脱机状态。在 A 机故障修复后，须人工按压设于 A 机上的联机按钮，A 机才能与 B 机联机恢复通信。

二、安全信息通道的构成

联锁机和执表机之间采用 ARCENT 通信接口，机间通信采用全双工同步通信方式。对此通道要求安全可靠，除采用同步通信中的 CRC 校验算法校验外，信息码采用特别的编码和重复发送等冗余技术，确保信道的安全可靠。

第七节　动态驱动设备

TYJL-Ⅱ型计算机联锁系统采用安全型继电器控制现场设备。Ⅱ型系统使用具有故障-安全性能的驱动电路——由主控系统驱动板给出的动态脉冲经功率放大驱动安全型继电器。该电路主要由动态驱动电源、动态驱动电路和偏极 1000 安全型继电器组成。动态驱动电路的原理如图 4.14 所示。

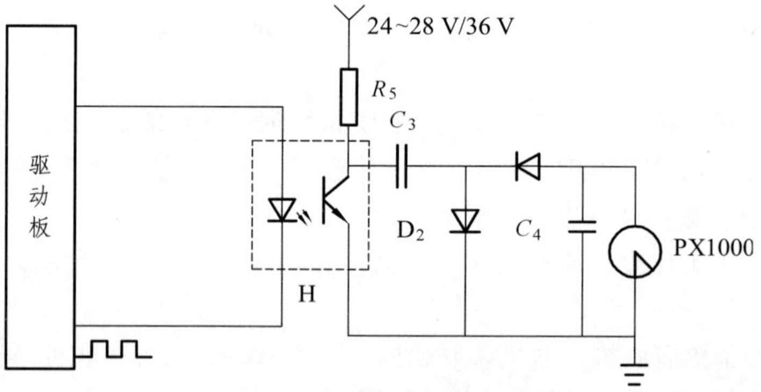

图 4.14　动态驱动电路原理

无控制信号输入时，电路处于静态状态，固态继电器 H 截止，电容 C_3 充电。充电结束，C_3 两端电压等于局部电源电压，电路中无电流流通，动态继电器处于落下状态。当有控制脉冲输入时，控制脉冲低电平使固态继电器 H 导通，电容 C_3 经 H 向 C_4 充电。控制脉冲由低变高时，H 截止，电源经 R_5、D_2 向 C_3 充电。经 2、3 个脉冲，使 C_4 的电位充到偏极继电器的吸起电压时，偏极继电器励磁吸起。此电路主要利用了偏极继电器的特性，使其吸起电压与电路的工作电压方向相反，从而实现电路的故障-安全。

TYJL-Ⅱ型联锁系统目前广泛使用双输入驱动单元。该单元由四组动态驱动电路合装在一个安全型继电器匣内，每组驱动电路都有 A、B 两个输入端，分别受主控系统 A、B 机的输出脉冲控制，并有相应的灯光指示。A、B 双路输入只有一路有效，切换电路通过改变局部电源（动态驱动电源）的极性及切断备机的驱动回线来控制 A、B 系统的控制权，确保只有工作机的控制命令有效，即使任意操控处于脱机状态下的备机也不会对工作系统产生任何影响，具有绝对的安全性。图 4.15 所示为动态驱动电源的极性切换电路的原理图。

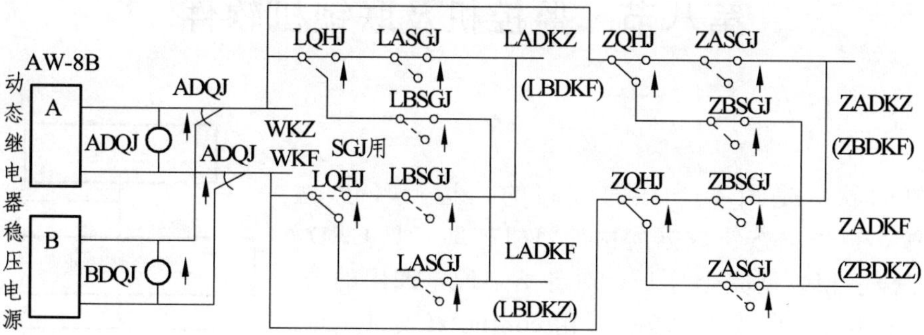

图 4.15　动态驱动电源的极性切换电路原理图

TYJL-Ⅱ型联锁系统中有一个主控机柜，专门设置了一个事故继电器用于控制本机柜所属动态驱动电路所用的动态驱动电源。现多数系统使用专用的事故驱动组合，该组合亦采用动态驱动方式，有两个控制输入端，这两个输入是来自同一机柜且具有相反相位的动态脉冲，当两个输入端输入符合要求的脉冲时使事故继电器吸起。作为最关键的电源控制设备，在事故驱动组合内设置了专用电路对计算机的输出脉冲相位进行了严格检查，当脉冲重叠超过 3 ms 时即会熔断组合内的保险丝，切断驱动电源，以确保系统安全。图 4.16 所示是动态驱动系统的配线原理图。

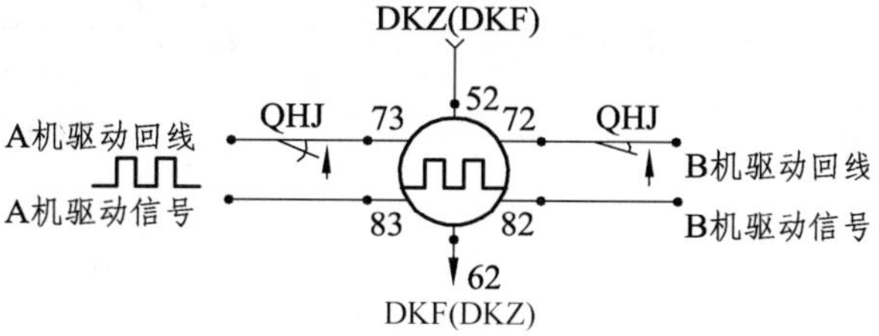

图 4.16　动态驱动系统配线原理图

每个机柜均设有独立的驱动回线和独立的事故继电器，动态驱动单元的驱动电源均经由其事故继电器的前接点，当事故继电器落下时该机柜所属驱动无效。

AW-8B 是专为 TYJL-Ⅱ型联锁系统设计的动态驱动电源，具有能够对输出电压脉冲波动故障进行安全保护并采用故障-安全设计的监护电路。该电源具有良好的大范围动态带载能力和短路保护性能，为了适应不同站场规模，其输出电压设计为 25～35 V 可调。

TYJL-Ⅱ型联锁系统驱动电路的故障-安全是由主控系统和接口电路中诸多相关环节共同实现的，具体包括：

（1）CPU 及其运行的双通道驱动处理和回读检查程序。

（2）由 I/O 板形成的驱动总线及其回读控制处理，驱动板及其回读控制处理。

（3）动态驱动组合和偏极安全继电器。

（4）具有输出电压脉动故障安全防护功能的动态驱动电源。

（5）具有输入脉冲相位校核及熔断防护功能的事故驱动单元，此外还有由 CPU 在线运行的控制表示的逻辑检查，驱动继电器单脉冲瞬间吸起故障检查，道岔驱动双断检查等程序在系统运行的过程中不断地进行检查。

第八节　监控机及联锁机软件

一、监控机软件

监控机的软件是用 C++ 语言编写的，运行环境是 DOS，图像、链表、按钮数据均由计算机辅助工具 CAD 直接生成。程序和数据完全分开，对各站来说是通用的，不同的是每个站有各自的数据文件，由 config.txt 文件给出使用的数据文件名，控制台类型（是数字化仪、鼠标还是单元按钮台），以及机柜配置数量等。监控机软件流程如图 4.17 所示。

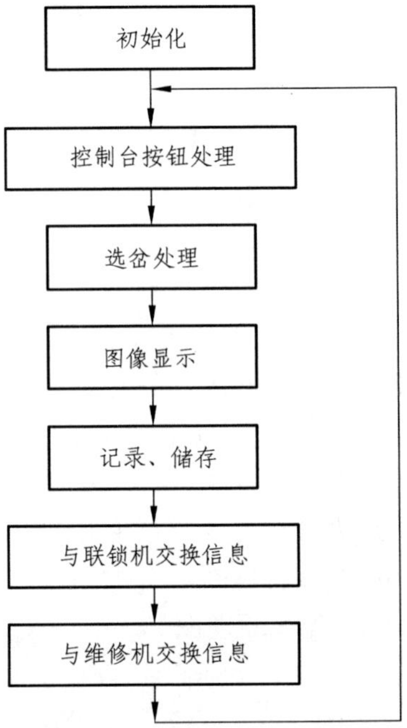

图 4.17　监控机软件流程

二、联锁机软件

（一）联锁机软件结构

联锁机软件是用汇编语言编写的，直接固化在电子芯片上，运行在专用的操作系统下。其特点是：编程困难，运行效率高及安全可靠。程序的编制采用模块化结构，如图 4.18。

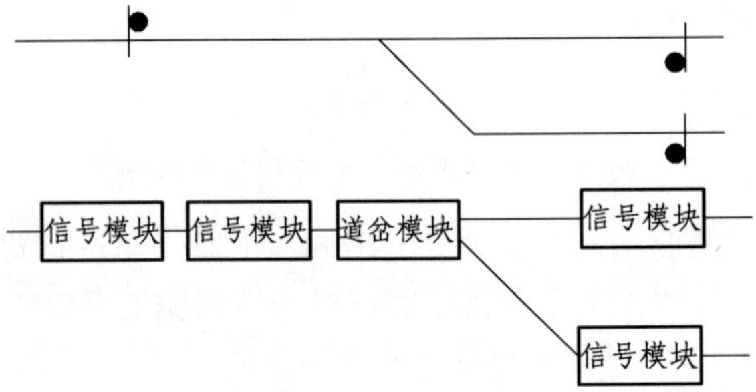

图 4.18　联锁软件数据模块结构

（二）联锁数据

联锁数据是实现联锁及控制的基础数据。计算机联锁系统大多采用站场型数据结构，这种数据结构是在站场上每一个信号设备点处设一个与该设备属性相同的信息点，这样就形成了一个与站场形状非常相似的图形数据结构。对于道岔区段的轨道区段，信息点须设在道岔岔前，这样无论是走直股还是走弯股都要经由该信息点。信息点在内存的储存是按类别分别储存的，即信号模块、区段模块、道岔模块、超限模块及零散模块分门别类，各自集中存放在内存的一个区域。

图形数据结构的查找是将站场中相互关联的信息点通过指针（由一个信息点指向站场中相邻设备信息点的地址码）链接起来。尽管相邻信息点不存放在同一个区域，但由指针链接起来的数据依然和车站站场图形一致。选路时程序沿指针指示的方向并配合相应的查找策略就可找到站场中需要查找的进路。

执行选路命令的基本过程为：联锁机收到监控机发来的排列进路命令信息，根据命令中始端和终端信息点的特征码首先验证进路的合法性；确定为合法进路，则根据联锁表检查是否有敌对进路已建立，无敌对进路时，该进路在已排进路记录表中登记记录。已排进路记录表记录本站全部已建立的进路，在这里登记记录就加入了排队队列，主机循环处理队列中每一条进路。当主机对该进路处理时，由始端信息点出发沿指针所指方向逐个查找，直到找到终端信息点为止。在查找的过程中有直股优先还是弯股优先的查找策略问题，这可以根据不同车站的情况在安装程序时设定。

以上选路是在静态数据上进行的，找到的该进路的全部信息点，也是建立动态数据排列进路变量表的基本数据依据。排列进路变量表的基本数据格式是数组，就是把进路中的信息点按设备在进路中的位置顺序排列的一串数据。这组数据与现场的进路一一对应，即现场有一条进路，对应地就有一组动态数据区的排列进路变量表。计算机是根据排列进路变量表来控制车站信号设备的。

控制过程是先由动态数据区的采集信息储存区取出与本进路有关的设备状态数据，然后一一写入排列进路变量表的相应数据位中，进而检查选排一致性，对不一致的道岔发出转岔命令，使定操或反操继电器励磁吸起，驱动道岔动作，同时设立转岔启动时间。因为转岔时间较长，此时计算机会控制程序先跳出对本进路的处理，转入对已排进路记录表中的其他进路的处理工作。当程序再次进入对本进路的处理时，首先检查道岔是否转换完成及是否超时，以判断道岔是否有故障。不超时道岔转换完成，或超时道岔尚未转换完成，两种情况程序会分别处理。道岔转换完成后通过在数据区的信息点上设立标志对进路实施锁闭，并发出开放信号的命令，信号继电器励磁吸起，信号开放，一条进路办理完毕。

在车驶入前，程序会循环检查道岔位置正确、进路锁闭、信号开放几个条件以确保安全。当列车或车列驶入本区段，解锁过程开始，接近区段、本区段、下一区段三点检查的实施是通过计算机设置变量完成的。

联锁程序的执行过程与继电联锁有许多相同之处，如信号开放后，继电联锁是靠网络线的供电来证明信号开放的条件具备，而计算机联锁是靠 CPU 每次程序循环沿着模块链进行检查，以证明信号开放的条件具备。

第九节　监控机的维修

（1）在确认设备连接在位后，开启主机及监视器电源，监控机自动进入开机自检程序，逐个对外部设备及主机进行检查，若系统完好，出现相应的提示，机器自动进入工作状态。

（2）当监控机和联锁机通信中断时，屏幕上有“联锁机通信中断”的提示，并有语音报警。

（3）如发现屏幕上时钟不变，表明机器工作异常，须由电务值班人员处理。造成这种现象的原因有：

① 误动了键盘上的某些键，须按一下回车键。

② 死机，此时须重新启动机器，以保证系统正常工作。

上述情况值班员室的监视器屏幕显示将不变，不能真实反映情况，但此时联锁机仍工作正常，不会影响已排通的进路和开放的信号及其联锁关系。

根据监控机监视器上的状态显示窗口的显示可判断系统工作机的各种故障。若一台监控机有问题，则另一台可以维持系统正常工作。

若屏幕监视器的图像消失，可判断为监视器出现故障或电源接触不良。若颜色显示不正常或图像滚动，则监视器的电缆连接线（共六线：红、绿、蓝、水平同步、垂直同步、地线）有断线故障。

若监控机与联锁机的通信多次启动后，仍不恢复，可怀疑机内的 ARCENT 通信板有故障。

14 英寸显示器平时应关掉，只有在查看某些信息时才打开，以此达到保护屏幕的目的。

监控机因为每套都与主、备机联锁机有通信，所以没有严格的主、备机区分，仅仅是其中一套与控制台设备相连。当与控制台相连的机器发生故障时，联锁机会自动把控制台设备切到与另一套相连，不会影响设备使用。

输入整形电路板和输出驱动板均为通用模板，可以互换，但机柜零层插头必须对号入座，否则就有采集到错误信息或发出错误的控制命令的可能。

为了查找故障，可以利用电路图册中的采集信息或控制命令表。表内直接给出了某信息或控制命令的序号。判断出故障单元后，单元内的故障可脱机检查，用万用表检测光耦合器、电容、电阻等元器件，进一步找出故障所在。

第十节　系统停电及上电

停电时，UPS 会鸣响报警，可继续供电 10 min 左右。当停电时间超过 3 min，为保护 UPS，应依次关掉机柜上的总电源开关、上位机开关、UPS 电源。

恢复供电时，为避免 UPS 在过载状态下启动，应先确认机柜上位机处在关闭状态，然后打开 UPS 的电源开关，等待 30 s 待其稳定工作后，再打开设备电源，启动上位机。此时观察联锁机的 CPU 面板指示灯，运行灯、通信灯、中断指示灯均应快速闪烁，主控联锁机的工作灯应为稳定表示。观察备用联锁机的 CPU 面板指示灯，运行灯、通信灯、中断指示灯均应快速闪烁，大约 10 s 后机器自动同步。

最后应观察确认主、备联锁机的两个事故继电器均吸起，控制台上指示备机工作状态的联机/同步显示应与备用联锁机的同步灯一致。

第十一节　系统故障时的维护

一、电源故障

联锁机和执表机每机柜有三个开关电源：STD 电源、采集电源和驱动电源。采集电源故障影响信息采集，驱动电源故障影响控制命令输出。

二、事故继电器

工作机事故继电器（SGJ）在系统正常工作时应保持吸起，在下列情况下事故继电器落下：

（1）切换校核错。

（2）控制表示不一致。

（3）驱动板回读错。

（4）无采集控制中断。

事故继电器落下将切断本机柜控制的动态继电器局部电源，所有由本机柜驱动的动态继电器全部失磁落下。

三、通信故障

系统通信包括联锁机与执表机、联锁机与上位机之间的通信，有指示灯可观察。采集故障与驱动故障将在后面详细介绍。

四、地线检查

为了对地线的状态进行检查，设置了地线检查器。其作用是测量 A、B 机之间的地线环路是否开路。图 4.19 所示为地线检查器面板，第一排是两个指示灯；第二排是 A、B、C 三个端子，A 接 A 机采集板 301-17（*LJDJC），B 接 B 机采集板 301-17，C 接采集地；第三排是两个地线端子 D 和 E，D 接 A 机采集地，E 接 B 机采集地，所以把 C 和 D 或 E 之一接上即可。

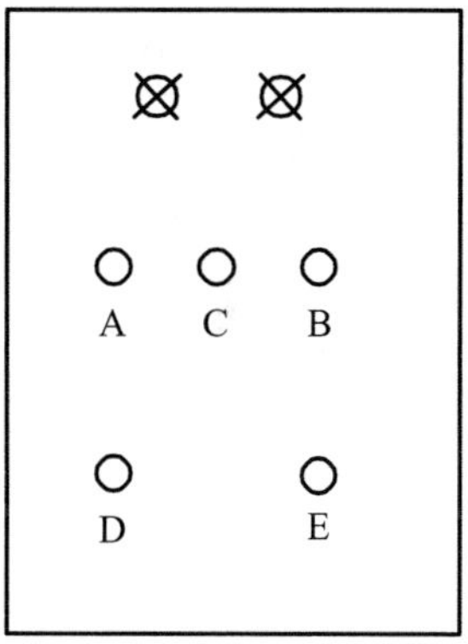

图 4.19　地线检查器面板

正常工作时，地线检查器上的两个指示灯处于闪烁状态，故障时，两个指示灯常亮或常灭。这时可利用一条短接线将地线检查器的两个地线端子 D 和 E 短接，如果这时地线检查器工作变为正常，说明 A、B 机的地线环路已断线，应及时维修；如果此时地线检查器还处于故障状态，则说明地线检查器本身故障了，应将其更换。

少数站在接口架上采用了防雷端子板，这时应安装两台地线检查器，一台用于采集，一台用于驱动。用于采集的一台接线如上所述，用于驱动的另一台除 C 的接线仍是采集地外，A 接 A 机采集板 301-24（信息表上标明驱动接地检查），B 接 B 机采集板 301-24（如果不是标准机柜，具体接线端子请查配线图册中标明的驱动接地检查端子），D、E 则应改接 A 机和 B 机的驱动地，以检查启动地线的环线是否完好。

第十二节　应急台和应急箱

一个车站的计算机联锁设备一般设有 A、B 两套系统，互为备用。两套设备正常工作时，无须使用应急台。只有两套设备都不能使用时，为了不影响行车，保证铁路畅通，才启用应急台，替代人摇道岔，但应急台没有联锁条件，安全要由人来保证。

（1）微机控制台与应急台不能同时操纵道岔，为此在应急台上设闸刀 K，平时闸刀倒向微机控制台一侧。

（2）应急台一旦需要控制道岔，应先将应急台面罩打开，然后打开应急台下方的前门，将闸刀倒向应急台一侧。此时接通了＋5 V 电源，道岔定位或反位表示灯亮灯同时也切断了动态继电器的交流 220 V 电源，这就意味着在应急台操纵道岔期间，不允许微机控制台操纵道岔。

（3）应急台上操纵道岔：将闸刀开关投向应急台一侧后，电源指示灯即点亮，此时按下道岔总定位按钮和某个道岔操纵按钮，道岔即转向定位并点亮道岔定位表示灯（绿色）；同理按下道岔总反位按钮和某个道岔操纵按钮，道岔即转向反位并点亮道岔反位表示灯（黄灯）；其余道岔操纵以此类推。

（4）车站值班员停止使用应急台时，应及时把应急台上的闸刀切换到微机控制台一侧，以便及时提供动态继电器电源。

一般应急台还设有上、下行引导总锁闭按钮（非自复式）及引导信号按钮（自复式）。这是因为车站设有进站信号机及进路列车信号机，考虑到 A、B 两套计算机联锁设备由于某种原因不能开放列车信号时，用上行或下行引导总锁闭按钮锁住上行或下行咽喉道岔，再按下引导信号按钮，开放引导信号，办理引导接车。请注意引导总锁闭及引导信号按钮都各自有一把电子锁，只有电子锁接通，按下引导总锁闭和引导信号按钮才有效，这时相应继电器励磁吸起并点亮相应按钮帽上的指示灯。

引导信号办理完毕，应及时把引导总锁闭按钮拉出，用电子锁接点切断引导锁闭按钮电路及引导信号按钮电路。

第十三节　常见故障的诊断

一、微机部分故障处理方法

根据故障发生部位可将故障分为继电部分故障和微机部分故障。

继电部分主要是室外信号设备相关的继电电路。继电部分的故障主要是断线、混线、继电器损坏、熔丝断丝等。现只对微机部分和与其相关的接口故障做重点分析。

双机冷备和双机热备的系统的微机部分都是双套，互为备用。对于双机冷备系统，当工作机故障影响到使用时，为缩短影响使用时间，应尽快人工倒机，恢复正常使用后再对故障机进行故障处理。联锁机人工倒机会全站锁闭，影响现场的进路和信号，因此，联锁机人工倒机时须电务人员和车务值班员共同确认全站均无进路在使用中，并且所有机车都未在行走。上位机和控制台倒机只是在倒机过程中影响控制台的使用，对进路和信号的开放毫无影响。

联锁机和执表机的工作状态在 CPU 板上有明确的指示灯表示，该指示灯由软件控制。

CPU 板通过不同的端口地址输出点亮发光二极管，因此，CPU 板的好坏直接影响到各种指示灯的正确表示。

二、运行灯停止运行时的处理方法

联锁机和执表机 CPU 板上的运行指示灯可直观表示机器是否在运转状态，当运行灯停止闪烁时，表明程序“走飞”了，即通常所说的“死机”。冷备站或热备站备机未在同步状态时，工作机的运行灯停止闪烁，控制台有“联锁机通信中断”的图像报警和音响报警（执表机程序走飞只影响执表机与联锁机的通信，即只影响执表机控制的输入/输出部分）。发生此情况应尽快记录各种指示灯此时的指示状态，然后对机器进行重启。造成这种情况的主要原因有：电源电压不稳，通信有强的干扰，计算机层的板子有故障等。

在热备站，工作机运行灯停止运行时，机器会自动倒机变为备用机，原备用机会升为工作机，在控制台屏幕上只会看到故障倒机的报警信息，而不会有“联锁机通信中断”的提示。自动倒机后，显示器上备机同步的指示也会自动消失。

备用机的运行灯停止闪烁，只会造成备机脱机，不会影响工作机的正常运行。

三、常见故障类型及处理方法

（一）通信故障

系统设备间通信如表 4.1 所示。

表 4.1　系统设备间通信

通信主体	使用范围	通信网卡
联锁机—联锁机	用于热备站	APCISO93CPU 的 ARCNET 口间通信
联锁机—上位机	应用于各种站	APCI5656 的 ARCNET 口与工业 PC 机上的 ARCNET 通信卡
上位机—维修机	用于带维修机的站	以太网卡间通信
维修机—监测机	用于带维修机与监测机的站	COM2 与 V20、232 口通信

网卡上的发光二极管为通信指示灯，通信正常时，指示灯应不停地闪烁。

联锁机通信中断时，在控制台处有语音报警和音响报警，并且屏幕上有“联锁机通信中断”的文字报警提示。

1. 故障点判断

当热备机处于同步状态时，热备站发生联锁机通信中断，联锁机会自动倒机。若倒机后正常，联锁机通信中断的报警提示可能会由于倒换时间极短，在屏幕上来不及显示就又恢复正常，但此时有联锁机倒机的提示，并且主备机同步信息也消失，这种现象一般是由联锁机故障造成的。当故障部位在联锁机上，倒机后系统不间断使用，此时故障机变为备机。冷备站出现联锁机通信中断时，应先人工倒联锁机（联锁机人工倒机时，电务人员必须和车站值班员共同确认全站无进路在使用中，所有机车都未在运行中）。若联锁机倒机后恢复正常，表明故障点在联锁机上。

2. 故障处理

当故障在联锁机上时，应先观察联锁机的运行灯是否还在闪烁。若停止闪烁，记录各指示灯的状态后关闭机器，再开启电源。如恢复正常（上位机会提示“联锁机通信正常”）表明发生故障时外界对电源或通信有强的干扰，干扰消失后设备就恢复正常使用。如关闭后开启电源仍不能正常运行，则要对联锁机的板子逐个更换，直至故障排除；若运行灯正常运转，则要更换 APCI5656 通信卡。

上位机故障造成报告“联锁机通信中断”，一般是上位机里的 ARCENT 通信卡故障。当联锁机和上位机均做故障处理后，系统仍不能恢复正常工作，则故障一定在通信线路上，例如上位机或联锁机处的通信线接头有松动或断线。故障发生在通信线路上，可以通过用临时通信线直接连接联锁机和上位机来进行应急处理。

（二）联锁机和执表机电源故障

机柜电源安装在机柜电源层，设有工作指示灯和测试孔。电源误差范围应在 15% 以内，否则会影响机器的正常工作。为了降低电源故障对采集的影响，主、备机的采集电源并联使用（在采集回线处和机柜零层端子板的 1 号端子处直联），当其中一套的采集电源故障时，另一套的采集电源继续供电，保证设备正常工作。平时应注意观察各机柜的电源指示灯，发现故障及时处理。

（三）采集与驱动电路故障

1. 采集电路故障

采集电路故障处理流程如图 4.20 所示。

若个别信息采集不到，可能是采集板的对应光耦损坏，信息采集线断线，继电器接点接触不良等。

若大量信息采集不到，可能是采集回线有断线。若集中在一块板上，也可能是采集板不工作（采集板最上面的两个指示灯不停闪烁表示该板在工作状态），或接口插座松动。采集板不工作的原因有采集板故障、I/O 板故障或 I/O 板与机柜采集母板的连接部分有故障。1 块 I/O 板可控 8 块采集板，通过零层端子板送出一条采集回线，采集回线在组合架上分出许多分支，经过各个采集接点接口架送回联锁机。检查采集电路时，可借组采集地测量各采集点处是否有正电。采集地在零层端子板的 1 号端子上，A、B 机的采集回线在零层端子板的 19、20 号端子上互连，这样做是为了防止采集干扰。

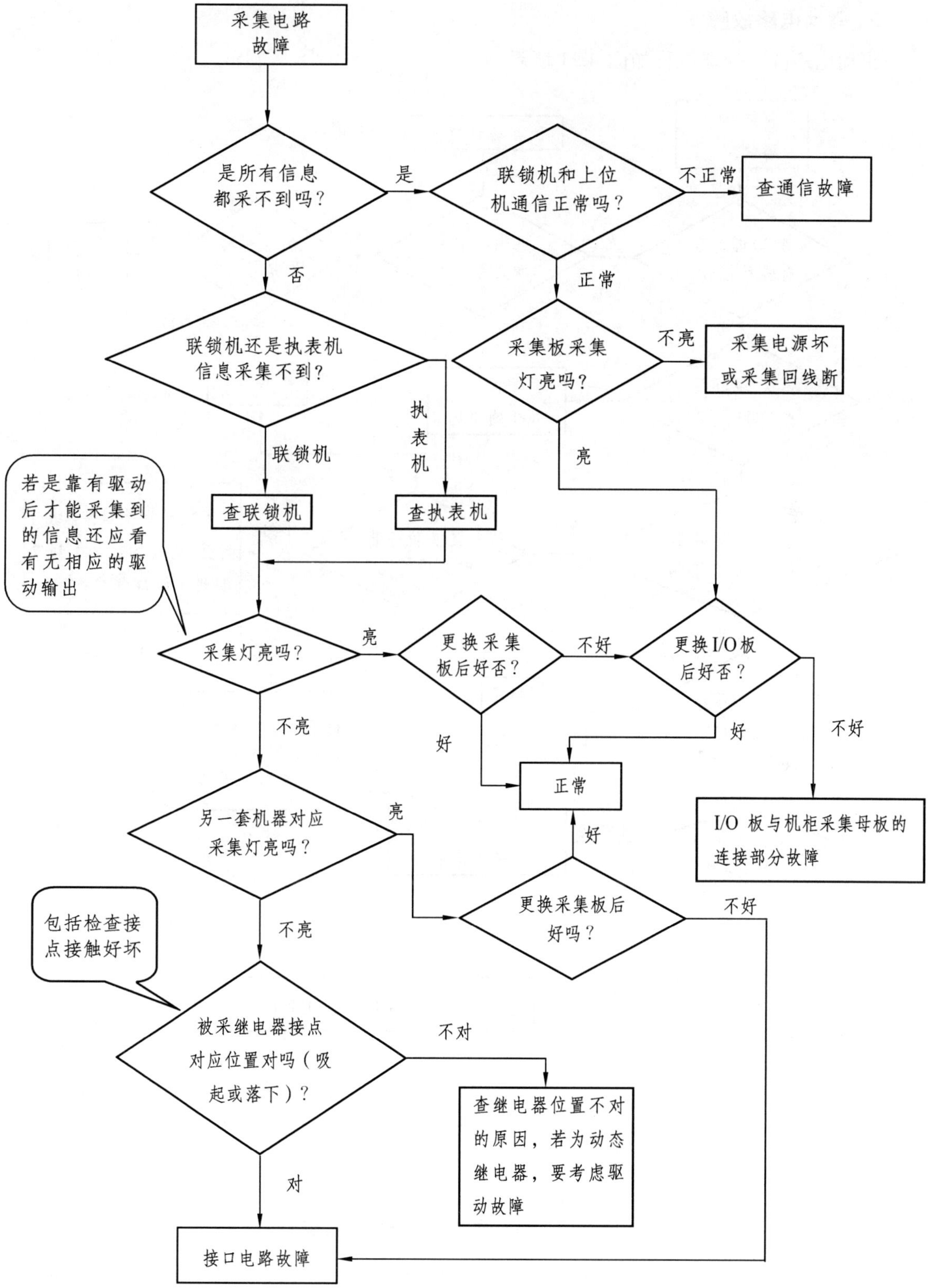

图 4.20　采集电路故障处理流程图

2. 驱动电路故障

驱动电路故障处理流程如图 4.21 所示。

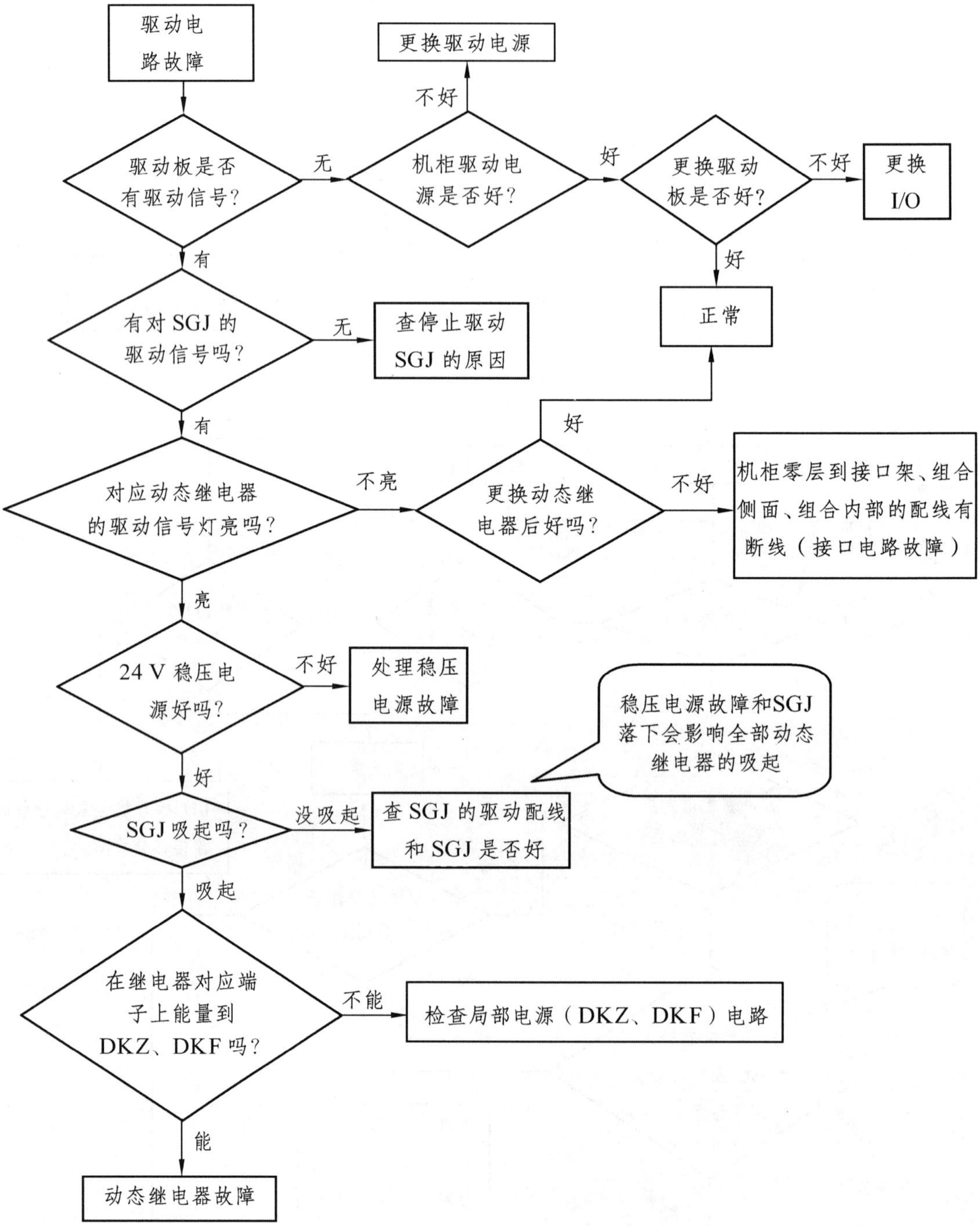

图 4.21　驱动电路故障处理流程图

由微机控制的继电器大都为动态继电器，微机有输出信号时，相应驱动板对应位的灯以 6 Hz 左右的频率闪烁，相应动态继电器的指示灯也以相同的频率在闪烁，观察其是否闪烁，可判断是驱动板故障或是动态继电器故障，或配线断线等。要注意，另外有两个继电器，即热备系统中用到的 AQHJ、BQHJ，虽由微机控制，但它不是动态继电器而是 JWXC-1700 型继电器，微机对其输出信息的指示灯在相应联锁机的第一块驱动板的第二、三位。

动态继电器的局部电源是 DKZ、DKF，事故继电器的局部电源是 WKZ、WKF。DKZ、DKF 是 WKZ、WKF 经过 QHJ 和 SGJ 接点输出地条件电源，WKZ、WKF 是稳压电源直接输出的。驱动组合的局部电源一般调在 35 V 左右，动态继电器用的局部电源调在 28 V 左右，对于双输入的动态继电器，分别由 A 路或 B 路输入驱动信号。

事故继电器（SGJ）是为了保证系统故障导向安全而专设的一个重要继电器，它也是动态继电器，输出表示灯在机柜第一块驱动板的第一位。机器正常时，事故继电器应该保持吸起状态。备机不在同步状态时，它的事故继电器落下，事故继电器是形成 DKZ、DKF 的必要条件，即是给所有动态继电器提供局部电源的必要条件。它的落下，将切断所有动态继电器的励磁电源，相当于把全站锁死，处于安全状态。因此靠事故继电器落下切断局部动态电源是保证故障导向安全的一个重要手段。机器停止输出，表明此时设备有影响安全的故障，这种故障从记录中可以查到。一般造成停止对事故继电器输出的原因主要有：驱动回读错、有未经驱动的继电器前接点闭合、关键缓冲区校验错等。

检查接口电路：以 JARC 动态继电器为例，驱动电路见图 4.15。

可以看到继电器要吸起必须满足两个条件，一是有局部电源（DKZ、DKF），二是有驱动信号。目前，系统采用的驱动电源是 12 V，采用 12 V 驱动电源时，测量到的驱动信号是 4.7 V 左右的脉动电压。查接口电路主要是查驱动信号有无送到继电器，电路中 A、B 机有各自的驱动回线，他们相互独立决不可混线，否则会造成驱动回读错。检查驱动信号时可用驱动回线作参考高电位，测量驱动信号回路经过的端子上有无脉动信号，以查明是否有断线。

（四）脱机、联机、同步

联锁备机有三种状态，即脱机状态、联机状态、同步状态。

联锁备用机开机后的初始状态为脱机状态，同联锁主机刚开机的初始状态一样，全场处于锁闭状态。当联锁机的切换手柄处于中间（自动）位置时，按压联锁备机的联机按键，主备机开始交换信息实现同步。

造成脱机的原因比较多，一般为备机故障、通信干扰、锁闭失步等。分析脱机原因时，两个上位机的记录都要考虑。

（五）自动倒机

造成自动倒机的原因主要是主机故障，包括与主机接口电路故障。其原因可根据两个上位机的记录进行分析。

（六）21 英寸显示器黑屏、缺色

1. 黑　屏

黑屏是指屏幕无任何显示。发生黑屏的原因有以下几点：

（1）掉电。显示器在电源开关处都有一电源指示灯，当给显示器通电后该指示灯就会亮，当指示灯变灭，说明显示器掉电，屏幕不再会有显示。

(2) 无显示信号。无显示信号是指显示器收不到由微机送来的显示信号，从而屏幕无显示。造成该现象的原因主要有：

① 上位机没有运行本站的应用程序，需要对上位机进行处理（复位）使之正常工作。

② 电压冲击保护也会导致显示器自动关闭显示。当给显示器输入的电压瞬时有高电压或低电压的冲击时，有的 21 英寸显示器为了防护冲击对显示器的损坏而自动关闭，从而显示消失，由这种原因造成的黑屏可重新开启显示器电源。

③ 从上位机到显示器的视频电缆头松动或脱落。

④ 若控制台有显示切换板，切换板故障也可导致黑屏，该故障可通过跳过切换板直接短连视频线和显示器的显示线而观察显示屏的显示来判断。

⑤ 显示卡故障也可造成无显示。

(3) 显示器故障。

2. 缺　色

缺色是指屏幕颜色显示不正常，例如缺红色、黄色或绿色的显示。造成缺色的原因有：

(1) 视频线插头松动。

(2) 视频线插头中端子断线或视频线断线（查看视频线插头端子配线分配表）。

(3) 若控制台有显示切换板，切换板故障也可能导致缺色，该故障可以通过跳过切换板直接短连视频线和显示器而观察显示屏的显示来判断。

(4) 显示卡故障。

(5) 显示器故障。

四、典型错误记录解释

（一）关键缓冲区校验错

此错连续出现 3 次后将使事故继电器落下。系统联锁软件采用冗余技术，软件中对许多编码采用多重校验，当校验不一致时就报关键缓冲区校验错，一般为 CPU 板内存条不好。

（二）采集板输入端口检查错

采集信息置为安全侧。此错可报到机柜的具体哪一块采集板的第几端口不好，一般更换采集板即可。若更换采集板后仍不好，则要考虑 I/O 板故障和 I/O 板与采集板连接部分的故障。

（三）前后接点采集信息校核错

为了保证安全，轨道继电器的前后接点机器都要采集，正常情况前后接点同时有且只能有一个采集到。当报此错时表明机器同时采集到前后接点或两者都没有采集到。若前后接点都采集到表明有混线，都没有采集到则要根据前面所讲的采集故障的查找方法进行查找。报该错时，要报到第几块采集板的第几位前后接点采集信息校核错（同为 0 或同为 1），对于该区段在显示器上显示占用状态。

（四）有未经驱动的控制继电器的前接点闭合、停止驱动事故继电器

该错也要报到第几块采集板的第几位有未经驱动的控制继电器的前接点闭合，发生此错时在屏幕上一般可以看到前后对应继电器错误采到的记录。

（五）控制命令代码校核错

1. 驱动板控制回读错

该错可以报到具体哪块驱动板的第几位有回读错。该错表示机器没有对所报驱动位发出驱动信号，但回采到不该有的驱动信号。当驱动板故障、动态继电器（驱动组合）故障或混线都有可能报此错。回读错有时可在驱动板对应位看到驱动灯暗闪切换校核错，本机全部控制失效。

2. 切换手柄采集位置错

切换电路故障，工作机失去 1LQHJ 的接点条件，可能已失去控制权；未经正常切换，非同步状态的备机得到控制权。

7～10 属于切换电路或切换校核电路故障，从第 1 块采集板的前 8 位指示灯分析采集故障。可能指示的故障现象有：

- 联机状态的备机与主机通信有误，转为脱机。
- 主、备机通信错误过多。
- 主机与备机的定点通信成功过迟。
- 备机与主机的大循环同步失步一次。
- 主、备机通信过慢，定点通信窗口漂移。
- 通信阻塞超时，11～17 通信线路不好或有干扰。
- 主机同步通信窗口内无备机呼叫，备机故障，会造成脱机。
- 备机控制的多于主机的信号的控制序号，可能是工作机有故障，会造成倒机。
- 双份固化程序比较不一致，停止驱动事故继电器。CPU 上插有两块固化相同程序的 EPROM 芯片，当芯片插错或没有插好时会报此错。
- 信号模块特征或数据指针错。
- 区段模块指针校核错。
- 区段模块指针连接错。21、22 一般为 RAM 板故障。

以上故障现象与指示灯的对应关系可查阅用户手册。

五、注意事项

联锁机 CPU 的板子、上位机和维修机中的板子、控制台微机中的板子在插拔时一定要关机，否则瞬间高电平会把板子击坏。

上位机和维修机的开关上有三个指示灯和两个按键：第一个指示灯标注 POWER，为电源指示灯，第二个指示灯标注 HDD，为硬盘工作指示灯，第三个指示灯标注 KB-LK，为键盘锁闭指示灯；红色自复式按键为复位键，蓝色非自复式按键为键盘锁闭键。蓝色键

按下时，第三个指示灯亮，表示已把键盘锁死，此时按键盘无效。为了避免误碰键盘而影响设备的正常使用，平时都要把蓝色键按下，锁死键盘。但是，在复位机器或机器掉电重新启动时，一定要把蓝色键弹起，键盘锁闭灯熄灭，取消键盘的锁闭，这样机器才可正常启动。

数字化仪的电源开关在右上角的背面，开启电源时最好把光笔和定标器远离数字化仪，以免更改设置。

六、系统的日常监测维护

（1）每日应至少巡视主、备机的工作状态两次，首先观察联锁机的面板指示灯。

（2）每周应至少测量一次联锁机的各个电源电压。

（3）每天查看一次监控机的故障记录，包括机柜自检错误、灯丝转换、熔丝报警等记录。

（4）两个单元都上电工作，同时接收数据，进行数据处理，但只有工作单元的输出有效。

（5）双机热备系统的工作状态。

双机热备系统的工作方式为：根据运行顺序，首先投入运行的自动成为工作机，后投入的为热备机；工作机运行中发生故障后自动退出运行状态，热备机自动转为工作机。因此热备双机有三种状态：停机状态、主机状态、热备状态。

① 停机状态。

计算机关机、掉电或正在重启，程序未运行，此时处于停机状态，不进行运算，采集、输出驱动电路不工作。

② 主机状态。

在双机热备系统中，倒机电路决定在某一时刻，只有一套计算机运行于主机状态。当系统上电启动时，先投入运行的计算机自动进入主机状态。在系统运行期间，两套计算机通过自诊断及互诊断机制，判断系统是否工作正常。只有主机判断发生危险性故障，或主机有故障同时备机处于热备状态，才会切换到备机，由备机作为主机维持系统运行。只有运行于主机状态的计算机才能控制执行电路。

③ 热备状态。

在双机热备系统中，当一套计算机作为主机运行后，另一套计算机则可以运行于热备状态。计算机上电启动后，采集到另一套计算机已处于主机状态的前提下，经自诊断、互诊断，认为本机无故障，当与主机的动态信息同步后，进入热备工作状态。当备机处于热备工作态时，进行采集与运算，同时根据运算结果驱动自己的输出驱动电路，但其驱动电路不能控制执行电路。

双机热备工作方式的优点是，在故障切换时可不影响系统工作，可以实现“无缝切换”。但必须用到故障检测技术，还要解决两机通信与同步工作方式的问题。

（6）双机热备系统的故障检测。

双机系统是通过切换进行重组来提高系统的可靠性和可用性的。系统重组能否成功在很大程度上依赖于故障检测技术。故障检测的目的在于：一是检测计算机内部是否发生了故障，二是检测外部电路包括继电器在内的部件是否有故障。

本章小结

本章介绍了 TYJL-Ⅱ型双机热备计算机联锁的系统概况、功能特点、体系结构、工作原理、系统维护、应急处理、系统故障处理等相关的内容，着重介绍了该系统的设备维护与管理方法，侧重说明了在各种状态下设备的故障情况、分析及排除故障的思路。

思考题

1. 具有什么条件就可以说是安全计算机控制系统?
2. TYJL-Ⅱ型双机热备计算机控制系统由哪些部件组成？各部件有何作用?
3. 分别说明什么是双机热备系统的双机通信、双机同步、单机自检测、双机切换。
4. 主、备机在什么情况下转换?
6. 控制台设备有哪些?
7. 控制台上电流表指示的意义是什么?
8. 监控机由哪些部件构成？各部件有何作用?
9. 监控机的切换是如何进行的?
10. 联锁机和执表机的结构与监控机的结构有何不同之处?
11. 输入/输出设备包括哪些部件?
12. 联锁机与执表机的切换是如何进行的?
13. 联锁机上各指示灯有何意义?
14. 综合柜零层设备有哪些？各自的作用是什么?
15. 如何在驱动、采集回线上实施测量?
16. 系统开机要注意哪些事项?
17. 屏幕上出现“联锁机通信中断”提示时，故障可能出在哪里?

第五章　TYJL-TR9 计算机联锁系统

第一节　三取二计算机联锁概述

一、三取二计算机联锁的发展现状

三取二计算机联锁在我国研制较晚，1995 年，铁科院承担“TR9 容错计算机联锁系统”的研究，1996 年 11 月 20 日铁道部科学研究院研制出我国首套高可靠、高安全容错计算机联锁系统。TYJL-TR9 型容错计算机联锁系统在哈局密山车站试点开通后，经过一年多的安全运行，于 1997 年 12 月 19 日通过了铁道部信号专家组的鉴定。鉴定意见为：这套系统符合铁道部《微机联锁暂行技术条件》，达到了国际先进水平。截至 2000 年，TYJL-TR9 型容错计算机联锁系统已开通天津铁厂十号区、晏城、晏城北、虞城、刘庙、衡山、淦田等近 50 个车站。

在城轨交通中，德国西门子公司的正线计算机联锁 SICAS 系统，其主机有两种冗余方式：二取二热备方式和三取二方式。现在运行中大都采用三取二的主机结构，保证设备的安全性和可用性。目前已在我国广州、深圳等多个城市地铁中运用，ATP/ATO 轨旁设备采用 SIMIS-3216 故障-安全计算机，三取二安全型冗余结构，已经有近 20 年的安全运营实践经验，其技术成熟度、使用状态已经得到市场的认可。

二、三取二计算机联锁的基本结构

三机多数表决系统是一种利用故障屏蔽技术构成的可靠性和故障-安全多重计算机系统，其结构框图如图 5.1 所示。系统共有 A、B、C 三个相同的主机，每个主机可以看成是系统中的一个模块。三个模块同时执行一样的操作，其输出送到“表决器”的输入端，然后把表决器的输出作为系统的输出。

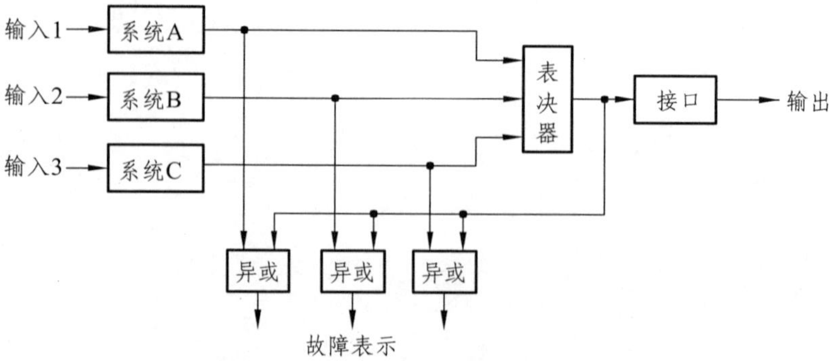

图 5.1　三取二冗余结构图

系统由三个相同的、各自独立的、对命令同步工作的计算机组成。过程数据由三个通道输入，进行比较并同时进行多数表决。只有当两个或三个通道的处理结果相同时，结果才能输出。独立于数据流的在线计算机检测功能可确保及时检查出偶然故障。这一检测在一定的周期内完成一次，一旦检测出了第一个故障，相关的通道会被切除，系统将按二取二系统方式继续工作。

三机系统的基本原理是：首先以承认“多数模块的输出是正确的”为基本出发点，实行“多数表决”的纠错原理，用三取二的表决结果作为系统的正确输出。这样，可以屏蔽任一个模块的故障对系统的影响。

三机系统中的故障处理机构是表决器，它按三取二多数表决方式进行工作，只要三个模块中的任意两个模块的输出一致时，则把这个一致性的输出作为系统的输出，且认为系统在可靠工作，而不管第三个主机模块是否发生故障。表决器的配置采用以下两种形式：一种是把表决器设在接口电路的输出端；另一种是把表决器设置在三个主机的输出接口总线上，在表决器的输出侧连接三个主机的共用输出接口。

在国内已知的三取二系统中，各机之间的同步比较是通过各主机之间建立的通信通道进行数据交换，将它机的数据存储到本机的内存中，然后进行比较。这样的比较方法，虽然最终也能发现双机不一致的错误，并采取导向安全的措施，但是比较的数据范围有限，只能对内存中所交换的数据进行比较，并且发现错误的时间滞后，常常是表决器发现错误，采取安全措施的时机滞后。另外由于三取二系统参与安全控制的部件较多，其可靠性相对也较低。

第二节　TYJL–TR9 计算机联锁的设备组成及功能特点

一、TYJL-TR9 系统主要功能

TYJL-TR9 容错计算机联锁系统已开通多个车站，具有排列列车、调车进路，引导总锁闭，单操单锁封闭道岔，单溜等功能，完全满足铁路车站、编组场、城轨车辆段等各种联锁作业要求，符合铁道部《微机联锁暂行技术条件要求》。

二、TYJL-TR9 容错计算机联锁系统特点

1. 没有单点故障的高可靠性

（1）车务人机接口：数字化仪+鼠标。

（2）上位监控机双冗余：自动切换+手动切换。

（3）通信通道四冗余。

（4）电源双冗余。

（5）CPU 三重化。

（6）TRIBUS、I/O 总线、通信总线三重化。

（7）I/O 电路三重化。

（8）I/O 模块双冗余。

车务人机接口部分可以以数字化仪为主用，鼠标为备用；上位监控机双机热备；联锁系

统双路电源互为备用，有一个即可正常供电；联锁主处理器可采用 3-2 运行方式（即三个 CPU 都正常，则三取二运算，有一个 CPU 故障，则二取二运算）；I/O 板内各点都有三条独立分电路并进行三取二运算，有一电路故障仍可继续正常工作，所以容错联锁系统中任何单元件、单电路故障不会影响整个系统的正常运行。

2. 通过国际认证和铁道部鉴定的高安全性

（1）通过德国安全认证机构 TUV 六级认证。

（2）达到 IEC1508 安全标准 3 级：每小时出现危险的概率为 $10^{-8}\sim10^{-7}$。

（3）对 I/O 电路的“短路”和“开路”检测，取消了动态继电器。

（4）通过了铁道部专家组鉴定。

由于具备三重冗余结构及极高的诊断覆盖率，本系统的容错联锁主机通过了德国安全认证机构 TUV 的六级认证并达到 IEC1508 安全标准的 3 级（连续运行每小时出现危险故障的次数为 $10^{-8}\sim10^{-7}$）。另外，I/O 板对结点的“STUCK ON”（粘在接通状态）和“STUCK OFF”（粘在断开状态）自诊断保证了的系统 I/O 的故障安全。联锁软件完全满足铁道部《微机联锁技术条件》，并通过了铁道部专家组的鉴定。

3. 双机和三机的高可用性

（1）上位监控机的双机热备。

（2）联锁主机的三取二结构。

（3）采用 IEC1508 标准 MIL_STD 故障率计算 MTTF 为 200 年。

（4）1994 年 TRICONEX 公司根据维修记录计算为 1 000 年。

4. 高可靠的联锁软件

（1）以 IEC1131 为标准的 TRISTATION1131 编程环境，提供了很好的文档管理机制，有利于提高联锁软件的可靠性和安全性。

（2）联锁安全软件与联锁功能软件的分离，降低了软件设计的复杂性。

（3）通用联锁模块库与定制特殊功能模块相结合，提高了联锁软件的通用性和灵活性。

（4）“贴图”编程方式降低了编程的复杂性，提高了联锁软件的开放性。

（5）“CAD”编程方式可大大减少编程工作量，减少人为差错。

5. 简单的设计和施工

（1）内部是完整的三取二系统，外部的接口是一套系统。

（2）没有切换电路，I/O 电缆只有一套，取消了动态继电器。

尽管联锁系统是完整的三重化系统，但是其三重化完全在内部实现，对外界来讲只是一套系统，也就是说外界没有复杂的切换电路，I/O 电缆也只有一套，数量比双机热备系统减少了一半，设计与施工的工作量大大减少，同时减少了整个系统的故障点，便于维修。

6. 便于系统维护

（1）完善的自诊断能力。

（2）清晰的故障显示。

（3）在线故障模块替换。

（4）不需要任何特殊知识、专用工具，不用动任何配线。

广泛的在线自诊断功能能迅速诊断、定位故障点，现场维护人员只需根据联锁系统的状态灯和电务维修机上的详细提示，对故障板简单地进行在线替换即可，不需要特别的专业知识，不需要任何特殊工具，不需要动任何配线。

7. 能带故障安全运行

（1）没有单故障引起停机。

（2）热备模块自动切换。

（3）远程诊断可远程分析故障。

由于单点故障不影响联锁系统的正常运行，因此在现场无备用模块或维修人员不在等情况下，联锁系统仍可带故障正常运行。另外在有热备用模块的情况下，联锁系统能自动完成切换功能，并作出故障报警，停止故障模块工作。远程诊断功能可实现远程的故障诊断，在远处能了解系统的故障情况，便于根据具体情况派相应人员进行维修。

三、硬件系统结构

TYJL-TR9 型容错计算机联锁系统有硬件系统和软件系统。其硬件系统结构与 TYJL-Ⅱ型双机热备计算机联锁系统类似，有以下几个组成部分：容错联锁主机、监控机、控制台、电务维修机、系统电源、接口架及继电器组合架，以及与其配套的计算机监测系统（可选用）、远程诊断设备、调度监督系统等，如图 5.2 所示。下面对各主要部分进行简要说明。

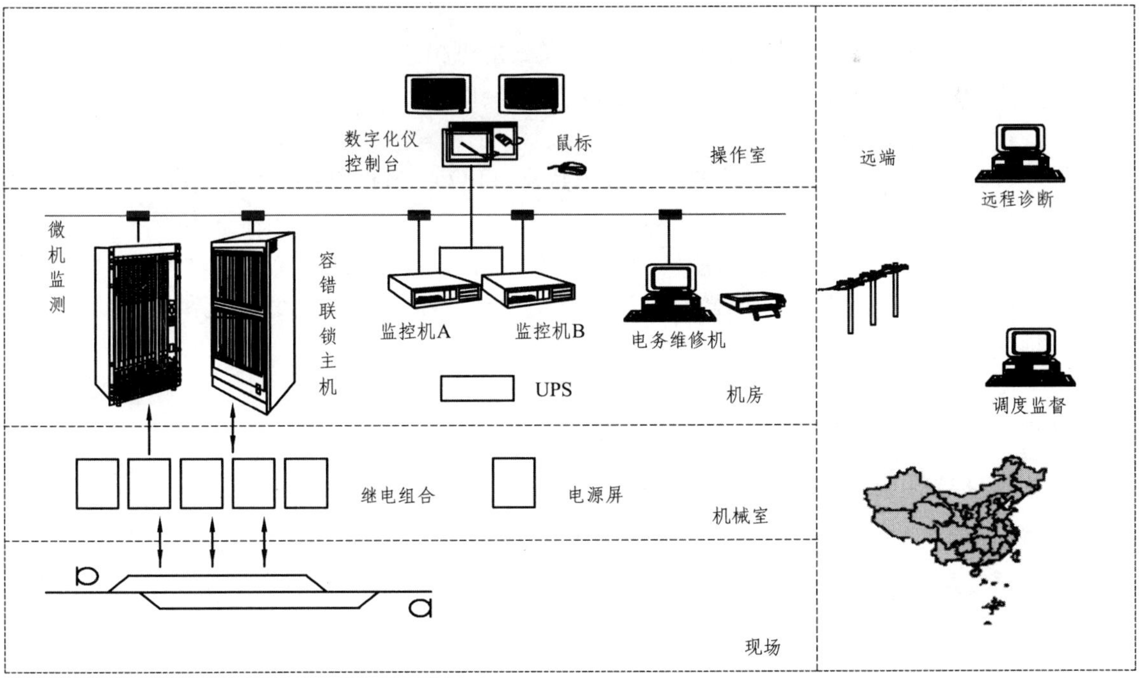

图 5.2　TYJL-TR9 型容错计算机联锁系统总体结构图

1. 容错联锁机

联锁机是车站计算机联锁系统中的核心部分。它主要对现场设备进行信息采集，通过监控机接收值班员发出的操作命令，由联锁程序进行逻辑运算，根据不同的运算结果进行驱动输出，直接动作组合架上的继电器，控制现场的信号设备，并把现场的状态传递给监控机，以便在控制台上显示。联锁机由以下几部分组成：

（1）联锁机笼（8110）。

（2）主处理器模块（3006，3008），主要功能是进行逻辑运算。

（3）电源模块（8312），主要功能是提供计算机工作的内部电源。

（4）采集模块（3564），用于采集现场信息，并传递给处理器模块。

（5）驱动模块（3674），用于执行处理器的命令，驱动现场继电器。

（6）通信模块（4119A），用于联锁机和其他设备之间进行通信。

2. 监控机

监控机也称上位机，和控制台连成一体，完成人机接口功能（图形显示，命令下达），同时与联锁机完成高可靠高安全的信息交换，并和电务维修机进行信息交换。

（1）主要组成：两台上位监控机、网络接口、音响接口。

（2）主要功能：

① 两台互为热备的工业控制机组成上位监控机，可自动切换和手动切换。

② 完成图形显示、命令输入。

③ 完成与联锁机信息交换。

3. 电务维修机

电务维修机通过网络与上位监控机、下位联锁主机相连。

（1）主要组成：电务维修机、网络接口、音响接口、打印机。

（2）主要功能：

① 实时再现站场图形、车务操作、系统状态（I/O 状态和模块工作状态），系统故障音响报警提示。

② 后台完成对系统的运行记录（一个月范围内），可对以上记录查询、图形再现和打印。

③ 与供选配的系统接口，如微机监测系统、远程诊断系统、调度监督系统、DMIS 等，可与联锁系统进行数据交换。

电务维修机主要参数为：586 处理器，133 MHz 以上主频，32 M 以上内存，1024×768 以上分辨率，WIN95 操作系统，DELPHI 编程语言。

4. 远程控制中心

目前远程诊断系统以电话拨号、网络方式与联锁系统的电务维修机联网，可实时显示站场图形、车务操作、系统状态（I/O 状态、模块工作状态），并可获取联锁系统一个月内的所有记录。

5. 系统电源配电柜

为系统的各个部分提供稳定可靠的交流电源。

四、TYJL-TR9 系统的软件系统

1. 联锁软件的构成及特点

微机联锁系统软件按系统硬件的结构划分为三个软件包：人机对话处理软件包、联锁逻辑处理软件包和执行表示软件包。各种软件包之间由专用通信软件实现沟通。

人机对话处理软件包不涉及行车安全，主要包括按钮命令处理和进路初选软件，图像显示软件和记录、储存、打印软件。

联锁软件主要有以下几方面的特点：

（1）软件数据模块的连接结构与站场的几何图形完全对应，也就是说采用站场图形数据结构，即现场的每一信号、道岔和区段在程序中均有其对应的数据模块，相邻的模块通过上下链数据指针相互连接。一个数据模块是描述某个信号（或道岔区段）的特征的所有数据的集合。对于不同的站场，数据各不相同，而联锁程序编制成通用的。

（2）程序模块采用分层的网络结构，程序模块分为选路、确选、锁闭、开放信号等若干个子模块。一个程序链接层可类比站场网络型继电联锁（型号 6502）的一条网络线，采用此种结构使程序层次清晰，并提高了程序模块的独立性。

在安全方面，这种分层递进的结构也比联锁表检查方式好，因为联锁检查是多层的，上一层的错误往往会被下一层发现，必须在相邻的上一层通过后才允许进入下一层，在层次的传递过程中还得进行多种校核。这些措施使得联锁程序具有了相当的检测能力，在联锁运算的同时，也间接地检查了联锁机硬件本身。因为一旦这些校核不一致，就意味着有错误出现。

（3）联锁程序采用冗余编码方式，以减少形成危险错误的可能性。

（4）程序具有较完善的错误输出指示。这些错误可分为三类：操作人员操作错误、现场设备的故障和微机本身的错误。在此程序中共设有二百多个错误出口，给出错误信息显示，并可记录、打印。对于不同的错误输出，程序采取程序卷回、重复运算、报警等不同处理办法。

2. 联锁软件的编制

TYJL-TR9 型容错计算机联锁系统的联锁软件采用了 TRISTATION-1131 编制。该开发软件以 IEC1131 作为标准，在功能上充分地考虑了软件设计的安全性和可靠性，提供了一系列的保密授权等级管理措施及完善的可打印文档。

联锁软件采用功能图块编制，逻辑关系简洁高效、清晰易懂、易于调试、易于修改、易于审核，该软件生成的程序及有关报告文件本身就是相当标准的规范文档。

采用面向对象的编程方式，如信号、道岔、区段等联锁逻辑均做成标准模块（如同电气集中的标准组合），经严格审核、测试后，加入到联锁软件库中，便于以后具体站场联锁使用。联锁软件库的管理十分严格，但是其建立和完善却十分方便，如具体站场需要新增加一特殊模块，只需根据有关原则，按部就班地编制有关联锁逻辑，并经过审核、测试，即可加入到联锁软件库中，供具体站场使用。

具体站场的联锁软件的编制采用图形绘制（如同电气集中的组合拼装），十分形象直观。为了减少人为差错，提高软件的可靠性，这部分现在由 FS 系列微机联锁系统计算机辅助设

计提供。

TYJL-TR9 型容错计算机联锁系统的联锁软件采用这种形象直观的编程方式，并且不用太多考虑系统硬件的安全性，只需关心联锁软件自身的可靠性、安全性，因此十分简单清晰，有利于保证联锁软件的高可靠性、高安全性。联锁软件库具备很好的继承性和封装性，为今后的联锁软件库的完善提供了方便。并且这些联锁软件库的相应文档是提供国际认证的最好材料。

第三节　TYJL-TR9 计算机联锁的基本工作原理

TYJL-TR9 型计算机联锁主要由容错联锁机、监控机、电务维修机、远程控制中心、系统电源配电柜等组成。本节主要介绍各组成部分的工作原理。

一、联锁机

1. 容错联锁主机原理

TYJL-TR9 型容错计算机联锁系统容错联锁机原理如图 5.3 所示。

TYJL-TR9 型容错计算机联锁系统的容错联锁机的容错能力是通过系统从输入模块、主处理器模块到输出模块三大部分的全面三重化结构来实现的，这样保证了系统中任何部件的单永久性故障或由于各种原因造成的瞬间故障发生时容错联锁系统仍能无差错、不间断地工作。

容错联锁系统的每个 I/O 模块都有三条完全独立的分电路。输入模块上的每条采集分电路分别采集继电器接点（DJ、XJ、DB、FB、GJ 等）并将采集结果经过三条 I/O 总线送入相应的主处理器，在每个联锁扫描周期，三个主处理器通过专门的高速总线系统 TRIBUS 进行同步通信，表决输入数据。每个主处理器模块根据表决后的输入数据执行联锁程序，然后将联锁程序产生的输出数据经过三条 I/O 总线送到输出模块，在输出模块上进行硬件表决，三取二（一路故障时二取二）后输出，最后驱动相应继电器（XJ、DC、FC 等）。

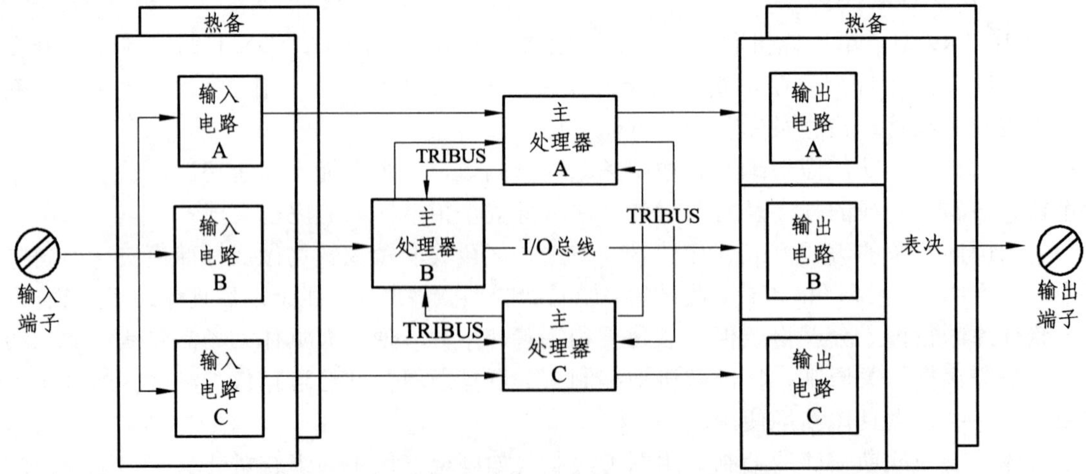

图 5.3　TYJL-TR9 型容错计算机联锁系统容错联锁机原理图

对每个 I/O 模块，容错联锁系统都支持热备功能，若主模块在运行中发生故障，容错联锁系统能立即将热备模块投入联锁，保证系统不间断运行。

2. 容错联锁机笼及布置

容错联锁机笼分主机笼和扩展机笼两类。主机笼如图 5.4 所示，系统除一个主机笼外，可根据站场规模最多接入 14 个扩展机笼。

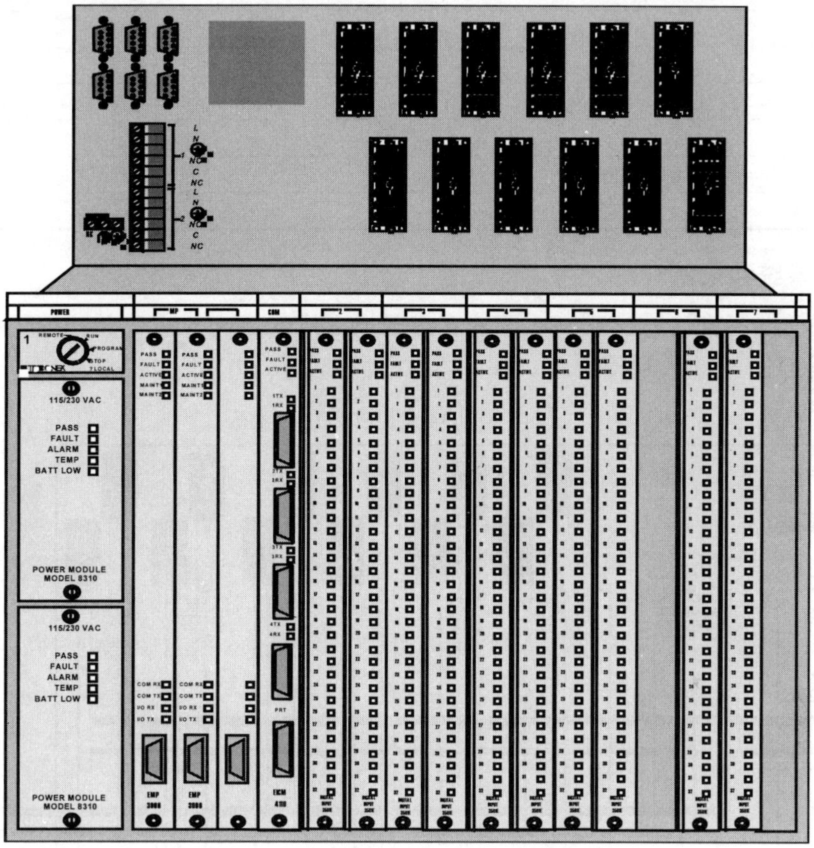

图 5.4 主机笼

两套冗余的电源模块位于所有机笼的左侧。在主机笼中，向右接下来是 3 个主处理器模块，然后是通信模块，剩余部分为 6 个逻辑 I/O 槽位。每个逻辑槽位有 2 个物理槽位，一个为工作模块，另一个为可选的热备板。实际运用中，通信模块占了 1 个逻辑槽位，所以主机笼只有 5 个逻辑槽位可用。

扩展机笼与主机笼布置相似，但不需要主处理器模块和通信模块，可提供 8 个逻辑 I/O 槽位。

在主机笼电源模块上方有一系统控制钥匙开关，其有 4 个控制位置，分别是：RUN——正常运行位置；PROGRAM——编程位置，用于下装联锁程序；STOP——关机位置；REMOTE——遥控位置。

在机笼的背板左上角为 6 个 I/O 总线扩展端子，三入三出，各机笼通过 3 条冗余 I/O 总线电缆相互连接。在 I/O 总线扩展端子的下方为两套电源模块的接地、交流电源、报警接线端子。在主机笼的 I/O 总线扩展端子右侧为锂电池盒，为系统停电后保持联锁程序之用。机笼的背板右侧为 I/O 引线端子。容错联锁系统内部具有 3 套系统，但对外界却只有 1 套简单接口，采集和驱动都只需 1 条 I/O 线即可。

机笼的机械规格如表 5.1 所示。

表 5.1　机笼的机械规格

总尺寸（cm）		48.26×40×45.09
机笼材料		镀锌和焊接的冷轧钢板
质量(kg)	机笼	20
	电源模块	2.3
	主处理器模块	2.1
	通信模块	2.3
	I/O 模块	2.1～2.7
	平均机笼	65

3. 总线系统和电源分配

TYJL-TR9 型容错计算机联锁系统的容错联锁主机的三类三重化总线蚀刻在机笼背面，即：TRIBUS、I/O 总线和通信总线，如图 5.5 所示。

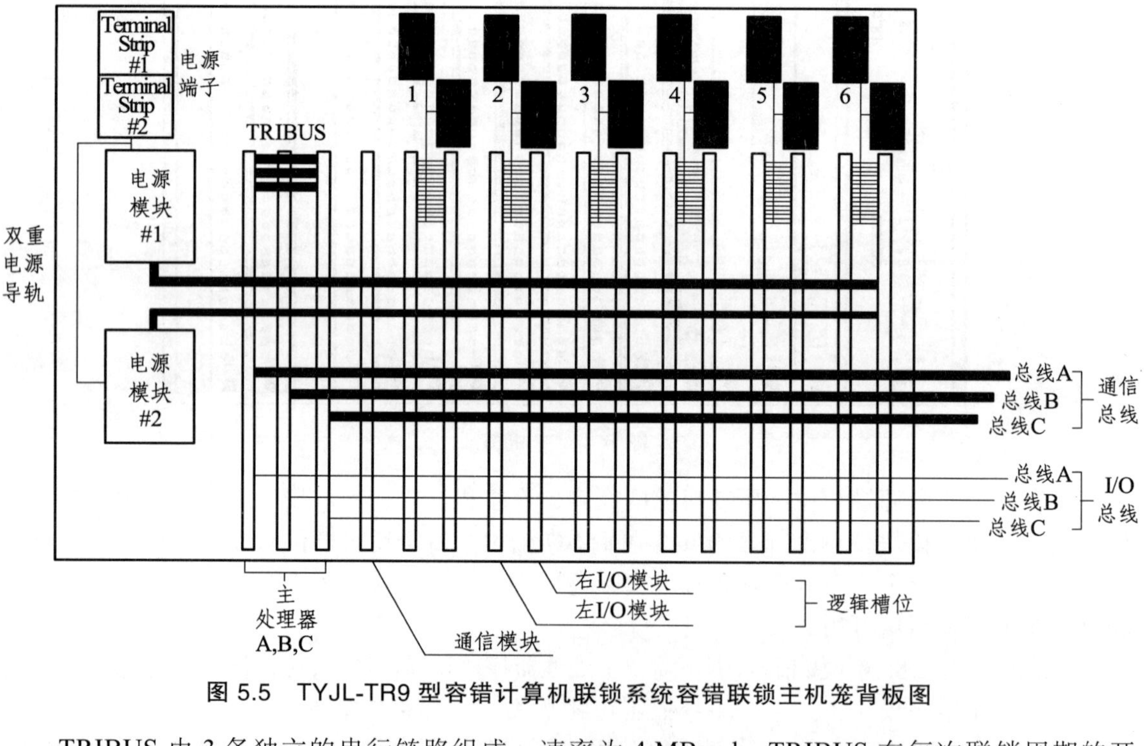

图 5.5　TYJL-TR9 型容错计算机联锁系统容错联锁主机笼背板图

TRIBUS 由 3 条独立的串行链路组成，速率为 4 MBaud。TRIBUS 在每次联锁周期的开始同步 3 个主处理器，每个主处理器将数据传送到相邻的上游和下游主处理器。

每个 I/O 模块都通过 I/O 端子连接到继电器去。机笼上 2 个模块位置连接在一起是 1 个逻辑槽位，其中，一个作工作模块，另一个作热备模块。每个 I/O 连接端子都同时连接到工作模块和热备模块上，这样保证工作模块和热备模块可得到相同信息。

I/O 总线负责 I/O 模块和主处理器模块间的数据交换，速率为 375 KBaud。三重化的 I/O 总线设在机笼背板底部。I/O 总线的每一条分电路负责在 3 个主处理器当中的 1 个主处理器与其相应的 I/O 模块的分电路间传递信息。I/O 总线可用三条 I/O 总线电缆在机笼间延伸。

机笼上的电源用位于背面中心下方的 2 个独立电源排进行供电。每个机笼内的模块通过双重化的电源调整稳压器可以从 2 个电源排中取电。在每个输入和输出模块中有 4 组稳压电源调整器，即每条分电路 A、B、C 各有一组，另一组作状态指示用。

4. 电源模块

如图 5.6 所示，容错联锁机的每个机笼都装有 2 个电源模块（8312），以双冗余的方式工作。每个电源模块都能承担机笼中所有模块在额定温度下全负载运转的供电能力，能给所在机笼提供计算机系统的所有模块工作所需的各种电源，如＋5 V 电源等。在一个电源模块正常工作时，另一个电源模块可在线替换。电源模块位于机笼左侧。系统的接地、交流电源、报警继电器等的接线端子位于机笼背板的左侧。引入交流电源额定值最小为 240 W。

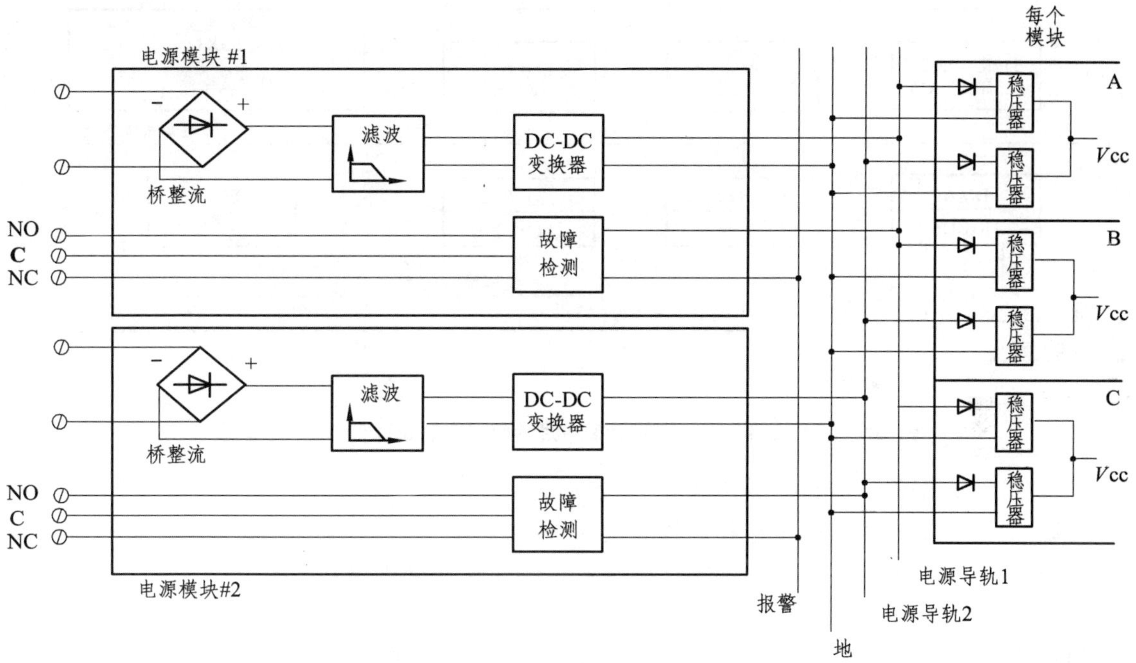

图 5.6　TYJL-TR9 容错计算机联锁系统容错联锁机电源模块原理图

NO—常开结点；NC—常闭结点；C—公共结点

每个电源在机笼的背面装有独立的电源排，并有内部的诊断电路用以检查电压的输出范围和超温条件。每个从背面获取电源的模块为每条分电路都配有独立的电压调整稳压器。分电路短路只能影响这条分电路的电源调整稳压器，而不会影响整个电源总线。

电源模块的报警指示和报警继电器在以下情况下动作：

（1）硬件结构与软件设置不一致。

（2）一个模块与系统失去联系。

（3）一个模块故障。

（4）一个主处理器检测出一个系统故障。

（5）一个电源模块的交流电无输入。

（6）一个电源模块有“电池低”或“超温”报警。

5. 主处理器模块

TYJL-TR9 型容错计算机联锁系统有 3 个主处理器模块插在主机笼上，每个主处理器模块完全独立地与 I/O 子系统通信并执行联锁程序，3 个主处理器在每个循环周期比较数据，多数表决，从而构成三取二系统。

主处理器模块原理如图 5.7 所示。每个主处理器模块的时钟、电源、稳压电路都完全独立。每个主处理器模块有 3 个处理器分别并行运行完成各自的任务。另外在每个主处理器模块都有 1 套高速表决总线系统——TRIBUS。它在 3 个主处理器模块间的作用如下：

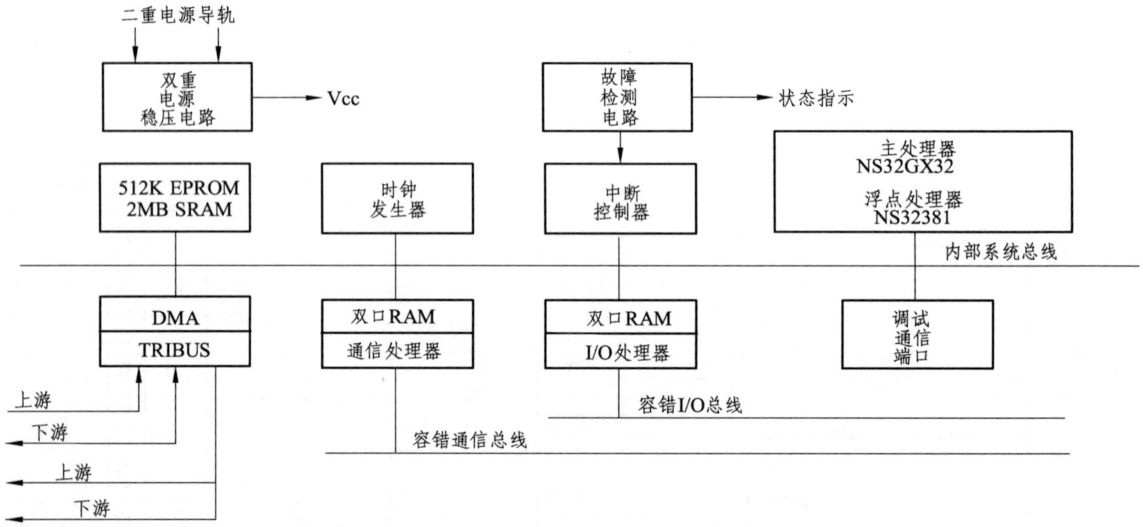

图 5.7 TYJL-TR9 型容错计算机联锁系统主处理器模块原理图

（1）诊断数据和通信数据的传递。

（2）对所有采集数据的传递和硬件表决。

（3）对上次联锁程序的输出数据、中间数据的传递和硬件表决。

（4）对联锁程序代码进行比较。

TRIBUS 为完全隔离、串行通信，速率为 4 MBaud。1 个 DMA（直接内存存取）控制器独立于联锁软件完成同步、传输、表决、数据纠正。

容错联锁系统广泛的诊断可对每个主处理器模块、I/O 模块和通信通道进行检验，查看是否完好。瞬间故障被记录下来，并通过硬件表决电路屏蔽。永久故障被诊断出后，可对故障模块进行热更换。主处理器模块的诊断包括：

（1）验证联锁程序代码和内存。

（2）测试所有处理器的指令和操作代码。

（3）验证每个 I/O 通信处理器和分电路间的双口 RAM。

（4）验证 CPU、每个 I/O 通信处理器和分电路间的握手信号和中断信号。

（5）检查 CPU、每个 I/O 通信处理器和分电路处理器的 ROM、双口 RAM、RS485 收发器的反馈。

（6）验证 TRICLOCK 和 TRIBUS 接口。

每个主处理器模块底部有一个 RS232 口可供系统工作人员作诊断分析用。该口可最大隔离 DC 500 V。主处理器模块可接受双重化电源供电，电源母线排列在主机笼内，一个电源或电源母线故障不会影响联锁系统正常工作。

主处理器模块面板指示灯说明见表 5.2。

表 5.2　主处理器模块面板指示灯说明

指示灯	说　明
PASS（完好）	模块通过自诊断测试
FAULT（故障）	模块有故障需替换
ACTIVE（工作）	模块正在执行联锁程序
MAINT1（维修 1）	软件误差计数错误多，应更换模块，以免硬件故障
MAINT2（维修 2）	软件误差计数错误多，应更换模块，以免硬件故障
COM TX（通信发送）	通信总线正在发送数据
COM RX（通信接收）	通信总线正在接收数据
I/O TX（I/O 发送）	I/O 总线正在发送数据
I/O RX（I/O 接收）	I/O 总线正在接收数据

6. 联锁机的工作电源（AC 220 V）

TR9 容错联锁机由主机笼和扩展机笼组成，每个机笼都有 2 个电源模块（8312）分别给所在机笼提供计算机工作所需的各种电源，每个机笼的 2 个电源模块采用热备方式工作。为此系统为联锁机提供两路 AC 220 V 电源，分别由配电柜中的 UPS A 机笼和 UPS B 提供。在每个机笼（包括主机笼和扩展机笼）的左上角有电源接线端子，采用压接方式接线，UPS A 提供的 A 路电源接入机笼的 1 路接线端子，UPS B 提供的 B 路电源接入机笼的 2 路接线端子，如图 5.8 所示。图 5.9 所示为电源的接线端子，L＋接 220 V 火线，N 接零线，G 接地线。

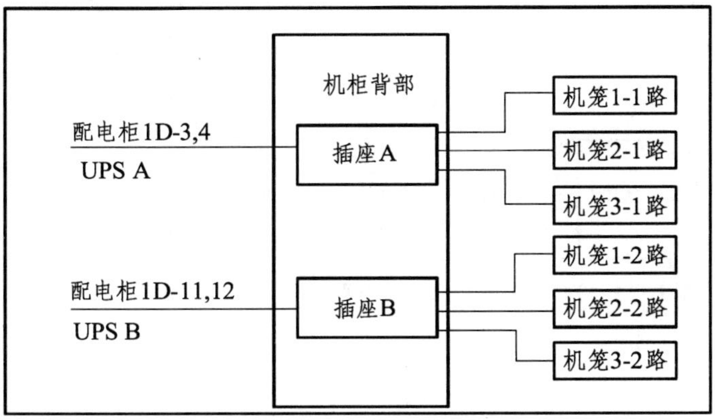

图 5.8　联锁机笼的电源接线图

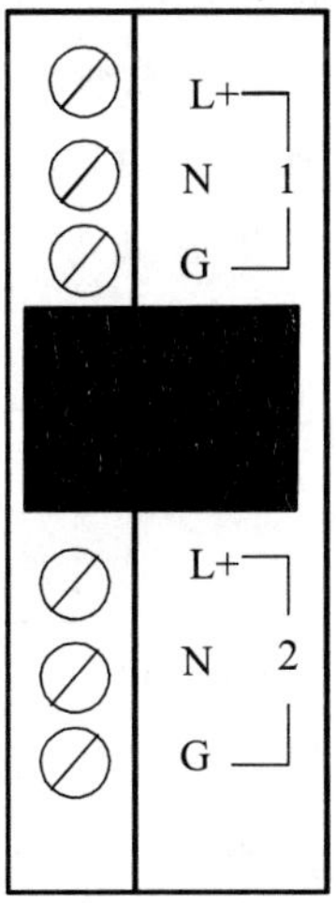

图 5.9　电源接线端子

7. 采集驱动电源（IOZ、IOF）

TYJL-TR9 容错计算机联锁系统的采集驱动电源采用 DC 24 V，系统中称之为 IOZ，IOF。它们由两个西门子 DC 24 V（10 A）开关电源提供，两个电源采用热备方式工作。采集板、驱动板正常工作，除了前述由电源模块提供的计算机内部电源外，还需由外部接入 24 V 直流电源。因此 IOZ 和 IOF 除了作为采集驱动电源外，还兼作采集板和驱动板的工作电源。

8. 联锁机通信

联锁机的通信是指联锁机与上位机和维修机之间的通信，如图 5.10 所示。在联锁机上负责与上位机和维修机通信的设备是通信板（4419A）。每个通信板面板上与外界通信的端口有 5 个，其中端口 1、2、3 都可以与上位机或维修机通信，第 4、5 端口作别的用途。实际运用中采用了 2 块通信板，可用的通信口有 7 个。上位机和维修机都使用串口 1 和联锁机通信。

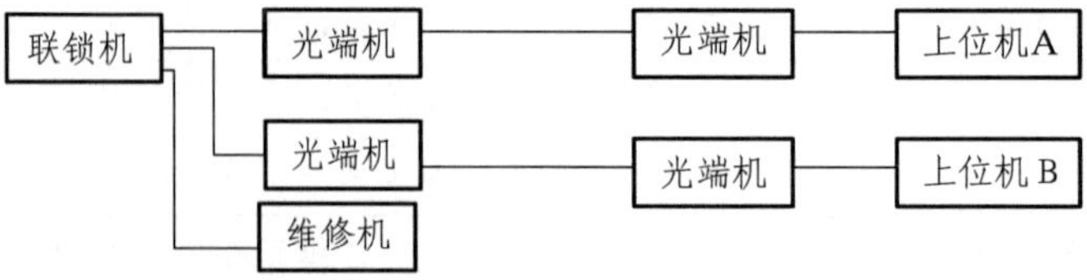

图 5.10　联锁机与上位机和维修机的通信

在 TYJL-TR9 容错计算机联锁系统中，上位机安装在行车室内的控制台中，由于距离联锁机柜比较远，为了克服线路上的干扰，因此联锁机与上位机之间的通信采用光缆通信（长度一般不大于 50 m）。在联锁机和上位机之间增加光端机设备，用来进行光电信号的转换。联锁机与光端机之间采用标准的 RS232 串口通信，光端机与光端机之间使用光缆通信，光端机与上位机之间使用标准 RS232 串口通信。

联锁机与维修机通信主要解决的是把上位机发给联锁机的命令信息和联锁机发给上位机的站场状态信息由联锁机发给维修机进行记录。通信采用标准 RS232 通信协议，通道采用通信电缆。光端机与光端机之间使用光缆通信，光端机与上位机之间使用标准 RS232 串口通信。

9. 联锁机中主机笼和扩展机笼之间的扩展问题

TYJL-TR9 型容错计算机联锁系统根据站场的大小来决定扩展机笼的个数，主机笼利用 3 根 I/O 电缆总线进行扩展。扩展方法如图 5.11 所示，顺序为：联锁主机笼—扩展机笼 1—扩展机笼 2—…扩展机笼 *n*。图中 A-A、B-B、C-C 为 3 根 9 芯通信电缆，直接在机笼之间连接。

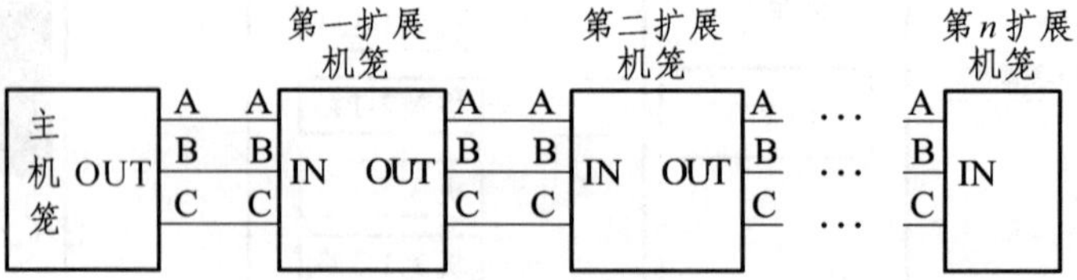

图 5.11　联锁机笼之间的扩展

二、监控机

TYJL-TR9 容错计算机联锁系统中，监控机通称上位机，其主要功能是实现人机对话。

操作人员利用鼠标进行操作，办理接发车进路、调车进路等。上位机根据操作人员不同的操作情况给联锁机发送不同的命令，联锁机根据上位机发来的命令，经过联锁运算，把站场进路状态信息发送给上位机，在监视器上表现出来，提供给车务操作人员分析现场情况。本系统操作基本与 6502 控制台的操作相同。下面主要讨论上位机的工作原理及其有关连线。

1. 上位机的电源系统

上位机在系统中的作用决定了它的电源系统必须稳定可靠。TYJL-TR9 容错计算机联锁上位机有两个，分别为上位机 A 和上位机 B，都安装在控制台中。两个上位机采用冷备的工作方式，平时两个上位机都工作，在上位机 A 故障时只需把鼠标倒换到上位机 B 上即可。因此两个上位机必须有独立的电源系统。上位机 A 包括以下几个部分：工控机 A、监视器 A、光端机 A、视频复示器 A、集线器。它们共用一套控制台电源 A。各个部分的功能如下：

（1）工控机：处理命令和信息。

（2）监视器：显示站场情况。

（3）光端机：上位机和联锁机通信设备。

（4）视频复示器：把工控机的视频信号分为四个，以便在多个显示器上同时显示。

（5）集线器（HUB）：上位机与维修机的通信设备。

上位机 B 包括以下几个部分：工控机 B、监视器 B、光端机 B、视频复示器 B、电流传感器。它们共用一套控制台电源 B。各个部分的功能如下：

（1）工控机：处理命令和信息。

（2）监视器：显示站场情况。

（3）光端机：上位机和联锁机通信设备。

（4）视频复示器：把工控机的视频信号分为四个。

电流传感器：感应道岔动作电流并把感应电压输入给上位机，上位机在屏幕上显示道岔动作的电流曲线。

上位机 A、B 的电源连线如图 5.12 所示。

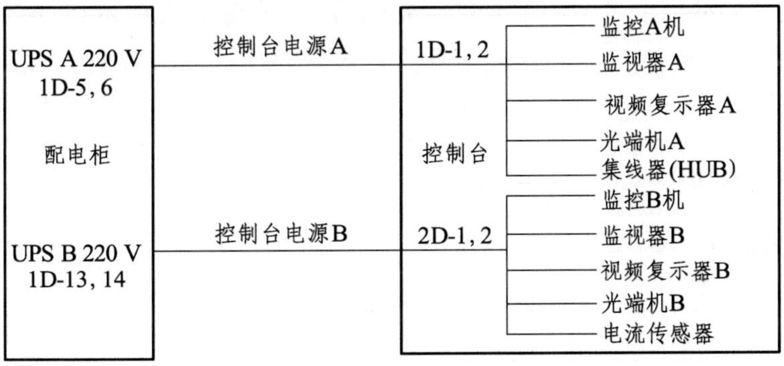

图 5.12　上位机 A、B 的电源连线

2. 监控机的连线

在 TYJL-TR9 容错计算机联锁系统中，上位机工作是否正常由以下几个部分的工作是否正常来决定，即电源是否可靠，与联锁机的通信是否正常，视频复示器与监视器是否可靠连

接，喇叭是否可靠连接，与集线器的通信是否正常，电流传感器是否能够提供准确的道岔动作电流曲线，鼠标的连接是否可靠。上位机主要使用研华 PC-610 型和 CompactPCI 型工业控制机，这里主要以 PC-610 型为例进行说明。

上位机是系统正常工作最重要的环节。当上位机正常工作时，表明电源是可靠的，上位机前部的电源面板 POWER（电源）指示灯亮稳定灯光，表示电源正常。工控机前部面板上的另外两个指示灯的表示意义如下：中间指示灯是硬盘工作指示灯，当硬盘工作时，其指示灯亮闪烁灯光；第三个指示灯是键盘锁指示灯，当工控机面板上的键盘锁按钮（蓝色）按下后，键盘锁指示灯亮稳定灯光，键盘暂时封闭，按键不起作用。当要重新起用键盘时，再按下键盘锁按钮，指示灯灭灯，键盘恢复使用。当不能正常提供 220 V 电源时，面板的灯全部不亮。

（1）显示器：用来显示站场图形，与它连接的线有两条。

（2）电源线：当正常提供显示器的电源时，显示器前面的按钮开关亮黄色稳定灯光。

（3）视频线：显示器的视频线与工控机的显示卡用 15 芯的视频电缆相连，当工控机的电源打开时，工控机的显示卡输出视频信号，显示器的开关中亮绿色稳定灯光。

注意：当系统需要增设后台设备（值班员监视信号员操作所用的显示器）时，在监控机和显示器之间增加一个视频复示器，其主要用途是在有一路输入信号时，提供四路输出信号。

（4）喇叭：用于进行语音提示。与它连接的线只有一条——音频线。喇叭是和工控机的声卡用 2 芯音频线连接起来的，音频线的插头和声卡的音频输出口（声卡从上向下第三个接口）相连。如果系统有声音报警提示时，通过音频线把音频信号传给喇叭来提示，如上行接近、系统报警，等等。

（5）集线器（HUB）：一种网络设备，系统利用它来把两个上位机和维修机连接起来，组成一个局域网，使电务人员可以在维修机上进行上位机的时钟和关机密码的修改。

（6）鼠标：用来办理行车作业，信号员通过鼠标来进行列车和调车作业。它通过鼠标线和上位机的串口 2 连接。

（7）光端机：一种通信设备，主要进行光电信号的转换。和光端机连接的线有 3 条。

（8）电流传感器：一种感应设备，主要作用是把感应到的道岔动作电流传递给工控机，使工控机在显示器上显示道岔动作时的电流曲线。在使用 CompactPCI 型工业控制机时采用机械电流表。有 5 条线与电流传感器连接：电源线、与上位机 A 连接电缆、与上位机 B 连接电缆、提速道岔电源线、非提速道岔电源线。

3. 上位机的通信

上位机的通信分为两种：上位机和联锁机之间的通信；上位机 A、上位机 B 和维修机之间的通信。

TYJL-TR9 容错计算机联锁系统中上位机 A 和上位机 B 与联锁机之间的通信是完全独立的，其通信互不干扰。它们和联锁机的通信方式完全一样，采用标准的 RS232 串口通信。通信通道采用光缆，使信号在传输过程中不受干扰。

上位机和维修机之间的通信采用局域网的形式，3 台工控机通过各自的 RJ45 线（网线）和集线器相连接。集线器是安装在控制台内的，它的面板上有十几个接线孔，如图 5.13 所示，是用来连接 RJ45 线用的。系统中的所有网线均连接在集线器的接线孔中。通信时对应接线孔的指示灯闪烁。

图 5.13　集线器

三、维修机

维修机是为了方便电务维修而设置的一项设备。它的主要功能是：实时再现站场运营情况；记录车务操作；记录站场状态信息；记录报警信息；所有的记录以文件的形式存储 1 个月；提供分类查询的手段检索所有的记录，并可定向查找某些记录；打印记录；远程诊断；修改维修机的时钟，同时将监控机 A、B 的时钟修改；修改监控机 A、B 清除严重报警的密码。

1. 维修机的电源系统

维修机的电源采用系统电源中的 UPS A 提供的 220 V 电源。维修机安装在维修台中，维修机的配套设备中有打印机、调制解调器。因此维修台的电源又分为 4 个电源：维修机电源（220 V）、显示器电源（220 V）、打印机电源（220 V）、插座电源（220 V），供调制解调器用。

2. 维修机的连线

维修机的连线比较多，打印机、远程诊断、监测、调监等都与它连接。

（1）显示器：显示站场平面图，通过视频电缆与视频口连接。

（2）鼠标：操作设备，通过鼠标线与串口 2 相连。

（3）键盘：操作设备，通过键盘线与键盘口相连。

（4）打印机：打印设备，通过打印电缆与并行口 1 相连。打印机主要是用来打印联锁设备运行记录的，在需要的时候，电务人员可以把记录打印下来进行保存。

（5）调制解调器：远程通信用的一种设备，通过 RS232 串口电缆与串口 3 相连。工程中心通过电话线与调制解调器连接，在需要时通过它可以把维修记录传回诊断中心。

（6）通信线：与联锁机通信，接在串口 1 上。

（7）网线：与上位机通信，连接在网卡上。

（8）监测：通过通信电缆与串口 4 相连，对信号设备的性能检测。

（9）调监：通过通信电缆与串口 5 相连，连接调度中心。

3. 维修机的通信

维修机的通信连接比较多，主要有联锁机、上位机、调制解调器、调监设备、监测设备等。

（1）与联锁机通信：采用通信电缆与联锁机通信。

（2）与上位机通信：采用局域网形式与上位机通信（具体见上位机通信）。

（3）与调制解调器通信：采用标准的 RS232 通信。

（4）与监测设备通信：通信格式由两个设备提供单位协商。
（5）与调监设备通信：通信格式由两个设备提供单位协商。

四、电源系统

电源系统的稳定可靠是系统工作的重要前提。TYJL-TR9 型计算机联锁的电源系统包括：配电柜、UPS、I/O 电源。

1. 配电柜

配电柜外观如图 5.14 所示。配电柜的主要功能是为系统提供可靠的工作电源，如：联锁机的两路工作电源，控制台的两路工作电源，维修机的工作电源以及系统采集驱动 220 V 电源。配电柜的面板上有输入/输出指示灯，维修人员可方便地判断故障。配电柜中对应每一路输入或输出都有一个开关（采用南非油压开关），在输入/输出短路时能够及时切断电源，以防损坏设备。

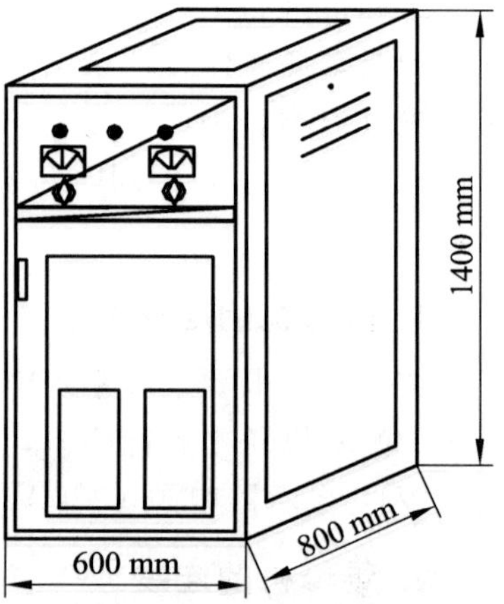

图 5.14　配电柜外观

配电柜中装有两个 UPS 来提供不间断电源。两个 UPS 是完全分开的，UPS A 提供系统所需的 A 路电源（220 V），UPS B 提供系统所需的 B 路电源（220 V）。联锁机、控制台、I/O 电源都同时接有两路电源，保证一路电源故障时，除报警外，系统可以不间断工作。

配电柜中，当 UPS 要检修时，可以甩开 UPS 而由外接输入电源直接给设备提供电源。

配电柜配有防雷设备，采用德国 OBO 防雷元件。

配电柜的连线主要有：

（1）输入 220 V（3 kV）（电源屏—配电柜）。
（2）联锁机 A 路电源 LA 220 V（配电柜—联锁机柜插座 A）。
（3）联锁机 B 路电源 LB 220 V（配电柜—联锁机柜插座 B）。
（4）控制台 A 路电源 KA 220 V（配电柜—控制台 1D-1，2）。
（5）控制台 B 路电源 KB 220 V（配电柜—控制台 2D-1，2）。
（6）I/O 电源 A 220 V（配电柜—I/O 电源 1）。
（7）I/O 电源 B 220 V（配电柜—I/O 电源 2）。

注意：当系统的 UPS 出现故障需要维修时，首先关闭 UPS 对应的供电设备，如 UPS A 出现故障，首先切换为使用上位机 B，把上位机 A 关闭，同时关闭维修机，然后把对应的输出开关断开（由于联锁机和 I/O 电源仍由 UPS B 提供另一路电源，所以系统除报警之外，仍然能够正常使用），关闭 UPS A。然后把 K1 闸刀打在 UPS 检修位置，重新闭合断开的开关，则系统甩开 UPS A，直接由外接电源供电。当 UPS A 检修完毕后，又按照同样的步骤把 K1 闸刀切换到 UPS 工作位置，恢复 UPS A 工作。

2. UPS

TYJL-TR9 容错计算机联锁系统采用两个相互独立的 UPS（UPS A 和 UPS B），当一个

UPS 出现故障时不影响系统的正常使用。UPS 参数如下：

（1）型号：APC。

（2）输入电压：0～300 V。

（3）输入频率：50 Hz。

（4）功率：2 kV·A。

（5）输出电压：230 V。

注意：开启 UPS 时，必须在 UPS 接通输入电源 30 s，工作正常后方可加载。UPS 的具体使用方法参照 UPS 的使用说明书。

3. I/O 电源

（1）I/O 电源的技术要求。

TYJL-TR9 容错计算机联锁系统中，采集驱动电源采用单独的 DC 24 V 电源，它由两个西门子生产的 DC 24 V 开关电源（以后简称 I/O 电源）提供。其外观如图 5.15 所示。

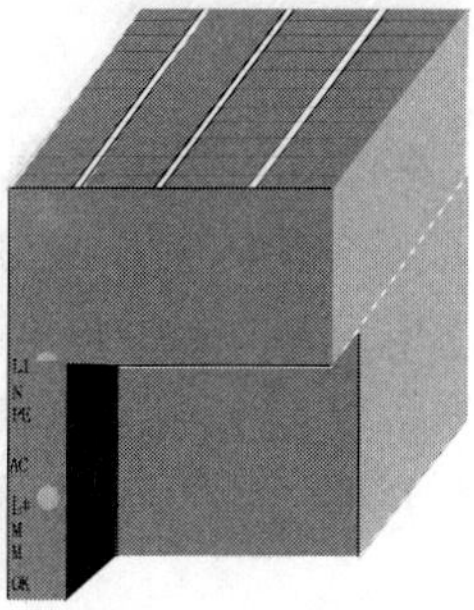

图 5.15　I/O 电源外观

（2）I/O 电源参数。

① 型号：SIEMENS SITOP POWER 10 A。

② 输入电压：120 V/230 V。

③ 输入频率：50/60 Hz。

④ 输出电压：DC 24 V。

⑤ 外形尺寸：100 mm×125 mm×135 mm。

⑥ 接线端子：L1——输入火线；

N——输入零线；

PE——地线；

120 V 和 AC——输入电压为 120 V 时的连接端子；

L+——输出 DC ＋24 V；

M——输出 DC －24 V。

⑦ 表示灯：OK——表示电源工作正常。

（3）I/O 电源的工作。

采集驱动电源是系统正常工作的必要前提，在系统中，设计了两个 I/O 电源，分别称为 I/O 电源 1 和 I/O 电源 2。它们的输入 220 V 电源由系统配电柜提供，如图 5.16 所示。上面为 I/O 电源 1，下面为 I/O 电源 2。IODYJ1、IODYJ2 是为监督 I/O 电源 1 和 2 输出的监督继电器。两路都有输出时，IODY1J 和 IODY2J 都吸起，系统对这两个继电器进行采集，当任意一个电源故障，没有输出时，其对应的监督继电器落下，系统报警。IODYJ1 和 IODYJ2 都安装在系统事故组合 1 中。继电器 AKJ 和 BKJ 是两个控制继电器，如果系统设有应急台时，则 AKJ 和 BKJ 装在应急台中。平时处于落下状态，当系统需要使用应急台时，把应急台的闸刀打在接通位置，AKJ 和 BKJ 吸起。分别切断两个 I/O 电源的 AC 220 V 电源输入，将系统的采集驱动电源切断，联锁机停止采集驱动，系统由应急台控制。若系统没有设计应急台，I/O 电源的输入电源直接由配电柜提供。新配电柜 I/O 电源 1、2 均放入柜中，原理不变。

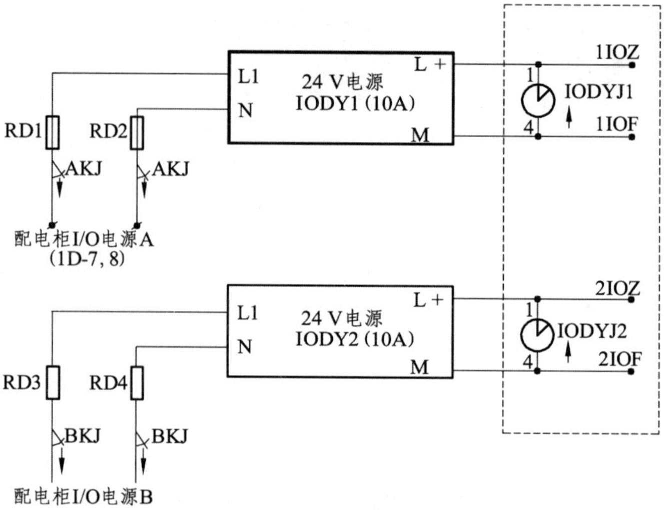

图 5.16　I/O 电源输入接线图

4. 采集驱动电源

本系统中采集驱动电源采用 DC 24 V 电源。图 5.17 是接在图 5.16 后的，两路 DC 24 V 经过电源板（DYB）后输出一路 DC 24 V，两路输入任何一路故障均不会影响 DYB 的输出。经过总事故复示继电器(ZSGJF)前接点的 DC 24 V 称为 IOZ,不经 ZSGJF 前接点的 DC 24 V 称为 IOF。ZSGJ 的驱动电路如图 5.18 所示。

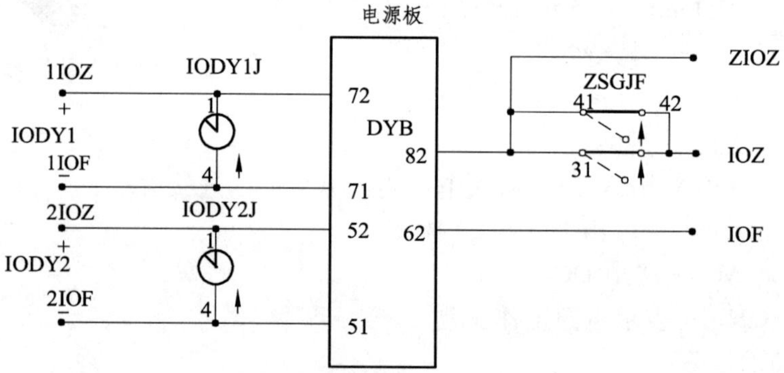

图 5.17　IOZ、IOF、ZIOZ

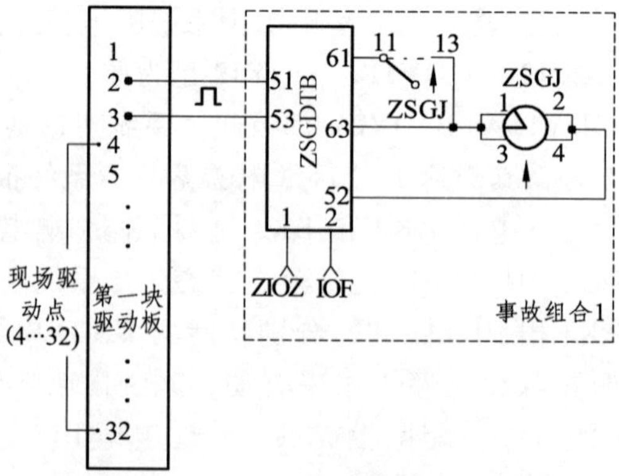

图 5.18　ZSGJ 的驱动电路

要说明 ZIOZ，必须先说明 ZSGJ。一套完整的 TYJL-TR9 容错计算机联锁系统中，都要设一个总事故继电器（ZSGJ 用 JPXC-1000 安全型继电器），由系统第一个驱动板的第二位和第三位脉动输出，通过一个 ZSGDTB（总事故动态板）来驱动，如图 5.17 所示。平时联锁机在不断地进行自检，如系统没有任何失控或灾难性故障，则联锁机不断驱动 ZSGJ，使之吸起，保持 IOZ 和 IOF 的正常工作。当系统检测到有失控或灾难性故障时，打落掉 ZSGJ，切断采集驱动电源 IOZ，使系统停止输入/输出。系统需要恢复时，由于 ZSGJF 落下，使系统无法获得 IOZ，不能驱动 ZSGJ。在此情况下，采用不经 ZSGJF 接点的 ZIOZ 来复位第一块驱动板。具体电路见第一块驱动板电源接线图，前面已介绍。由于 ZSGJ 的接点允许通过的电流比较弱，不能用其接点来切断 IOZ，因此增设 ZSGJF（总事故复示继电器）来切断 IOZ，它采用 JWJXC-100 继电器。接点是加强型的，允许通过的电流值比较高。

五、应急台

TYJL-TR9 容错计算机联锁系统可以根据设计的要求，在系统中增加应急台。应急台是在联锁系统因故停止工作后，车务人员采用引导总锁闭方式接车而采用的一种辅助设备。下面对其功能、连线和使用作简单说明。

1. 应急台的功能

（1）在联锁系统不工作时可单独操纵道岔，可以显示道岔位置。

（2）办理引导总锁闭，并开放引导信号。

（3）切断联锁系统的 DC 24 V 工作电源。

2. 应急台的连线

在应急台工作时，操纵道岔和道岔表示灯的电源全部采用 DC 24 V，此 DC 24 V 是由电源屏提供的 KZ、KF 电源。如图 5.19 所示，在应急台中设置一个闸刀 K 和两个继电器 AKJ 和 BKJ（JWJX-480）。联锁机工作时，把 K 打在断开位置，AKJ 和 BKJ 落下。前面讨论 I/O 电源时讲过，系统给两个 I/O 电源提供 220 V 电源时，要经过应急台中 AKJ 和 BKJ 的落下接点。当使用应急台时，把 K 打在接通位置（1、2 闭合，4、5 闭合），AKJ 和 BKJ 吸起，切断两个 I/O 电源的输入。联锁机停止输入/输出，现场道岔转为由应急台控制。

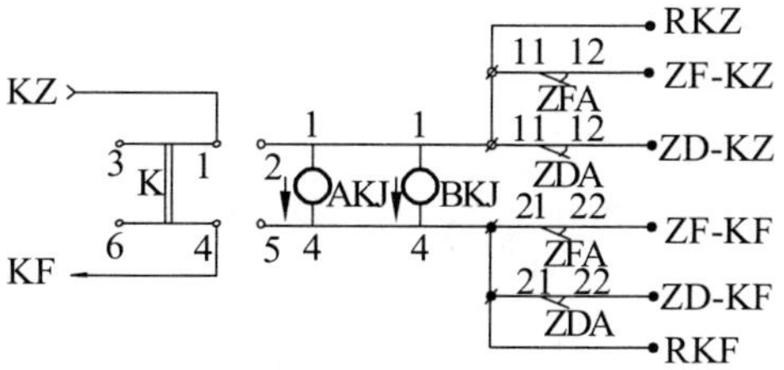

图 5.19　应急台电源

我们把经过闸刀 K 的 KZ 称为 RKZ，KF 称为 RKF。为了供电方便，改进了计算机供电的配电柜，闸刀 K 纳入了配电柜中，改叫 YJK，功能不变。另外，为了单独操纵道岔，在应急台的面板上设置了道岔总定按钮（ZDA）和道岔总反按钮（ZFA）。在操纵道岔时要同时按压该道岔的单操按钮和 ZDA 或 ZFA。经过 ZDA 第一组接点的 RKZ 称为 ZD-KZ，经过 ZDA 第二组接点的 RKF 称为 ZD-KF，经过 ZFA 第一组接点的 RKZ 称为 ZF-KZ，经过 ZFA 第二组接点的 RKF 称为 ZF-KF。

图 5.20 所示是一个小站的应急台台面布置图。上面有一个绿色总定按钮（ZDA）和一个黄色总反按钮（ZFA）。应急台上对应每一组道岔有一个白色道岔单操按钮，用来操纵道岔。同时对应站场的每一个咽喉还设有带铅封的引导总锁按钮（YZSA）和引导信号按钮（YDA）。整个应急台台面上除了引导总锁闭按钮是非自复式按钮外，其余全是自复式按钮。

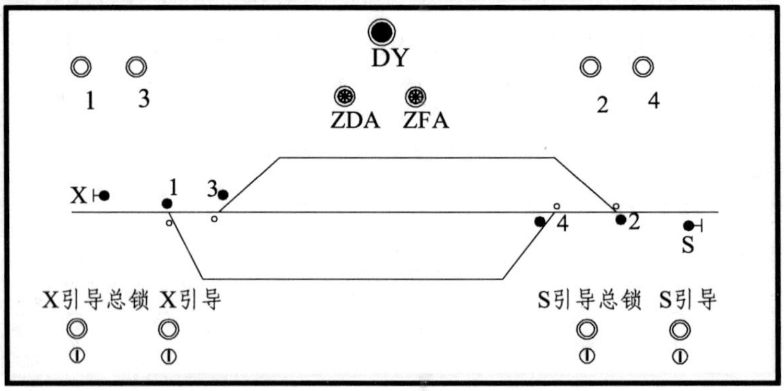

图 5.20　应急台盘面图

应急台台面上的表示灯有三种：第一种是电源表示灯，当 K 打在接通位置时，指示灯亮红灯，应急台不工作时此灯灭灯；第二种是道岔位置表示灯，对应每一组道岔有两个表示灯——道岔定位表示灯（绿色）和道岔反位表示灯（黄色）；第三种是引导按钮表示灯，当引导总锁闭按钮和引导按钮按下有效时，按钮内的表示灯亮红灯。

应急台上还有铅封，这种铅封是用锁的形式来体现的。铅封有接通和断开两种位置，平时不用时处于断开位置，按钮按下不能起任何作用。要使用引导按钮时，必须把铅封锁打在接通位置。

六、系统布置及防雷

1. 计算机房的布置及要求

计算机房安装的设备有联锁机柜、维修台和配电柜。为保证系统的正常工作，机房要求室内温度应保持在 15 °C～30 °C，湿度保持在 10%～75%，应有完善的防静电措施和良好的密封、防尘措施。同时为了防止计算机电缆与设备电源线的交叉同沟，设计时计算机房与行车室的距离不应太远。

联锁机柜的外观如图 5.21 所示，外形尺寸为 600 mm×800 mm×1 940 mm。一个联锁机柜可以安装三个联锁机笼，根据站场的大小来决定联锁机笼及机柜的数量。为了保证联锁机的正常工作，联锁机柜一般安装在计算机房的中央，这样维修比较方便。

维修机安装在维修台中，为了方便电务人员观察联锁机的面板指示灯，维修台一般安放在正对联锁机柜的地方，距离机柜前沿 1.2 m。维修台的安装尺寸为 800 mm×600 mm×1 000 mm。

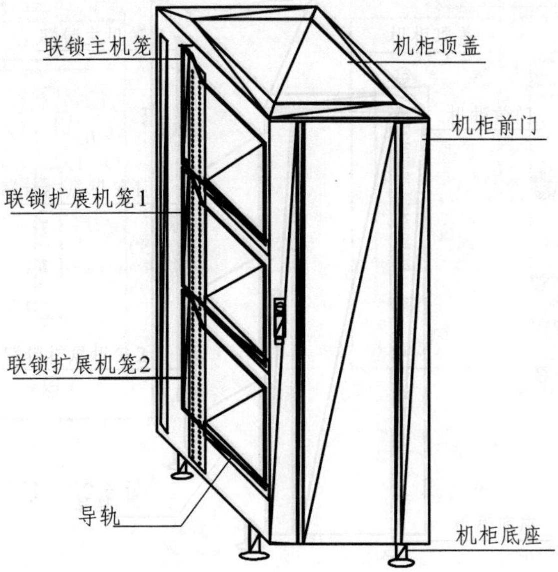

图 5.21　联锁机柜外观

配电柜一般安装在联锁机柜的旁边。

2. 行车室的布置

行车室的设备主要有控制台和应急台。上位机的所有设备都安装在控制台中，因此行车室也应该保持良好的环境。

3. 接口架

接口架是联锁机与组合架接口的地方，所有的驱动和采集都是由这里经过电缆与联锁机相连，接口架设有接口架端子，端子前面是 36 芯插座，电缆的接口架一端是 36 芯插头，插在接口架的插座上。接口架端子的背面是压线端子，从组合架上来的信号线与采集板和驱动板的 DC 24 V 电源均由此接入。接口架端子的前视图和后视图如图 5.22 图和 5.23 所示。在图 5.22 中防雷元件板是给每个信号线防雷用的，它可以热拔插而不影响系统使用。插头用普通 36 芯插头，接口架端子背面的端子号与 36 芯端子一一对应。由于在联锁机一侧的每一个 I/O 板（采集板和驱动板）对应的 ELCO 插头是两个，每个 ELCO 插头对应电缆为一根，因此每一个 I/O 板对应的接口架端子为两个。

I/O 板工作需要外部接入 DC 24 V 直流电源。这个电源就是由接口架端子 1、19（IOZ）和 18、36（IOF）接入的，但是根据 ELCO 端子的定义，每个采集板对应的第一个端子的电源端子按定义接入 IOZ 和 IOF，而第二个端子只接 IOF，不接 IOZ。对驱动板来说，其正电源是经过它对应的 SGJ 的前接点接入的，称为 QDZ。QDZ 由事故零散组合 2 提供。每个驱动板对应的两个接口架端子都按定义来接线。

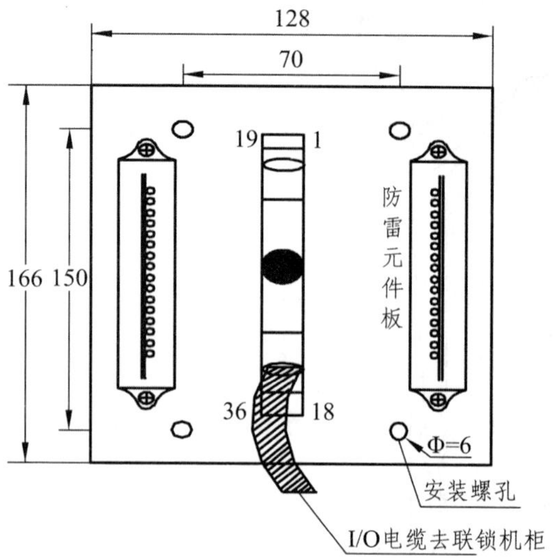

图 5.22　接口架端子前视图

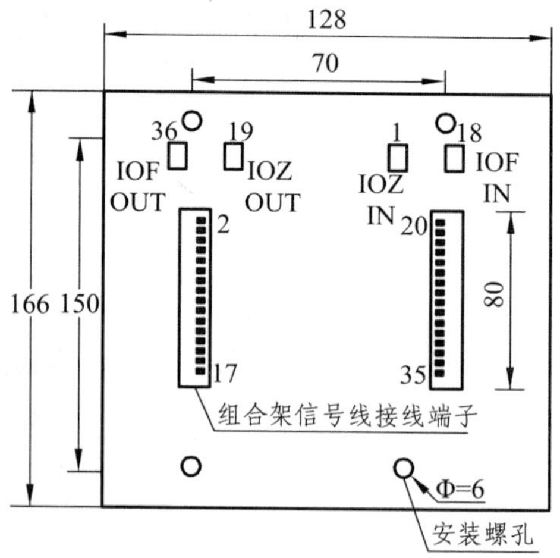

图 5.23　接口架端子后视图

4. 系统的防雷及接地

雷电对系统的危害程度也是衡量一个系统可靠性的重要标志之一，尤其在我国南方一带车站的雷击现象比较严重，对系统的影响比较大。经过研究人员的努力，TYJL-TR9 容错计算机联锁系统在防雷方面取得了很大的成效。经过防雷测试组的测试，系统防雷指标完全达到了国际和国内的标准。同时经过在武广（武汉—广州）线的应用也证明了系统的高抗雷击性能。

（1）信号线上的防雷。

经过对以前雷击现象的分析，打雷放电时能量比较大，电压比较高，其感应电压通常能达到几千伏。如果采集驱动的信号线上感应到这个电压，对系统 I/O 板有比较大的危害。TR9 型计算机联锁的硬件设备采用 TRICONEX 公司的硬件，其 I/O 板的采集点和驱动点经测试达到抗雷击在 2 000 V 以上的国际水平。为了进一步提高它的抗雷击能力，在每条信号线上又增加了一级防雷。信号线上的防雷元件插接在接口架端子上，防雷元件可以取下来定期进行检测，不影响系统工作。同时把系统 IOF 电源经过特制防雷元件（采用德国 OBO 防雷元件）接在系统的逻辑地线上。为了避免雷电的感应，在设计和施工过程中应该避免信号线与组合架上的线交叉。

（2）通信线上的防雷。

由于维修机和联锁机同处于计算机房内，距离比较近，所以它们之间的通信不需要防雷设备。而控制台距离计算机房比较远，因此在上位机与联锁机和维修机之间的通信设备采用防雷，具体如下：

① 上位机和联锁机之间的通信采用光缆通信，避免了在通道中存在的雷电干扰。

② 维修机到集线器（安装在控制台中）的 RJ45 网线两端增加防雷单元。

③ 避免通信线与信号线之间的交叉。

（3）电源防雷。

电源防雷设备主要安装在配电柜中，配电柜的输入电源安装了防雷设备，采用德国引进的 OBO 防雷元件。地线接在系统的防雷地线上。

（4）系统接地。

系统中要求的地线有两种，分别是逻辑地线和防雷地线。逻辑地线的接地电阻要求小于 1 Ω，防雷地线接地电阻要求小于 4 Ω。两种地线的接地要采用 10 mm 的电源线，并且不得与其他地线共用和交叉。具体的系统设备接地如图 5.24 所示。

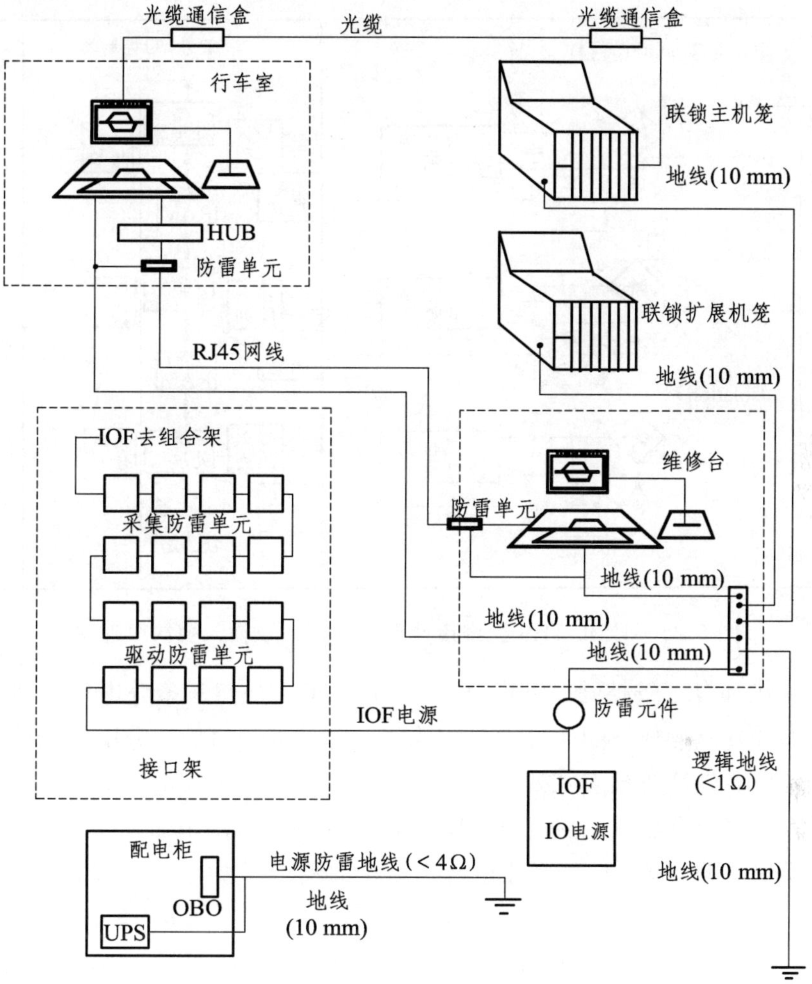

图 5.24　系统设备接地示意图

七、系统的输入、输出

系统的输入是对现场信号设备信息的采集，输出是联锁机对相关执行设备的驱动，如对信号继电器 XJ，道岔操纵继电器 DCJ、FCJ 的驱动等。系统的采集和驱动主要有以下几方面：

（1）轨道电路，采集 GJ 的接点反映轨道区段是否空闲。

（2）道岔，采集 DBJ、FBJ 接点以反映道岔位置，驱动 DCJ、FCJ、SFJ 以动作道岔。

（3）信号机，驱动有关信号继电器，用它们的吸起接点构成点灯电路。

（4）区间结合。

（5）场间联系。

（6）站间联系。

（7）道口、机务段联系。

（8）零散电路结合等。

采集信息通过输入模块进入联锁机，如图 5.25 所示。

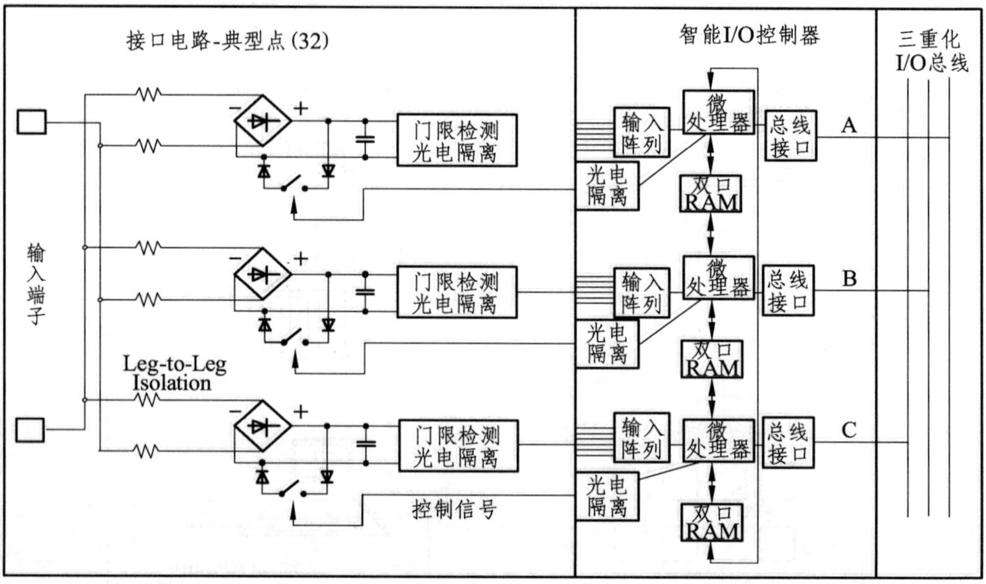

图 5.25　TYJL-TR9 型容错计算机联锁系统输入模块原理图

每个输入模块都有三条相同的分电路：A、B 和 C。虽然三条分电路在同一模块内，但是它们完全隔离并独立操作，一条分电路的故障不会扩散到另外的分电路。每条分电路都有一个八位的微处理器处理与相应主处理器间的数据交换。三条分电路中的每条分电路并行地采集输入信号，采集数据放在相应的 A、B 和 C 输入表中，每个输入表通过相应 I/O 总线用相应主处理器模块中的 I/O 通信处理器进行定期轮询取走，如主处理器 A 通过 I/O 总线 A 取走输入表 A。

TYJL-TR9 型容错计算机联锁系统有两类输入模块：TMR 型和简易型。在 TMR 型输入模块中，所有的电路均被 100%三重化，以保证安全性和最大可用性。每条分电路在外部与联锁机之间的电路都有光电隔离。TMR 型输入模块具有“Struck ON”（“结点粘连在接通状态”）的自诊断能力。在简易型输入模块中，只有要求保证安全的部分被三重化，对非三重化的电路系统具有“Struck ON”和“Struck OFF”功能，当电路发生结点粘连时，采集数据固定在“OFF”状态，这样可有效地满足容错联锁系统的故障-安全要求。

当输入模块任一条分电路诊断出任何故障时，模块的故障灯点亮，随即在机架的电源模块发出报警信号。模块上的故障灯点亮仅表示一条分电路有故障，而不是整个模块完全故障，模块在单条分电路故障时，仍能不间断工作，若热备模块存在，则可自动切换。

当输入模块正常工作时，若热备模块存在，则两个模块以一小时为时间间隔相互切换，也保证了两模块的完好性。

1. 轨道电路

轨道电路是用来反映整个站场的列车占用情况的，它通过轨道继电器的吸起和落下来反映列车的占用和出清，因此系统通过对轨道继电器的采集从而获得站场信息。图 5.26 所示就是对轨道继电器的采集，同时采集它的前接点和后接点，以作校核。

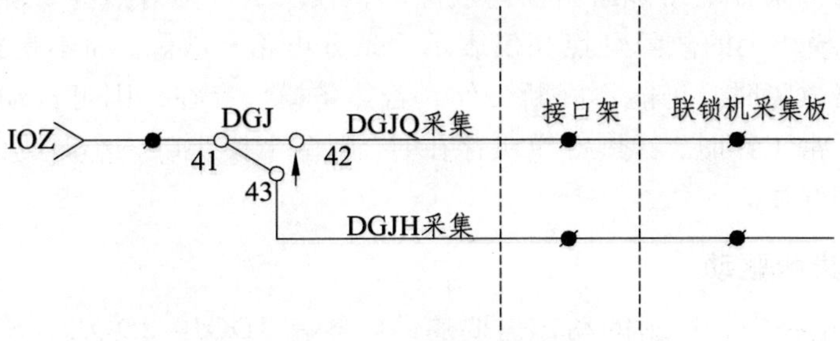

图 5.26　轨道继电器采集

对于一送多受的轨道电路来说，系统只采集其总的复示继电器 GJF 的接点。如果在电化区段采用二元二位的轨道继电器，不能直接采集二元二位轨道继电器接点，应为其做复示继电器，再采集其复示继电器接点。

系统的输出是通过输出模块完成的，如图 5.27 所示。

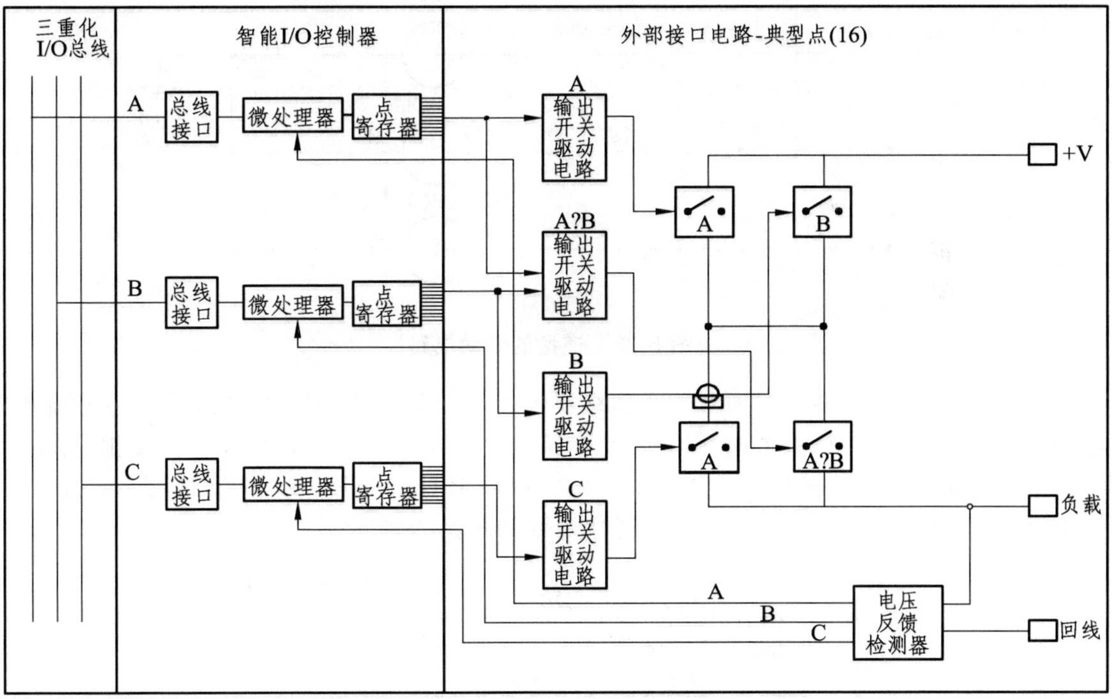

图 5.27　TYJL-TR9 型容错计算机联锁系统输出模块原理图

TYJL-TR9 型容错计算机联锁系统有两类输出模块：TMR 型和二取二型。每个输出模块都有三条相同的隔离分电路。每条分电路有一个 I/O 微处理器通过相应的 I/O 总线从相应的主处理器中获取输出数据。TMR 型输出模块采用 H 型硬件三取二表决电路进行输出。二取二型输出模块采用串行硬件二取二表决电路进行输出。每类输出模块都对每个输出点执行专门的输出表决诊断（OVD）。每个微处理器可通过模块上的回读电路读取每点的输出值以便判断输出电路内存在的隐蔽型故障。输出表决诊断（OVD）的时间不超过 2 ms（典型值为 500 ms），不会对外部的继电器产生任何影响。

当输出模块任一条分电路诊断出任何故障时，模块的故障灯点亮，随即在机架的电源模块发出报警信号。模块上的故障灯点亮仅表示一条分电路有故障，而不是整个模块完全故障，模块在单条分电路故障时，仍能不间断工作，若热备模块存在，则可自动切换。

当输出模块正常工作时，若热备模块存在时，则两个模块以一小时为时间间隔相互切换，也保证两模块的完好性。

2. 道岔的采集和驱动

在 6502 继电电路中，道岔的动作需要的继电器有 1DQJ、2DQJ、DCJ、FCJ，表示继电器有 DBJ 和 FBJ。由于目前微机联锁各个设计院的设计不同，对 DCJ 和 FCJ 是否保留有不同意见。为了统一意见，TYJL-TR9 容错计算机联锁系统中保留了 DCJ 和 FCJ，同时增加了 SFJ（锁闭防护继电器）。DCJ、FCJ 和 SFJ 由联锁机驱动。在驱动 DCJ 或 FCJ 时，同时驱动 SFJ（锁闭防护继电器）两个继电器同时使 1DQJ 和 2DQJ 动作。图 5.28 所示为道岔的驱动电路图。

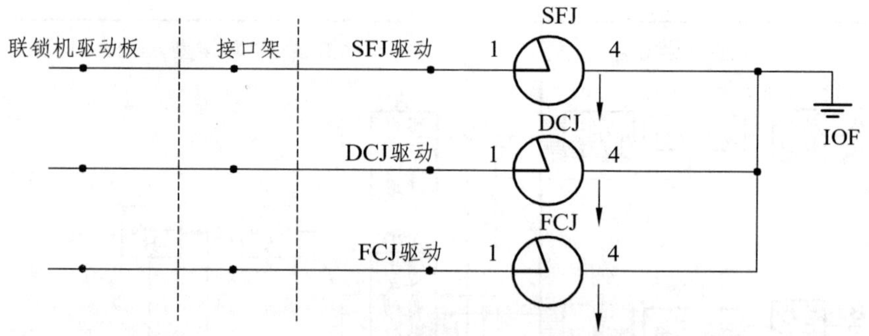

图 5.28　道岔的驱动电路

对于道岔的采集主要是对道岔的表示继电器（DBJ 和 FBJ）进行采集，使联锁机能够知道目前道岔的位置。在采集 DBJ 和 FBJ 的前接点时，同时还要采集 DBJ 后接点和 FBJ 后接点的串联（DFH），作为采集的校核，如采集到 DBJ 的吸起，则 FBJ 和 DFH 都不应采集到，否则校核错，认为道岔没表示。道岔的采集电路如图 5.29 所示。

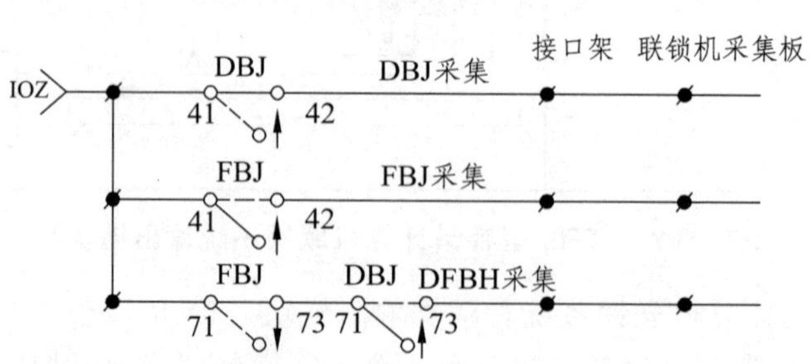

图 5.29　道岔的采集电路

3. 信号机的采集和驱动

信号机又分为列车信号机和调车信号机两种，对这两种信号机的处理，在系统中采用不同的方法，下面对这两种信号机在设计方面进行介绍。

（1）列车信号机。

列车信号机根据其用途可分为以下几类：出发信号机、出发兼调车信号机、进站信号机、进路信号机、复示信号机。

在出发信号机的电路中，联锁机主要驱动的是 XFHJ、LXJ 两个继电器。如图 5.30 所示，在开放出发信号时，同时驱动 LXJ 和 XFHJ，只有 XFHJ 吸起，LXJ 才能吸起。XFHJ 称为信号防护继电器。这样防止了单点混电造成 LXJ 误动。同时确认 LXJ 驱动后是否吸起，我们又对 LXJ 继电器进行前接点采集。如果驱动后前接点采集不到，则在一定时间内将不再驱动，保证了室内室外的显示一致。

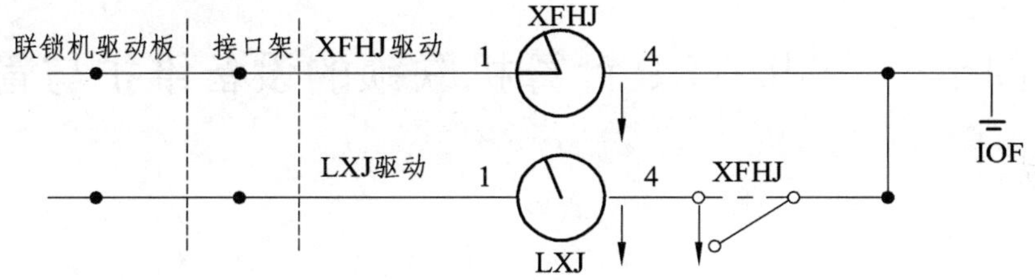

图 5.30　LXJ 的驱动吸起

如果此出发信号机可以作调车信号机用，则当其办理调车进路时，联锁机同时驱动其 DXJ 和 XFHJ，同样对 DXJ 前接点进行采集。

对于只有一个发车口的出发信号机，我们只驱动 LXJ、XFHJ 和 DXJ（DXJ 是出发信号机兼作调车时驱动），但是有的出发信号机对应的发车口有两个，除驱动上述三个继电器外。对应有两个出发口的出发信号机增加了 ZXJ（主方向信号继电器）和 FFHJ（方向防护继电器），当列车向主方向发车口发车时，驱动 ZXJ 和 FFHJ，FFHJ 的接点串接在 ZXJ 的驱动电路中，只有当 FFHJ 吸起后，ZXJ 才能够吸起。同时对 ZXJ 进行前接点采集。如果列车向次要方向发车，则两个继电器都不驱动。当发车口有三个或三个以上时，对应每一个发车口设一个方向继电器 AFJ、BFJ、CFJ 等，当列车向某一个方向发车时，除 LXJ、XFHJ 和 FFHJ 吸起外，其对应发车口的方向继电器 FFHJ 的前接点串在方向继电器的驱动电路中。

对于出站信号来说，联锁需要采集的有 DJ（灯丝继电器）和所有联锁机对应此出发信号而驱动的继电器的前接点。注意：对有通过进路的出发信号机来说，DJ（灯丝继电器）前接点的采集应采集两组接点。

对于进站信号机来说，它的采集驱动的信息比较多。对应每一架进站信号机驱动有：

① LXJ（列车信号继电器），开放信号时驱动，有 XFHJ 进行防护。

② YXJ（引导信号继电器），开放引导信号时驱动，有 XFHJ 进行防护。

③ ZXJ（正线继电器），道岔位置开通正线时驱动，不设防护继电器。

④ XFHJ（信号防护继电器），开放列车信号和引导信号时驱动，用来防护 LXJ 和 YXJ。

⑤ LUXJ（绿黄信号继电器），进站信号有绿黄显示并开放绿黄信号时驱动，有 LUFHJ 进行防护。

⑥ LUFHJ（绿黄防护继电器），开放绿黄信号时驱动，对 LUXJ 进行防护。

⑦ TXJ（通过信号继电器），进站开放通过信号时驱动，有 TFHJ 进行防护。

⑧ TFHJ（通过防护继电器），进站开放通过信号时驱动，对 TXJ 进行防护。

对每一架进站信号机的采集信息除了联锁机所驱动的信号继电器都需要回采外，主要的采集是 1DJ（灯丝继电器），一般采集其两组接点。因为进站信号有引导信号，所以它还需要对 2DJ（灯丝 2 继电器）进行采集，它是和 YXJ 的回采串联采集的。

（2）调车信号机。

调车信号机相对来说比较简单，对应每一架调车驱动其 DXJ（调车信号继电器）。由于在组合中四个调车信号机合用一个组合，所以此四架调车信号机共用一个 XFHJ，如 D1、D3、D5 和 D7 共用一个 D1-7XHFJ。采集调车信号机的信息主要是每一架信号机的 DJ（灯丝继电器）、DXJ 和 XFHJ。

第四节　TYJL-TR9 计算机联锁的设备维护与管理

一、开机与关机步骤

1. 开机步骤

（1）电源屏向联锁系统供电合闸。

（2）配电柜 KR 合闸。

（3）K1、K2 闸刀打到 UPS 位置。

（4）UPS 工作正常，则配电柜 K1、K2 置 UPS 供电位置；UPS 故障，则配电柜 K1、K2 置电源屏直供位置。

（5）配电柜 K3～K9 顺序合闸。

（6）监控 A、B 机开机，电源灯点亮，硬盘灯闪烁，监控软件正常运行后，硬盘灯熄灭。注意：严禁在硬盘灯闪烁时直接关闭计算机电源。

（7）维修机开机，电源灯点亮，硬盘灯闪烁，维修软件正常运行后，硬盘灯熄灭。注意：严禁在硬盘灯闪烁时直接关闭计算机电源。

（8）联锁机 CPU 板在供电 1～6 min 后开始运行，ACTIVE 灯闪烁。

（9）首先按下第一个输出板的 SGA1，其第一点 SGJ1 点亮，第二、三点 ZSGJ1、ZSGJ2 开始交替闪烁，顺序按下各输出板的 SGA2、SGA3 等，各输出板第一点 SGJ*n* 点亮，第一个输出板的 ZSGJ1、ZSGJ2 开始动态输出，输出板开始正常工作。注意：SGA 不能长期按下，否则将有安全隐患。

2. 关机步骤

（1）在车务监控机 A、B，用鼠标单击右键，选择关闭计算机选项，等屏幕出现可以关闭计算机电源提示后，关闭监控机 A、B 电源。注意：严禁在硬盘灯闪烁时直接关闭计算机电源。

（2）在维修机上选择关闭系统按钮，等待屏幕出现关闭计算机电源提示后，关闭维修机电源。注意：严禁在硬盘灯闪烁时直接关闭计算机电源。

（3）顺序关闭配电柜 K3～K9。

（4）关闭 UPS。

（5）关闭 KR。

（6）关闭电源屏至联锁系统的闸刀。

二、配电柜部分常见故障分析

主要功能：从电源屏输入联锁系统所需全部电源；对输入电源进行电源防雷；对联锁系统提供不间断电源；分别对联锁系统各部分提供电源。

1. 全联锁系统无电

（1）电源屏没供电。

（2）电源屏至配电柜电线断线。

（3）配电柜没合闸。

（4）KR 故障。

（5）配电柜 K1 和 K2 在 UPS 供电位置且 UPS A 和 UPS B 没开机或故障。

（6）配电柜 K3～K10 没合闸。

2. 联锁系统部分有电，部分无电

（1）配电柜 K3～K10 相应开关没合闸。

（2）相应从配电柜至设备的电源连线断线。

（3）相应设备电源开关没开。

三、联锁机柜部分常见故障分析

主要功能：监控 A、B 机通过通信实时从联锁机中取得站场的状态信息并显示给车务操作人员，同时采集车务操作人员的操作命令，并将命令下放给 TR9 联锁主机；联锁机根据采集信息，监控 A、B 机传送的按钮命令，进行联锁运算，并驱动相应的动作继电器，以实现对现场道岔及信号机等设备的控制。

1. A、B 机电源灯不亮

（1）配电柜 K4、K8 没合闸。

（2）配电柜 K4、K8 至监控机的电源电缆断线。

（3）监控机故障。

（4）电源灯点亮，但系统不能正常启动。

（5）硬盘或 NT 操作系统损坏。

（6）主板或其他硬件损坏。

2. 电源板

（1）正常状态：绿色“PASS”灯点亮，其他指示灯不点亮。

（2）常见故障及原因分析：

① 红色“FAULT”灯点亮：

- 无 220 V 电源。
- 模块故障。

② 红色“ALARM”灯点亮：

- 本机笼有模板故障。
- 第一个机笼的电源模板的“ALARM”灯反映整个联锁机有模板故障。

③ 红色“TEMP”灯点亮：

- 环境温度过高或过低（工作温度范围：0 °C～60 °C）。

④ 红色“BAT LOW”灯点亮：

- 电池电压太低，需更换。

3. CPU 板

（1）正常状态：

① 绿色“PASS”灯点亮。

② 黄色“ACTIVE”灯闪烁。

③ 黄色“COM RX”灯闪烁。

④ 黄色“COM TX”灯闪烁。

⑤ 黄色“I/O RX”灯闪烁。

⑥ 黄色“I/O TX”灯闪烁。

（2）常见故障及原因分析：

① 红色“FAULT”灯点亮：模块故障（或 CPU 板在初始化状态）。

② 红色“MAINT1”灯点亮：模块故障（或 CPU 板在初始化状态）。

③ 红色“MAINT2”灯点亮：模块故障（或 CPU 板在初始化状态）。

④ 黄色“COM RX”“COM TX”灯不亮 ：与通信板通信中断。

⑤ 黄色“I/O RX”“I/O TX”灯不亮 ：与采集或驱动板通信中断。

4. 通信板

（1）正常状态：

① 绿色“PASS”灯点亮。

② 黄色“ACTIVE”灯点亮。

③ 与监控机 A、B，维修机相连的通信口黄色“RX”“TX”灯闪烁。

（2）常见故障及处理：

① 红色“FAULT”灯点亮：模块故障，更换通信板。

② 与监控机 A、B，维修机相连的通信口黄色“RX”“TX”灯不亮：通信中断。

③ 本通信口故障：更换通信口。

④ 通信电缆断线：更换通信电缆。

⑤ 与之相连的监控 A、B 机，维修机的通信口故障：更换相应主板。

5. 采集板

（1）正常状态：

① 绿色“PASS”灯点亮。

② 黄色“ACTIVE”灯点亮。

③ 有输入的采集点相应红色指示灯点亮。

（2）常见故障及处理：

① 红色“FAULT”灯点亮：

- 模块在初始化状态。
- 模块瞬间故障，但仍正常工作，采用更换模板后，重新插入，“FAULT”灯能熄灭。
- 模块永久故障，更换模板。

② 黄色“POWER”灯点亮：无工作电源（IOZ）。

- 本板的 IOZ 断线。
- 总事故继电器落下。

③ 被采集的继电器吸起，而相应采集点不点灯：

- 从继电器至采集板之间采集连线断线。
- 采集回线（IOZ）至继电器之间的连线断线。

6. 驱动板

（1）正常状态：

① 绿色“PASS”灯点亮。

② 黄色“ACTIVE”灯点亮。

③ 有输出的驱动点相应红色指示灯点亮。

（2）常见故障：

① 红色“FAULT”灯点亮：

- 模块在初始化状态。
- 模块瞬间故障，但仍正常工作，采用更换模板后，重新插入，“FAULT”灯能熄灭。
- 模块永久故障，更换模板。

② 黄色“LOAD”灯点亮：无工作电源（IOZ）。

- 本板的 IOZ 断线。
- 总事故继电器落下。

③ 驱动板的驱动点表示灯点亮，但被驱动的继电器不吸起：

- 从继电器至驱动板之间连线断线。
- 驱动回线（IOF）至继电器之间的连线断线。

7. 更换模板的方法

（1）电源板、CPU 板、通信板：单一的此类模板均可直接带电拔出，不影响系统的正常运行，再将相应的备用模板插入即可。三个 CPU 板不能同时拔出，否则程序不能保持。

（2）采集驱动板：此类模板当其“ACTIVE”灯点亮时，严禁直接拔出，否则将影响系统的正常运行。正确更换方法为：先将相应的备用模板插入相应槽位的 L 或 R 空位，当自检通过后，红色“FAULT”灯灭灯，绿色“PASS”灯点亮，然后“ACTIVE”灯点亮，当原有模板“ACTIVE”灯灭灯后，两板的切换工作完成，即可将原有模板拔出。

四、维修台部分常见故障分析

主要功能：维修机实时再现站场状态，记录站场的状态变化、系统运行情况；维修机对记录可进行查询、图形再现、打印；联锁系统逻辑地汇流排。

主要设备：维修台、维修机、维修监视器、维修机鼠标、打印机。

1. 维修台全部设备没电

（1）配电柜 K6 没合闸。

（2）配电柜 K6 至维修台电源线断线。

2. 维修机电源灯不亮

（1）相应维修台电源输出没电。

（2）电源电缆断线。

（3）维修机故障。

3. 维修机电源灯点亮，但系统不能正常启动

（1）硬盘或 NT 操作系统损坏。

（2）主板或其他硬件损坏。

4. 打印机电源灯不亮

（1）相应维修台电源输出没电。

（2）电源电缆断线。

（3）打印机故障。

5. 打印机电源灯点亮，但不能打印

（1）打印机电缆断线（注意打印机电缆严禁带电拔插）。

（2）维修机打印口故障。

（3）打印机故障。

6. 维修机监视器信号指示灯不亮

（1）相应维修台电源输出没电。

（2）电源电缆断线。

（3）电源开关没开。

（4）维修机监视器故障。

7. 维修机监视器信号指示灯亮黄灯——无视频信号

（1）视频电缆断线。

（2）维修机视频口故障。

（3）维修机监视器故障。

五、控制台部分常见故障分析

主要功能：实时显示站场状态并给予必要的语音报警；采集车务人员的操作；显示道岔动作电流大小；复示站场状态。

主要设备：车务监视器 A、B，鼠标 A、B，音响，复示监视器 A、B，复示用电源插座，视频复示器 A、B。

1. 控制台全部无电

（1）配电柜 K4、K8 没供电。

（2）配电柜 K4、K8 至控制台电源电缆断线。

2. 车务监视器不显示

（1）监视器信号指示灯不亮——电源故障。

① 监视器电源开关没开。

② 控制台电源输出无电。

③ 控制台电源输出至车务监视器电源电缆断线。

④ 监视器故障。

（2）监视器信号指示灯亮黄灯——无视频输入信号。

① 相应视频复示器至监视器的视频电缆断线。

② 相应视频复示器故障：直接将车务视频电缆与相应监控机视频电缆对接可越过视频复示器。

③ 相应监控机至控制台的视频电缆断线。

④ 相应监控机的视频卡故障。

⑤ 监视器故障。

（3）鼠标不动作。

① 鼠标故障。

② 相应监控机至控制台的鼠标电缆断线。

③ 相应监控机的鼠标口故障。

（4）音响不报警。

① 相应监控机至控制台的音频电缆断线。

② 相应监控机的声卡故障。

六、设备报警

当设备发生故障时，在车务监视器上会有相应报警提示，电务必须及时处理故障，防止故障积累，影响设备的正常运行与安全。

1. I/O 电源 1 或 I/O 电源 2

红色报警文字，语音提示系统报警。

两个 I/O 电源并行向系统提供 IOZ、IOF 电源，若单一电源发生故障，另一电源仍能提供电源保证系统正常运行。

造成此报警的原因有以下几种：

① 其中一个 I/O 电源（I/O 电源安装在配电柜中）出现故障。

② 其中一个 IODYJ（IODYJ 安装在配电柜中）出现故障不能吸起。

③ 相应的 IODYJ 的采集无。

④ 联锁机停止运行（I/O 电源 1 和 I/O 电源 2 同时报警）。

⑤ 相应的监控机与联锁机的通信中断（I/O 电源 1 和 I/O 电源 2 同时报警）。

2. 联锁机中断

红色报警文字，语音提示系统报警。

相应监控机与联锁机的通信中断。此监控机将不能正常显示站场信息和执行操作。

造成此报警的原因有三种：

① 联锁机停止运行。

② 相应的监控机与联锁机之间的通信电缆出现故障。

③ 相应的监控机的通信端口出现故障。

3. 维修机中断

红色报警文字，语音提示通信中断。

相应监控机与维修机的网络通信中断。属于局域网通信中断，不影响系统的正常运行，该机的操作信息维修机将不能记录。

造成此报警的原因有以下几种：

① 维修机关机（所有的监控机同时报警维修机中断）。

② 维修机的维修程序没有启动（所有的监控机同时报警维修机中断）。

③ 维修机的网卡出现故障（所有的监控机同时报警维修机中断）。

④ 维修机的网线出现故障（所有的监控机同时报警维修机中断）。

⑤ 集线器出现故障或关机（所有的监控机同时报警维修机中断）。

⑥ 相应的监控机的网线出现故障。

⑦ 相应的监控机的网卡出现故障。

4. 监控 A 机，监控 B 机

另一台出现黄色报警文字，语音提示通信中断。

另一台监控机与维修机的网络通信中断。属于局域网通信中断，不影响系统的正常运行，另一台监控机的操作信息维修机将不能记录。

造成此报警的原因有以下几种：

① 另一台监控机的网线出现故障。

② 另一台监控机关机。

③ 另一台监控机的网卡出现故障。

5. 联锁机报警

黄色报警文字，语音提示系统报警。

联锁机有模板发生故障或当联锁机模板受到瞬间干扰时，都会点亮故障灯并报警，但不影响系统的正常运行。此故障必须马上处理。

造成此报警的原因有以下几种：

① 联锁机有一个模块出现报警。

② 联锁机的主机笼和扩展机笼的扩展电缆其中一条出现故障。

③ 联锁机关机（伴随有所有的故障报警）。

④ 相应监控机与联锁机之间的通信中断（伴随有所有的故障报警）。

6. SGA*n* 粘连

红色报警文字，语音提示系统报警。

每个驱动板都有一个事故按钮与一个事故继电器配对，事故按钮起启动驱动板作用，事故继电器吸起后，给驱动板提供 IOZ 电源。当驱动板发生故障，相应事故继电器落下以保证切断至驱动板的 IOZ 电源。若事故按钮长期粘连，会影响驱动板故障后的安全。SGA 是按驱动板的排列顺序排列的。例如：第一块驱动板对应的 SGA 为 SGA1，第二块驱动板对应的 SGA 为 SGA2，等等。

造成此报警的主要原因有以下几种：

① 相对应的事故按钮接点不能分开（按钮故障）。

② 相对应的事故按钮的采集不到。

③ 联锁机停机（伴随有所有的故障报警）。

④ 监控机与联锁机通信中断（伴随有所有的故障报警）。

7. SFJ 失效

红色报警文字，没有语音提示。

每组道岔的驱动由 DCJ、FCJ 和 SFJ 两点来驱动的，当操纵道岔时，DCJ 或 FCJ 先吸起，500 ms 后 SFJ 吸起，道岔才能动作。当 DCJ 或 FCJ 吸起而 SFJ 还没吸起时，如果道岔失去表示，则报警相对应的 SFJ 失效，表明 SFJ 失去了应有的防护作用，必须立刻检查，否则有安全隐患。

造成此报警的原因有以下几种：

① 相对应的 SFJ 吸起后不能落下。

② 道岔启动电路出现故障（或串电）。

③ 动道岔的瞬间，道岔失去表示（此故障造成的报警只是偶尔一次）。

8. 轨道停电

红色报警文字，语音提示轨道停电。

在站场中，对应每一个咽喉设置一个轨道停电监督复示继电器，复示电源屏中的轨道停电监督继电器（此继电器监督对应咽喉的轨道电源是否正常）。为了保证安全，当轨道停电监督继电器在落下状态时，进路是不能解锁的。一般来说，轨道停电 1 是指面对站场平面最左边咽喉的轨道停电监督继电器出现故障，从左向右依次对应。

造成此报警的原因有以下几种：

① 轨道电源停电（对应咽喉的轨道继电器全部落下）。

② 轨道停电监督继电器故障（对应咽喉的轨道电源正常，轨道继电器没有全部落下）。

③ 轨道停电监督复示继电器故障（对应咽喉的轨道电源正常，轨道停电监督继电器正常，

轨道继电器没有全部落下）。

④ 轨道停电监督复示继电器的采集出现故障。

⑤ 联锁机关机。

9. 熔丝报警

黄色报警文字，语音提示熔丝报警

为了监督机械室内熔断器，设置了一个熔丝报警继电器（RSBJ），同时计算机进行采集，用来监督熔断器的工作情况。

造成此报警的原因有以下两种：

① 有熔断器故障。

② 熔丝报警继电器的采集故障。

10. 轨道校核错

红色报警文字，无语音提示。

对于每一个轨道继电器，系统都是要进行采集的，并且同时采集其前后接点。正常的情况是前后接点只能有一个采集到，否则报警，同时系统认为是区段占用。

造成此报警的原因有以下两种：

① 前后接点同时采集到。

② 前后接点同时采集不到。

11. 灯丝断丝

黄色报警文字，语音提示灯丝断丝（注意：和信号机 DJ 落下报警语音提示相同）。

为了监督室外列车信号主灯丝转换继电器的状态，在对应每个咽喉设置了一个灯丝转换报警继电器，计算机对其进行采集，用来监督室外列车信号主灯丝转换继电器的状态。

造成此报警的原因有以下几种：

① 室外相对应的咽喉有信号机主丝断丝。

② 室外相对应的咽喉有信号机灯丝转换继电器故障。

③ 室内相对应的咽喉的灯丝转换报警继电器故障。

④ 室内相对应的咽喉的灯丝转换报警继电器采集故障。

12. 移频报警

黄色报警文字，语音提示移频报警。

为了监督室内移频设备的状态，设置了移频报警继电器对其进行监督。

造成此报警的原因有以下几种：

① 室内移频设备故障。

② 移频报警继电器故障。

③ 移频报警继电器采集故障。

13. 无驱开放

红色报警文字，语音提示系统报警。

在没有驱动的情况下，混线造成信号机开放，会产生报警。此报警为严重的故障报警，系统将停止一切的采集和驱动，ZSGJ（在配电柜中）将落下。

造成此报警的原因有以下几种：

① 列车信号机继电器在没有驱动的情况下错误吸起。

② 列车信号机继电器在没有驱动的情况下错误采集到。

③ 调车信号机继电器在没有驱动的情况下错误吸起。

④ 调车信号机继电器在没有驱动的情况下错误采集到。

⑤ 方向继电器在没有驱动的情况下错误吸起。

⑥ 方向继电器在没有驱动的情况下错误采集到。

⑦ 绿黄继电器在没有驱动的情况下错误吸起。

⑧ 绿黄继电器在没有驱动的情况下错误采集到。

⑨ 通过继电器在没有驱动的情况下错误吸起。

⑩ 通过继电器在没有驱动的情况下错误采集到。

⑪ 引导继电器在没有驱动的情况下错误吸起。

⑫ 引导继电器在没有驱动的情况下错误采集。

七、每日检查内容

（1）整个联锁系统耗电电流。

（2）UPS A、UPS B、UPS C 工作正常且风扇正常。

（3）监控 A、B 机前后风扇正常。

（4）维修机前后风扇正常。

（5）维修机记录正常。

（6）联锁机各板工作指示灯正常，无故障显示。

（7）I/O 电源工作灯正常。

（8）车务监视器上无与联锁系统有关的设备故障。

八、每六个月检查内容

（1）UPS 用 BACKUP 能否正常供电。

（2）监控机 A、B 分别关机后，能否重新启动并正常工作。

（3）维修机关机后能否重新启动并正常工作。

（4）维修机打印记录，确保打印机正常。

（5）更换联锁机通信板至维修机的通信口，确保通信口 1-4，6-7 正常。

（6）更换联锁机备用的电源板、CPU 板、采集板、驱动板，确保联锁机备用正常。

（7）更换备用的通信电缆、视频电缆、鼠标电缆，确保备用电缆正常。

（8）更换备用的车务监视器，确保备用车务监视器正常。

（9）分别打开监控机 A、B 及维修机机盖，检查 CPU 风扇运转是否正常，检查机箱内部灰尘情况，若灰尘过多，用皮老虎除尘。

注意：以上检查内容可能影响联锁系统正常运行。

本章小结

本章介绍了 TYJL-TR9 三取二计算机联锁的系统概况、功能特点、体系结构和工作原理等相关内容，着重介绍了两种系统的设备维护与管理，侧重说明了在各种状态下设备的故障情况分析及故障排除思路。

练 习 题

1. 三取二计算机联锁的基本原理和思想是什么？
2. TYJL-TR9 型计算机联锁系统的特点有哪些？
3. 简述 TYJL-TR9 型计算机联锁系统的结构组成。
4. TYJL-TR9 型计算机联锁的联锁机是系统中的核心部分，其主要功能是什么？
5. TYJL-TR9 型计算机联锁监控机亦称上位机，和控制台连成一体，其主要功能是什么？
6. TYJL-TR9 型计算机联锁容错联锁机的机笼分几种类型？各自都包含哪些模块？
7. 容错计算机联锁系统的采集驱动电源有哪些？
8. TYJL-TR9 型计算机联锁电务维修机的主要功能是什么？
9. 在 TYJL-TR9 容错计算机联锁系统中，上位机工作是否正常由哪几个部分决定？
10. TYJL-TR9 容错计算机联锁系统中，应急台的功能是什么？应急台上的表示灯有哪些？
11. TYJL-TR9 容错计算机联锁系统是如何进行防雷的？
12. 简述 TYJL-TR9 容错计算机联锁系统的开机和关机步骤。
13. TYJL-TR9 容错计算机联锁系统联锁机柜电源板的正常显示和故障显示状态各有哪些？分别代表什么含义？
14. TYJL-TR9 容错计算机联锁系统联锁机柜采集板的正常显示和故障显示状态各有哪些？分别代表什么含义？
15. 简述 TYJL-TR9 容错计算机联锁系统更换模板的方法。
16. TYJL-TR9 容错计算机联锁系统每日检查的内容有哪些？
17. TYJL-TR9 容错计算机联锁系统每六个月检查的内容有哪些？

第六章　SICAS 计算机联锁系统

第一节　概　述

SICAS（西门子计算机辅助信号系统）型计算机联锁系统由德国西门子公司研制，基于故障-安全的 SIMIMT 原则（一种应用在安全系统的设计原则，硬件故障或者软件故障将导致系统进入一种已知的安全状态），是经过广泛验证的、成熟的联锁系统，应用于城市轨道交通正线联锁站。该系统的现代化设计和安全数字总线通信的使用，使得联锁系统的总量最小化成为可能。它能全面模拟室外设备的工厂测试手段，使 SICAS 系统现场测试工作量显著减少。

有关的计算机都采用符合故障-安全原理的“三取二”或“二取二”配置。所有与安全相关的系统都得到了第三方德国权威机构“地铁公共运行安全”的认证，该认证也得到了中国铁路权威机构的承认，同时也得到了世界各地（巴黎、斯德哥尔摩、香港、广州和曼谷等）客户的认同。在我国，西门子现代信号技术已成功应用于广州地铁 1、2、4、5、8 号线，深圳地铁 1、4 号线，南京地铁 1、2 号线，上海辛闵轻轨线，北京地铁 10 号线（含奥运支线）等项目。SICAS 计算机联锁在我国城轨正线信号设备联锁中具有举足轻重的地位。

一、进路及相关的概念

1. 进路描述

在城轨正线中，进路根据防护的安全等级可以分成安全进路和非安全进路。安全进路是指路径上有道岔并且要运行旅客列车的进路，非安全进路则指其他一切进路。

进路一般由三部分组成，分别为主进路、保护区段和侧面防护。其中，侧面防护又可以分成两种：主进路的侧面防护和保护区段的侧面防护。

主进路是指进路上从始端信号机至终端信号机通过的路径，包括道岔、信号机、区段等要素。在铁路中我们知道信号机开放要检查全部区段的空闲，但在装备有准移动闭塞的城市轨道交通信号系统中联锁设备不检查全部区段，只检查一部分区段，这些被检查的区段叫做监控区段（一般为信号机内方的两个区段，若监控区段内有道岔，则在最后一个道岔区段后加一区段作为监督区段，监督区段的长度应满足驾驶模式转换的需要），保证列车通过这些区段后能自动将运行模式转为 ATP 监督人工驾驶模式（以下简称 SM 模式）或 ATO 自动驾驶模式（以下简称 ATO 模式）。列车之间的追踪保护就由自动列车保护系统（以下简称 ATP）来防护，保证列车前后之间的距离，防止出现列车追尾现象。

2. 保护区段

保护区段是指终端信号机后方的 1～2 个区段，这是为了避免列车由于某种原因不能在信号机前方停车而冲出信号机导致危及列车安全的事故发生而设置的，类似于铁路的延续进路。

根据保护区段设置的时机，分为不延时保护区段和延时保护区段。当一条进路中可以运行一列以上的列车时（多列车进路），才具有延时保护区段的概念。进路可以带保护区段和不带保护区段排出，如果是带有延时保护区段的进路，该保护区段不与进路同时排出，只有当列车接近终端信号机或占用某个特定的区段（称为保护区段的接近区段）时，才排列保护区段。如果进路短，排列进路时带保护区段。多列车进路无保护区段时，进路防护信号机可以正常开放。

根据保护区段经常使用的方向，可以分成普通保护区段和分支保护区段。如果不考虑列车出入车厂，在正常的地铁行车中，一般是进行双线单向循环运行，信号机总是排列固定方向的进路。如果涉及列车出入车厂、存车线存车出车作业时，则某些信号机需要排列各种方向的进路。与此相对应，保护区段也可开通正常循环运行的方向或出入车厂、存车出车作业，将开通正常循环运行方向的保护区段称之为普通保护区段，而将开通其他方向的保护区段称之为分支保护区段。设置分支保护区段可以加快运营、提高效率和避免增加道岔操作。

3. 侧面防护

侧面防护是指避免其他列车从侧面进入进路，与列车发生侧向冲突，类似于铁路上的双动道岔和带动道岔的处理。防护主进路的侧面防护叫做主进路的侧面防护，防护保护区段的侧面防护叫做保护区段的侧面防护。

侧面防护共有两级。第一级包括侧面防护必需的元素，即每一个防护点的所有防护元素。第一级中的每个道岔元素可以定义多个第二级要素与之对应。如果条件具备，第一级要素将被用于侧面防护。如果不可能（例如，道岔已由另一条进路的侧面防护锁闭于相反的方向），第二级要素将被用于侧面防护（如果有二级要素）。如果不具备（或者并不存在）第二级侧面防护条件，进路防护信号机将不开放。而在这种情况下，进路已经设置且被锁闭，防护信号机将达到引导信号的监督层。如果具备二级侧面防护条件，防护信号机将会自动开放。

侧面防护主要由道岔、信号机和超限区段提供。道岔做侧防要素时，该道岔将被锁闭在进路侧面防护要求的保护位置上。信号机做侧防要素时，检查该架信号机的红灯灯丝是否正常，并非锁闭该架信号机。提供侧面防护的信号机的同时，可以办理与本条进路无敌对关系的进路。

超限区段检查是当防护点没有相应的道岔提供防护，并且存在轨道区段侵限问题时，则要根据提供侧面防护的道岔的方向，检查轨道电路的占用情况。

二、监控区段的选择原则

（1）对于无岔进路，通常在始端信号机后方选择一定数量的轨道区段，这个数量的轨道区段长度，足够使列车驶入该进路时，其驾驶模式能从 ATP 限速模式（以下简称 RM 模式）转换到 SM 模式或 ATO 模式（通常选择两段轨道电路）。

（2）对于有岔进路，通常在始端信号机后方轨道区段开始，一直到最后一个道岔区段再加一个轨道区段，并且如果该轨道区段不能摆下一列车，则需增加其后的一个轨道区段作为监控区段。

三、保护区段选择原则及相关概念

通常，用终端信号机后方的第一个轨道区段作为该条进路的保护区段。但也有以下两种情况例外:

（1）如果 ATP 的保护区段定义于终端信号机的前方时，能提高终端信号机后方区段的灵活性且不阻碍终端信号机前方区段的运营，则此终端信号机只有 ATP 保护区段而无联锁保护区段，即不设置保护区段。

（2）如果终端信号机后方的轨道区段长度短于计算的 ATP 保护区段，则选择多个轨道电路作为保护区段，直至长度得到满足。

四、侧面防护的选择原则及相关概念

安全进路的第一级侧面防护由道岔提供，保护区段的侧面防护通常由信号机提供，在某些情况下也可以用道岔侧防。

（1）当安全进路、非安全进路同时办理，且两条进路的侧面防护道岔会发生冲突时，非安全进路的侧面防护要放弃用该道岔作侧面防护的要求，同时用信号机和侵限区段来替代。

（2）对应第一级的侧面防护道岔，在第二级侧面防护中有相应的侧面防护信号机作对应，以提高系统的灵活性。

（3）当办理两条要求同一个道岔提供不同防护位置的进路时，则先办的进路将得到道岔作为侧面防护，后办的进路将只得到信号机作为侧面防护。

（4）侵限区段的检查。

① 如果道岔不在防护进路的位置时，则侧面防护必须检查该侵限区段的空闲状态。

② 如果道岔在防护进路的位置时，则侧面防护不必检查该侵限区段的空闲状态。

当侵限区段作为一条进路的保护区段时，该区段不能作为其他进路的侧防条件，或者说其他进路的侧防条件不具备。

五、进路建立的实现原则

进路建立是指进路开始办理到防护该进路的信号机开放这一阶段，其过程为：进路元素的可行性检查→进路元素的征用→进路监督→开放信号。

1. 进路元素的可行性检查

进路元素的可行性检查由联锁计算机完成。首先检查所选进路的始端、终端信号机构成的进路是否为设计的进路，然后检查所选进路中的元素。检查内容包括:

（1）进路中的道岔有没有被其他进路或人工锁闭在相反的位置上。

（2）进路中的道岔或轨道区段有没有被封锁禁止排列进路。

（3）进路中的信号机有没有被反方向进路征用。

（4）道岔或监控区轨道电路有没有被进路征用。

（5）进路上的其他区段有没有被其他反方向的进路征用。

进路元素的检查顺序为：从终端信号机开始，一个元素接一个元素地检查，直到始端信号机。

2. 进路元素的征用

进路元素的征用是指该元素被进路选用以后，在解锁之前，其他任何进路将不能被再次使用。如果进路通过了可行性检查，将对进路元素进行征用，即：

（1）进路中所有处于与进路要求位置相反位置上的道岔必须进行转换，并且把所有道岔锁闭在进路要求的位置上。

（2）进路中的所有轨道区段和信号机被解锁之前，其他进路不能征用。

（3）要求提供侧面防护。

（4）要求提供保护区段或延时保护区段。

3. 进路监督

所有进路元素征用后，系统将开始周期性地对进路元素的条件进行检查，根据检查的结果分为两种监督层次，即主信号层和引导层。一旦达到主信号层，信号机自动开放，达到引导层则不能自动开放。

（1）主信号层的监督，主要检查确认以下内容：

① 进路中的道岔位于正确的位置并已锁闭。

② 进路全部区段被征用，并且相应的监控区段逻辑空闲。

③ 终端信号机的红灯信号能正确显示（不监测虚拟信号机）。

④ 主进路的侧面防护已提供，即侧面防护道岔已被转到保护位置并被锁闭；侧面防护信号机的红灯灯丝功能正常；侵限区段空闲（也没有发生 KICK-OFF 故障）并且没有被作为其他进路的保护区段。

⑤ 某些进路需要检查的条件有：防淹门开并且没有请求关闭，洗车线给出了洗车允许信号，车场的信号机已经开放。

（2）引导层的监督。

引导层是主信号层的后备，当主信号层不能满足时，系统自动检查该层，检查确认内容有：

① 进路中所有区段被进路征用。

② 进路中的道岔在进路要求的位置并被锁闭。

③ 某些进路需要检查的条件有防淹门开并且没有请求关闭；洗车线给出了洗车允许信号；车场的信号机已经开放。

4. 开放信号

（1）主信号层的信号开放。

当主信号层到达并且满足“引导”信号未设置、始端信号机没有设置封锁、始端信号机没有设置重复锁闭等条件时，系统将根据道岔位置，自动开放信号机的绿灯或者黄灯。

（2）引导层的信号开放。

当引导层到达并且进路的接近区段占用时，可以人工开放引导信号，室外对应开放红灯和黄灯。引导信号开放 60 s 后自动关闭。

六、进路解锁

进路解锁是指从列车驶入信号机后方(驶入进路),到出清进路中全部轨道区段这一阶段,或者指操作人员解除已建进路的阶段。进路解锁主要分：取消进路、列车解锁及区段强行解锁。其中，取消进路可分为立即取消和延时取消解锁，列车解锁分为列车通过解锁（正常解锁或者逐段解锁）和折返解锁。下面我们简单描述进路解锁的过程。

1. 取消进路

取消进路是指进路建立后，因人为需要而取消该进路时的一种解锁方式。一旦进行取消进路的操作，进路始端信号机立即自动关闭，检查是否需要延时。如果不需要延时，则立即取消进路；否则延时 30 s（该时间与列车的运行速度有关）后检查进路的第一个轨道区段是否解锁或被列车占用，如果该轨道区段已解锁或被列车占用，终止执行，否则立即取消进路。

如果进路无车，整条进路将从始端到终端全部解锁，包括终端信号机后方的保护区段。

如果进路有车，将取消至命令实际执行时（不是操作指令的时间）最后一列车所在的区段，其后的轨道区段将随最后一列车运行而逐段解锁。

轨道区段的解锁将同时解锁提供侧面防护的元件。

当接近区段占用并且在列车占用接近区段期间进路信号机开放信号，进路延时将取消。

始端信号机后的保护区段不能被取消进路解锁，只能由列车通过解锁，或者延时解锁。

2. 正常解锁

正常解锁是指列车通过进路中的轨道区段后，该区段自动解锁。进路的解锁是从进路始端（进路第一区段）开始，逐一向后解锁，一直到进路的终点即最后一个区段。

一般采用三点解锁法。

以图 6.1 的区段Ⅱ为例，当满足以下条件时，区段Ⅱ将自动解锁，同时立即解锁提供侧面防护的元件 W1。

（1）前一轨道区段（Ⅰ）及本轨道区段（Ⅱ）必须被同时占用过（Ⅰ↓Ⅱ↓）。

（2）前一轨道区段（Ⅰ）占用出清并解锁。

（3）本轨道区段（Ⅱ）及后一轨道区段被同时占用（Ⅱ↓Ⅲ↓）。

（4）本轨道区段（Ⅱ）出清且后一轨道区段占用（Ⅱ↑Ⅲ↓）。

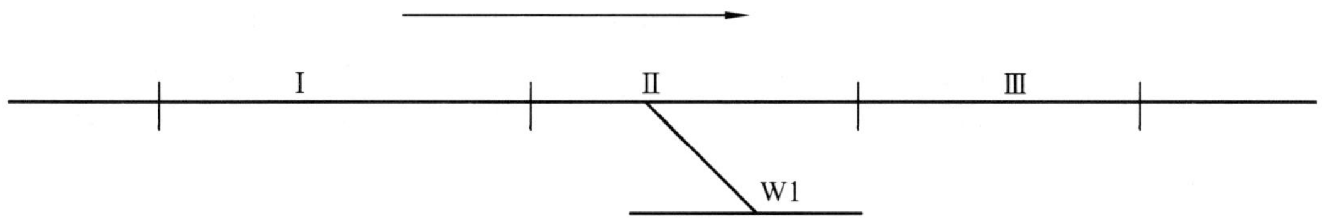

图 6.1　三点解锁示意图

3. 中途返回解锁（折返解锁）

在折返作业时，列车在牵出后又沿折返进路返回运行。根据正常解锁的定义，折返轨将不能解锁，而需采用一种特殊解锁方式自动解锁没有被列车全部正常通过的区段，这种特殊的自动解锁方式称折返解锁。

该种解锁方式的关键条件是系统确认了列车确实进行了牵出、返回运行，而且已出清了折返区段。

4. 故障解锁（强行解锁）

正常情况下，进路应随着列车驶过进路而自动逐段解锁，但由于某种故障，如轨道电路不能正常工作，区段可能不能正常解锁。因此，需要人为强行使该区段解锁，这种人为方式即为故障解锁或强行解锁。

当对一个区段进行强行解锁时，系统将立即关闭信号机，检查是否需要延时，如果不需要延时，则立即解锁该区段；否则延时 30 s（该时间与列车的运行速度有关）后检查该区段是否被列车占用，如果该区段已被列车占用，则终止执行，否则立即解锁该区段。只有在以下条件全部满足时才进行无延时解锁，否则延时解锁。

（1）进路空闲。

（2）联锁连接正常。

（3）接近区段空闲，或者接近区段占用，但在列车占用接近区段期间，始端信号机没有开放过。

对区段进行强行解锁操作后，进路和保护区段的征用都将被强行解锁，但不能解锁该区段所提供的侧面防护，即将继续提供侧面防护。

5. 保护区段解锁

保护区段的解锁也有以下几种方式。

（1）正常解锁（列车通过解锁）。

类似于列车的正常解锁，依次检查三点条件后，保护区段自动解锁。

（2）延时解锁。

当列车占用进路的最后一个区段（目的轨）时，系统自动开始计时 30 s 后，自动解锁保护区段。如果在计时期间，列车进入了保护区段，计时停止，不能再进行延时解锁。

（3）折返解锁。

类似于进路的折返解锁。

（4）强行解锁。

由于某种原因列车通过后保护区段不能自动解锁，或设备故障后不能自动解锁，需要人工介入，强行解锁。只有在以下任意条件下才能解锁：

① 任一保护区段的接近区段至进路的目的区段（不包括目的区段）没有被列车占用。

② 任一保护区段的接近区段至进路的目的区段（不包括目的区段）没有被进路征用，即进路已解锁。

6. 侧面防护元件的解锁

在前面我们讲到的进路和保护区段的解锁均属于主动解锁，即均在列车正常通过后可以自动解锁；侧面防护元件的解锁则属于被动解锁，即列车通过该防护元件后，元件不能解锁，只有当要求提供防护的元件解锁后，该防护元件才能解锁。

如图 6.2 所示，进路 S1-S3，要求 W3 提供侧面防护，防护位置在右位，当列车通过 W1 时，W1 解锁后，W3 才解锁，也就是说 W1 解锁后，通知 W3 解锁。

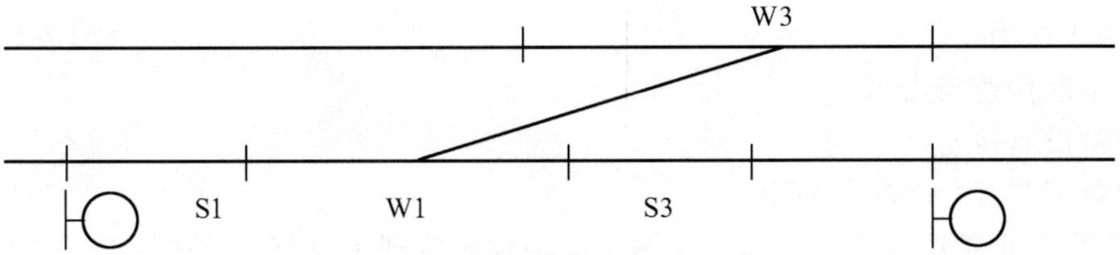

图 6.2 侧防元件解锁示意图

七、单独操作

1. 与轨道区段（包括道岔区段）相关的操作

（1）轨区逻辑空、岔区逻辑空。

由于某种原因，区段已经物理空闲，但系统认为该区段没有逻辑空闲。这时可以使用该命令人为将该区段设为逻辑空闲状态。

当区段显示逻辑占用且不能确定相邻轨道区段是否物理空闲，则轨区逻辑空命令不能使用，只能利用下一列车通过使其空闲。这属于安全命令，LOW 将记录该项操作。

（2）封锁区段、解封区段。

由于维护或其他原因，不允许列车通过某个区间或区段，可以使用“封锁区段”命令将区段封锁，禁止进路征用该区段，从而禁止列车继续通过该区段。封锁区段的命令被操作后，不会影响原有进路状态，也就是说列车仍然可以通过原来已经排列好的进路。一旦列车通过该区段解锁后，系统将禁止再次排列通过该区段的进路。

被锁闭的轨道区段能通过“解封区段”的命令将轨道区段去除封锁。该操作为安全相关操作，操作员在操作前必须明确要求封锁的原因已经取消，否则将有可能造成安全事故。LOW 将记录该项操作。

（3）区段强解、岔区强解。

通过“区段强解”可以对进路任一区段进行强行解锁。该操作为安全相关操作，操作员在操作前必须明确该区段将不再有车通过，否则将有可能造成安全事故。LOW 将记录该项操作。

2. 与道岔相关的操作

（1）转换道岔。

道岔在任何位置均可用该控制命令转换到另一位置。系统有两种自动转换道岔的可能：一种是排列进路，系统会自动将道岔转换至所需位置；另一种是根据道岔的优先位的设计，当道岔区段解锁后，经一定时间的延时，道岔将转换到设计的优先位置。如果在这种情况下转换不成功，系统将记录下来。

道岔转换的条件为：

① 道岔区段逻辑出清。

② 道岔区段没有被进路、保护区段和侧防征用/锁闭。

（2）强行转岔。

如果某一道岔区段被占用或故障，用强行转岔控制命令即可转换该道岔。使用强行转换

道岔命令的条件为:

① 道岔区段逻辑占用。

② 道岔没有挤岔。

③ 记录了“强行转岔”命令。

该操作为安全相关操作，操作员在操作前必须确定列车没有在故障区域或者道岔尖轨上并且人员在安全区域，否则将有可能造成安全事故。LOW 将记录该项操作。

(3) 挤岔恢复。

道岔挤岔修复后，通过“挤岔恢复”命令可转换发生挤岔的道岔，并且复位挤岔记录。使用“挤岔恢复”命令的条件为:

① 道岔区段没有被进路、保护区段和侧防征用/锁闭。

② 道岔发生了挤岔（或有挤岔显示)。

③ 道岔没有被单独锁定。

④ 在复位挤岔记录之前，道岔已有表示。

⑤ 记录了“挤岔恢复”命令。

该操作为安全相关操作，操作员在操作前必须确定维修人员在安全位置，否则将有可能造成安全事故。LOW 将记录该项操作。

(4) 单独锁定道岔、取消锁定道岔。

通过一个“单独锁定”命令可以单独锁闭道岔，禁止道岔进行转换；同时也可用“取消锁定”命令解封道岔锁定，使得可以重新转换道岔。

“取消锁定”操作为安全相关操作，操作员在操作前必须明确要求锁定的原因已经取消，否则将有可能造成安全事故。LOW 将记录该项操作。

3. 与信号机相关的操作

(1) 开放引导信号。

只有当进路的接近区段占用时，才能开放引导信号，列车在引导信号前停车，以 1W 模式运行，通过故障区段后的两个区段，自动向 SM 模式切换。设定引导信号的条件为:

① 列车占用进路的接近区段。

② 进路监控达到主信号层或引导层。

③ 信号机没有开放。

④ 记录了“开放引导”命令的操作。

(2) 人工关闭信号。

信号机在开放状态或引导信号状态时可用“关闭信号”命令关闭信号，也可以使用“关区信号”和“关站信号”命令分别关闭一个联锁区或一个车站的所有信号机。

(3) 人工开放信号。

由于人工关闭信号或故障关闭了信号，如果重新满足了信号机开放条件，那么用“开放信号”命令可使它重新开放。人工开放信号的条件为:

① 信号机已经在关闭状态。

② 进路监控达到主信号层。

③ 信号机没有发生故障。

④ 信号机没有被封锁。

⑤ 记录了“开放信号”命令的操作。

⑥ 单独封锁信号机、解封信号机。

通过“封锁信号”命令可以封锁信号机，禁止开放信号；同时也可通过“解封信号”命令解封信号机的封锁，允许开放信号。

只要信号机被封锁，在开放状态下的信号机将自动设置为禁止信号。信号机封锁后不能开放，但可设置引导信号显示。解封后的信号机不会自动开放（即使进路达到相关的控制级也不行）。

如果信号机的封锁是因防淹门关门请求引起的，则系统不允许人为解封，只有当防淹门关门请求取消后，系统才自动取消该信号机的封锁。

（4）接通、关闭所有信号机的进路自排功能。

进路自排是指 ATS 系统根据时刻表或者目的地号自动排列列车所需要的进路。线路正方向的信号机（上行线的上行信号机和下行线的下行信号机）均有这种自动功能，反方向的信号机不具备这种功能。

通过“自排全开”命令可将所有正方向的信号机接通进路自排功能，也可通过“自排全关”命令将所有正方向的信号机关闭进路自排功能。在操作“自排全开”时，要保证所有信号机均关闭了进路追踪功能。

（5）接通、关闭所有信号机的进路追踪功能。

一般而言，在正常的地铁运营中所有的列车（列车出、入车辆段和故障车进出存车线除外）均沿着一个固定的环路（始发上行站台→上行线各站台→折返线→下行线始发站台→下行线各站台→折返线→始发上行站台）循环运行。在这种循环模式中，线路上的所有正方向的信号机各自均只排列固定方向的一条进路，也就是说每个正方向的信号机均有唯一一条开通正常运营方向的进路，这些进路可以维持地铁的循环运营，我们把这些进路定义为追踪进路。对于追踪进路的排列，系统定义了一种自动排列模式——进路追踪，无需其他系统参与，由联锁系统根据某个区段的列车占用自动排列，该区段称为追踪进路接近区段。在这种模式中，列车的出、入车辆段和故障车进、出存车线的作业需要人工办理。

通过“追踪全开”命令可将所有具有追踪进路的信号机接通进路追踪功能，也可通过“追踪全关”命令将所有具有追踪进路的信号机关闭进路追踪功能。在操作“追踪全开”时，要保证所有信号机均关闭了自动列车排路功能。

在城市轨道交通系统中，自动追踪排路通常设定为自动列车排路的降级后备模式。

（6）接通、关闭单个信号机的进路追踪功能。

通过“追踪单开”命令可将一个具有追踪进路的信号机接通进路追踪功能，同时也可通过“追踪单关”命令将一个具有追踪进路的信号机关闭进路追踪功能。

在操作“追踪单开”时，要保证所有信号机均关闭了自动列车排路功能。取消进路或强解区段也会将始端信号机的追踪功能关闭。

（7）接通、关闭单个信号机的进路自排功能。

通过“自排单开”命令可将一个具有进路自排的信号机接通该功能，也可通过“自排单关”命令将一个具有进路自排的信号机关闭该功能。

在操作“自排单开”时，要保证所有信号机均关闭了进路追踪功能。取消进路或强解区段也会将始端信号机的进路自排功能关闭。

八、其他操作

1. 接收控制

在控制中心的自动列车监控系统 ATS 上操作“交出控制”按钮后，在 LOW 上操作“接收控制”按钮可以接通现地操作，即在车站现地可以操作联锁命令。操作指令、显示的记录将由现场操作员所在位置的打印机完成。ATS 的自动运行功能不会因此而受到影响。

当中央 ATS 故障时，车站不需要操作“接收控制”命令即可自动完成控制权的交换。

2. 强行站控

强行站控命令具有优先权，不需得到 ATS 的同意，直接在现场工作站上操作“强行站控”命令，就可以接通现地操作。其他与接受控制一致。

3. 交出控制

通过在 LOW 上操作“交出控制”按钮可以将操作权交给中央 ATS，由行调进行控制。只有在中央 ATS 接收到现场工作站传来的释放命令后，ATS 中央操作才能接通，所有联锁允许的操作命令只能在中央 ATS 上操作实现。但与安全相关的操作仍只能在现场操作上完成。

当现场工作站故障时，ATS 不需要操作“接收控制”命令即可自动完成控制权的交换。

第二节　SICAS 计算机联锁的系统结构及工作原理

一、SICAS 计算机联锁的系统结构

1. 联锁系统的层次结构

计算机联锁普遍将设备分成五层，分别为表示层、逻辑层、执行表示层、设备驱动层以及现场设备层。SIEMENS 的联锁设备对应分为：LOW（现场操作工作站）、SICAS（联锁计算机）、STEKOP（现场接口计算机）、DSTT（接口控制模块）以及现场的道岔和信号机。在有的系统中可能将执行表示层和设备驱动层结合在一起，统称为执行表示层。联锁系统结构层次如图 6.3 所示。

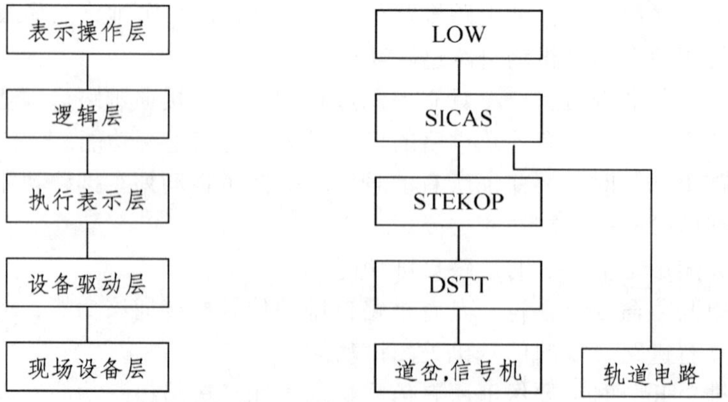

图 6.3　联锁系统结构层次

2. 联锁主机的冗余结构

SICAS 系统的联锁主机冗余结构主要有二取二和三取二两种。二取二为热备方式，三取二为系统多数表决方式，用于保证设备安全和提高设备可用性。下面就 SIEMENS 的三取二故障-安全系统的基本原理作简单描述。

三取二故障-安全系统的原理图如图 6.4 所示。

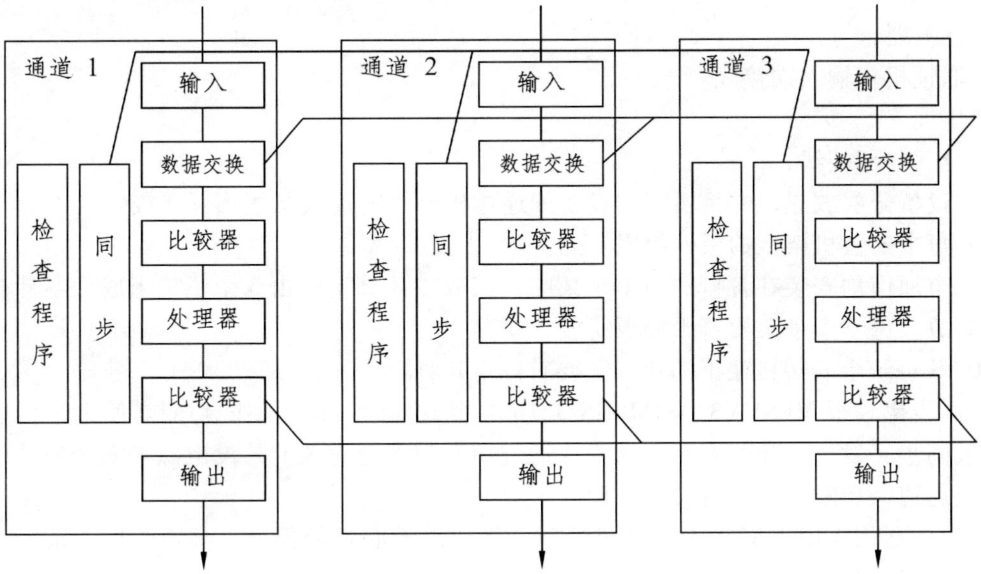

图 6.4 三取二冗余系统工作原理图

系统至少由 3 个各自独立的、相同的、对命令同步工作的计算机（通道 1、通道 2 和通道 3）组成。过程数据由 3 个通道输入，在比较的同时进行处理。只有当 2 个或 3 个通道的处理结果相同时，结果才能输出。如果其中一个通道故障，另外两个通道会继续工作。独立于数据流的在线计算机功能检测可确保偶然故障的及时检出。这一检查在一定的周期内完成一次，一旦检出了第一个故障，相关的通道会被切除。电子联锁计算机将按二取二系统方式继续工作。只有当又有一个通道故障时，系统才停止工作。

其主要功能有:

（1）通道同步。

（2）两个通道的程序和工作现场数据的连续比较。

（3）输入和输出数据的比较。

（4）计算机硬件的周期测试。

在实际使用中，可根据系统设计以及安全性、可靠性要求选择冗余结构，大多选择三取二系统结构。

二、SICAS 联锁系统设备结构

1. SICAS 联锁计算机柜的构成

联锁机柜是为控制联锁而设计的，三取二计算机由三个安装机架组成，各计算机通道上下叠放。联锁机柜用来安装 SMC-86 计算机，该计算机构成了冗余的联锁主机，完成系统的联锁运算和控制功能。设备安装在集中站，并且通过 PROFIBUS 总线系统与管辖各站（可以是联锁集中站也可以是非集中站）的 STEKOP 机柜连接。具体包含以下部分：

① 三台 SMC-86 计算机单元组成的计算机通道，每台对应一个通道。

② 通风装置，每个机柜有 2 个风扇。

③ 电源设备。

④ 滤波器。

⑤ 联锁机柜输入端接线。

⑥ 电缆夹。

⑦ 全部内部接线。

以上设备分层放置，并且不同的设备间通过机柜内的通信总线相互连接。

（1）每个安装机架上的板件组成。

每一个通道均安装在各自的一个子架中，三取二计算机则由 3 个子架组成，各计算机通道上下叠放，每一个子架由若干插板组成。

SICAS 每一个安装机架上的板件主要有以下几种：

① 同步比较板 VESUV3：SIMMIS-3216 的组成部分，最主要的功能是使 3 个通道的计算机比较同步。发现异响故障时，该模块通过切断与安全有关的外设电源来安全地关闭相应的计算机通道，切断与安全有关的外设。

② 处理器板 VENUS2：中央逻辑处理计算机的核心功能部分，负责数据的读入、数据的处理、发出控制命令并指示状态显示。

③ 中断请求板 VESIN ：用作中断控制。

④ 总线控制板 BUMA：一种通信模块。

⑤ 数字输入板 MELDE2（开关量输入板）：元件接口模块的信息和轨道空闲检查单元信息通过该输入板传输到联锁计算机，传输的最大距离为 30 m。

⑥ 命令输出板 KOMDA2(开关量输出板):联锁机通过该板把输出命令输出到接口模块。

同时为了实现安全任务，每 2 个（二取二计算机中）或 3 个（三取二计算机中）BUMA 模块构成一个故障-安全微机系统，也就是说在微机联锁中的 BUMA 系统本身构成一个独立的故障-安全计算机，可以是二取二计算机或三取二计算机，通过 BUMA 板前面板的两个电接口与相邻的 BUMA 板连接。

所有插板均不能带电插拔，必须要将相应通道的 5 V 电源模块关闭，切断电源。各个插板之间通过母板上的 MES 80-16 的并行总线连接。

利用光缆作为传输的媒介，SICAS 联锁计算机和电子单元接口模块之间的电气隔离得以保证。

在信号系统中联锁设备还需要与其他设备连接，因此 SICAS 系统中还设有 5 块用于 SICAS 与其他计算机系统通信的 BUMA 板（根据控制数量可以增加），从左到右依次为 BUMA0、BUMA1、BUMA2、BUMA3 和 BUMA4，分别连接到 ATP 轨旁计算机、诊断计算机、操作设备（ATS 的车站设备和现地工作站 LOW）、用于控制道岔的 STEKOP 板和用于控制信号机的 STEKOP 板上。

（2）通风装置。

在 3 个计算机通道的上下方各有一个风扇插件，风扇插件内各含有 3 个轴流式风扇。

（3）电源设备。

在机柜中有两排电源设备，上面一排有 3 个 SVK 2101 电源模块，输出 5 V 电压，分别供给对应的计算机通道，从左到右分别对应通道 A（最上面的计算机通道）、通道 B（中间计算机通道）、通道 C（最下面的计算机通道）。下面一排有 4 个 SVK 2102 电源模块，输出 24 V 电源。

SVK2101 的输入电压为 60 V，输出电压为 5 V。5 V 电压是用于短路的检查以及通道工作电源。

SVK2102 的输入电压为 60 V，输出电压为 24 V，用于采集状态输入，主要是轨道区段状态采集输入。

（4）滤波器层。

滤波器层主要有滤波器、电源输入端子排和电源保险。特别是有一些自动保险（Heinemanenn FUSE），万一计算机柜电源故障，必须先检查这些保险。

2. 现场接口计算机 STEKOP 机柜

STEKOP 为现场接口计算机，主要负责 SICAS 主机与现场设备控制模块之间的通信管理和接口。设备单独设置机柜并安装在集中站或非集中站。

STEKOP 机柜由 STEKOP 机架、电源以及滤波器组成，在机柜的最上方为 4 个电源模块，中间为 5 个 STEKOP 机架，在机柜最下方为滤波器。

（1）STEKOP 板。

在 STEKOP 机架中，第一排、第三排和第五排机架中插有 STEKOP 板，分别用于信号机控制、道岔控制和接口控制。具体电路板数量根据现场设备数量和冗余要求确定。

SETKOP 板由 SETKOP 基板和用于计算机连接的 FEMES 附板组成。FEMES 具有以下两个功能：

① 处理并执行串行总线数据传输。

② 控制并监督与之相连的接口模块。

每个 STEKOP 可以控制两个同类现场设备（即两个道岔转辙机或信号机）。

（2）电源模块。

在机柜最上方有 4 个 SV2602 电源模块，把 60 V 电压变为 8 V 电压，输出给 STEKOP 计算机通道。每两个电源模块的输出并联为 STEKOP 的一个通道供电（每个 STEKOP 板有两个通道），保证了电源的冗余，提高了系统的可靠性。

（3）滤波器层。

滤波器层主要有滤波器、电源输入端子排和电源保险。

3. 现场控制单元 DSTT 机柜

DSTT 机柜安装在集中站或非集中站，机柜内主要放置现场控制模块，实现对现场设备的驱动控制和状态采集。不同的现场设备采用的 DSTT 模块也不同。

（1）交流信号机接口模块 DESIMO-ACE。

每个信号机模块 DESIMO-ACE 包括了两个灯位电路的控制继电器电路和检测灯光电流的监控电路，在不同的项目中具体使用可能不同。

模块上下各有一个 WAGO 插座，连接室外的信号机。每个 WAGO 插座对应室外信号机的一个灯位。面板上有两个 9 针插头，连接到 STEKOP 板。

信号机模块的工作电压为 DC 24 V，是通过面板上的两个 9 针插头由 STEKOP 提供的。

信号机的点灯电压为 AC 220 V。

STEKOP 在启动时或者自检时将对信号机模块进行检查，检查模块内是否有继电器接点粘连、室外线路混线等故障，一旦发现故障将导向安全侧，立即切断 STEKOP 的输出，DSTT 的信号机模块点亮室外信号机的红灯。

（2）DEWEMO-G 道岔模块。

道岔模块实现道岔的驱动和道岔位置状态的采集，根据 STEKOP 板的输出，转换道岔位置，当道岔转换到位后，给出道岔的位置信息，并将这些信息传给 STEKOP 板。

（3）滤波器。

在 DSTT 柜的架框后和接线端子排 X30 下面，有一个 400 V 的滤波器，把三相交流电输出到 SITOP。

4. 数据传输总线（PROFILE BUS）

在整个系统中，所有安全通信的通道全部采用了双通道热备冗余的 PROFILE BUS 总线，包括相邻联锁计算机 SICAS 之间、联锁计算机 SICAS 与 STEKOP 之间和联锁计算机 SICAS 与 ATP 之间的通信，而且联锁计算机 SICAS 与 LOW、RTU 之间的非安全通信也采用了 PROFILE BUS 总线。主要的连接如图 6.5 所示，其中 ATP 和 SICAS 计算机内是通过 BUMA 板实现传输的。STEKOP 板本身内含 PROFILE BUS 处理组件，它们之间的联系同时也通过光连接模块 OLM 来连接。

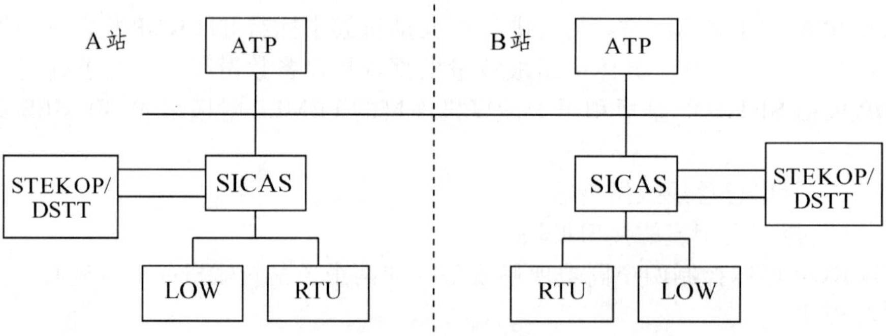

图 6.5　两站之间的 PROFILE BUS 的连接

PROFIBUS 总线系统必须能够传输安全相关数据。因为传输系统并不是用于信号技术安全的，那么集成在安全计算机中的处理过程中必须保证所有影响安全的故障和干扰能被发现。其基本的安全技术包括：安全报文，安全报文判断，报文数据字段，报文中加入接收器地址，报文中加入发送器地址，32 位顺序码（24 位隐含、8 位显示），32 位安全码，时间监视，连接建立处理，Life-check 报文，无故障更正。

5. OLM（Optical Link Module）光纤连接模块

在外设与 PROFIBUS 总线之间，BUMA 板的耦合是利用光纤连接模块（OLM）来实现的。BUMA 板通过光纤与 OLM 连接，OLM 通过电缆或光纤与 STEKOP、LOW、服务 PC、ATP、相邻联锁站 SICAS 等连接。

6. LOW 现场操作工作站

SICAS 联锁系统的本地操作和表示是通过 LOW 现场操作工作站来实现的。LOW 现场操作工作站由一台主机、一台彩色显示器、一台记录打印机、一个键盘、一只鼠标和一对音箱组成。设备和行车状况（轨道占用道岔位置和信号显示、锁闭等）在彩色显示器上显示，通过操作鼠标器和键盘，在命令对话窗口可实现常规和安全相关的联锁命令操作。所有安全相关命令操作、操作员登录/退出操作、设备故障报警将被记录存档。

LOW 工作平台主要有以下几个特点：

（1）运用图形显示，清楚地表明了设备的当前运行情况。

（2）对每一个报警信息都立即给出视觉和听觉的报警信号提示，该报警信号是自动发出的，并要求操作员立即采取行动，确认报警。

（3）操作员的每个动作都有视觉或听觉的响应来确认，并提示是否为误操作。LOW 设备不会自动执行任何操作，所有的操作均由操作员完成。

（4）不同元件（道岔、轨道区段等）的控制、操作及显示被限制在一个明确的范围。一个操作分为几个步骤，并可以中途取消。

（5）进行分级控制，不同访问级别的操作员可以执行的操作是不一样的。

7. 与相关设备的接口

（1）与车辆段联锁的接口。

该接口类似于干线铁路的场间联系，通过继电接口实现，主要实现以下联锁关系：

① 不能同时向对方联锁区排列进路。将本方排列进路的信息传送给对方。

② 如果本方轨道电路作为另一方联锁区的进路的一部分，则必须传给另一区，以进行进路检查。

③ 如果本方的进路包含另一方联锁区的轨道电路，则必须将本方进路的排列信息传送给另一区，并要求另一区排列出另一部分。

④ 为了减少对咽喉区的影响，列车在入段时，必须先排列车辆段接车进路 ，然后才能排列入段进路。

（2）与防淹门接口：与防淹门实现信息的传递或控制。

（3）与相邻联锁的接口：相邻联锁是通过 PROFILE BUS 总线连接在一起的，相邻联锁之间可以通过总线进行相关的数据交换。

第三节　SICAS 计算机联锁的设备维护与管理

一、SMC-86 联锁机柜

1. 联锁机柜配置

联锁机柜用于安装 SMC-86 计算机，包含以下几个部分：联锁机柜输入端接线、滤波器、电源架、风扇层、3 台 SMC-86 计算机单元架、电缆夹、全部内部接线。

2. VESUV3 单元

VESUV3 单元前面板如图 6.6 所示。

三个计算机的 VESUV3 单元程序运行是通过同步器硬件协助完成的，输入数据和中断请求是通过一个输入分配器和一个中断分配器实现的。

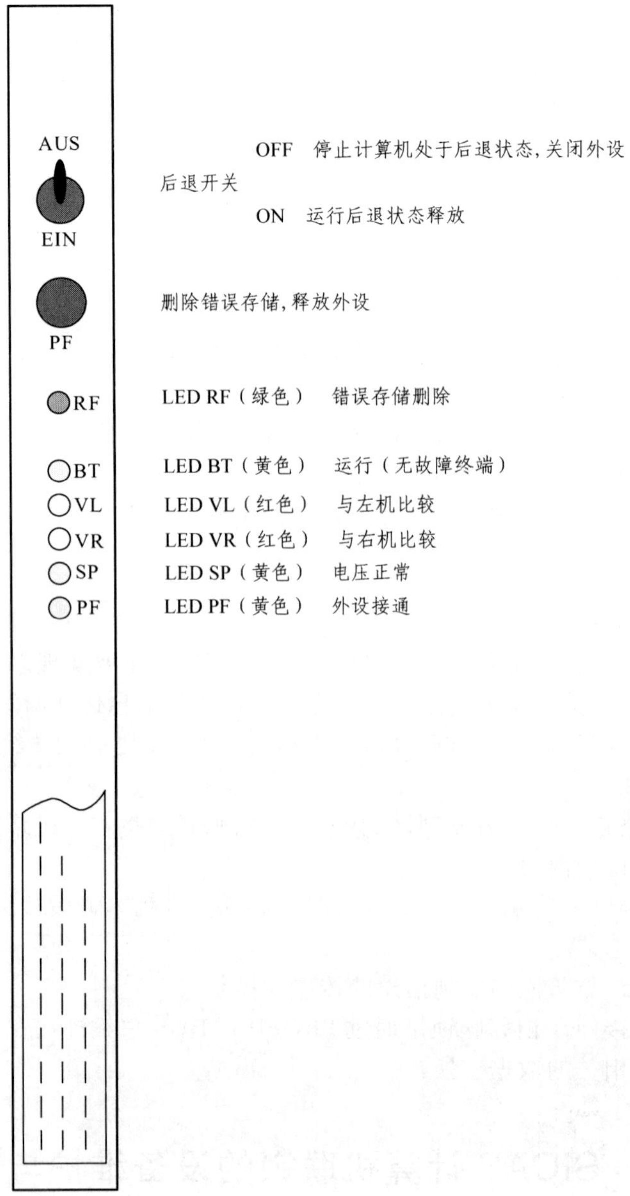

图 6.6　VESUV3 单元的前面板

确认到故障后通过 VESUV3 自动安全关闭，这是通过关闭相关外围设备的电源实现的。

在正常运行状态下，亮灯情况如图 6.6 所示，故障情况的估计请查阅“故障查找说明”。

注意：因为 VESUV3 故障有不同的故障信息，在不明情况下，先查看 VESUV3 单元的 LED 显示技术数据（见表 6.1）。

VESUV3 同步比较板：该模板是故障安全计算机系统的硬件操作系统的组成部分，它可以同步双计算机通道或三计算机通道的程序流，通过输入分配器和中断分配器来使输入请求相互配合。另外，该模块包括了所有必需的监控功能。它包括硬件比较器，可自动比较所有的各自计算机通道的输出数据和邻近通道的输出数据。它还包括过压/欠压继电器，可按照允许的范围监督电源电压，定时器监督单元，并检查计算机的同步。

表 6.1　VESUV3 单元的 LED 显示技术数据

项　目	参　数
电压（V）	5
电流（A）	1.2
功率（W）	6

发现故障后，该模块通过切断与安全有关的外部设备的电源来安全地关闭相应的计算机通道。它采用 5 V 电源。

3. VENUS2 单元

图 6.7 所示为 VENUS2 单元的前面板。图 6.8 所示为 VENUS2 单元的侧面板。

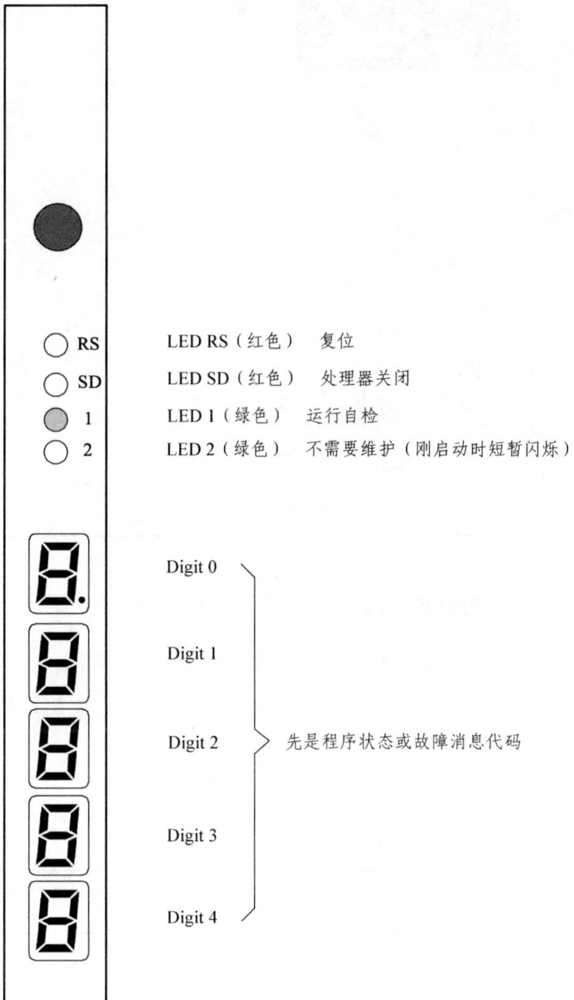

图 6.7　VENUS2 单元的前面板

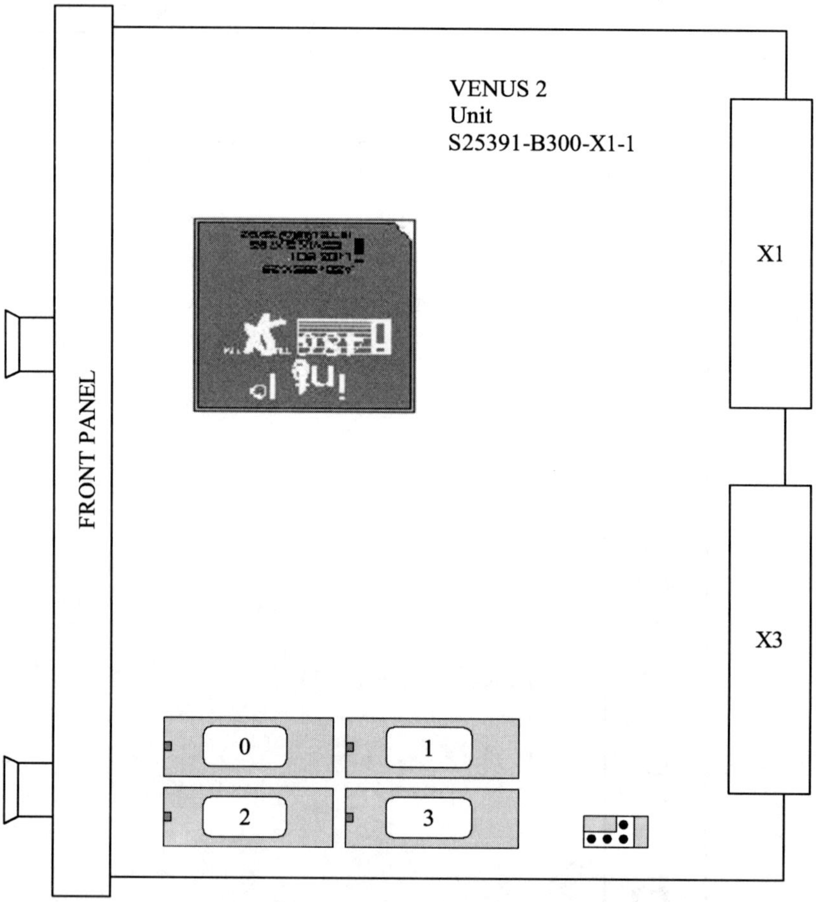

图 6.8　VENUS2 单元的侧面板

VENUS2 处理存储单元是 SMC-86 计算机的中心功能部分。VENUS2 单元配置是 80486CPU、3 MB RAM 和有 4 个等同安装插座位置用于相应的 4 MB EPROM（可擦写存储）部分。其脉冲频率是 25 Hz。

VENUS2 单元的技术数据如表 6.2 所示。

表 6.2　VENUS2 单元的技术数据

项　目	参　数
电压（V）	5
电流（A）	2.2
功率（W）	11

VENUS2 处理器板：该模块包括了集中联锁计算机的中心功能部分，由 CPU、EPROM 和 RAM 组成，通过输入外围设备读入输入，在系统中进行数据处理，通过外围设备把控

制命令输出。此外在模块上还有支持过程功能的单元，如中断控制器和定时器。它采用 5 V 电源。

4. VESIN 单元

VESIN 单元面板如图 6.9 所示。

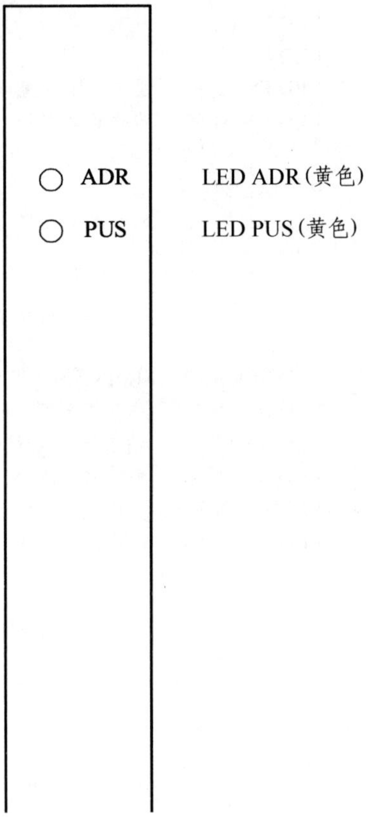

图 6.9　VESIN 单元面板

在正常工作状态下 LED ADR 闪烁。

通过连接在框型插座的中断请求，VESIN 单元构成集中中断（PUS）。它是通过 VESUV3 单元在 SMC-86 计算机核心中同步。

其技术数据如表 6.3 所示。

表 6.3　VESIN 单元的技术数据

项　目	参　数
电压（V）	5
电流（A）	0.9
功率（W）	4.5

VESIN 中超限区段断板：该板可以对最多 32 种中断请求产生中断，这些中断通过 VESUV3 模块在计算机 SIMIS3216 中同步。同时该模块可以进行各板块的地址检查，发现各模块寻址错误。它采用 5 V 电源。

5. BUMA 单元

BUMA 单元面板如图 6.10 所示。

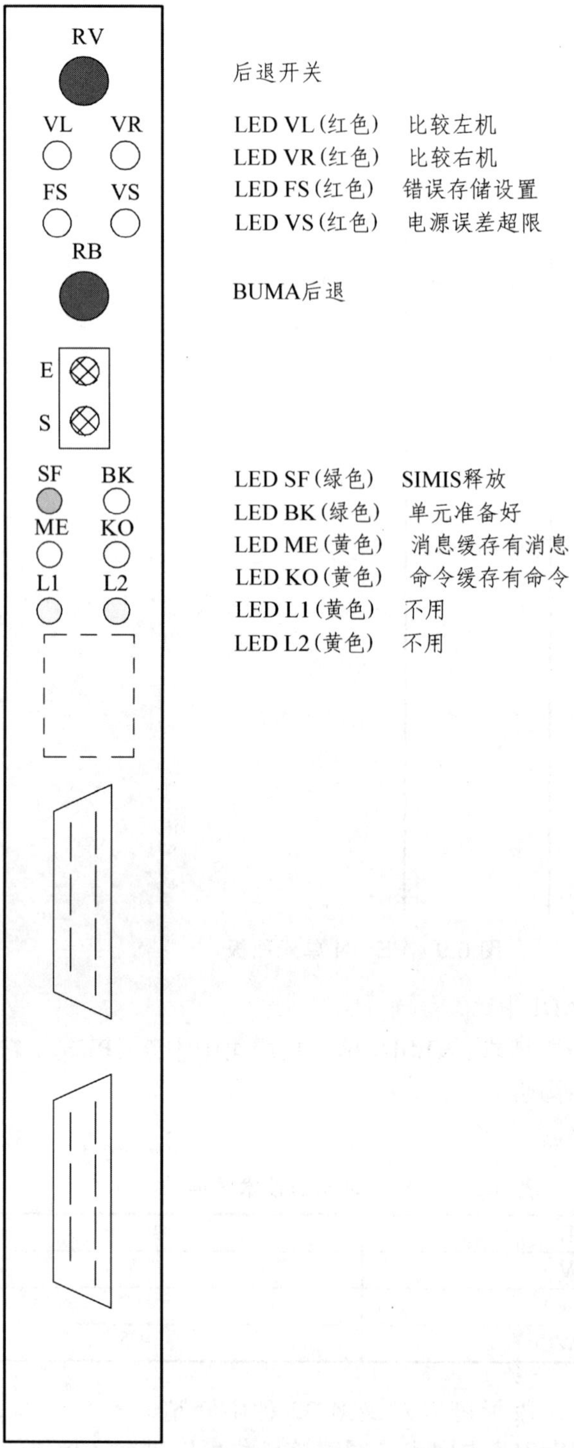

图 6.10　BUMA 单元面板

在正常运行状态下，亮灯情况如图 6.10 所示（LED ME 和 LED KO 闪烁）。故障情况的估计请查阅“故障查找说明”。

电子接口模块系统（ESTT）的母线主控组件 BUMA 是母线系统的“管理单元”，它应用于控制计算机和电子接口模块的电报传输。

BUMA 单元是三取二系统，它为电子接口模块编辑电报，以 PROFLBUS 为基础并经由光纤导向的母线系统，是用作对接口模块的传输。

BUMA 单元的技术数据如表 6.4 所示。

表 6.4　BUMA 单元技术数据

项　目	参　数
电压（V）	5
电流（A）	1.5
功率（W）	7.5

BUMA 的 PROFIBUS 传输板：该模块有一个与光缆连接的传输速度为 0.5 MBaud 的 PROFIBUS 接口，具有独立的微处理器和 PROFIBUS 专用集成电路控制整个总线上联锁计算机与其他总线用户之间的应用数据传输。通过这种总线系统，联锁计算机可以从安全信号和维护负担中解脱出来。

为了实现安全任务，每 2 个（二取二计算机中）或 3 个（三取二计算机中）BUMA 模块构成一个故障-安全微机系统，也就是说在微机联锁中的 BUMA 系统本身构成一个独立的故障-安全计算机，通过 BUMA 板前面板的两个电接口与相邻的 BUMA 板连接。

利用光缆作为传输的媒介，集中联锁计算机和电子单元接口模块之间的电气隔离得以保证。

在信号系统中用于与其他设备连接，系统中一共有多块板（根据控制数量可以增加），从左到右为 BUMA0、BUMA1、BUMA2、BUMA3 和 BUMA4，分别连接到 ATP 轨旁计算机、诊断计算机、操作设备（ATS 的车站设备和 LOW）、用于控制道岔的 STEKOP 板和用于控制信号机的 STEKOP 板。它采用 5 V 电源。

6. MELDE2 单元

MELDE2 单元面板如图 6.11 所示。

在正常运行状态下，LED LD 是闪烁的（正在读取信息）。

MELDE2 信息输入单元的任务是接收当前转换器或接点的状态信息，通过计算机读入已准备好的信息。MELDE2 单元通过两种面板插座能接收 64 位信息。

这是原定的标准插接，对于轨道电路的输入插接配

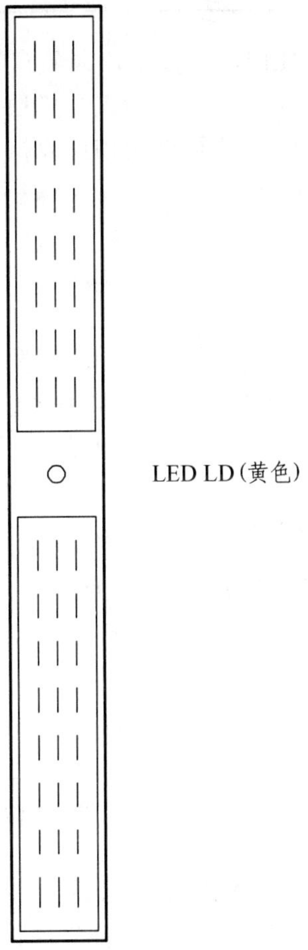

图 6.11　MELDE2 单元面板

置，在每个站的对应文件中有说明。

MELDE2 单元的技术数据如表 6.5 所示。

表 6.5 MELDE2 单元的技术数据

项目		参数		
		最小值	典型值	最大值
电压（V）	V_1	4.75	5	5.25
	V_2	4.75	5	5.25
	Periphery	19.2	24	28.8
电流（mA）	V_1		350	
	V_2		30	
功率（W）	无输入开		1.9	
	典型值＝半输入开 最大值＝所有输入开		4.01	6.12

MELDE2 数字输入板：该模块通过前向插头能连接 64 个数字量输入。模块上的输入通过光耦隔离并由 2 kV 的绝缘线和计算机分开。外部信号源通过光耦采用直流方式输入。采集的电源电压为 24 V。通过联锁计算机的读入，可将 64 个输入状态存储于该模块中，面板上的 LED 显示读入数据的过程。它采用 5 V 和 24 V 电源。

在系统中用于采集轨道电路的状态，一共有 4 块板，其中 2 块用于采集轨道继电器的上接点，另外 2 块用于采集轨道继电器的下接点。只有当上接点闭合且下接点断开时，系统才认为轨道区段是空闲的，其他情况则认为是占用的。

7. KOMDA2 单元

KOMDA2 单元面板如图 6.12 所示。

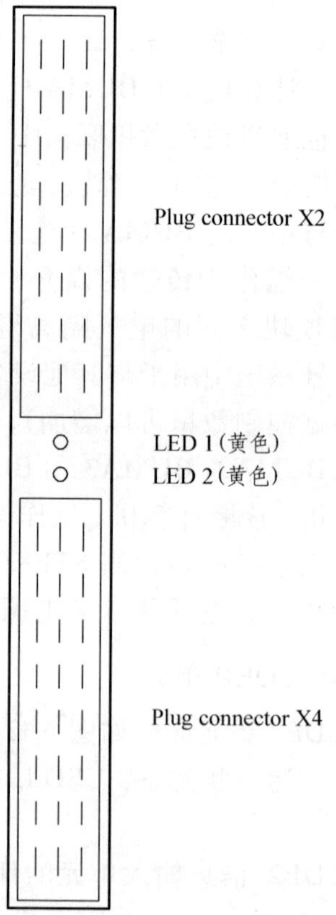

图 6.12 KOMDA2 单元面板

KOMDA2 命令输出单元的任务是存储计算机输出到外部的信息和通过光电耦合放大输出。光电耦合通过 0 V 负载转换，并接在 24 V 上。

KOMDA2 单元提供 32 位输出。其技术数据如表 6.6 所示。

KOMDA2 开关量命令输出板：该模块驱动 32 位数字输出，从 2 个前端连接器（2×16 的开关量输出）向外引出。联锁计算机写 32 位通过光耦与计算机隔离的输出寄存器。输出晶体管由外部供 24 V 电。晶体管的导通和寄存器的输出通过光耦由联锁计算机的软件来检查。面板上的 LED 显示写和回读过程。它采用 5 V 和 24 V 电源。

表 6.6　KOMDA2 单元的技术参数

项目		参数		
		最小值	典型值	最大值
电压（V）	V_1	4.75	5	5.25
	V_2	4.75	5	5.25
	Periphery	19.2	24	28.8
电流（mA）	V_1		410	
	V_2		25	
功率（W）	无输入开		2.18	
	典型值 = 一半负荷 最大值 = 满负荷		4.58	6.1

8. SVK 2102 电源单元

SVK 2102 电源单元面板如图 6.13 所示。

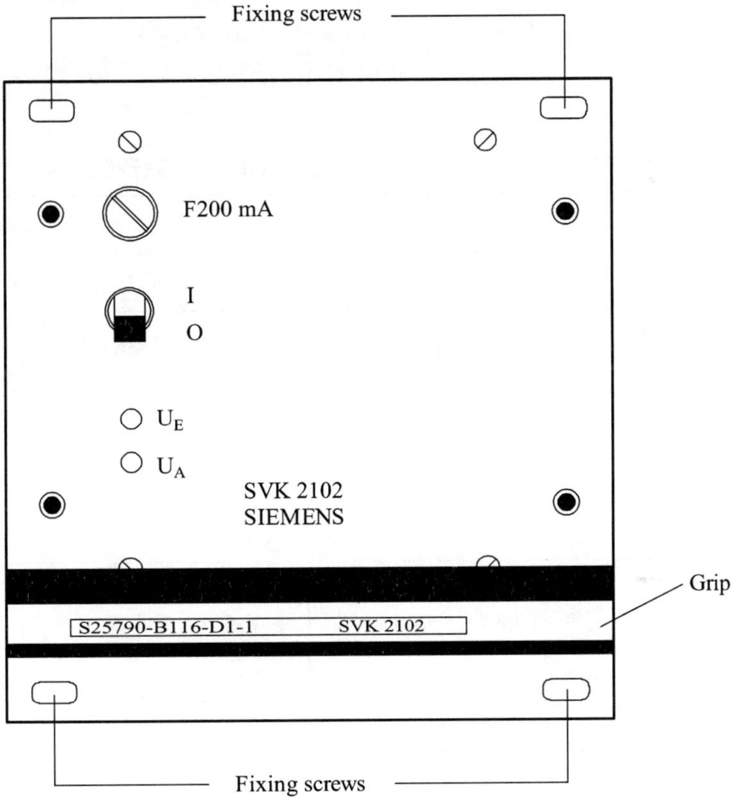

图 6.13　SVK 2102 电源单元面板

（1）显示。

LED U_E：输入电压正常。

LED U_A：输出电压正常。

在正常工作状态下，两盏 LED 是亮的。错误信息的判断可以查看“故障查找说明”和表 6.7。

（2）简短描述。

SVK 2102 是电源供应单元，输入电压为 60 V，输出电压为 5 V。5 V 输出电压用于短路的检查。

铁路上使用的电子设备，一般都需要特别的保护电路，在设备故障情况下，用于对信号技术的安全运行的保护。

（3）更换单元的步骤。

① 松开设备的 4 颗螺丝。

② 抓住单元的握柄，从框架中拉出。

③ 用均匀的力插入新单元。

④ 上紧设备螺丝。

只有在面板开关关闭时，才能在框架单元中插入变压器，这样就能避免接点产生火花，然后就打开面板开关，变压器运行。

注意：当更换保险时，要确定插入合适的型号（G-fuse 0.2 A，N60127-E200-N1—fast, interrupting capacity H），这样才能保证在故障时能够正常断丝。

当前单元的过压或欠压的保护电路，会引起不同的电源单元运行状态，描述如表 6.7 所示。

表 6.7 过压或欠压引起的不同的电源单元运行状态

运行状态	影　响	测试（对一般的运行状态）
输入欠压	单元无电压输出	调整 U_E 至 36～84 V
输入过压	单元无电压输出； 面板的 F2 保险烧坏	调整 U_E 至 36～84 V； 更换保险 F2（认准型号）
输出欠压	单元无电压输出	排除输出欠压的原因（例如过载），在 LED U_E 熄灭后，关单元，重启。 注：开启后必须在 $t \leqslant 25$ ms 内 $U_A \geqslant 4.5$ V
输出过压	单元无电压输出； 面板的 F2 保险烧坏	排除输出过压的原因，更换保险 F2（认准型号），开启单元
控制 IC 的内在电压 $U_S \geqslant 21$	单元无电压输出； 面板的 F2 保险烧坏	更换 SVK 2102 电源单元

9. 通风装置

通风装置面板如图 6.14 所示。通风装置插入件内含三个轴流式通风机。

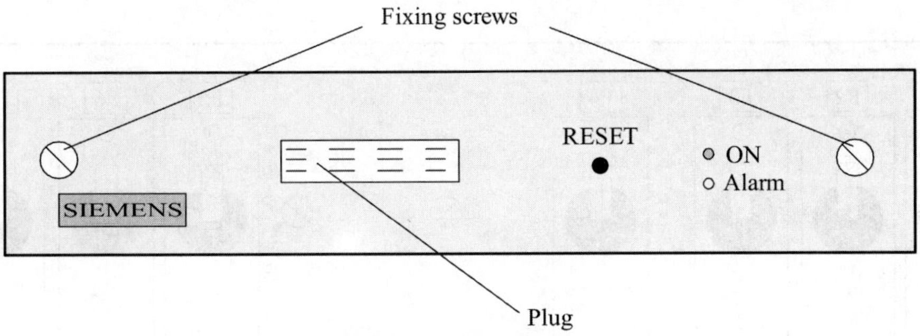

图 6.14　通风装置面板

（1）诊断功能。

转速在 10 s 内下降 30% 时，转速监控电路使继电器得电报警，故障信息由无线电端子使红灯点亮。如果恢复额定转速时报警信息消除，但 Alarm 红灯还亮着，通过 RESET 键可使报警红灯熄灭。在正常运行情况下按复位键则进行报警灯的功能检查。

（2）更换通风装置的步骤。

通风装置故障没有必要修理，故障时全部更换。更换通风装置的步骤如下：

① 拔出后板插头。

② 旋出两颗安装螺丝。

③ 取出通风装置及其支架。

④ 适当用力插入新的通风装置。

⑤ 旋紧螺丝。

⑥ 插上后板插头。

（3）技术数据。

① 工作电压：AC 115～230 V（47～53 Hz，保险装置 0.5 A）；DC 24 V（允许范围 20.4～28.8 V，保险装置 2.5 A）。

② 功率消耗：≈20 V · A。

③ 通风机参数：

- 额定转速：2 800 r/min；
- 最大风量：170 m^3/h；
- 最大风压：70 Pa；

10. 滤波器层

滤波器面板如图 6.15 所示。

（1）保险的分配。

在滤波器盒上装有一些自动保险（Heinemanenn FUSE），一旦计算机柜电源故障，必须先检查这些保险。

F1：60 V CHANNEL A（信道 A）；

F2：60 V CHANNEL B（信道 B）；

F3：60 V CHANNEL C（信道 C）；

F4：230 V FAN　　　（风扇）；

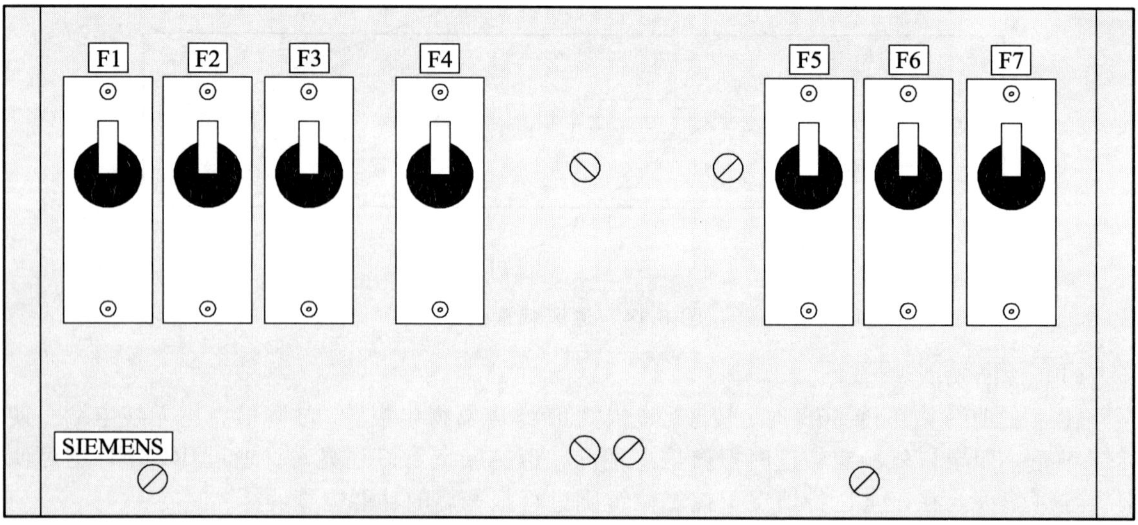

图 6.15 滤波器面板

F5：NOT RESERVED （非保留的）；

F6：NOT RESERVED （非保留的）；

F7：NOT RESERVED （非保留的）。

（2）更换滤波器的步骤。

滤波器内部免维修，一旦出现故障，全部更换。更换步骤如下：

① 关断通道 VESUV3 板电源。

② 关断三个 SVK 2102 电源。

③ 在电源柜（SV）关断提供给计算机（SICAS）柜的 60 V 电源。

④ 在电源柜（SV）关断提供给计算机（SICAS）柜的 230 V 电源。

⑤ 卸下连接在滤波器的输入/输出电缆（L 层接线排）。

⑥ 取出滤波器后板的 4 颗安装螺丝。

⑦ 取出滤波器。

⑧ 装上新的滤波器。

⑨ 旋紧 4 颗安装螺丝。

⑩ 接上输入/输出电缆。

⑪ 在电源柜（SV）中接通计算机柜的 230 V 电源。

⑫ 在电源柜（SV）中接通计算机柜的 60 V 电源。

⑬ SVK 2102 电源单元打至“1”。

⑭ 三通道 VESUV3 板上电。

11. 带光纤连接模块的总线耦合单元

在外设与 PROFIBUS 总线之间，BUMA 板的耦合是利用光纤连接模块（OLM）来实现的。BUMA 板通过光纤与 OLM 连接，OLM 通过导电体或光纤与外设、LOW、服务 PC、相邻联锁站等连接。

计算机的 OLM 连接如图 6.16 所示。

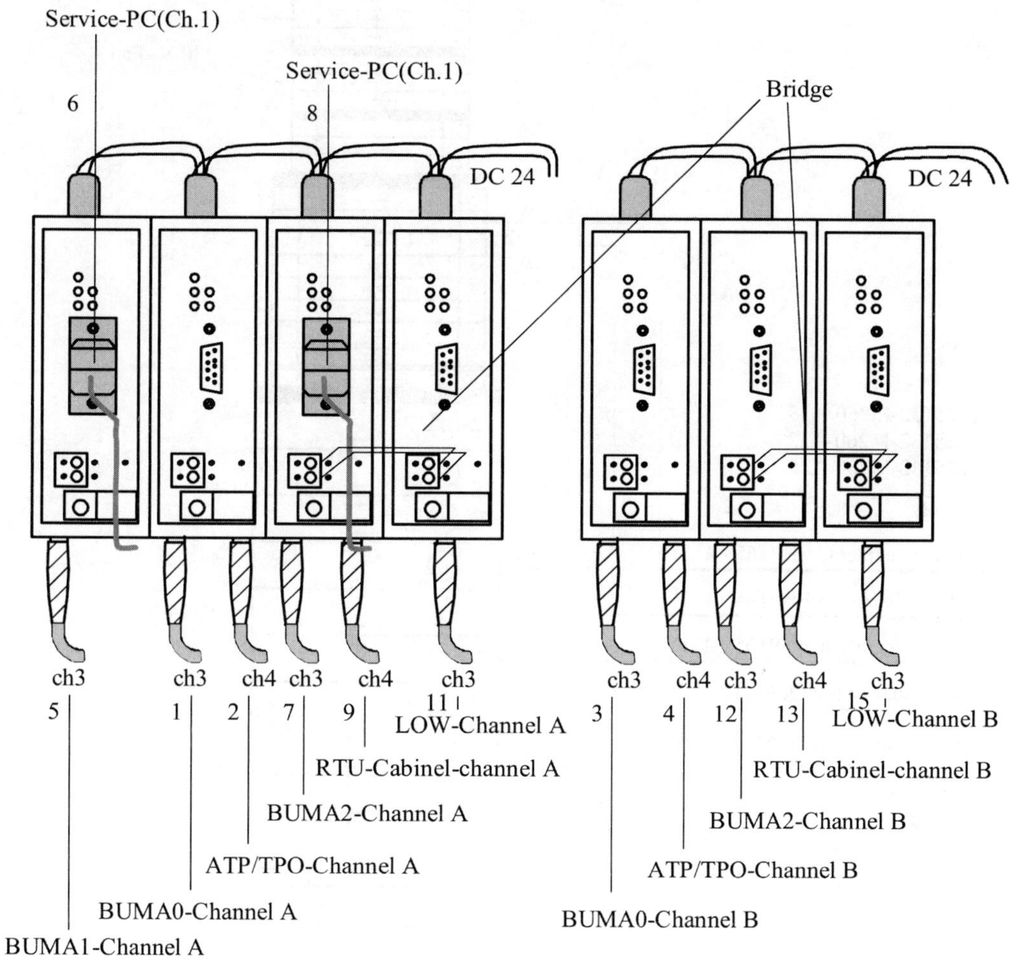

图 6.16　计算机的 OLM 连接

12. 接线端子排

接线端子排如图 6.17 所示。

（1）L 层（见图 6.18）。

从机柜外引进的电缆用虚线表示。通过 N 和 L 的相关接线端将 230 V 电压供给风扇（插在 A 层和 G 层），保险 F4 作为风扇的过载保护。

SMC-86 计算机通道（A、B、C）60 V 供电由接线端 80 (+) 和 81 (−) 通过 10 A 保险 F1、F2、F3 接到 3 个滤波器上。

（2）N 层（见图 6.19）。

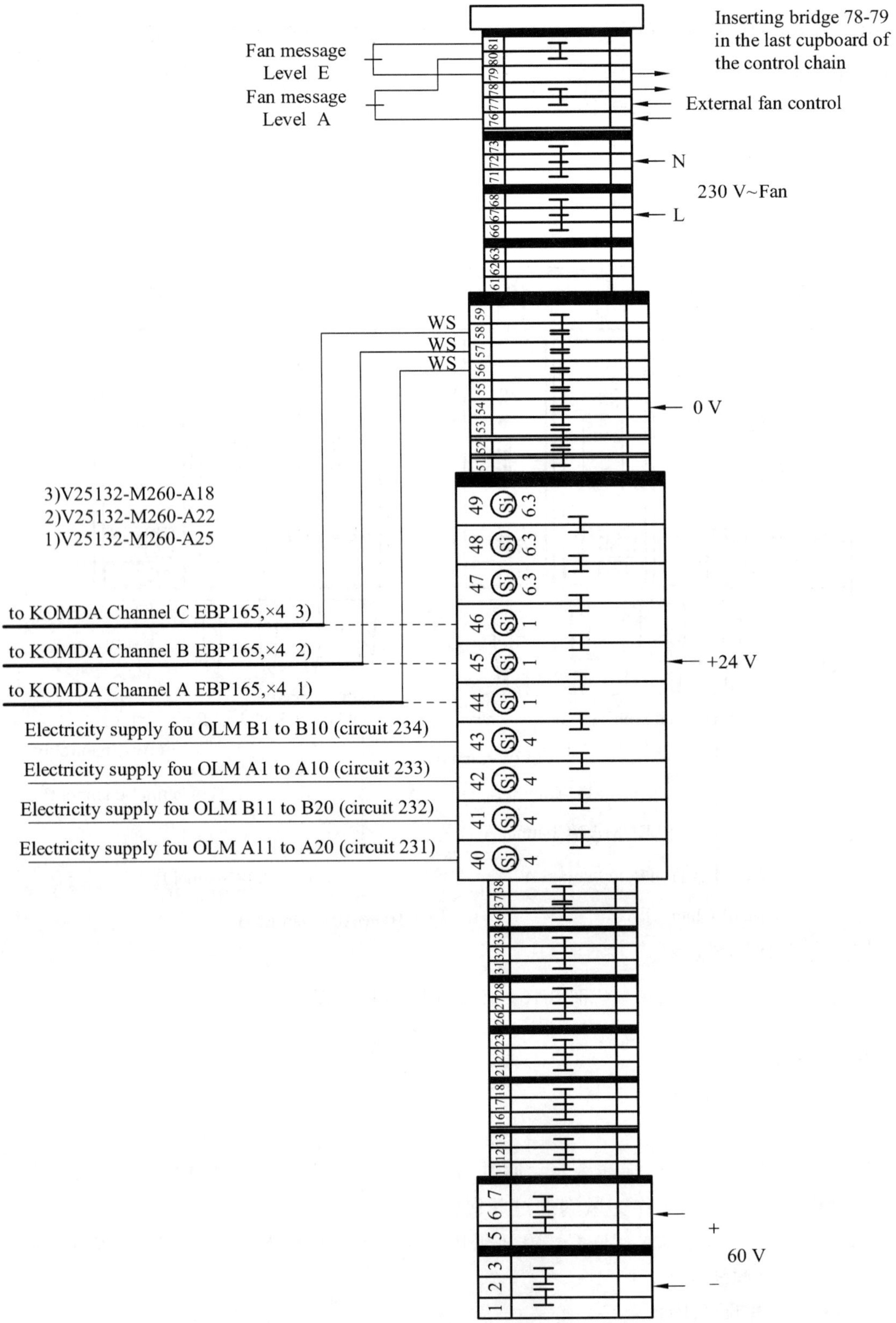
Inserting bridge 78-79
in the last cupboard of
the control chain
Fan message
Level E
Fan message
Level A
External fan control
N
230 V~Fan
L
WS
WS
WS
0 V
3)V25132-M260-A18
2)V25132-M260-A22
1)V25132-M260-A25
to KOMDA Channel C EBP165,×4 3)
to KOMDA Channel B EBP165,×4 2)
to KOMDA Channel A EBP165,×4 1)
+24 V
Electricity supply fou OLM B1 to B10 (circuit 234)
Electricity supply fou OLM A1 to A10 (circuit 233)
Electricity supply fou OLM B11 to B20 (circuit 232)
Electricity supply fou OLM A11 to A20 (circuit 231)
+
60 V
–

图 6.17 接线端子排

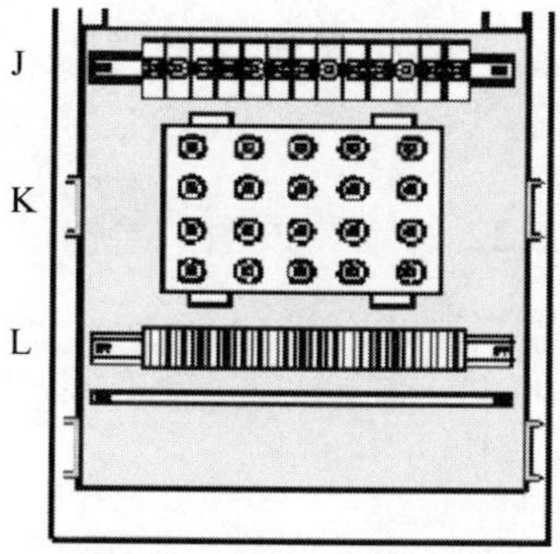

图 6.18　L 层

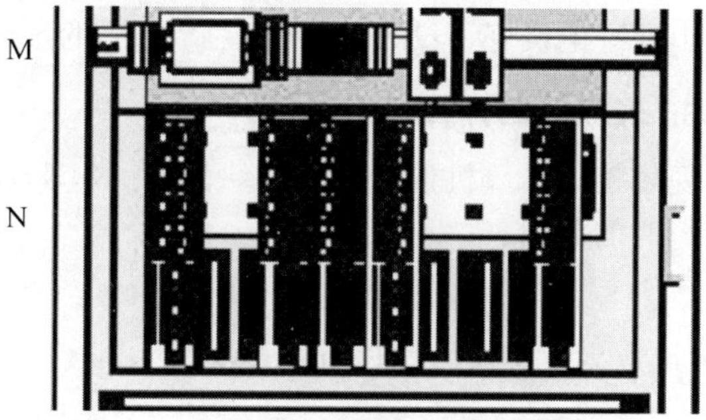

图 6.19　N 层

二、ESTT（STEKOP）柜、板件

1. 机柜构成

机柜由 3 个单元组成，总共可装 24 个接口耦合单元。机架最上层装有接口模块的供电模块。从电源柜（SV）接过来的 60 V 滤波器接在机柜底层。带 PROFIBUS 数据传输系统分配的总线耦合单元安装在机柜后面与供电模块同一层的地方。

（1）供电单元。

供电单元如图 6.20 所示，它能把 60 V 电压变为 8 V 电压。机柜内任一 STEKOP 板均由二路供电单元供电。所有安全计算机系统通道电压为 DC 2×8 V，功率为 120 W。

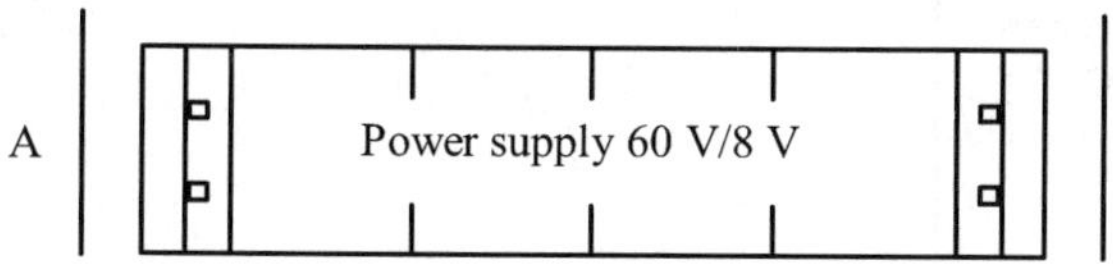

图 6.20　供电单元

说明:

供电单元每一通道能提供的最大功率为 120 W。供电单元架供电模块两路并行供电并不会使功率增加，仅用于保证冗余。

（2）STEKOP 板架。

STEKOP 板架如图 6.21 所示，每个单元架按水平方向分为两个相同高度的插板层。在单元架的上面一层有可以容纳 8 个接口模块的插口槽。没有用上的槽用专用板件盖起来。

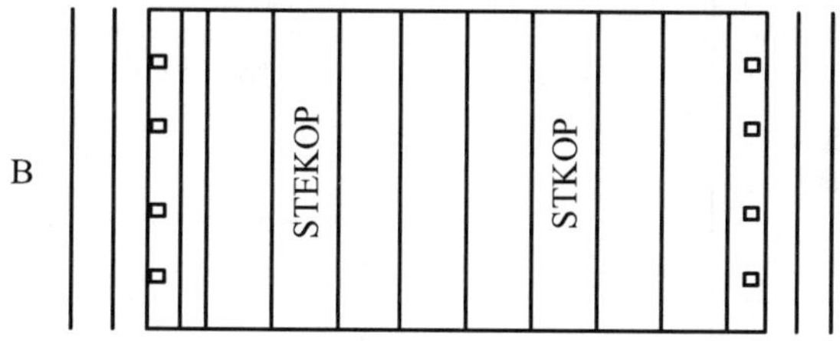

图 6.21　SETKOP 板架

2. 维修工作的安全技术要求

为了保护机柜的板块，维修时必须带上接地带子。接地带子带铁夹的一端在机柜外壳上，

机柜上要导电良好，没有油漆的金属部分都适合作为接地带子铁夹的接触面。

3. 现场接口计算机

现场接口计算机也叫接口模块耦合（SETKOP）板，如图 6.22 所示。该图中给出的是正常运行时的显示。

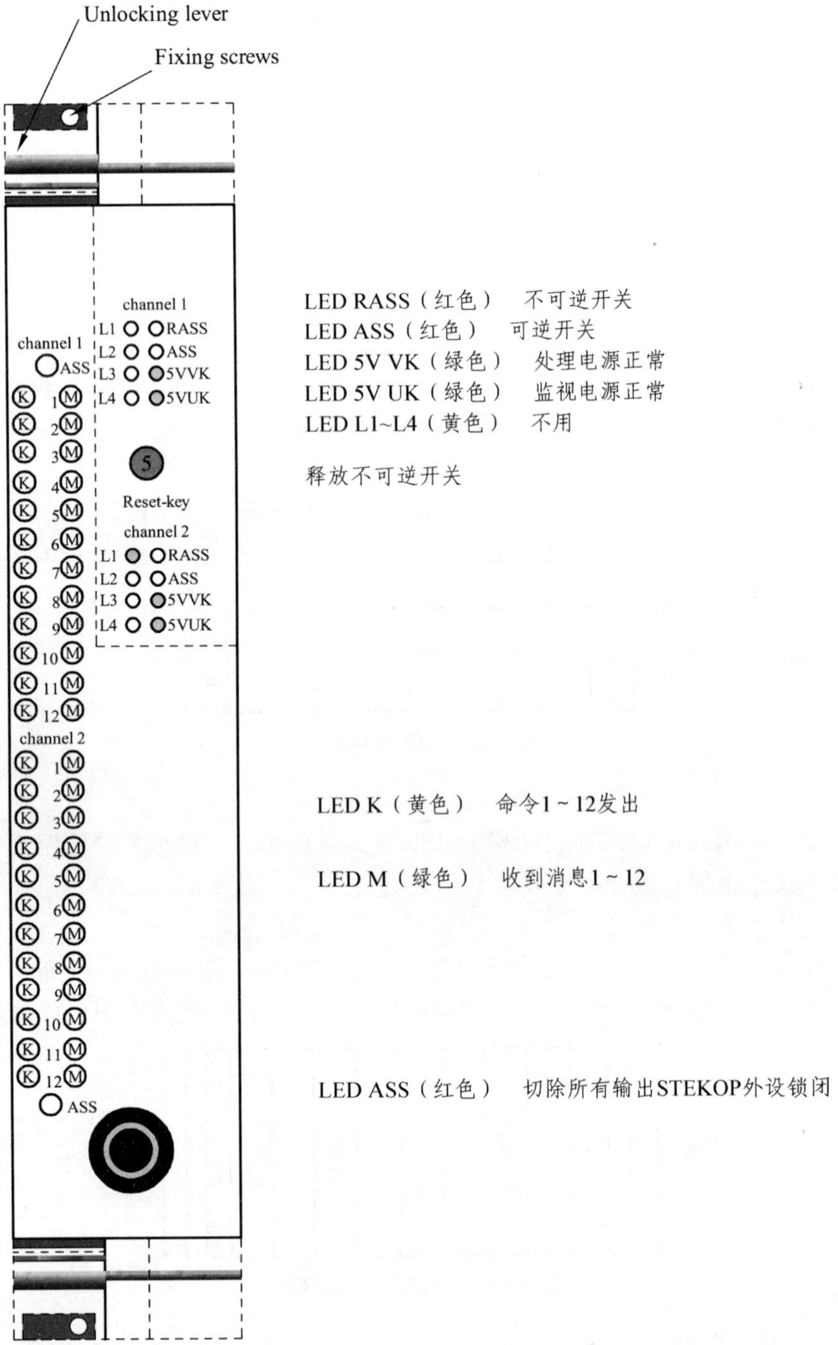

图 6.22　SETKOP 板的前面板

（1）简短描述。

接口模块耦合单元 SETKOP 板由 SETKOP 基板和用于计算机耦合的 FEMES 附板组成。SETKOP 板通过 PROFIBUS 总线实现接口模块与联锁计算机之间的耦合。每块板的每一个通道有 12 个输入和 12 个输出。

通常 FEMES 具有以下两个功能：

① 处理并执行串行总线数据传输。

② 控制并监视与之相连的接口模块。

（2）修复之后的启动和重启。

在运行过程中，由控制器控制的 STEKOP 板对故障以一种技术的方式产生反应，在启动和重启时也必须有这种安全技术来保证。因为安全关断后启动是必要的，而且这种重新启动只能由维护人员来执行（按 FEMES 复位键），所以维护人员负有特殊的安全职责。

程序不能对 SETKOP 板上的安全关断继电器进行自动检查并释放它。因此，修复后重启 SETKOP 之前要检查关断继电器的释放状态。这种检查可通过 SETKOP 板上两个 ASS 指示灯的显示来实现。当继电器释放时，灯亮。在 FEMES 计算机启动期间，接口模块控制器执行一次检查程序，进行自检以及 SETKOP 输入/输出故障检查。

（3）更换 SETKOP 板的步骤。

① 松开上下两颗安装螺丝。

② 抓住解锁层向外拉，就可以取出接口模块。

③ 取出接口模块并将其放在合适的地方（原包装盒）。

④ 检查新 SETKOP 板的软件版本是否相同（标在 FASH-PROMS）。

⑤ 顺着导向槽适当用力插入新模块。

⑥ 复位 RESET 键。

⑦ 在接口模块正确启动（约 3 min）后，旋紧安装螺丝。

（4）技术参数。

SETKOP 技术数据如表 6.8 所示，该数据仅为 SETKOP 基板数据。

表 6.8 SETKOP 技术数据

项目		参数		
		最小值	典型值	最大值
电压（V）		21.6	24	31.2
无负载输出电流（A）		0.03		0.4
带输出负载时	功率（W）		5	
	24 V 汇流排电流（A）			1.2
	0 V 汇流排电流（A）			0.26
命令输出	负载电流（mA）			108
	上电电流（V）			1.4
信息输入	电压（状态高时，检测器触点开）（V）		24	
	电压（状态低时，检测器触点闭合）（V）			2.6
	电流（mA）	7	9	11

命令输出负载不能超过 24 V 汇流排的最大电流。

4. SV2602 电源单元（见图 6.23）

（1）指示灯。

LED U_E：输入电压有效。

LED U_A：输出电压有效。

LED INA：外部开关关命令显示。

正常时 U_E、U_A 亮。

（2）简短描述。

电源单元的电子接口模块（SV2602）在铁路电子设备中适合被广泛使用。在铁路电子设备中通常要求有专门保护电路，这是为了维护信号技术上的安全操作，也为了适应使用中的设备出现故障或不允许的环境状况。

（3）更换 SV2602 的步骤。

① 松开四颗安装螺丝。

② 抓住柄，拔出模块。

③ 把新模块放入导轨，用力推入。

④ 拧紧安装螺丝。

变压器只有在面板上的开关处于关的状态下才能插入插件架（避免在插口产生火花），在开关打到“ON”的位置后，变压器开始工作。

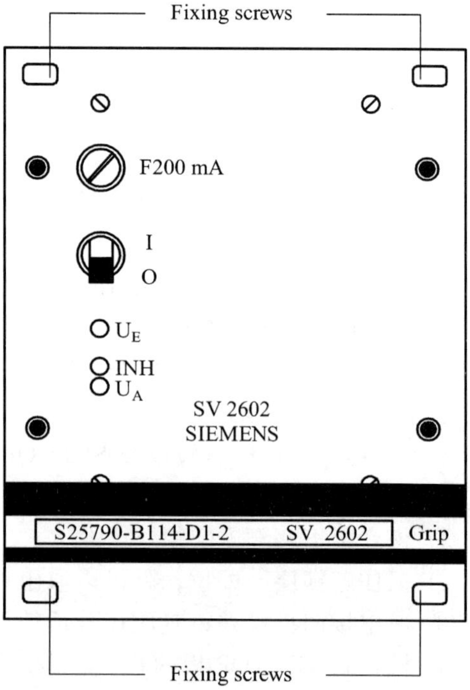

图 6.23 SV2602 电源单元面板图

注意：更换保险时，注意型号（G-fuse 0.2A. N60127-E200-N1—fast. switch off capacity H）。只有这样才能保证在突发故障中，正确熔断保险。

（4）单元工作状态。

表 6.9 列出的是电源单元中过压与欠压保护电路引起的不同运行状态。

表 6.9 电源单元中过压与欠压保护电路引起的不同运行状态

运行状态	现　象	修复方法
输入电压过低（U_E < 42 V）	单元设备没有输出电压	调整 U_E = 42 ~ 75 V
输入电压过高（U_E > 75 V）	单元设备没有输出电压；保险 F2（面板）熔丝	调整 U_E = 42 ~ 75 V；更换保险 F2（注意型号）
输出电压过低（U_A < 6.3 V）	单元设备没有输出电压	处理好输出电压过低的原因（如过载），关掉单元，等 LED U_E 灭后再打开。备注：打开后，U_A 要在 t≤25 ms 后才达到达 6.3 ~ 10 V
输出电压过高（U_A > 10 V）	单元设备没有输出电压；保险 F_2（面板）熔丝	处理好输出电压过高的原因，更换保险 F2（注意型号），打开单元
内部控制 IC 工作电压 U_S > 21 V	单元设备没有输出电压；保险 F_2（面板）熔丝	处理好内部电压过低的原因，修复单元，更换保险 F2（注意型号）

（5）技术参数（见表 6.10）

表 6.10

项　目		参　数		
		最小值	典型值	最大值
输入	电压（AC）（V）	42	60	75
	电流（A）			3.3
	功率（W）			150
	过压关（V）			≥89
输出	电压（DC）（V）	7.5	8	9
	电流（A）			14
	功率（W）		120	
	过压关			≥10
	欠压关（V）	≤7		
信息输出	开电压（V）	16.8	24	31.2
	开电流（mA）			15

5. 滤波器层

滤波器层如图 6.24 所示，它是在 ELSU-单元架下。一个能单独更换的滤波器能分配给 4 个电源单元，滤波器的保险在柜子终端接线架的 64～67 的位置上（参考电源终端接线架）。

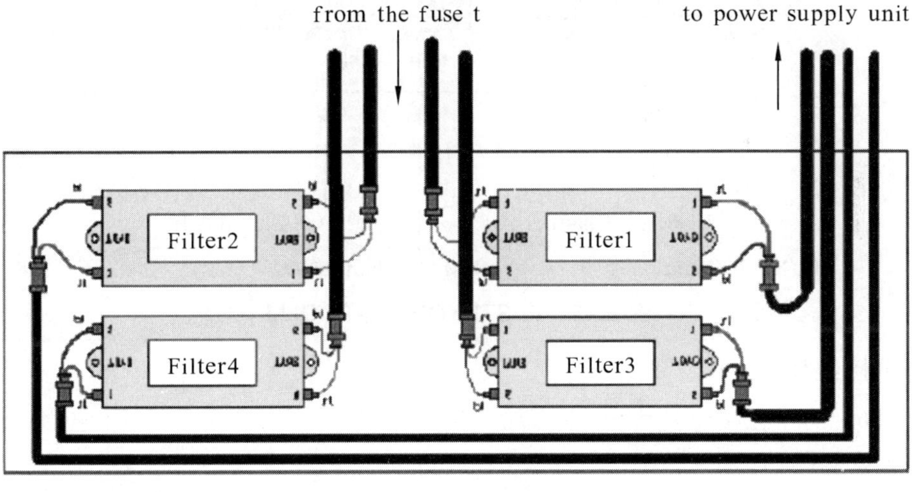

图 6.24　滤波器层

滤波器的更换步骤如下：

（1）关电源。

（2）拧出终端架上的保险。

（3）断开连接滤波器的导线。

（4）松开安装螺丝。

（5）取出滤波器。

（6）装入新的滤波器，注意极性（接电源，接保险）。

(7) 接上导线。

(8) 装入终端架上的保险。

(9) 开电源。

6. OLM 的总线耦合单元

要实现 ESTT（STEKOP）柜与 PROFIBUS 系统之间的耦合要用到光纤连接模块（OLM），要具备高可用性才能适应光转换区段要求。图 6.25 中能看到在 ESTT（STEKOP）柜中每个 OLM 之间的连接情况。

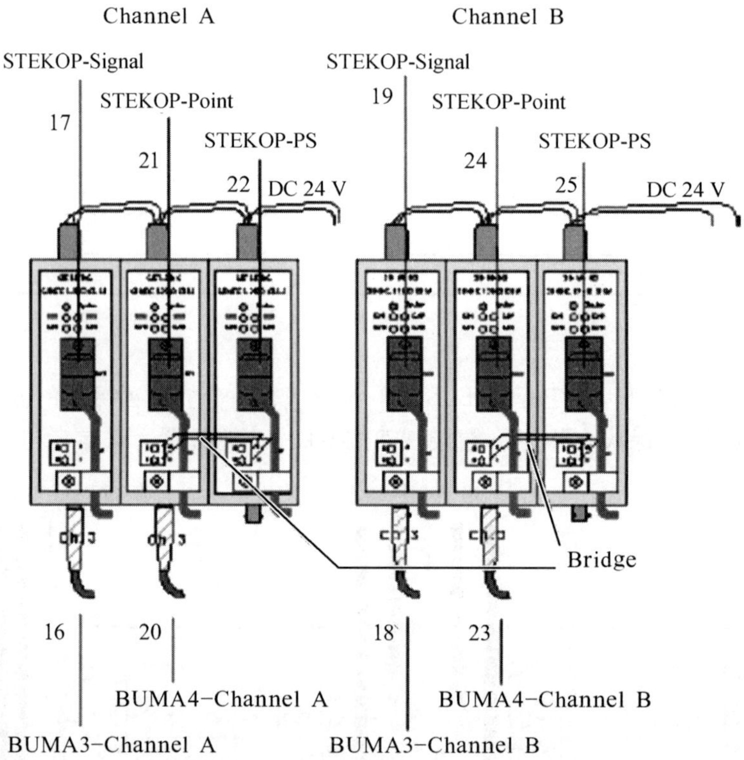

图 6.25 在 STEKOP 柜中的 OLM

7. 终端接线架

如图 6.26 所示，在接口模块柜中电源终端接线架的安装连接是有用的，它由一排 WAGO 端子和 WAGO 保险端子组成。

24 V 电压供给 STEKOP 上的板，端口 80（24 V）导线线芯最大截面面积为 6 mm^2，端口 87（0 V，接地）导线线芯最大截面面积为 4 mm^2。

60 V 电压供给电源架上的 60 V/8 V 变压器，端口 64（60 V）导线线芯最大截面面积 为 6 mm^2，端口 69（0 V，不接地）导线线芯最大截面面积为 2.5 mm^2。

电桥：端口 42～51 导线线芯最大截面面积为 2.5 mm^2；端口 43～54 导线线芯最大截面面积为 2.5 mm^2。在柜的终端接线架上有与 24 V 和 60 V 有关的保险。

在接口模块柜中的 24 V 和 60 V 电源在保险保护下是安全的。保险位于柜的终端架上的 WAGO 保险端口内。

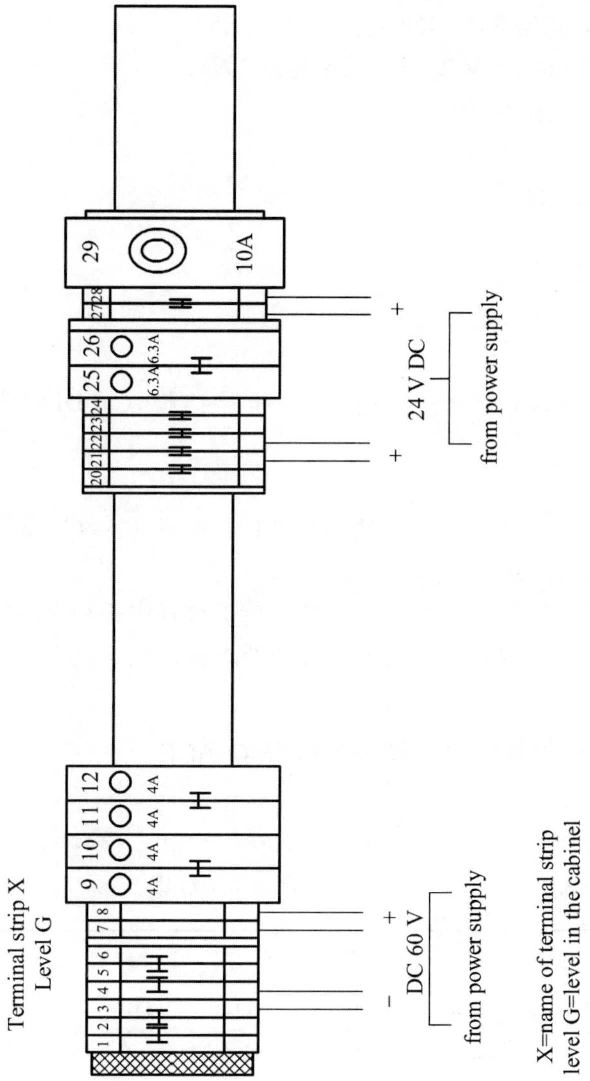

图 6.26　终端接线架

保险端口 61：无效（标准线）；
保险端口 62：无效（标准线）；
保险端口 63：无效（标准线）；
保险端口 64：60 V 供给电源架（通道 1 左边第一电源）（保险 4.0 A）；
保险端口 65：60 V 供给电源架（通道 1 左边第二电源）（保险 4.0 A）；
保险端口 66：60 V 供给电源架（通道 2 右边第一电源）（保险 4.0 A）；
保险端口 67：60 V 供给电源架（通道 2 右边第二电源）（保险 4.0 A）；
保险端口 76：OLM 24 V 电源（通道 B）（保险 2.5 A）；
保险端口 77：OLM 24 V 电源（通道 A）（保险 2.5 A）；
保险端口 78：24 V 供给 STEKOP 较高的架（保险 10 A）；
保险端口 79：24 V 供给 STEKOP 中间的架（保险 10 A）；

保险端口 80：24 V 供给 STEKOP 较低的架（保险 10 A）；
保险端口 81：监控 60 V/8 V 变压器（保险 0.5 A）；
保险端口 82：无效（标准线）；
保险端口 83：无效（标准线）；
保险端口 84：无效（标准线）。

三、DSTT 机柜单元

1. 机柜的分配

在 DSTT 柜安装有接口模块，包括信号机接口模块（DESIMO）和道岔接口模块（DEWEMO）。

（1）柜的分配。

在接口模块面板上的标签上标记着对应 DSTT 的外部设备（道岔、信号机）。

（2）维护的安全技术规定。

为了维护计算机柜中的单元，维护者在整个维护过程中必须在手腕上佩戴接地带。因为没有设计插头设备，所以接地线与柜的电位必须通过磁连接。没有油漆的金属部分都适合作为接地带子铁夹的接触面。

2. 交流电的分布式信号机接口模块 DESIMO-ACE

（1）简介。

信号机模块 DESIMO-ACE 如图 6.27 所示，它由分散接口模块系统组成。每个 DESIMO-ACE 包含两个灯位电路的控制继电器和检测灯电流的监控电路。

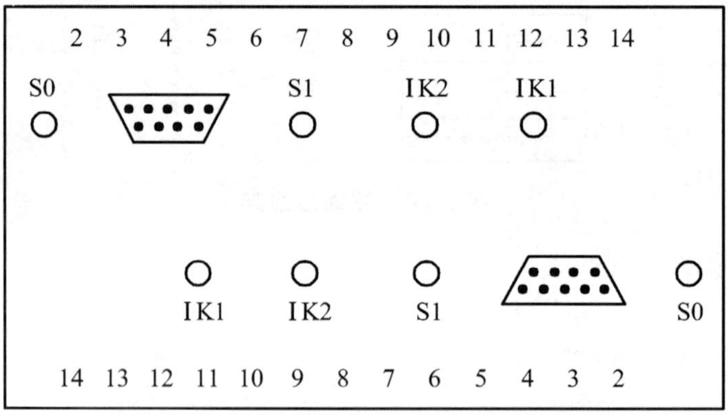

图 6.27 DESIMO-ACE 模块

（2）LED 显示。

S0：通道 0 控制线有效。

S1：通道 1 控制线有效。

NA：夜间控制线有效。

I/O：响应有效。

（3）DESIMO-ACE 模块的更换步骤。

① 拔出 WAGO-插座。

② 拔出前面插头。

③ 用螺丝刀拧下靠模块下部的接头。

④ 顺着槽取出模块。

⑤ 顺着槽放进新模块。

⑥ 接上前面插头。

⑦ 插上 WAGO 插头。

（4）技术数据（见表 6.11）。

表 6.11　DESIMO-ACE 模块技术数据

项　目	参　数		
	最小值	典型值	最大值
电源电压（V）	21.6	24	26.4
电源电流（mA）		20	50
安全极限电压（V）			31.2
响应截止电压（V）			31.2
ON-残余电压（V）			2
继电器触发电流（mA）			50
电源电压（V）	19.2	24	26.4
检查控制输入的输入电流（mA）			12
无附加布线的灯电流开关阀白天电流（mA）	24.7	26	27.3

脉冲防御力测试：正、负方向上允许最大为 7 ms（最小间隔为 133 ms）。

继电器上的脉冲防御力测试：负方向上允许最大为 7 ms（最小间隔为 133 ms）；正方向上允许最大为 0.33 ms（最小间隔为 6.6 ms）

反应时间是从事件到事件变更响应的时间。其值只有在负载为纯欧姆负载时才有效，灯负载和（或）其他线圈电阻中可能产生其他值。

S0 通到 I/O 关：8～45 ms；

S0 关到 I/O 通：75～380 ms；

S0 通到 I/O 通：40～210 ms；

S0 关到 I/O 关：40～210 ms；

NA 变到 I/O 变：8～210 ms；

灯电流关到 I/O 关：3～40 ms；

灯电流开到 I/O 开：35～205 ms。

（5）插头和对应灯的连接。

① 前插头座（计算机接口）：

1——S0+（控制电路通道 0+）；

2——IO0+（反应通道 0+）；

3——IO1+（反应通道 1+）；

4——NA+（测试换接+）；
5——S1+（控制传输通道 1+）。
6——SO－（控制电路通道 0－）；
7——IO－（反应通道－）；
8——NA－（测试换接－）；
9——S1－（控制传输通道 1－）；
② WAGO-插座（过程接口）：
1——SV24－（24 V 电源负）；
2——SV24＋（24 V 电源正）；
3——空；
4——空；
5——HALT1（HALT－由通道 1 控制的继电器的输出）；
6——AC1（由通道 1 向继电器变压器馈给电压）；
7——FAHR1（FAHR－由通道 1 控制的继电器的输出）；
8——AC0（由通道 0 向继电器触点馈给电压）；
9——FAHR0（FAHR－由通道 0 控制的继电器的输出）；
10——HALT0（HALT－由通道 0 控制的继电器的输出）；
11——COM（连接电流等级调节）；
12——RP（连接电流等级调节）；
13——PP（连接电流等级调节）；
14——无用。
因为使用红/黄的代替信号方式，在第二部分（Halt1-Halt0）的端子 5-10 之间接一个电阻。

3. DEWEMO-G 直流道岔模块

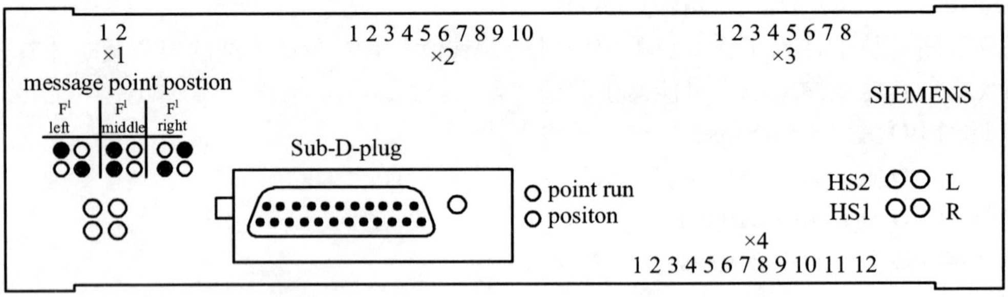

图 6.28 DEWEMO-G 直流道岔模块

（1）简介。
模块的每一次转换由电压指引，并由四线电路监督，给出“右位”或“左位”的信息。
plug connector X1——24 V 电源供应；
plug connector X2——电压连接；
plug connector X3——连接道岔；
plug connector X4——监督电压；

Sub-D-plug——电脑插头接口。

(2) LED 显示。

模块面板上的十个指示灯显示下列状况：

- 信号装置 1 和信号装置 2 的输出。
- 当前道岔位置监测信息。
- 方向控制器 R 和 L 的控制。
- 磁性控制器 HS1 和 HS2 的控制。
- 位置控制器的控制（转换方向）。

其中，控制命令显示用绿灯，信息显示用黄灯。

dectetor 1 和 dectetor 2 的二极管显示如表 6.12 所列。

表 6.12　dectetor 1 和 dectetor 2 的二极管显示

detector1plus	detector1minus	detector2plus	detector2minus	说　明
¤	●	●	¤	正确状态，道岔右位
●	¤	¤	●	正确状态，道岔左位
●	●	●	●	当道岔转动时，状态正常。 在到达终点位置后，Ser No.1 或 2 就会有显示（根据先前的终点位置）
¤	●	●	●	故障：线路接地； 与其他道岔混线； 线路断了
●	●	●	¤	故障：线路接地； 与其他道岔混线； 线路断了
●	●	●	●	故障：多条线接地故障； 线路与道岔连接； 多处断线； 停电

注：¤——亮；●——熄。

表中前两行所列的两个信息显示的是正常状态。第三行所列的显示只有在控制道岔改变位置后才表示正常，否则将被视为一个错误信息。其他不在表中所列的信息，都作为错误信息处理。

在一个信息输出后必须等大约 300 ms，以读取信息。

(3) DEWEMO-G 模块更换步骤。

① 拉出 WAGO-pin 插头。

② 拉出面板插头。

③ 用螺丝刀松下模块较低面的皮带。

④ 把模块从金属带取下。

⑤ 插入新的模块在金属带的一端。

⑥ 连接面板的前端接头。

⑦ 插入 WAGO-pin 插头。

（4）技术数据（见表 6.13）

表 6.13　DEWEMO-G 模块技术数据

项　目	参　数		
	最小值	典型值	最大值
供应电压（V）	21.6	24	21.2
当前电流（mA）			130
运作电压（V）		2×60	
运作电流（mA）			1
信号限制选择（V）	15		20
道岔电压（V）			160
开始电流（A）			20
电流（A）			16
触发限制（A）		0.8	

（5）保留插头。

① 计算机连接板：

X100-1——方向继电器 R 正连接；

X100-2——电流接触器控制 1 正连接；

X100-3——位置继电器正连接；

X100-4——输出工作电流监测通道 1 正连接；

X100-5——输出信号装置 1 正信号正连接；

X100-6——输出信号装置 1 正信号负连接；

X100-7——空闲；

X100-8——空闲；

X100-9——输出信号装置 1 负信号正连接；

X100-10——输出信号装置 2 负信号正连接；

X100-11——输出工作电流监测通道 2 正连接；

X100-12——磁性控制器 2 正连接；

X100-13——方向继电器 L 正连接；

X100-14——方向继电器 L 负连接；

X100-15——磁性控制器 2 负连接；

X100-16——输出信号装置 2 正信号正连接；

X100-17——工作电流监测参考点，双通道；

X100-18——输出信号装置 2 负信号负连接；

X100-19——空闲；

X100-20——空闲；

X100-21——输出信号装置 1 负信号负连接;
X100-22——输出信号装置 1 负信号负连接;
X100-23——位置继电器 R 负连接;
X100-24——磁性控制器 1 负连接;
X100-25——方向继电器 R 负连接。
② 处理界面:
X1-1——输入供电电压 0 V+;
X1-2——输入供电电压 24 V+;
X2-1——电桥到 X2-9;
X2-2——电桥到 X2-6;
X2-3——电桥到 X2-7;
X2-4——空闲;
X2-5——输出电流信号（-Ustell）0 V;
X2-6——电桥到 X2-2;
X2-7——电桥到 X2-3;
X2-8——空闲;
X2-9——电桥到 X2-1;
X2-10——输入 HSl (+Ustell)+160 V+;
X3-1——输入 HS2;
X3-2——空闲;
X3-3——空闲;
X3-4——输入到监测变压器;
X3-5——道岔驱动输出;
X3-6——空闲;
X3-7——空闲;
X3-8——道岔驱动输出;
X4-1——监测变压器（110 V）;
X4-2——电桥 X4-9;
X4-3——电桥 X4-10;
X4-4——监测变压器（110 V）;
X4-5——空闲;
X4-6——空闲;
X4-7——空闲;
X4-8——空闲;
X4-9——电桥 X4-2;
X4-10——电桥 X4-3;
X4-11——信号装置参考点 1（0 V）;
X4-12——空闲。

4. SITOP 电源供应

（1）简介。

“SITOP power 10”是一套主要的三相交流电源供应设备（在技术资料中＋24 V 直流是无负载，悬空的）。

（2）LED 显示。

LED OK（绿）：正确状态；

LED SHORT（红）：短路。

（3）终端用螺丝连线。

输入：4x max. 2.5 mm^2 one-/ 细线；

输出：3x max.10 mm^2 one-/ 细线。

（4）技术数据（见表 6.14）。

表 6.14 SITOP-电源供应技术数据

项目		参数		
		最小值	典型值	最大值
输入	电压（AC）（V）	340	400	460
	网路频率（Hz）	47	50/60	63
	电流（A）		0，55	
输出	电压（DC）（V）	21.6	24	26.8
	电流（A）		10	

（5）安装步骤。

① 松开装配螺丝装配板

② 悬挂元件再装

③ 把装配从设备装配板上拿下

④ 上螺丝

注意：在开始安装或进行维护之前，主开关必须处于关的位置，确保在下一次开开关之前处于关的位置。主开关（电机开关在主面）位于 DSTT 架后面，在 J 层。如果观察不到，就可能会发生触电，或者会因为不正确的操作造成死亡和严重的危害。

（6）警告提示。

只有合资格人员才允许动该设备。

警告标记必须在设备易被看到的地方。

（7）操作说明。

① 温度不得超过 100 °C。

② 危险情况：电击和能量——高容量能量。电容储存了高电压，在所有电极与网路连接断开后 5 s，才可以拿下顶盖。注意：只有受过培训的人员才能打开它。

5. 外围电压监督

外围电压监督由 SV UEAB 元件和 ABS Thyristor 元件执行。这些元件位于 DSTT 柜后部柜架的 B 层。

（1）SV UEAB 电压监测元件。

① 简介。

SV UEAB 元件是表示在过电压和低压上的 24 V 的外围设备。当限定值电压达到后，它会凭借一扩展电子开关使电源部件停止输出。另外，表示器接通另外一个扩展电子开关，就可以打开保险丝或一个自动装置。低压表示通过一个继电器触发显示电压的下降低于 21.6 V，它仅是一次性的。

② 更换步骤。

- 关闭电机开关（在终端连接带 X30）。
- 拔出元件。
- 插入新元件。
- 开启电机开关（在终端连接带 X30）。

③ 技术数据（见表 6.15）。

表 6.15　SV UEAB 技术数据

项　目	参　数		
	最小值	典型值	最大值
供应范围（V）	21.4 ~ 21.8 V	24	29.7 ~ 30.3
供电电流（mA）		13	
功率（W）		1.2	

注：监测通道数目为 3。

（2）SV ABS 电子开关元件。

① 简介。

SV ABS 伺服元件用于出现输出端过压时就使供应电源输出电路电压短路，目的是触发串联的熔丝或自动安全装置。电压表示及关闭命令的开放是由外部 SV UEAB 元件辅助完成。SV ABC 元件包含了三个断路装置，各有两个反串联电路可控硅组成，短路可三通道进行。

② 更换步骤。

- 关闭电机开关（在终端连接带 X30）。
- 拔出元件。
- 插入新元件。
- 开启电机开关（在终端连接带 X30）。

③ 技术数据（见表 6.16）。

表 6.16　SVABS 技术数据

项　目	参　数		
	最小值	典型值	最大值
供电电压（AC）（V）	187	220	2
供电电流（A）			60

注：开关通道数目为 3。

6. 滤波器

在 DSTT 柜的框架后，在终端连接带 X30 下面，有一个 400 V 的滤波器，把三相交流电输出到 SITOP。滤波器的主输入（Line）是由柜中的终端连接带 X30 的 1～4 过来的。输出的主要电机开关在 X30。

更换步骤:

- 关闭电机开关。
- 关闭 400 V 外部供电。
- 拔下滤波器主要元件。
- 松开装配螺丝。
- 取出滤波器。
- 装上新滤波器，观察其正确位置（load 到电机开关，line 到连接带）。
- 插入部件（正确连接参阅图 5.7）。
- 开启 400 V 外部供电。
- 开启电机。

四、数据传输

1. PROFIBUS（处理信息总线）

电子接口模块系统（ESTT）由集中总线单元（BUMA）和与之相应的信息组总线耦合模块（ESTT）组成，这些元件之间的通信系统就是标准的 PROFIBUS 系统。数据传输系统总体结构如图 5.59 所示。

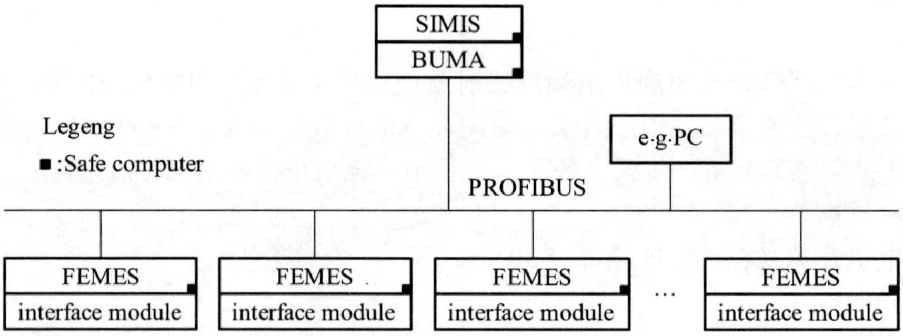

图 6.29 数据传输系统总体结构

PROFIBUS 总线系统必须能够传输安全相关数据以及“正常”值。因为传输系统并不是用信号技术安全方法组成，那么集成在安全计算机中的处理过程必须保证所有影响安全的故障和干扰能显示出来。必要时计算机必须采取安全运行状态并保持这种状态。

2. 故障影响

(1) 单个故障无危险。

安全计算机至少包括两个活动通道，安全相关信息被打包成一个单独的报文并传输，活动（相对于冗余而言）PROFIBUS 系统被两个计算机通道的任一个触发。在两个通道中产生一个简单的同步报文并由一个通道输出，一般不能保证没有单个故障危险。这是因为活动通道报文误用可能会在 SIMIS 硬件比较器输出期间出现，但并不能保证在通道期间被消除。被误用的报文可能离开计算机（处在总线上），但是假如用相应的方法执行 CRC 检查计算，能保证单个错误无危险，所以通过计算机线读取报文是没有问题的。

（2）独立检验单元。

没有检验的必要性，因为检验单元之间的独立仅在安全计算机中合适。这些检验列入安全认证的范围。这里认为使用的计算机是安全的计算机。

安全计算机外部一个传输通道就足以满足安全技术要求，另外从可靠性角度考虑使用的另一通道应与第一通道独立，但从安全技术来说，并没有必要。

（3）保持安全状态。

任何计算机故障之后，要保证没有危险并给出显示。在接收器一侧，一个错误出现以后安全状态的保持由计算机硬件来保证，在发送器一侧，非活动计算机通道的关断影响可能因一个通道的安全输出而丢失。实际上，在 BUMA 及 FEMES 板上都有通道安全关断间隔。因此，用这种方法，已能保证安全状态的保持。但这个安全保证也应该应用到那些没有这种保证的计算机配置中。

这种情况下，如果发送器出现一个计算机通道故障，数据源与相应接收器之间的连接故障。在接收器边，经过一段较短时间后，故障显示并采取安全的状态（关断）。只有连接结构处理程序完成之后，才能退出这种状态。因发送器有两个独立的错误就不能肯定连接结构处理程序能成功通过。既然程序运行是很复杂的，所以偶然正确通过的情况可以排除。

3. OLM

SINEC L2 光纤连接模块有四个类型，分别为 OLM/P3、OLM/P4、OLM/S3、OLM/S4-1300，被用于光纤 PROFIBUS 信息总线。

其技术数据如表 6.17 所示。

表 6.17　OLM 技术数据

项目 \ 参数 \ 模块	OLM/P3、OLM/P4	OLM/S3	OLM/S4-1300
工作电压	DC 18 ~ 32 V　（冗余输入解耦）		
输入电流	最大 220 mA		
输出电压（Pin5）	5（1 − 10%）~ 5（1 + 5%）V（短路保护）		
输出电流（Pin5）	7 mA		
传输率	9.6；19.2；93.75；287.5；500；1 500 Kb/s		
传输率调整方式	自动		

续表 6.17

模块 参数 项目			OLM/P3、OLM/P4	OLM/S3	OLM/S4-1300
电气通道	输入/输出信号		RS485 标准		
	输入电压范围		− 10 ~ 15 V		
	CH1 插头针设置		按		
	电隔离		没有		
光纤通道	光源		LED		
	光强	光纤 10/125	—	–	− 19.5 dBm
		光纤 50/125	—	− 19 dBm	− 17 dBm
		光纤 62.5/125	—	− 15 dBm	− 17 dBm
		光纤 100/140	—	− 12.5 dBm	—
		光纤 980/1000 标准功率发送	− 11 dBm	—	—
		光纤 980/1000 强发送功率	− 5 dBm	—	—
	插头类型		BFOC/2.5		

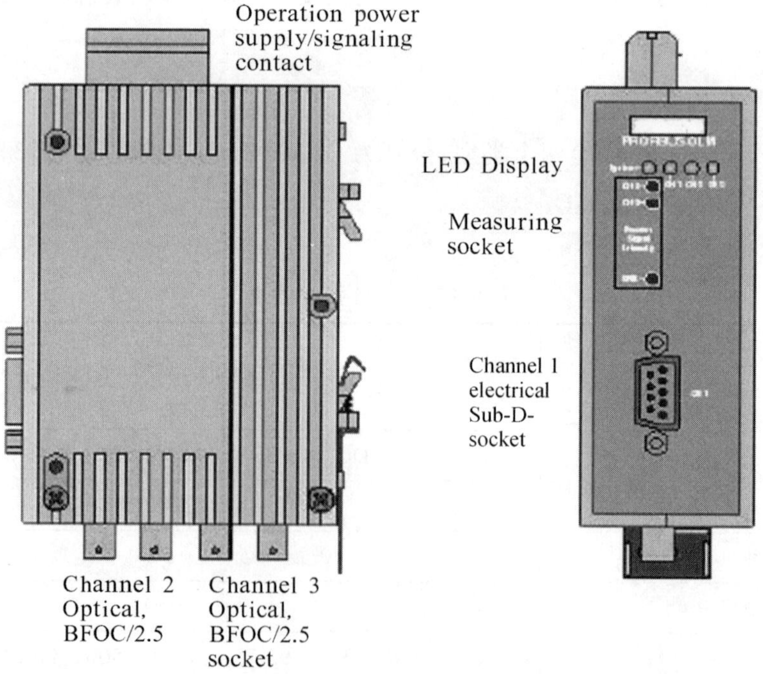

图 6.30　光纤连接模块 OLM/P4 OLM/S3（带通道 LED 显示）

每个模块有三或四个独立通道（ports），每个通道又包括发送和接收。模块工作电源为 DC24 V。通道使用 Sub-D-socket（座）形式。通道 2 使用两个带屏蔽夹的接线端子。光纤通过 BFOC/2.5 socket 连接（通道 3 和 4）5 个多颜色发光二极管，显示实际工作状态和可能的故障状态。

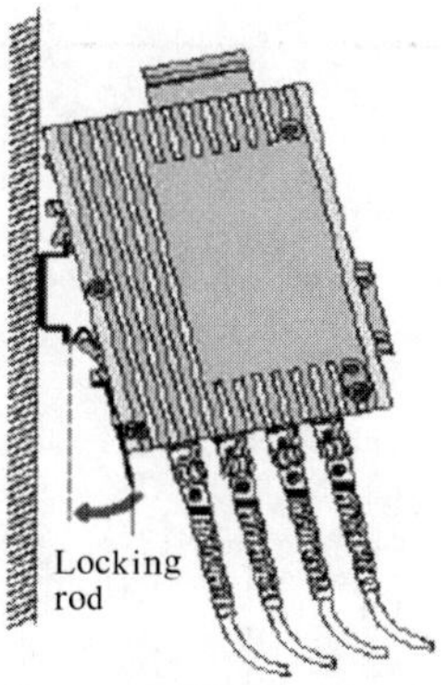

图 6.31　把模块安装在轨条上

（1）安装 OLM。

安装 OLM 前接好光纤，这使光纤的安装更容易。把模块上边的钩挂在帽形条上，用力往下压直到卡住，如图 6.31 所示，通过拉下锁条即可卸装。

（2）LED 显示（见表 6.18）。

表 6.18　OLM 的 LED 显示

系统 LED（红/绿 LED）	没亮	没电压或内部电压故障
	红灯	传输速度没达到，调相
	绿灯	传输速率达到，电压正常
ch1 和 ch2（红/黄 LED）	没亮	没接收到数据
	红灯	发送超时或 RS485 连接故障，或连接末端的 RS485 接口故障，或 OLM 的 RS485 接口故障
	黄灯	数据接收
ch3 和 ch4（红/黄 LED）	没亮	没接收到数据
	红灯	发送超时或持久的广信号（一行超过 12 个低位接收）
	黄灯	数据接收

（3）故障处理指导（见表 6.19）。

表 6.19　OLM 故障处理指导

LED	显示	可能的故障原因
SYSTEM	没显示	• 电源故障； • 模块故障
	红闪	传输率不匹配（没有发送 PROFIBUS，传输率大于 1.5 Mb/s；没接到报文发送器耦合模块；传输率与 PROFIBUS 标准不匹配）
ch1 和 ch2	没显示	• 一根或两根 RS485 导线断线； • RS485 的 A、B 线对调； • 连接的 PROFIBUS 部件故障（没有发送）； • PROFIBUS 组件没有连接或连接后开关没开

续表 6.19

LED	显示	可能的故障原因
ch1 和 ch2	红灯	• RS485 的 A、B 线对调； • RS485 导线短路； • 连接到通道 1 或 2 的 RS485 总线段中的 PROFIBUS 组件引起发送超时； • 通过通道 1 或 2 连接的模块或另一 PROFIBUS 组件同时发送信息； • 两条 RS485 导线中的一条断了，且接线时 A、B 线对调（例如 A 线到 ch2 B、ch2 A 断线或 B 线到 ch2 A、ch2 B 断线） • RS485 驱动器故障（例如雷电之后）
	黄灯	在 RS485 接线端子上的故障情形： 两条 RS485 接线座中的一个断了，且 A、B 线对调（例如 A 线到 ch2 B、ch2 A 断线或 B 线到 ch2 A、ch2 B 断线）； 因缺乏接线端子接收报文不完整
ch3 和 ch4	没亮	• 发送与接收光纤对调； • 到模块的接收光纤断了； • 没连接模块的组件或连接组件开关没开； • 连接模块组件（Connected Partner）故障
	红灯	• 连接组件发送超时； • 接收光纤受环境光线的干扰
	黄/红闪	• 间隙性故障（见以上各项）

五、LOW 现场操作工作站显示故障及故障分析及处理（见表 6.20）

表 6.20

LOW 上显示的信息	出错源	出错特征	出错原因
B 类故障显示：“S10：灭灯”	DESIMO	DESIMO 的 LED 全灭	STEKOP 与 DESIMO 联系失效
B 类故障显示	DESIMO	DESIMO 的 LED I/O 灭灯	24 V 电源丢失
• 轨道显示：信号机、道岔闪光。 • B 类故障显示： “信号机..1 S0：灭灯” ⋮ “信号机..N S0：灭灯” “道岔..1 S21：挤岔” ⋮ “道岔..N S21：挤岔” • 综合信息显示窗：DSTT 显示红色。 • 当 STEKOP 中断时：信号机/道岔灭灯	DSTT 的 24 V 电源	STEKOP 单元：LED ASS（通道 1 和 2）灭灯；命令和信息 LED 灭灯 2～5 min 后所有 STEKOP 关闭	DSTT 的 24 V 电源失效

续表 6.20

LOW 上显示的信息	出错源	出错特征	出错原因
B 类故障显示："S12：信号灯故障"	硬件故障		硬件故障，没有清除已变换的信息
B 类故障显示："S21：道岔挤岔"	道岔无监视	DEWEMO 仅有 Ri-LED 亮绿色	道岔不在终端位置，DEWEMO 与道岔联系中断
B 类故障显示："S21：挤岔"	道岔无监视	DEWEMO 的所有 LED 灭灯	24 V 电源丢失
B 类故障显示："S21：道岔挤岔"	道岔无监视	DEWEMO 的道岔位置亮黄灯，Ri-LED 灭灯	STEKOP 命令 LED 黄色；STEKOP 到 DEWEMOL 联系中断
C 类报警："S20：道岔中继器触发中断"	硬件故障	STEKOP K-LED 亮黄色；DEWEMO Ri-LED 灭灯	DEWEMO 故障
• B 类报警："S11：不能及时亮灯"。 • C 类故障："计算机停机"	硬件故障		硬件故障
A 类报警： "A 通道联系错误" "B 通道联系错误" "D 通道联系错误"	BUMA2 的 LWL-联系	相应 OLM 的 LED CH3 灭灯	BUMA2 和 OLM 的引线断开
A 类报警： "A 通道联系错误" "B 通道联系错误" "D 通道联系错误"	LOW 的 LWL-联系	相应 OLM 的 LED CH3 黄闪（外部故障）或灭灯	LOW 与 OLM 的引线断开
A 类报警： "A 通道联系错误" "B 通道联系错误" "D 通道联系错误"	(BUMA2) OLM 和(LOW) OLM 之间的联系	相应 OLM 的 LED CH2 灭灯	两个 OLM 之间引线断开
• 轨道显示和综合信息显示窗呈灰色。 • A 类报警： "A 通道联系错误" "B 通道联系错误" "D 通道联系错误"	60 V 电源	联锁柜所有单元停止工作； STEKOP 单元：通道 1 和 2 的 ASS 亮红灯，其余全灭	60 V 电源故障
• 轨道显示和综合信息显示窗呈灰色。 • A 类报警： "A 通道联系错误" "B 通道联系错误" "D 通道联系错误"	24 V 电源的联锁装置	联锁柜的所有 OLM 灭灯； STEKOP 供电电源失效； 道岔和信号机的 STEKOP：LED ASS 和 RASS（FEMES 单元通道 1 和 2）亮红灯； 在 KOMDA 检测后，计算机关闭	24 V 电源联锁失效
• 轨道显示和综合信息显示窗呈灰色。 • A 类报警： "A 通道联系错误" "B 通道联系错误" "D 通道联系错误"	SVK2102 电源单元的联锁柜	三个 SVK2102 没有外部电压输出（LED U_A 灭灯）	输入欠电压：$U_E = 33$ V

续表 6.20

LOW 上显示的信息	出错源	出错特征	出错原因
• 轨道显示和综合信息显示窗呈灰色。 • A 类报警： "A 通道联系错误" "B 通道联系错误" "D 通道联系错误"	SVK2102 电源单元的联锁柜	三个 SVK2102 的外部电压不能供电（LOW Au 无）； 正面板保险 F2 烧断	输入过电压：$U_E > 89$ V
• 轨道显示：全部信号机呈灰色。 • C 类报警： "信号机…1 S0：联系失效" ⋮ "信号机…N S0：联系失效"	BUMA3 的 LWL-联系	相应 OLM 的 LED 灭灯； 信号机 STEKOP：LED L1（通道 1）闪，LED L4（通道 1）呈黄色，信息 LED 灭灯	BUMA3 和 OLM 的引线断开
• 轨道显示：全部道岔、电源信息呈灰色。 • C 类报警： "道岔…1 S0：联系失效" "道岔…2 S0：联系失效"	BUMA3 的 LWL-联系	相应 OLM 的 LED CH3 灭灯； 道岔和电源 STEKOP：LED L1（通道 1）闪，LED L4（通道 1）呈黄色	BUMA4 和 OLM 的引线断开
• 轨道显示：全部信号机呈灰色。 • C 类报警： "信号机…1 S0：联系失效" ⋮ "信号机…N S0：联系失效"	OLM 和信号机 STEKOP 之间的联系	相应 OLM 的 LED CH1 灭灯； 信号机 STEKOP：LED L1（通道 1）闪，LED L4（通道 1）呈黄色	OLM 与信号机 STEKOP 之间的引线断开
• 轨道显示：全部道岔呈灰色。 • C 类报警： "道岔…1 S0：联系失效" "道岔…2 S0：联系失效"	OLM 和道岔 STEKOP 的联系	相应 OLM 的 LED CH1 灭灯； 道岔 STEKOP：LED L1（通道 1）闪，LED L4（通道 1）呈黄色，信息 LED 灭灯	OLM 与道岔 STEKOP 之间的引线断开
• 综合信息显示窗："风机故障"红色。 • C 类报警："风机故障"	风机引线	风机引线和 LED alarm 呈红色	风机被拒绝监视
• 综合信息显示窗："风机故障"红色。 • C 类报警："风机故障"	风机引线	有关风机引线的所有 LED 灭灯	220 V 电源丢失
• 综合信息显示窗："风机故障"红色。 • C 类报警："风机故障"	风机引线		监测电流 24 V 丢失
相邻联锁进路不能排列	相邻联锁联系（二导线联系中断）	相应 OLM 的 LED CH1 灭灯	RTU 与 OLM 之间连接中断
相邻联锁进路不能排列	OLM 联系	（RTU）OLM 的 LED CH3 灭灯	（BUMA2）OLM 和（RTU）OLM 的连线中断
LOW 无信息	服务 PC 机联系	服务 PC 机传输联系中断； 相应 OLM 的 LED CH3 灭灯	BUMA 和 OLM 之间引线中断

续表 6.20

LOW上显示的信息	出错源	出错特征	出错原因
在综合信息显示窗的电源信息灭	OLM 和 Block-/电源 STEKOP 之间联系	相应 OLM 的 LED CH1 灭灯； Block-/电源-STEKOP：LED L1（通道 1）闪光，LED L4（通道 1）黄色，信息 LED 灭灯	OLM 和 Block-/电源 STEKOP 之间引线断开
LOW 无信息	计算机通道的 5 V 电源	• SVK2102：LED U_A 和 U_E 灭灯。 • 联系通道单元灭灯。 • 相邻通道： VESUV3:LED VL 和 VR 红灯； VENUS2：显示错误代码“F.0002/8006/0004”； BUMA：VR 和 VL 左侧红灯	通道的 5 V 电源故障
LOW 无信息	VENUS2 单元	• 连接通道： VENUS2：灭灯； VESUV3:LED VL、VR 红灯，LED RF、BT、PF 灭灯。 • 相邻通道： VESUV3:LED VL 或 VR 红灯； VENUS2：显示出错代码“F.0002/8006/0004”	VENUS2 单元故障
LOW 无信息	VESIN 单元	• 连接通道： VENUS3：LED VL、VR 红灯，RF 灭灯； VESIN：不发光。 • 相邻通道： VESUV3:LED VL 或 VR 红灯； VENUS2：显示出错代码“F.0002/8006/0001”	VESIN 单元故障
LOW 无信息	KOMDA2 单元	• 联系通道： VESUV3：LED VL、VR 红灯，RF 灭灯。 • 相邻通道： VESUV3：LED VL 或 VR 红灯； VENUS2：显示器显示“F.0002/801E/0002”	KOMDA2 单元故障
LOW 无信息	联锁柜的 SVK2102 供电单元	供电单元没有电压输出（LED U_A 灭灯）	输出欠电压：U_A<4.5 V

续表 6.20

LOW 上显示的信息	出错源	出错特征	出错原因
LOW 无信息	联锁柜的 SVK2102 供电单元	供电单元没有电压输出（LED U_A 灭灯）； F2 保险（面板）熔丝	输出过电压：U_A>6.3 V
LOW 无信息	供给联锁柜的 SVK2102 电源单元	这个供电单元没有电压输出（LED U_A 灭灯）； F2 保险（面板）熔丝	供给控制 IC 的内部电源 U_S>21 V
B 类报警："S10：命令出错"	硬件故障		STEKOP 检查出错
• 轨道显示：信号机/道岔闪。 • B 类报警： "信号机…1 S10 灭灯" ⋮ "信号机…n S10：灭灯" "道岔…1　S21：挤岔" ⋮ "道岔…n　S21：挤岔" • 综合信息显示窗：DSTT 显示红色。 • 在 STEKOP 出错后：信号机/道岔灭灯	供给 DSTT 的 24 V 电源	STEKOP 单元：LED ASS（通道 1 和 2）灭灯；LED 的命令和信息灯灭灯；在 2～5 min 后所有 STEKOP 关闭	供给 DSTT 的 24 V 电源出错
B 类故障："道岔电缆混线"	道岔无监视		道岔右位位置 1、3 或 4 端接地电缆故障
B 类故障："S13：其他故障"	道岔无监视	所有信息 LED 灭灯，在 STEKOP 上所有命令 LED 灭灯，且 LED ASS（通道 1 和 2）红灯	STEKOP 保险故障
B 类故障："S13：其他故障"	道岔无监视		道岔左位位置 1、3 和 4 端接地电缆故障
• 轨道显示：所有道岔闪光。 • B 类报警：所有道岔显示"S13：其他故障"	供给 STEKOP 柜的中间单元的 24 V 电源	关于中间单元的所有 STEKOP 命令和信息 LED 灭灯	供给 STEKOP 柜的 24 V 电源不存在
B 类："S14：转正位超时"	转辙机	控制转换信息负位静止不动，正位永久提示（记录在调档中）	转辙机故障或调整不良
B 类："S15：转负位超时"	转辙机	控制转换信息正位静止不动，负位永久提示（记录在调档中）	转辙机故障或调整不良
B 类："S16：未能转到正位"	室外转辙装置	DEWEMO 上的道岔表示位置灯灭灯	控制命令发出后转辙机未能转到右位位置
B 类："S17：未能转到负位"	室外转辙装置	DEWEMO 上的道岔位置灯灭灯	控制命令发出后转辙机不能转到左位
B 类："S18：转负位"	转辙机	DEWEMO 上的道岔位置灯与 Ri（道岔控制命令灯）不一致	未有控制命令道岔转换到左位
B 类："S19：转正位"	转辙机	同上	没有控制命令道岔转换到右位

续表 6.20

LOW 上显示的信息	出错源	出错特征	出错原因
B 类："S21：道岔转换完毕"	道岔不监控		转辙机转到位，电缆 2 接地
B 类："S21：道岔转换完毕"	道岔不监控	仅 DEWEMO 上的 Ri 灯绿色	转辙机未到位，DEWEMO 与转辙机之间的接中断
B 类："S21：道岔转换完毕"	道岔不监控	DEWEMO 上全灭灯	没有 24 V 电源
B 类："S21：道岔转换完毕"	道岔不监控	DEWEMO 上道岔位置灯黄色，Ri 灯灭灯 STEKOP 上的控制命令灯黄色	DEWEMO 与 STEKOP 之间的连接中断
B 类："S21：道岔转换完毕"	道岔不监控	DEWEMO 上的道岔 位置灭灯	没有电压
• 轨道显示：全部道岔灰色；电源信息栏灰色。 • C 类报警： "道岔……1 S0：连接中断" ⋮ "道岔……n S0：连接中断"	BUMA3 的 LWL 连接器	相应的 OLM 上的 LED CH3 灯灭； 道岔与电源 STEKOP 上的 LED L1（通道 1）闪光，L4（通道 1）黄色	BUMA4 与 OLM 之间的连线断
• 轨道显示：全部道岔灰色。 • C 类报警： "道岔……1 S0：连接中断" ⋮ "道岔……n S0：连接中断"	OLM 与道岔的 STEKOP 板的连接	相应的 OLM 上的 LED CH1 灭灯； 道岔对应的 STEKOP 上的 L1（通道 1）闪光，L4（通道 1）黄色，信息灯灭灯	OLM 与道岔对应的 STEKOP 之间的连线断
• 轨道显示：全部道岔/信号机灰色，综合信息栏显示灰色。 • C 类报警： "道岔……1 S0：连接中断" ⋮ "道岔……n S0：连接中断" "信号机…1 S0：连接中断" ⋮ "信号机…n S0：连接中断"	STEKOP 上 8 V 电源	SV2602 电源的 LED U_E 与 U_A 灭灯；STEKOP 与 FEMES 的 RASS a.ASS（通道 1 a.2）红色； STEKOP 单元：灯（通道 1 a.2）红色	STEKOP 上的 8 V 电源坏
• 轨道显示：对应一块 STEKOP 板的全部信号机或道岔是灰色。 • C 类报警："信号机… S0：连接中断"或"道岔…S0：连接中断"	STEKOP 单元	STEKOP：灭灯	STEKOP 单元块坏
• 轨道显示：信号机或道岔是灰色。 • 综合信息栏显示：24 V 供电红色。 • C 类报警： "24 V 故障" "全部道岔及信号机 S0：连接中断"	电源屏 24 V 变换器	OLM：全部灭灯； STEKOP：全部 STEKOP 单元块的一通道的 LED L1 闪光	24 V 电源变换器故障
C 类报警："S20：位置继电器启动故障"	硬件出错	STEKOP K 灯黄色； DEWEMO 上的 Ri 灯灭	DEWEMO 故障

续表 6.20

LOW 上显示的信息	出 错 源	出 错 特 征	出 错 原 因
C 类报警："S21：道岔转换未检查"	硬件出错		日检查拒绝
C 类报警："日检查不执行"	硬件出错	出错超过 24 小时	日检查拒绝
• B 类报警："S13：其他错误"。 • C 类报警："控制电流关断"	160 V 电源（国产 ZD6 转辙机为 220～240 V 直流电）	DEWEMO 上的 Ri 灯与道岔位置灯不相同	未有动作电流
所有道岔： • B 类报警："S13：其他错误"。 • C 类报警："控制电流关断"。 • 综合信息栏显示：道岔供电红色	220 V 直流转辙机动作电源		道岔动作 220 V 直流电源没有
• 轨道显示与综合信息栏显示灰色。 • A 类报警： "通道 A 连接故障" "通道 B 连接故障" "通道 D 连接故障"	60 V 电源	联锁机柜全部单元灭灯； STEKOP 单元：LED ASS(通道 1 与 2）红色，其他灯灭灯	60 V 电源故障
• 轨道显示与综合信息栏显示灰色。 • A 类报警： "通道 A 连接故障" "通道 B 连接故障" "通道 D 连接故障"	24 V 联锁电源	联锁机柜的所有 OLM 灭灯； STEKOP 电源坏； 道岔与信号机的单元板：ASS a.RASS（FEMES 单元，通道 1 a.2）红色，KOMDA 检测后计算机关闭	24 V 联锁电源坏
• 轨道显示与综合信息栏显示灰色。 • A 类： "通道 A 连接故障" "通道 B 连接故障" "通道 D 连接故障"	联锁机柜 SV2102 电源单元	三个 SVK2102 电源无电压输出（LED U_A 灭灯）	输入欠电压：U_E<33 V
• 轨道显示与综合信息栏显示灰色。 • A 类报警： "通道 A 连接故障" "通道 B 连接故障" "通道 D 连接故障"	联锁机柜 SV2102 电源单元	三个 SVK2102 电源无电压输出（LED U_A 灭灯）； 正面的 F2 保险烧断	输入过压：U_E >89 V
• 轨道显示：全部信号机红闪。 • B 类报警：全部信号机显示"S10：灭灯"	STEKOP 机柜上部的 24 V 电源	全部 STEKOP 的上部电源关闭（ASS 与 RASS 灯红色）	STEKOP 机柜上部的 24 V 电源未送电
B 类报警： "S10：灭灯" "S13：主灯丝断丝"	电源	DESIMO 上的 LED LO 灭灯	每架信号机没有信号电压

续表 6.20

LOW 上显示的信息	出错源	出错特征	出错原因
• B 类报警：全部信号机显示"S10：灭灯""S13：主灯丝断丝"。 • 综合信息栏："信号机电源"红色	电源屏 220 V 信号电源		220 V 信号电源没有
• 轨道显示：信号机与道岔闪光。 • B 类报警： "信号机…1 S10：灭灯" ⋮ "信号机…n S10：灭灯" "道岔…1S 21：道岔转换" ⋮ "道岔…n S21：道岔转换" • 综合信息栏：DSTT 机柜红色，后 STEKOP 坏，信号机道岔灭灯	DSTT 机柜 24V 电源	STEKOP 单元：ASS（通道 1a.2）灯灭灯，命令与信息灯灭灯； 过 2～5 min 后全部 STEKOP 单元关闭	DSTT 机柜 24 V 电源坏
• 轨道显示：全部道岔闪光。 • B 类报警：全部道岔显示"S13：其他错误"	STEKOP 机柜单元架中的 24 V 电源	全部 STEKOP 中的单元板：命令与信息灯灭灯	STEKOP 机柜单元架中的 24 V 电源未送电
B 类报警："S21：道岔转换"	道岔没表示	DEWEMO 上的道岔位置灯灭灯	没有表示电压
• 轨道显示：全部道岔与电源综合信息显示灰色。 • C 类报警： "道岔…1 S0：连接中断" ⋮ "道岔…n S0：连接中断"	BUMA3 与 LWL 的连接	OLM 对应的 LED CH3 灭灯； 道岔与电源的 STEKOP 的 LED L1 闪光（1 通道）L4（1 通道）黄色	BUMA4 与 OLM 之间断线
• 轨道显示：全部道岔与电源综合信息显示灰色。 • C 类报警： "道岔…1 S0：连接中断" ⋮ "道岔…n S0：连接中断" "信号机…1 S0：连接中断" ⋮ "信号机…n S0：连接中断"	STEKOP 上的 8 V 电源	SV2602：LED U_E 与 U_A 灭灯。 STEKOP-FEMOS ： RASS a.ASS（通道 1 a.2）红色。 STEKOP 单元：LED ASS（通道 1 a.2）红色	STEKOP 上的 8 V 电源坏
• 轨道显示：全部道岔灰色。 • 综合信息栏："24 V 供电红色"。 • C 类报警："24 V 电源故障"。 • 全部道岔、信号机："S0：连接中断"	电源屏 24 V 电源转换器	OLM：全灭灯。 STEKOP：所有 STEKOP 单元的 L1 灯闪光	24 V 电转换器坏
• 综合信息栏："风扇运行"红色。 • C 类报警："风扇故障"	风扇电线		24 V 电源没有监测电流
• 综合信息栏："UPS 故障"。 • C 类报警："UPS 故障"	UPS	UPS 出代码	UPS 误动

续表 6.20

LOW 上显示的信息	出错源	出错特征	出错原因
• B 类："S13：其他出错" • C 类："控制电流关断"	160 V 电源	DEWEMO 与 Ri 灯与道岔位置灯不同	未有位置电流
全部道岔： • B 类报警"S13：其他出错"。 • C 类报警："控制电流关断"。 • 综合信息栏："道岔供电"亮红色	道岔动作 220 V 直流电源		220 V 直流驱动电源无
综合信息栏：电源信息灭灯	OLM 与 STEKOP 背面电源端子之间的连接	对应的 OLM 的 LED CH1 灭灯。 STEKOP 背面电源：通道 1 的 LED L1 闪光，L4 黄色，信息灯灭灯	STEKOP 背面到 OLM 上电源线断
LOW 无出错信息	5 V 计算机通道电源	• SVK2102：LED U_E 与 U_A 灭灯，相应通道灭灯。 • 相邻的通道： VESUV3:LED VL 与 VR 红灯； VENUS2：显示 F.0002 /8006/0004； BUMAS：LED VR 与 VL 左边红灯	一个通道的 5 V 电源坏
• 综合信息显示栏：60 V 电源红色。 • C 类报警：60 V 电源故障	电源屏 60 V 电源转换器		60 V 变换器坏
LOW 无出错信息	联锁机柜 SVK2102 电源单元	供电单元无电压输出（LED U_A 灭灯）	输出欠电压：$U_A < 4.5$ V
LOW 无出错信息	联锁机柜 SVK2102 电源单元	供电单元无电压输出（LED U_A 灭灯）； F2（面板）保险烧坏	输出过压：$U_A > 6.3$ V
LOW 无出错信息	联锁机柜 SVK2102 电源单元	供电单元无电压输出（LED U_A 灭灯）； F2（面板）保险烧坏	电源内部 IC 控制器 U_S>21 V
LOW 无出错信息	ESTT 柜 SVK2602 电源单元	供电单元无电压输出（LED U_A 灭灯）	输入欠电压：$U_E < 42$ V
LOW 无出错信息	ESTT 柜 SVK2602 电源单元	没电压输出；LED U_A 灭灯；面板上 F2 保险烧	输入过压：$U_E > 75$ V
LOW 无出错信息	ESTT 柜 SVK2602 电源单元	没电压输出；LED U_A 灭灯	输出欠压：$U_A < 6.3$ V
LOW 无出错信息	ESTT 柜 SVK2602 电源单元	没电压输出；LED U_A 灭灯；面板上 F2 保险烧	输出过压：$U_A > 10$ V

续表 6.20

LOW 上显示的信息	出错源	出错特征	出错原因
LOW 无出错信息	ESTT 柜 SVK2602 电源单元	没电压输出；LED U_A 灭灯；面板上 F2 保险接触不良	电源内部控制 IC 的 $U_S > 21$ V
B 类报警："S10：灭灯"	STEKOP	全部信息灯灭灯； 全部控制命令灯灭灯；STEKOP 上的 LED ASS 红色	STEKOP 保险烧
B 类报警："S10：灭灯"	DESIMO	DESIMO 上的全灭灯	STEKOP 与 MESIMO 连接故障
B 类报警："S10：灭灯"	DESIMO	DESIMO 上的 LED LO 灯灭灯	没有 24 V 电源

六、SICAS 系统的日常维护

1. 技术规范

（1）微机联锁系统采用三取二冗余模式。

（2）在对正常进路进行防护的同时，满足高密度自动驾驶的安全要求，建立列车进路的 ATP 保护区段并予以防护。

（3）向 ATP 提供信号机状态、列车进路的设置情况、保护区段的建立、轨道区段临时限速以及区间列车运行方向等条件。

（4）车站联锁设备与 ATS 系统结合，实现车站和中央的两级控制。

2. 工艺标准（见表 6.21）

表 6.21

修程	周期	维修内容	维修方法	维修标准
日常保养	日检	检查设备运行状态	检查散热风扇	风扇转动时没有噪音，保持一定风量以起到散热作用，并且没有积尘
			检查模块指示灯	各模块的指示灯应和各模块指示灯的正常显示一致，应特别注意闪烁状态的指示灯的显示
		检查设备外表	检查设备外表	检查设备外表是否有裂纹、刮花或破损等现象，如果有，应根据损坏程度作出适当的处理
	周检	清洁设备外表	检查外表卫生状况	设备外表干净、清洁、无灰尘、无污迹
			清洁防尘网、过滤组件	防尘过滤组件应无积尘，通气良好，每月至少清洗一次

续表 6.21

修程	周期	维修内容	维修方法	维修标准
二级保养	季检	同日常保养内容		
		内部检查	电缆入口密封性检查	电缆入口密封性良好
			机柜检查	机柜门开关灵活，锁闭灵活； 机柜密封性良好
			检查各插卡板插接是否松动	各插卡板插接牢固且密贴性良好
			各接口接头（包括屏蔽线、地线、接线端子）是否松动	各接口的螺丝应紧固，连接线应连接牢固、无断线、无接触不良、表皮无破损
		电气特性检查	检查电源模块输出	电源电压输出应稳定并在允许范围内（增加标准）
		清洁卫生	拆卸并清扫散热风扇模块	风扇无积尘
			清洁设备表面卫生	设备表面卫生干净、清洁、无灰尘、无污迹
		冗余试验（运行状态）	排列跨联锁区进路，依次关 A、B、C 通道中的一个，检查系统工作是否正常。（关一个通道后需恢复三取二后，再关另一通道）	系统运行正常，进路信号机仍处于开放状态，LOW 显示正常，无异常故障报警，OLM 显示正常；能排列跨联锁区进路
			依次只启动 AB、AC、BC 通道，检查系统工作是否正常	系统运行正常，LOW 显示正常，无异常故障报警，OLM 显示正常；能排列跨联锁区进路
		冗余试验（电源模块）（只适用于 STEKOP）	电源 1、3 通道是主、备作用。设备运行时把 3 通道打下	系统运行正常
			把电源 3 通道合上，再把 1 通道打下	系统运行正常
			按上述操作检查 2、4 通道	系统运行正常
小修	年检	同二级保养内容		
		清洁内部部件	彻底清除内部积尘	对设备进行彻底的清洁、吸尘。注意：尽量少卸光纤
		部件检查	全面检查各板卡、模块（电源模块需分解清洁）	电路板外观无变形，无烧黑等不良现象。 电容外观完整，无发胀、爆裂、漏液。 磁性元件外观完整，无发黑。 各类保险安装牢固，接触良好。 各接点接触良好，无虚焊，无锈蚀和接触不良现象
中修	二年	更换不良部件	更换防尘网	
			OLM 后台老化测试	有条件情况下进行
大修	十五年	更换系统		根据采购合同系统生命周期而定。 性能不低于原设计标准

七、SICAS 的操作规程

1. 启动操作规程

当 SICAS 计算机故障或检修，需重新启动时，应按以下操作规程执行：

（1）检查所有板块及连线的安装连接是否正常。

（2）检查三个通道同步比较板（VESUV3）开关位置，开关必须打在 EIN 位置上。

（3）同时打开 M 层 3 个 SVK2102 的 5 V 电源开关，使 SICAS 计算机的三个通道同时上电（在关闭电源单元 IC 开关后，必须在 U_E 灯熄灭后才能再次打开电源开关）。

（4）检查三个通道的同步比较板的 RF 灯是否打开绿灯，如果 RF 灯灭灯时，按 VESUV3-PF 按钮删除错误存储(最好的方法是：在开机时，在 3 s 内按完三个通道 VESUV3-PF 按钮删除错误存储）。

（5）检查三个通道的同步比较板的 VR（红）、VL（红）灯是否亮红灯，若不在二取二情况下亮红灯，则关闭 M 层 3 个 SVK2102 的 5 V 电源开关，在 U_E 灯熄灭后再同时打开 3 个电源开关，计算机自动重启，并重新检查同步比较板 RF 灯是否显示正常。

（6）检查 BAMA 板的 VL、VR、FS、VS 灯是否亮红灯，如果不在二取二情况下，有一个灯亮红灯，都必须对 BUMA 板进行复位操作。应先按有故障显示的通道的 BUMA 板的复位键（RV、RB 应同时按下，RV 使比较和剩余存储器复位，RB 使 BUMA 复位），接着循环按完另外两通道的 BUMA 板的复位键。

（7）如果 SICAS 计算机能够成功启动，三个通道各板块的显示灯应有如下显示：

- 同步比较板（VESUV3）：VESUV3 BG 通道 A-C LED 的 VL（红）关和 VL（红）关（二取二时，正常工作的两通道其中一个 VL 亮，另一个 VR 亮。）RF（绿）开、BT（黄）开、SP（黄）开和 PF（黄）开。
- 处理器板（VENUS2）：VENUS2 BG 通道 A-C LED 的 1（绿）开、LED 的 2（绿）关、RS（红）关和 SD（红）关。
- 中断板（VESIN）：VESIN BG 通道 A-C LED 的 ADR（黄）闪光和 PUS（黄）闪光。
- 通信板（BUMA 0～4）：BUMA BG 通道 A-C LED 的 VL（红）关、VL（红）关、FS（红）关和 VS（红）关（二取二时：正常工作的两通道其中一个 VL 亮，另一个 VR 亮），SF（绿）开、BK（绿）关、ME（黄，闪光）、KO（黄，闪光）、L1（黄）开和 L2（黄）开。
- 信号输入组件（MELDA2）：MELDA2 BG 通道 A-C LED 的 LD（黄）闪光。
- 指令输出组件（KOMDA2）：KOMDA2 BG 通道 A-C LED 的 LD1（黄）闪光和 LD2（黄）闪光。

2. 关闭操作规程

当 SICAS 计算机故障或检修，需要关闭时，应按以下操作规程执行：

（1）记录各板块故障信息。

（2）关闭 M 层 3 个 SVK2102 的 5 V 电源开关，待 U_E 灯熄灭后再进行检修或更换板块操作。

3. STEKOP 计算机故障或检修而需重新启动时的操作规程

（1）同时打开电源单元 IC 的四个开关，使 STEKOP 计算机恢复控制（在关闭电源单元 IC 开关后，必须在 U_E 灯熄灭后才能再次打开电源开关）。

（2）按压每块 STEKOP 板的复位键。

（3）如果 STEKOP 计算机能够成功启动，STEKOP 面板显示灯应有如下显示：

• 通道 1：L1、L2、L3、L4（黄）关，RASS、ASS（红）关，5VVK、5VUK（绿）开。

• 通道 2：L1（黄）开，L2、L3、L4（黄）关，RASS、ASS（红）关，5VVK、5VUK（绿）开。

（4）如果 STEKOP 启动后，出现 RASS、ASS（红）开，则需按压该 STEKOP 板的复位键，对该 STEKOP 板进行重新复位启动。

（5）如果 STEKOP 启动后，出现通道 1 的 L4 黄灯亮，说明 STEKOP 与 SICAS 通信连接中断，此时需记录故障信息并检查 SICAS 计算机。

（6）如果在 STEKOP 正常运行后，出现 RASS、ASS（红）开，则需记录相关故障信息，并按压 STEKOP 的复位键，对 STEKOP 进行重新复位启动。

4. DSTT 故障或检修而需重新启动时的操作规程

（1）检查所有供电是否正常。

（2）检查所有连线是否正确。

（3）插上供电插头 X1，观察 DSTT 模块的面板指示灯的显示。

（4）如果是道岔模块，面板显示为：现场位置显示灯亮，继电器 HS1、HS2 指示灯关，命令指示灯 L、R 其中一个为（绿）开。

（5）如果是信号机模块，因为每个 DSTT 信号机模块可以管理两个点灯单元，所以只有一个点灯单元点灯时，显示如下：点灯的一组，S0（绿）关、S1（绿）关、IK1（黄）开和 IK2（黄）开；没点灯的一组，S0、S1、IK1、IK2 均为关。

5. STEKOP 计算机故障或检修而需要关闭时的操作规程

（1）记录各板块故障信息。

（2）关闭电源单元 IC 的四个电源开关，待 U_E 灯熄灭后再进行检修或更换板块操作。

本章小结

本章介绍了 SICAS 三取二计算机联锁的系统概况、功能特点、体系结构和工作原理等内容，着重介绍了两种系统的设备维护与管理，侧重说明了在各种状态下设备的故障情况分析及故障排除思路。

思考练习题

1. SCIAS 计算机联锁的功能有哪些？
2. 保护进路、侧面防护的概念分别是什么？
3. 三点检查、取消解锁、人工解锁、故障解锁的概念分别是什么？
4. 侧面防护元件是如何解锁的？
5. 请阐述 SICAS 计算机联锁的系统结构。
6. 请阐述 SICAS 联锁计算机柜的构成。

7. 请阐述现场接口计算机 STEKOP 机柜的组成及功能。
8. 请阐述 SICAS 联锁现场操作工作站 LOW 的功能。
9. 请阐述 SICAS 联锁 VESUV3 同步比较板的作用。
10. 请阐述 SICAS 联锁中更换通风装置的步骤。
11. 请阐述 SICAS 联锁中更换滤波器的步骤。
12. 请阐述 SICAS 联锁中更换 STEKOP 板的步骤。
13. 请阐述 SICAS 系统的日常维护的技术规范。
14. 请阐述 SICAS 系统的启动操作规程。
15. 请阐述 SICAS 系统的关闭操作规程。
16. 请阐述当 STEKOP 计算机故障或检修，需重新启动时的操作规程。
17. 请阐述当 DSTT 故障或检修，需重新启动时的操作规程。

第七章 DS6-K5B 计算机联锁系统

第一节 DS6-K5B 计算机联锁系统概述

一、DS6-K5B 型计算机联锁系统结构

DS6-K5B 型计算机联锁系统由控制台子系统、联锁子系统、I/O 子系统、电源子系统和监测子系统五个部分组成，如图 7.1 所示。

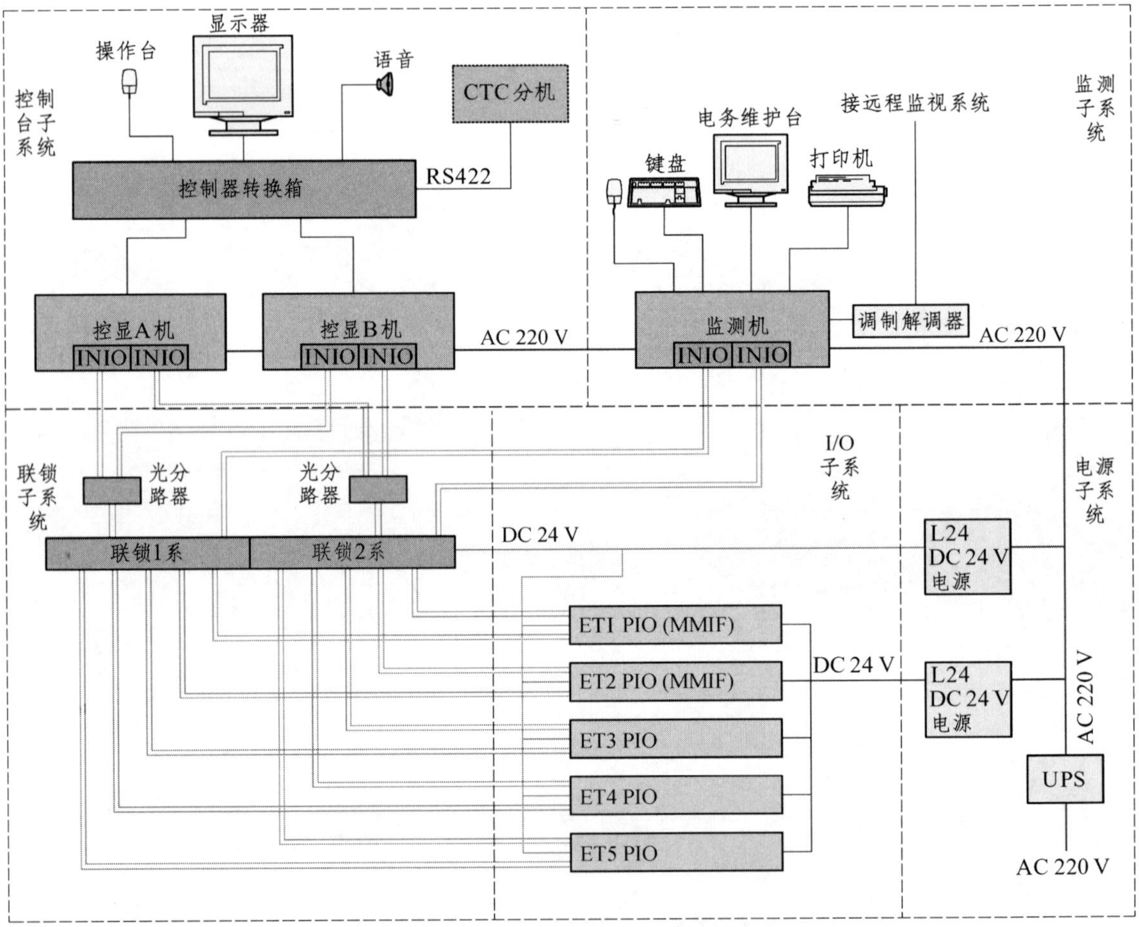

图 7.1 DS6-K5B 型计算机联锁系统结构

控制台子系统实现车站控制台操作、站场图形显示、与 CTC 分机通信等功能。

联锁子系统实现联锁逻辑运算、输入/输出控制、诊断信息处理及 2 重系管理等功能。

I/O 子系统实现驱动现场设备动作，采集现场设备状态的功能。

电源子系统由一套 UPS 和两路直流 24 V 稳压电源组成，提供系统所需电源。

监测子系统包括电务维护台、监测机、键盘、显示器、打印机，实现系统设备故障监视等功能。

二、DS6-K5B 型计算机联锁系统的主要特点

(1) 系统的联锁机和输入/输出电路均采用日本京三公司的 K5B 型产品。该产品所有涉及安全信息处理和传输的部件均按照故障-安全原则采取了 2 重系结构设计。

(2) 联锁处理部件采取双 CPU 共用时钟，对数据母线信号执行同步比较，发生错误时使输出导向安全，具备了故障-安全性能。

(3) 联锁 2 重系为主从式热备冗余，通过高速通道进行数据交换，实现周期同步运行。当一系因故障停止输出时，另一系自动接替工作，保证现场信号设备控制不发生间断。

(4) 输入/输出电路采用日本京三公司生产的电子终端，电路为 2 重系并行工作，即电子终端的每一系都接收联锁机两重系的输出，每一系的输入都发送给联锁机的 2 重系。这种冗余的连接方式保证任何一部分的单系发生故障，系统都能正常运行。这样系统不但具有高的故障-安全性能，而且具有高的可靠性。

(5) 输入与输出均采取静态方式，省去了“静态-动态”变换电路，简化了继电器接口电路设计。

(6) DS6-K5B 系统内各微机之间的通信全部通过光缆连接，做到相互之间的电气隔离，提高了系统抗干扰能力和防雷性能，保证系统具有高的运行稳定性。

(7) DS6-K5B 系统的联锁软件，在 DS6 系统联锁软件基础上移植生成，保留了通过铁道部计算机联锁检验站测试的联锁软件的核心程序和数据结构，保证新系统的联锁功能满足我国车站计算机联锁技术条件的要求。控显机和监测机的应用软件，在 WIN NT 操作平台上重新进行了开发，使得操作界面得到进一步改善，功能得到进一步提高。

三、DS6-K5B 计算机联锁系统主要组成及功能

（一）控制台子系统

控制台子系统主要由控显双机、控显机转换箱和车站值班员办理行车作业的操作、表示设备组成。操作显示设备设在运转室。

1. 控显机

控显机采用 PC 总线工控机。每一台控显机的机箱内除安装连接操作显示设备的接口板外，还安装两块带有光电转换的串行通信接口板 INIO 卡，用于同联锁机的 2 重系通信。控显机采用双机互为备用。控显双机与联锁机的 2 重系，通过光分路器构成交叉互连的冗余关系。控显机和联锁机的连接如图 7.2 所示。

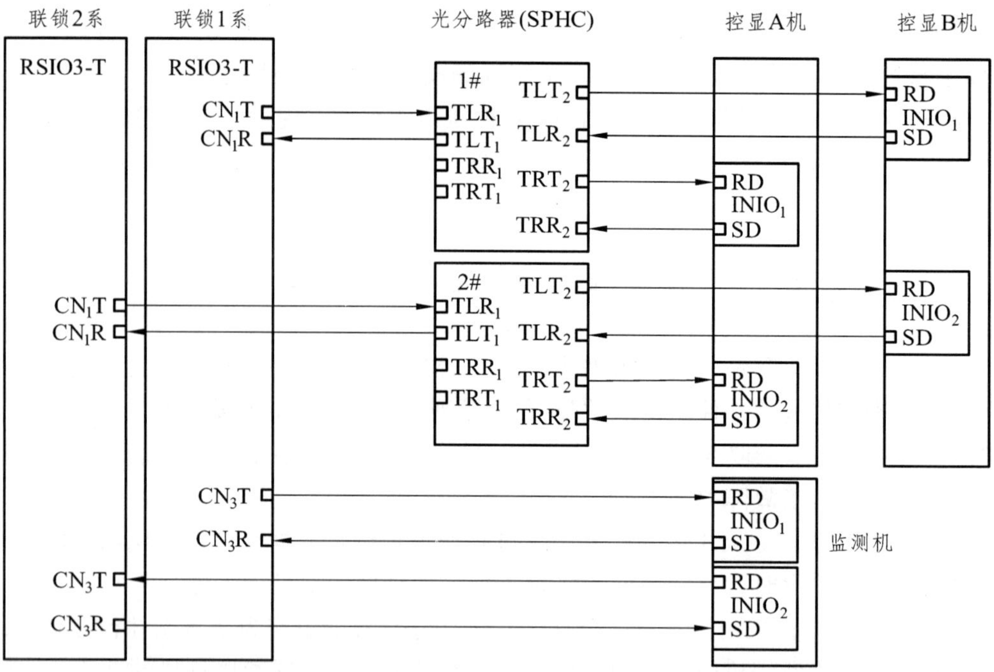

图 7.2　联锁机与控显机、监测机之间的光缆连接

为了实现每一台控显机都能够同联锁机的每一系单独通信，控显双机每一台内安装了两块 INIO 通信卡：INIO1、INIO2。它们分别用于同联锁机 1 系和 2 系通信。联锁机的每一系只有一个与控显机通信的接口：CN1T（发送）、CN1R（接收）。为了实现联锁机的每一系都能够与控显双机同时或与其中的任意一台单独通信，在联锁机与控显机之间的通信线路上增设了光分路器。

光分路器的作用是将一侧的输入信号分成两路输出，同时将另一侧两路输入的信号合并成一路输出。系统用了两个光分路器，1#光分路器用于联锁 1 系与控显双机连接，2#光分路器用于联锁 2 系与控显双机连接。光分路器端口位置图如图 7.3 所示。

每个光分路器由两块电路板组成，一块是电源板 SPHC-PW，一块是信号传送板 SPHC-TT。光分路器由接口 24 V 电源（I24 V）供电。电源板产生 5 V 电压供信号传送板工作。光分路器电源连接如图 7.4 所示。

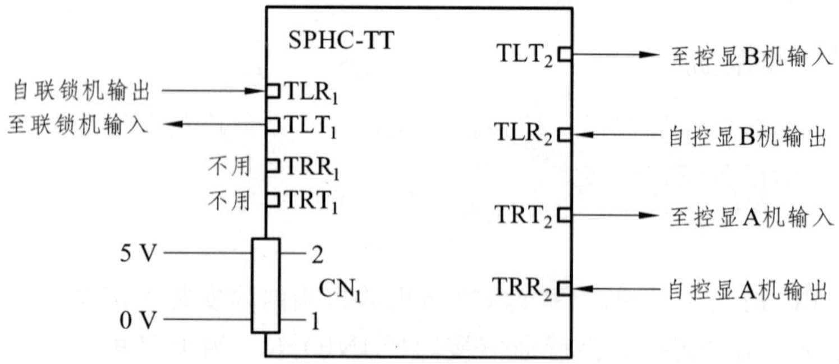

图 7.3　光分路器端口位置图

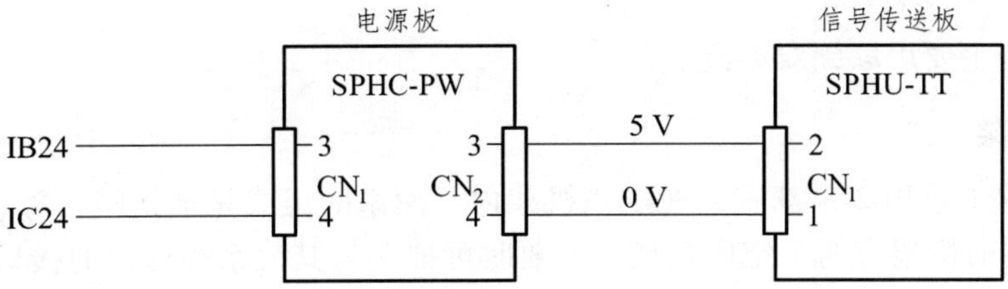

图 7.4 光分路器电源连接

2. 控显机转换箱

控显机转换箱是控制台操作、显示设备与控显机接口的转换装置。本系统控显机采用双机互为备用，但控制台的操作、显示设备只有一套。当控显机切换时，转换箱在人工操作下实现控制台显示器、鼠标、语音输出与控显机接口及控显机电源的自动转换，免去拔、插联机电缆插头的烦琐操作。

控显机转换箱有两路电源：主电源和备用电源。如果主电源工作，则主电源指示灯点亮。当主电源故障后，它会自动切换到备用电源，此时备用电源指示灯点亮，电源故障灯点亮。当更换了故障的主电源之后，按压此按钮，可以切换到主电源供电。

控显机转换箱内有语音卡、串行接口卡、屏幕扩展卡。语音卡用于产生故障报警和操作提示的语音信号；屏幕扩展卡将图形卡输出的图形信号扩展驱动多个屏幕，以满足前后台车站值班员的需要；串行接口卡用于鼠标的切换。

控显 A 机和控显 B 机语音输入线、鼠标输入线、视频输入线均经控显机转换箱切换后，去控制台。

（二）监测子系统

监测子系统是为了帮助计算机联锁系统管理和维护人员分析事故原因和查找设备故障而设计的子系统，主要由电务维护台组成。电务维护台包括监测机、键盘、鼠标、显示器等。

监测机采用 PC 总线工控机。机箱内安装两块带有光电转换的串行通信接口板 INIO 卡，用于同联锁机 2 重系通信，连接介质为光缆。通信管理软件对双路通信的工作状态自动监视。正常情况下，只要有一路通信正常就能保证通信不中断。监测机与联锁机之间的连接见图 7.2。

监测机为系统维护人员提供查询、显示和打印各类检测信息的操作界面。监测机通过网络通信从控显机接收控制台按钮操作信息，从联锁机接收信号设备状态、系统输出命令、输入/输出端口状态、系统故障报警信息等。监测机接收到的信息可以在监视器上实时显示，同时记录到数据库中，供事后查询、显示、再现、打印输出，并能够以图形方式再现信号设备的动作过程。

监测机配备有通信接口，可以通过局域网、广域网或串行通信接口直接与 TDCS 相结合，也可通过调制解调器连接到通信线路上，通过拨号连接方式将监测信息发送到集中监视管理系统和远程监视中心。

（三）联锁子系统

联锁子系统主要由联锁双系组成。

1. 联锁机架

联锁双系的 1 系和 2 系都安装在联锁机架内。两系的组成完全相同，每一系由三块电路板组成，每一系的机架有两个空闲插槽，需要时可插入与其他系统通信的接口板（如 CTC 通信用 OPU 板等）。各板之间通过机架底板的 VME 总线互连。

联锁 1 系和联锁 2 系电源是两个输入直流 24 V、输出直流 5 V 的 DC-DC 电源，分别向联锁 1 系和联锁 2 系的逻辑电路提供 5 V 电源。联锁机架正面示意图如图 7.5 所示。

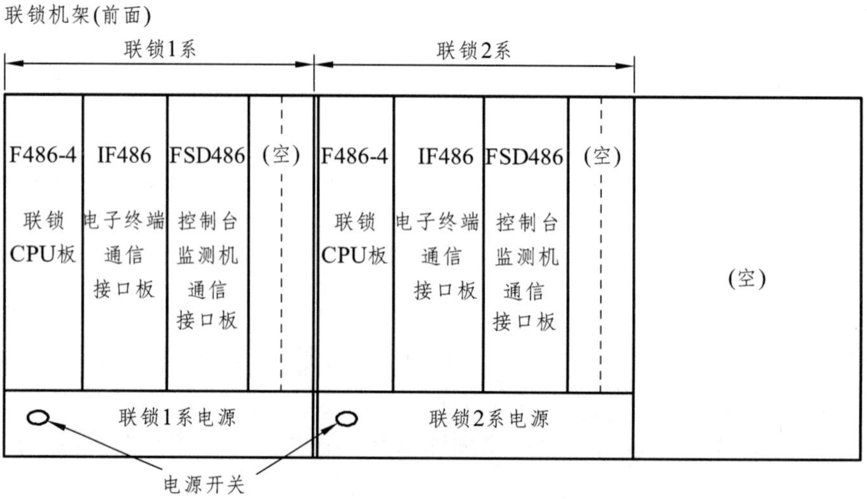

图 7.5　联锁机架正面示意图

在联锁机架的背面，每系各有两块光电转换板：RSIO3 和 TLIO。RSIO3 板是 FSD486 板的光电转换板，用于联锁机与控显机和监测机之间的光缆连接。TLIO 板是 IF486 板的光电转换板，用于联锁机与电子终端之间的光缆连接。联锁机架背面示意图如图 7.6 所示。

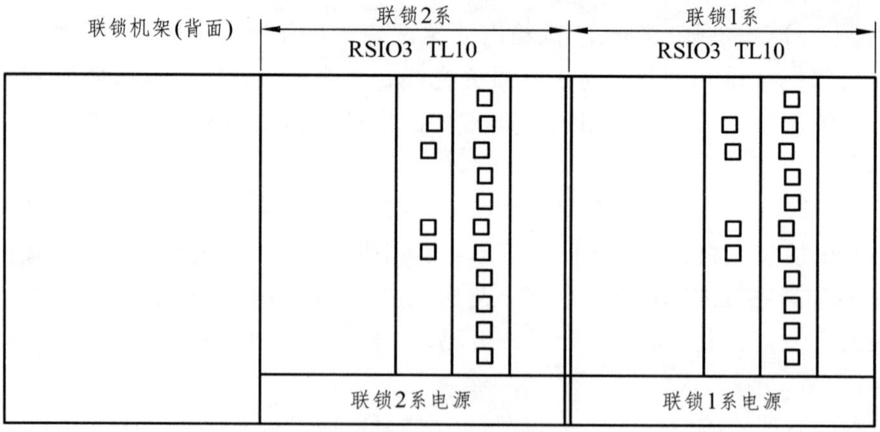

图 7.6　联锁机架背面示意图

2. F486-4 板

F486-4 板是联锁机的主 CPU 板。2 重系每一系各有一块 F486-4 板，安装在联锁机架每一系左边第一个槽位（从正面看）。该板完成联锁逻辑运算、2 重系间通信及切换控制、2 重系一致性检查、系统的故障检测及报警等功能，异常时停止动作，输出导向安全。

该板有 IC 卡插槽，这是由于系统管理程序存储在板上的 ROM 中，而联锁程序和站场数据存储在板上的 RAM 中。因此联锁机每次停电后，需将存储有联锁程序和站场数据的 IC 卡插入 IC 卡插槽，从 IC 卡上重新读入联锁程序和站场数据，然后系统才能投入运行。

F486-4 板面板指示灯及开关功能说明如图 7.7 所示。

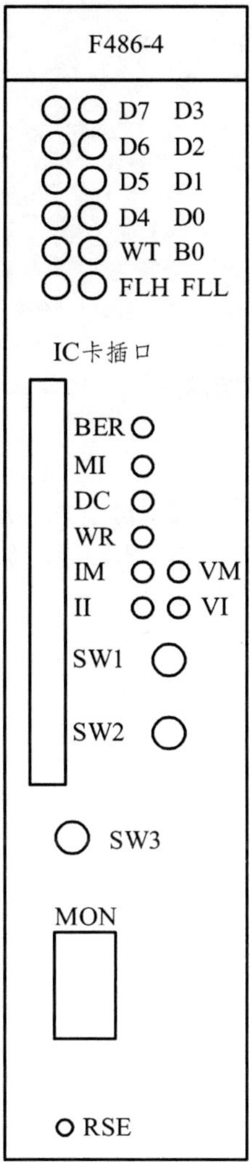

D7：灭—系统运行正常；亮—系统停机

在D7灭灯的情况下，D0~D6状态定义如下：

- D0：亮—本板为1系，灭—本板为2系；
- D1：亮—本板为主系，灭—本板为从系；
- D2：亮—两系不同步，灭—两系同步；
- D3：亮—执行控制功能，灭—控制功能停止；
- D4：亮—APL（应用程序逻辑）开始执行，灭—APL停止执行；
- D5：预留；
- D6：亮—数据连接成功，灭—数据连接失败

在D7亮灯的情况下，D0~D6表示错误代码

WT：反映看门狗状态

B0：灭—VME总线出错，亮—VME总线无错

FLH, FLL：反映总线时钟状态

BER：亮—外部RAM访问总线出错

MI, DC, WR, IM, VM, II, VI：反映硬件工作状态

SW1, SW2：运行方式设置开关，必须设置成相同状态

- SW1=SW2=1：正常方式；
- SW1=SW2=F：调试方式

SW3：总输入开关，必须设置为0

MON：9针D型插座，调试用接口

RES：系统复位开关

图 7.7　F486-4 板面板指示灯及开关功能说明图

3. IF486 板

IF486 板是联锁机与电子终端的通信接口板。联锁 2 重系每系各有一块，安装在联锁机架每一系左边第二个槽位上（从正面看）。板上 ROM 存储了通信处理程序。每个 IF486 板上有 5 路与电子终端的通信接口。IF486 板面板指示灯及开关功能说明如图 7.8 所示。

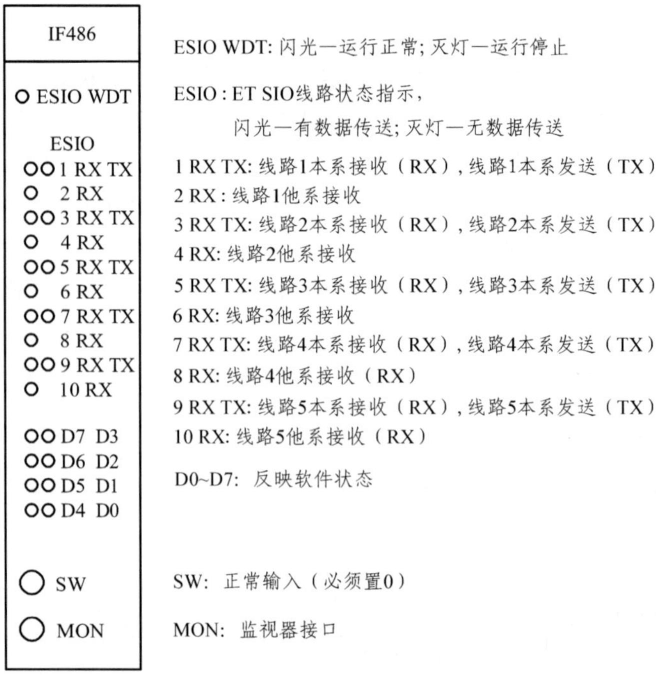

图 7.8　IF486 板面板指示灯及开关功能说明图

4. FSD486 板

FSD486 板是联锁机与控显机、监测机的通信接口板，安装在联锁机架每一系左边第三个槽位上（从正面看）。板上 ROM 固化有通信程序。FSD486 板面板指示灯及开关功能说明如图 7.9 所示。

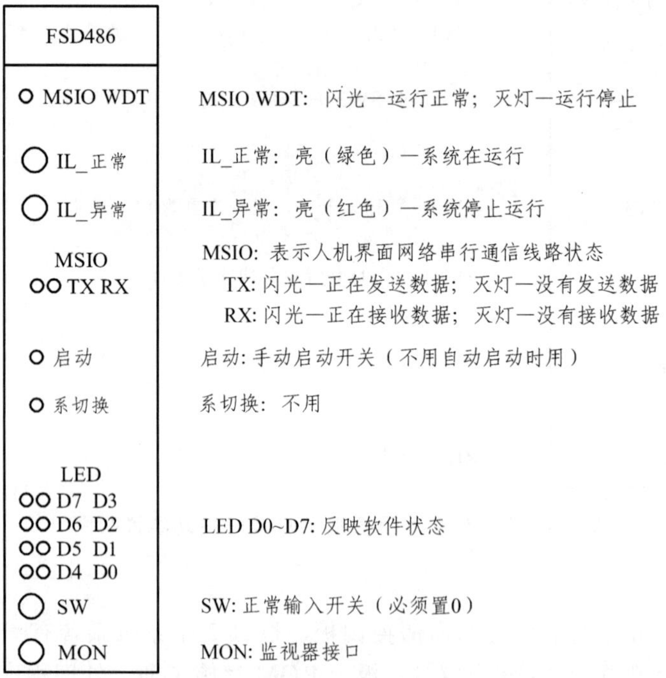

图 7.9　FSD486 板面板指示灯及开关功能说明图

5. 光电接口板

在联锁机架的背面，每系各有两块光电接口板：TLIO 和 RSIO3。TLIO 板是 IF486 板的光电接口板，用于联锁机与电子终端之间的光缆连接。RSIO3 板是 FSD486 的光电接口板，用于联锁机与控显机和监测机之间的光缆连接。

TLIO 光电接口板的接线图如图 7.10(a)所示。该板上有 5 个 ET 线路的光缆接口，即 L1H、L2H、L3H、L4H、L5H 五个光缆插孔（其余光缆插孔在本系统中不用）。每一个插孔可插入一根两芯光缆，连接一个 ET 机架。本系统最多连接 5 个 ET 机架。

RSIO3 光电接口板的接线图如图 7.10（b）所示。该板是 FSD486 与控显机、监测机之间通信的光电信号变换接口。板上有 4 个光缆插孔，每个插孔可插入一个单芯光缆。CN1T、CN1R 用于连接控显机，CN3T、CN3R 用于连接监测机。

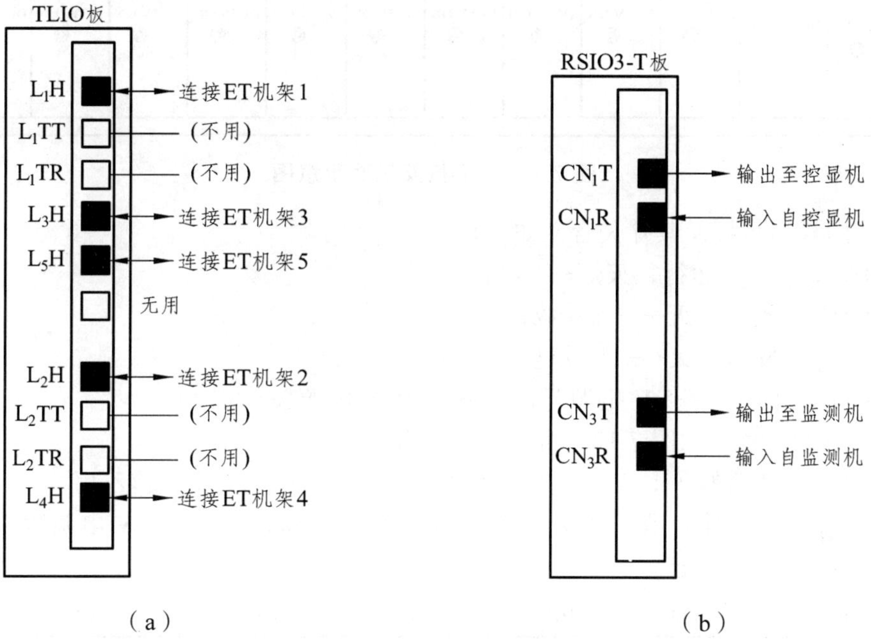

图 7.10　光电接口板接线图

（四）I/O 子系统

I/O 子系统主要由输入/输出接口组成。该系统的输入/输出接口称为“电子终端”，用字符“ET”表示。

1. ET 机架

ET 电路安装在 ET 机架内。

ET 机架正面示意图如图 7.11 所示。

一个 ET 机架有 12 个插槽。机架左边的两个插槽用于安装两个 ET-LINE 模块，左边第一个插槽安装 1 系 LINE，与联锁 1 系的 IF486 连接；第二个插槽安装 2 系 LINE，与联锁 2 系的 IF486 连接。其余的 10 个插槽用于安装 PIO 模块。PIO 模块必须成对安装，因此每一个机架可以安装 5 对 PIO 模块。PIO 模块是通用的，每个 PIO 可插在机架的任意插槽上。系统对 PIO 的识别（寻址）通过 ET 机架底板上每个插槽的地址设置实现。每个机架内的 5 对 PIO 地址在设备出厂时已经按照系统配置设置好。

值得注意的是：电子终端的 ET LINE 和 ET-PIO 模块必须插在机架的指定槽位上。插错位置系统不能运行，并有可能造成设备故障。

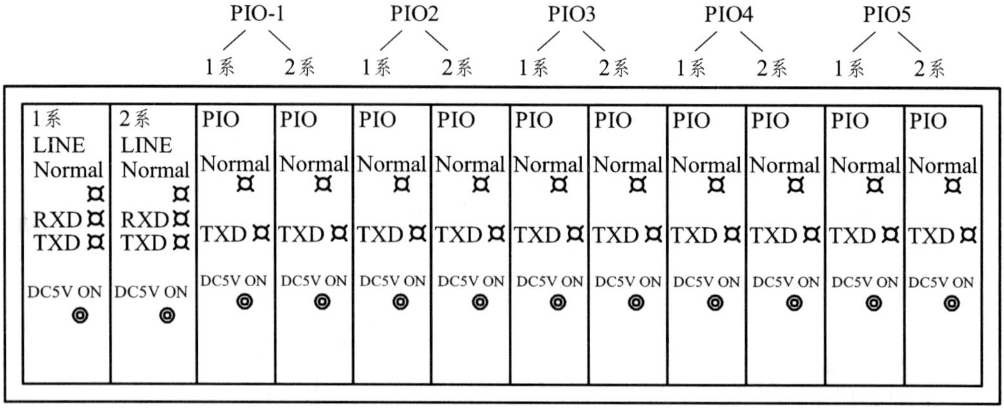

图 7.11　ET 机架正面示意图

ET-PIO 面板指示灯及其开关含义如下：

NORMAL：亮——运行，灭灯——停止。

RXD：闪——接收，灭——无接收。

TXD：闪——发送，灭——无发送。

DC 5 V ON：向上——5 V 电源开；向下——5 V 电源关。

ET 机架背面示意图如图 7.12 所示，各插座用途如下：

LINE：J1——电源插座；A3——1 系和 2 系的光缆插座（其余插座不用）。

PIO 1～5：J1——输入信号插座；J2——输出信号插座；J3——24 V 电源插座；J4 和 J5 用短电缆连接，不对外引出。

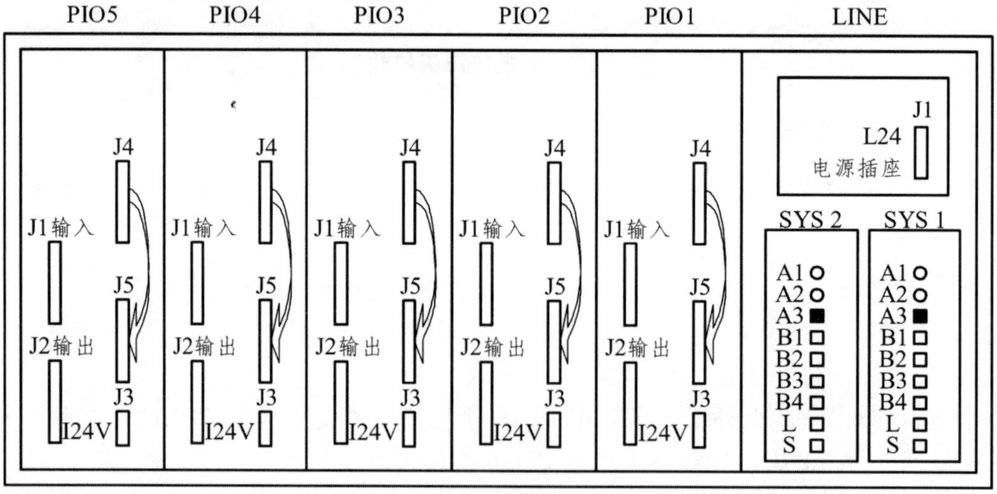

图 7.12　ET 机架背面示意图

2. ET

ET 采用并列 2 重系结构，单板的故障不影响系统的输入和输出。输出驱动和输入采集均采用静态方式。输出直接驱动安全型继电器，输入采集直流 24 V 信号。

每个 ET-PIO 电路板都是具有双 CPU 故障-安全处理器的智能控制板，每块板通过串行通信接口与联锁机交换信息，并完成对本板的输入/输出数据的安全处理和对本板电路的故障检测，控制是分散独立的。

每对 ET-PIO 电路板组成并列的输入/输出接口，对外共同连接 32 路输出和 32 路输入。

3. ET 与联锁机之间的连接

ET 与联锁机之间的物理连接通过 ET NET 光缆实现，如图 7.13 所示。联锁机的 IF486 板是联锁机与 ET 的通信接口，一个 IF486 板上有 5 个 ET NET 通道。通过 TLIO 光电转换板引出 5 对光缆，可连接 5 个 ET 机架。TLIO 的端口与 ET 机架之间采用 HAC 105 型两芯光缆连接。

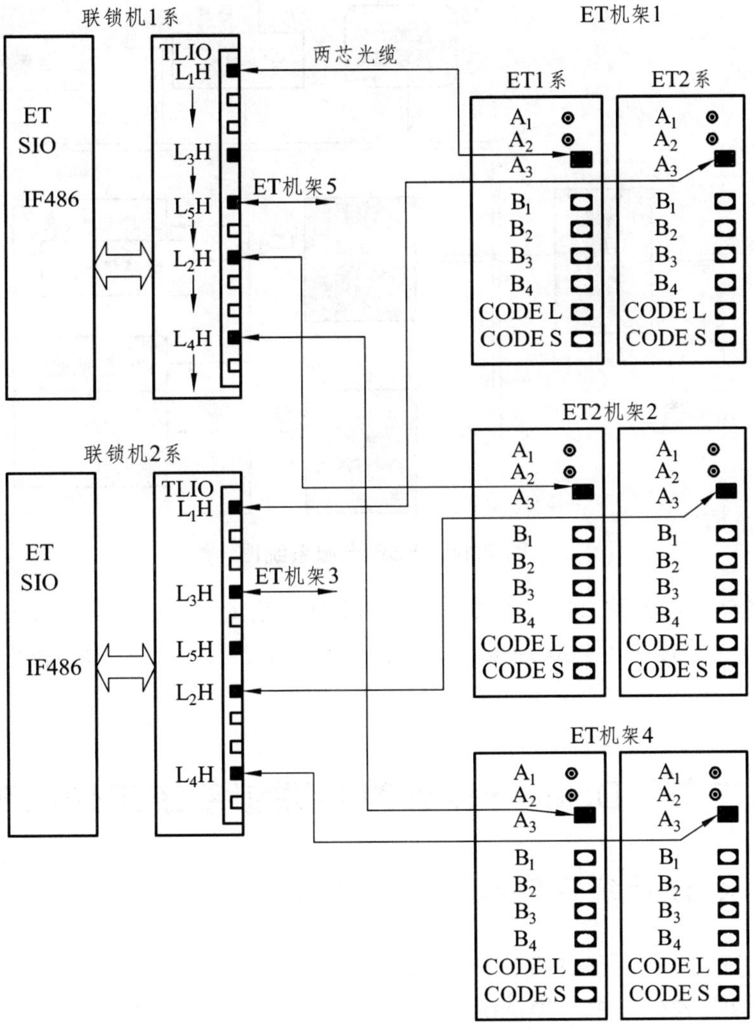

图 7.13 ET 与联锁机光缆连接图

（五）电源子系统

该系统要求信号电源屏经隔离变压器单独提供一路单相交流 220 V 电源。如图 7.14 所示，从电源屏来的 220 V 电源送到电源柜，经过 UPS 后向计算机设备供电。

控显机、监测机及控制台显示器等设备使用 UPS 输出的 220 V 电源。

联锁机和 ET 采用两路直流 24 V 电源供电。第一路称为逻辑 24 V 电源（L24 V），此电源经 K5B 内部的 DC-DC 变换，产生逻辑电路工作所需的 5 V 电源。第二路称为接口 24 V 电源（I24 V），供输出接口驱动继电器和输入接口采集继电器状态使用。

在组合架上，所有受计算机控制的继电器用的 24 V 电源，均由计算机系统的 I24 V 电源供电。在组合架上，不受计算机控制的继电器的电源仍使用信号电源屏电源。

计算机输出电路从 24 V＋开始，经过继电器线圈，形成公共回线，回到 I24 V－。

计算机采集的继电器接点组的中间接点连接到 I24 V+，经过采集接点组的前接点或后接点回到计算机输入电路。

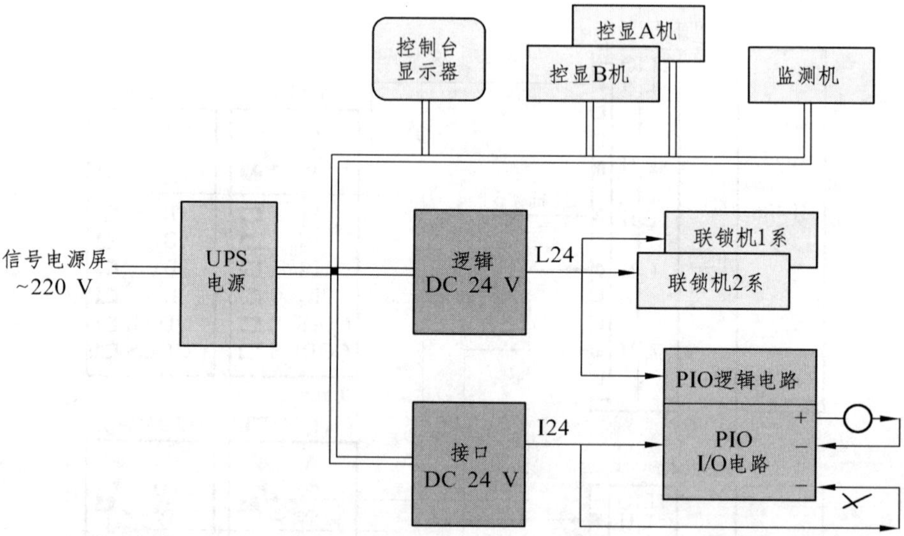

图 7.14　K5B 电源系统图

供 K5B 设备使用的两路 24 V 电源，安装在计算机系统的电源柜内。每一路 24 V 电源均由三个 AC-DC 开关稳压电源模块组成，其中两个模块在线工作，互为热备份，可自动切换，另一个模块为冷备份。

第二节　DS6-K5B 计算机联锁系统工作原理

一、DS6-K5B 计算机联锁系统的双系热备

DS6-K5B 计算机联锁系统的双系热备如图 7.15 所示。在双系热备方式中，电子终端的 1 系和 2 系均仅接收联锁机其中一个系统发来的输出信息，即联锁机 1 系的输出或联锁机 2 系的输出，而联锁机另一系的输出不予采纳。也就是说，双系中存在主用系和备用系的区别。

只有主系对外的输出才被电子终端的 1 系和 2 系采纳，备系的输出虽然送出，但不被电子终端的 1 系和 2 系取用，而仅用于双系之间的校验。当双系的主系发生故障时，则自动地倒向备系。从这个意义上说，联锁双系之间采用的是双系热备的方式。

在这种双系热备的方式中，电子终端的每一系都接收联锁机二重系的输出，电子终端每一系的输入都发送给联锁机的二重系。电子终端的 1 系和 2 系同时工作，同时产生输出，并且均以线圈并联的方式连接到被驱动的继电器上。也就是说，电子终端的双系是以二重系并联方式运行的。

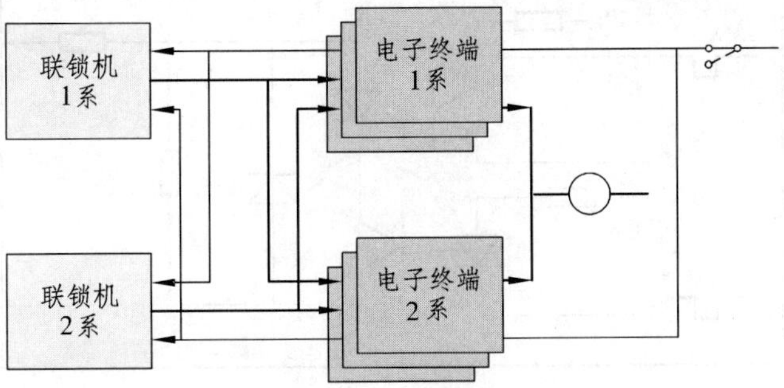

图 7.15　DS6-K5B 计算机联锁系统的双系热备

二、F486-4 板的双 CPU 电路

联锁机 2 重系具有相同的双 CPU 电路。图 7.16 所示为单系的双 CPU 电路。

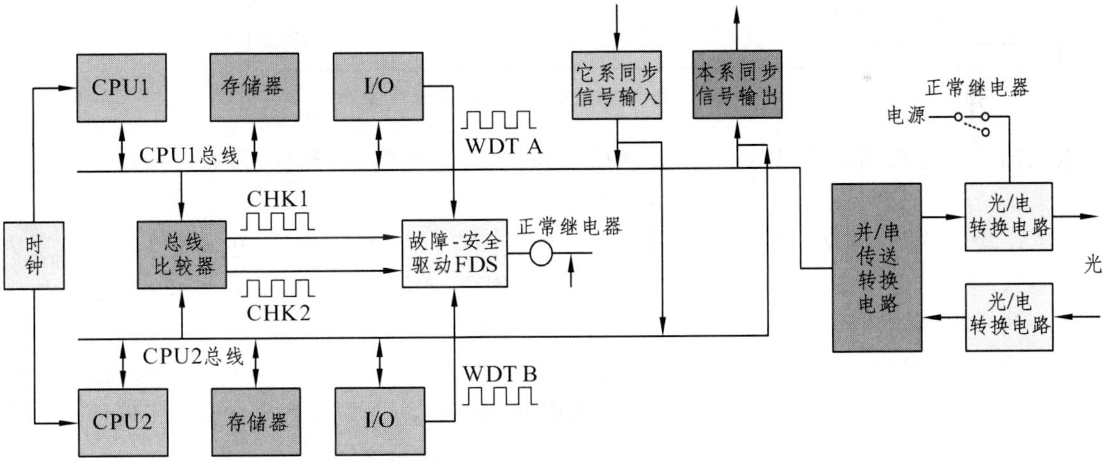

图 7.16　双 CPU 电路

两个 CPU 在同一个时钟控制下，实现总线级同步工作。总线比较器以时钟为单位，对双重 CPU 的处理经过、处理结果进行对照检查。经总线比较器比较，两个 CPU 运行完全一致时，正常继电器吸起，输出“电/光转换电路”接通电源，输出有效。当发生故障时，总线比较器可以做到对 CPU 及周边器件故障在最短的时间内（即一个 CPU 时钟周期内）及时地发现，通过屏蔽对外输出或停止 CPU 动作，使安全得到最有效的保证。

三、输入/输出接口

1. 输入接口电路

图 7.17 所示是电子终端的输入电路原理图。ET-PIO 的输入电路是典型的“静态-动态”变换的故障-安全输入电路。从继电器的采集接点输入直流 24 V 的电压，在 ET-PIO 板内 CPU 产生的脉冲信号的控制下，输入回路工作在接通和断开交替变换的状态，使输入的静态（直流）信号转换成动态（脉冲）信号，实现故障-安全要求。

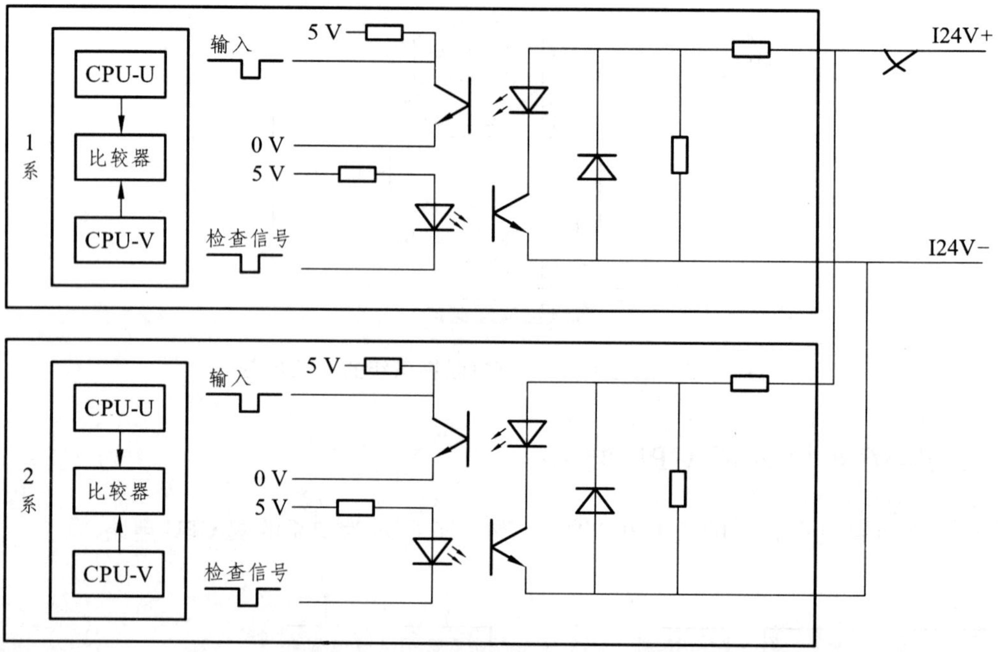

图 7.17 电子终端的输入电路原理图

输入信号经过板内双 CPU 的同步处理后，通过光纤连接的串行通信将输入信息发送给联锁机。

输入采集的直流 24 V 电压，由计算机系统的接口 24 V（I24 V+）电源提供，通过采集接点和输入回路，返回到接口 24 V 电源的负极（I24 V−）。与组合架上的 KZ24 V 电源互相隔离，有利于提高输入可靠性。

联锁机与电子终端间安全信息传送具有正/反码两次传送、CRC 校验、标志码检查等故障-安全保证机制，发现任何一项错误，丢弃本周期的信息。两个周期没有接受正确信息，给出警告信息。4 个周期没有接收正确信息，全部信息按安全侧处理。

每个电子终端通过光电隔离的通信链路与联锁机独立通信。因此，任何一个电路板的故障不影响其他电路板工作。

2. 电子终端的输入信号连接

电子终端的输入信号连接图如图 7.18 所示。PIO 输入信号电源从微机电源柜的接口 24 V（I24 V）的“+”极引出，通过采集继电器的接点到接口架的 CS-TX19-36T/Z 型插头/插座，经过信号电缆连到 PIO 的 J1，进入 PIO 模块内部的输入电路，经 J4、J5 回到接口 24 V 电源的“－”极。

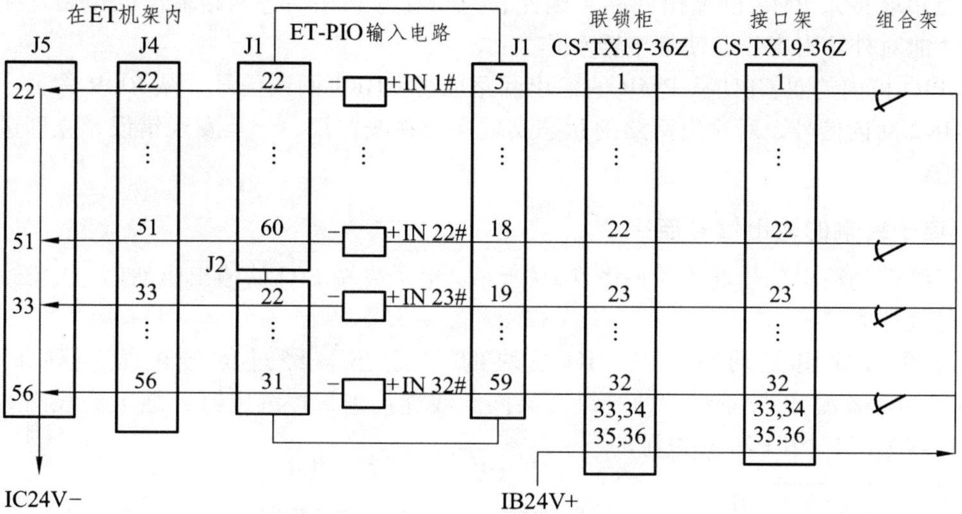

图 7.18　电子终端的输入信号连接图

3. 输出接口电路

图 7.19 所示是电子终端的输出电路原理图。ET-PIO 两重系的输出电路采取并联输出。每一系的输出电路均采取故障-安全设计，输出电压为直流 24 V，直接驱动安全型继电器。电源为计算机系统的接口 24 V 电源。

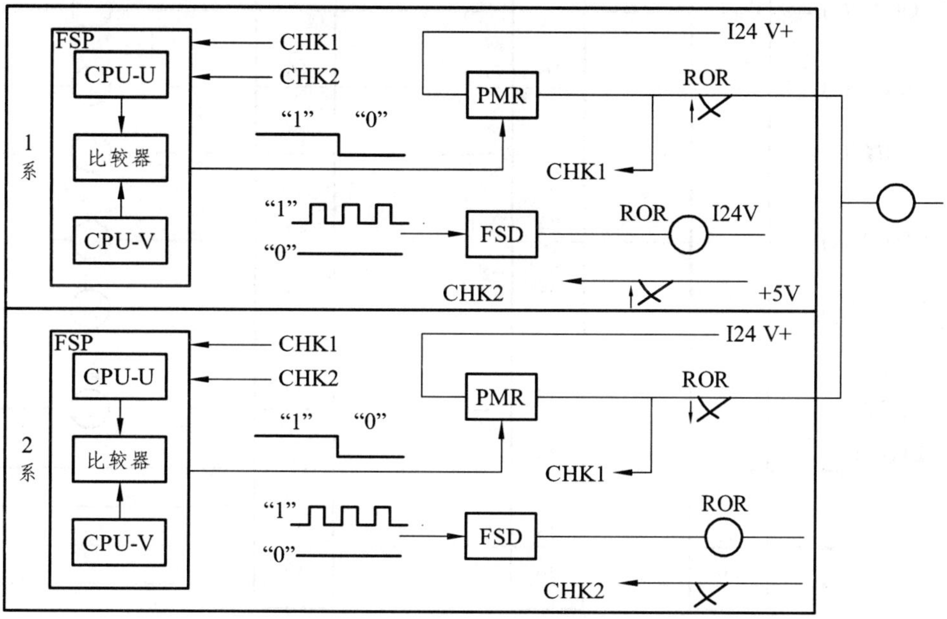

图 7.19　电子终端的输出电路原理图

ET-PIO 板内的双 CPU 通过光纤连接的串行通信接口接收联锁机发来的输出信息，经过双 CPU 的同步运算处理，对有输出的端口同时生成两路输出信号：一路为静态（直流）信号，另一路为动态（脉冲）信号。静态输出信号经过光耦器件（PMR）转换成 24 V 的直流输出电压。动态输出信号经过故障-安全驱动电路（FSD）驱动一个微型继电器（ROR）。ROR 的一组接点串联接入 PMR 的输出回路。因此，只有在静态和动态两路输出的电路均无故障的情况下才能对外输出电压，使继电器动作。

ET-PIO 板内的双 CPU 从 PMR 的输出回路取得 CHK1 回读信号，从 ROR 的另一组接点取得 CHK2 回读信号，对输出回路的状态实现实时在线监视，一旦发现错误，立即进行导向安全处理。

4. 电子终端的输出信号连接

电子终端的输出信号连接图如图 7.20 所示。电子终端 PIO 的输出驱动信号电压为 24 V，输出信号极性为“＋”。

电子终端输出驱动信号从 PIO 模块的 J2 引出，经过信号电缆连到接口架的 CS-TX19-36T/Z 型插头/插座，通过组合架间配线连接到被控继电器。继电器线圈的负极通过公共回线返回到接口 24 V 电源的“－”极。

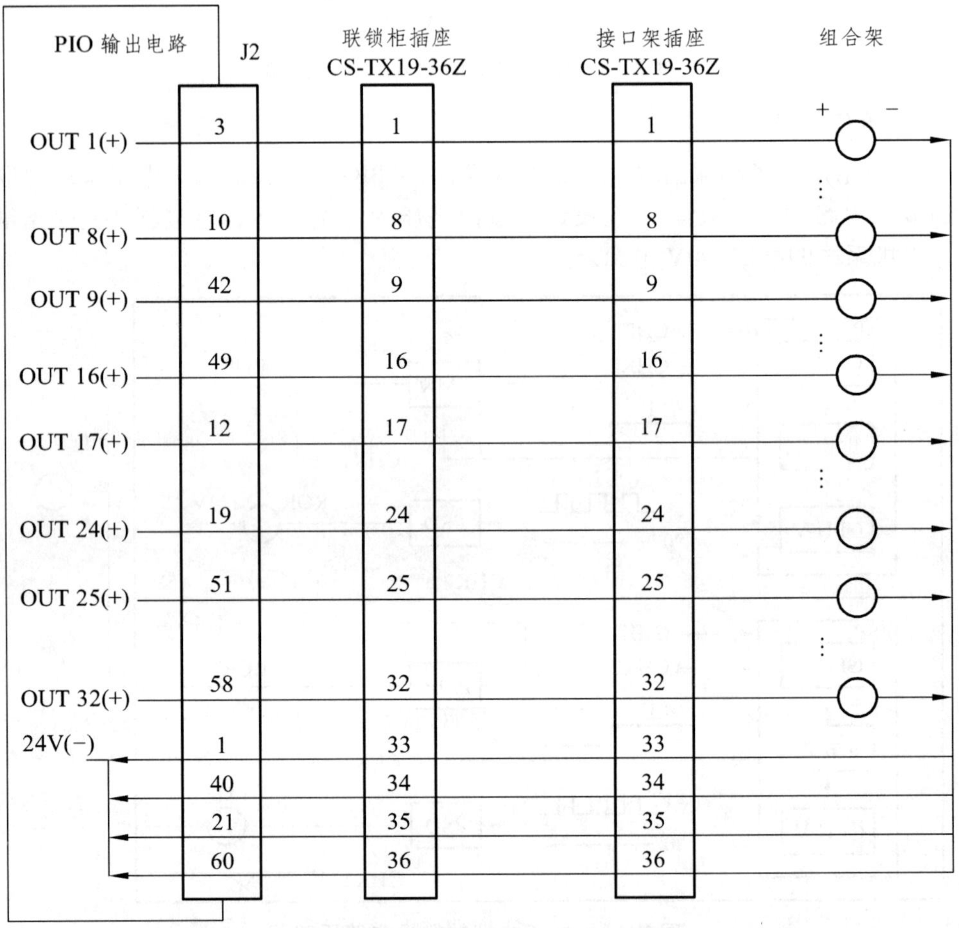

图 7.20　电子终端的输出信号连接图

5. 输入/输出接口配线图

在计算机与继电器组合架之间设有一“接口架”，作为计算机与继电器电路之间的连接界面。在接口架上设有 CS-TX19-36T/Z 型 36 线插座，每个插座配 32 根信号线。继电器电路一侧的连线焊接在插座上，计算机一侧的连线用插头连接，如图 7.21 所示。

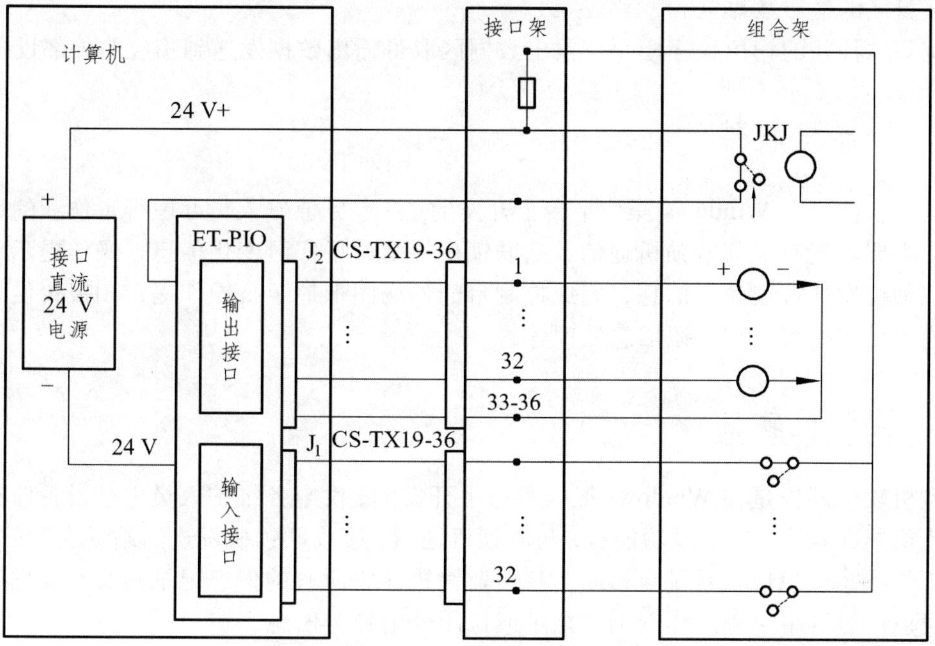

图 7.21　输入/输出接口配线图

第三节　DS6-K5B 型计算机联锁系统软件构成及功能

DS6-K5B 型计算机联锁系统软件包括联锁机软件、控显机软件和监测机软件。

一、联锁机软件

联锁机软件运行在 K5B 的联锁机上，由基本程序（系统管理程序）和联锁运算程序组成。联锁机的基本程序包括以下功能模块：

（1）初始化模块：完成系统加电后硬件初始化、联锁运算参数文件的装载等工作。

（2）系统周期管理模块：完成系统运行周期管理、周期超时和空闲时间的管理等工作。

（3）双重系管理模块：完成主、从系状态的检查及主系故障时双重系之间的切换控制。

（4）输出程序模块：启动电子终端网络和人机界面网络驱动程序，完成向联锁机外部设备输出数据。

（5）输入程序模块：完成从电子终端和控制台设备的数据输入。

（6）系间传送程序模块：完成双重系之间的数据交换。

联锁运算程序用来完成车站信号联锁控制功能。

联锁运算程序和系统基本程序通过一个称为“联锁演算区”的特定内存区进行数据交换。

系统基本程序的输入程序模块将从电子终端、控显机和监测机取得的输入信息以约定的数据格式放入联锁演算区的输入数据区。联锁程序从该区取得输入数据进行联锁运算。联锁程序将运算结果生成的电子终端输出命令、控制台显示信息和监测信息以约定的数据格式放入联锁演算区的输出数据区。

系统基本程序的输出程序模块从输出数据区取得输出数据发送到相应的外部设备。

二、控显机软件

控显机软件是在 Windows 操作平台上开发的，供车务值班人员办理行车作业的人机界面软件。其主要功能有：与联锁机通信，从联锁机接受站场实时变化信息、操作提示和报警信息；向联锁机发送按钮命令信息；完成控制台的站场图形显示、操作提示和报警信息的文字和语音输出；鼠标操作和按钮信息处理等。

三、监测机软件

监测机软件同样是在 Windows 操作平台上开发的，供电务维护人员进行设备监视和故障诊断的人机界面程序。其主要功能有：与联锁机通信，接收联锁机发送的站场实时信息、K5B 系统的工作状态信息以及系统自诊断信息。监测程序将所有的信息记录到实时数据库中。维护人员可以通过屏幕菜单操作查询、显示或打印输出各类信息。

第四节　DS6-K5B 型计算机联锁系统维护

一、系统开、关机顺序

系统加电前，应首先确认所有设备连接正确，接插件连接牢靠。给设备加电应按照“先外围，后联锁”的顺序进行。

（1）接通 UPS 220 V 电源，确认 UPS 输出 220 V 电压正确。

（2）接通控制台设备电源。控制台设备包括：控显机、显示器、控显机转换箱。

（3）接通监测机（含显示器）电源。

（4）接通微机电源柜电源，确认两路 24 V 电源输出正常。

（5）接通联锁柜和电子终端柜电源内滤波器盒上的 L24 V、I24 V 电源开关。

（6）接通联锁 1 系和联锁 2 系的电源开关。在联锁机 F486 模块的的 IC 卡插槽内插入 IC 卡。如有两个 IC 卡，可同时插在两系联锁机上。如只有一个 IC 卡，可先插入一系联锁机，待其进入运行状态后，取出 IC 卡再插入另一系联锁机。联锁机从 IC 卡读入程序和数据需 30 s 左右。首先加电并插有 IC 卡的联锁机将进入“主系”状态运行，另一机进入“从系”状态运行。

（7）接通各 ET 机架上每个 ET-LINE 和 ET-PIO 模块的电源开关。确认每个模块进入正常工作状态：“Normal”指示灯亮，“TXD”指示灯闪光。至此，系统从冷机状态加电启动完成。

系统停机下电，原则上应按上述的逆向顺序，依次切断各设备的电源。

系统的开、关机顺序如图 7.22 所示。

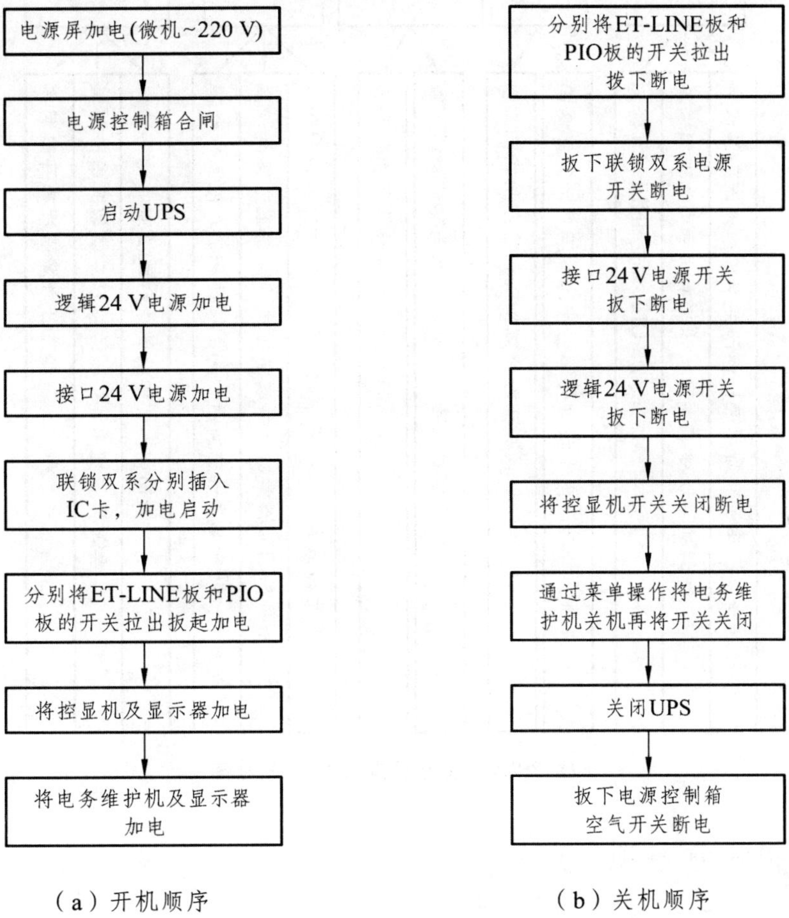

图 7.22　系统的开、关机顺序

二、日常维护工作内容

巡视检查内容包括：各路电源电压及电流值是否正常；机房环境温度、湿度在规定范围(0 °C～40 °C；20%～80%) 内；有无局部过热、异常噪声或异常气味；检查各设备指示灯的指示状态是否有异常；检查联锁两重系哪一系为主系，哪一系为从系。对于以上各项，应在值班记录簿上作详细的巡视检查记录。

由于本系统联锁机和电子终端均采取了冗余设计，单重系发生故障，系统仍能完成正常功能，所以须仔细辨认每个模块上指示灯状态，以确认是否在正常运行。也可以通过监测机查询故障报警信息记录，确认设备的运行情况。

系统日常维护工作内容如图 7.23 所示。

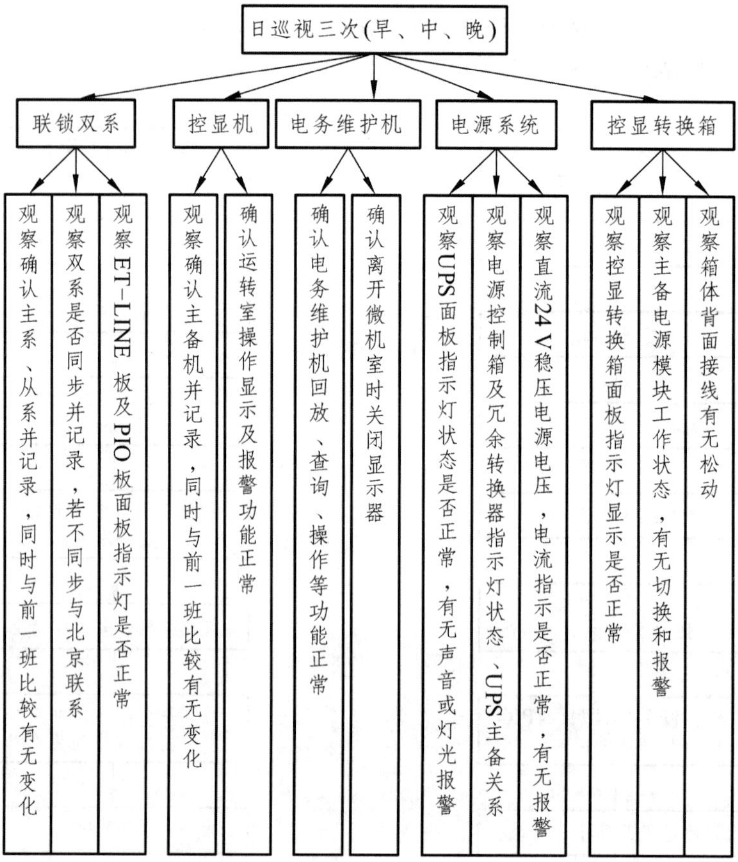

图 7.23　系统日常维护工作内容

三、维护注意事项

(1) 联锁机从冷机启动需从 IC 卡上读入程序和数据才能进入正常运行，因此 IC 卡平时应插在 IC 卡插槽内。这样，系统在停电恢复后可自动投入运行。注意：IC 卡易受静电冲击损坏，不可用手触摸 IC 卡的端子部分。

(2) 系统各设备间采用了光缆连接，光缆较为脆弱，应注意以下事项：

① 不要用手触摸光缆接头的光端口。光缆接头不用时，一定要戴上防尘帽。

② 光缆的弯曲半径一定要在 5 cm 以上，否则将造成光缆断裂。

③ 不可使光缆受到强烈的撞击、震动和重力挤压、拉扯。

④ 拆卸光缆连接须握住光缆接头的外壳拔插，不可拉拽光缆线。

⑤ 连接光缆接头要注意插头与插座的吻合，同时要拧紧固定螺丝。

(3) 联锁机的三个电路板（F486、IF486、FSD486），两个光电转换板（TLIO、RSIO）以及电子终端的 ET-LINE 和 ET-PIO 模块必须插在机架的指定槽位上。插错位置系统不能运行，并有可能造成设备故障。

(4) 系统中所有的电路板和模块严禁在带电的情况下拔插，违反此项规定将造成设备损坏。

(5) ET-LINE 和 ET-PIO 模块上的电源开关在扳动时须用手握住开关柄轻轻向外拉出，然后再扳动，不可直接用力扳。

四、故障处理

设备发生故障，首先应分析故障现象，确定故障影响范围，区分模块本身电路故障和模块之间通信联系故障。确定故障点后，用备品进行更换。

更换备件，必须首先切断被更换模块的电源，再从机架上取下故障模块，插入新模块，然后加电恢复。系统的冗余设计，容许单重系模块断电更换，不中断系统运行。

1. 联锁机故障

(1) 联锁 1 系或 2 系异常停机时的处理方法：

① 记录停机状态下联锁逻辑部各板卡面板指示灯状态，反馈给一级维护中心。

② 在 F486 板插入 IC 卡的情况下，将故障机的电源开关扳下，再重新扳起加电，即可恢复正常。

③ 如不能启动，则需要更换该系板卡（通常是 F486 板或 FSD486 板）。

(2) 从系与主系不同步，从系 F486 板上 D2 灯点亮时的处理办法：

① 在站场上无任何作业的情况下，重新启动从系。

② 若仍不同步，要点将联锁双系重新启动。

(3) 在联锁 1 系或 2 系异常停机后如重新将该系加电仍无法启动，则需更换 F486 板。该问题极少发生，一般发生该问题时重新加电启动即可恢复正常。造成该问题的原因是微机室温度过高，CPU 被"热死"。因此每天巡视微机室时应确认室内温度不要过高，保持在 25 °C 以下为宜。

2. 电子终端故障

电子终端机架背面图如图 7.24 所示。

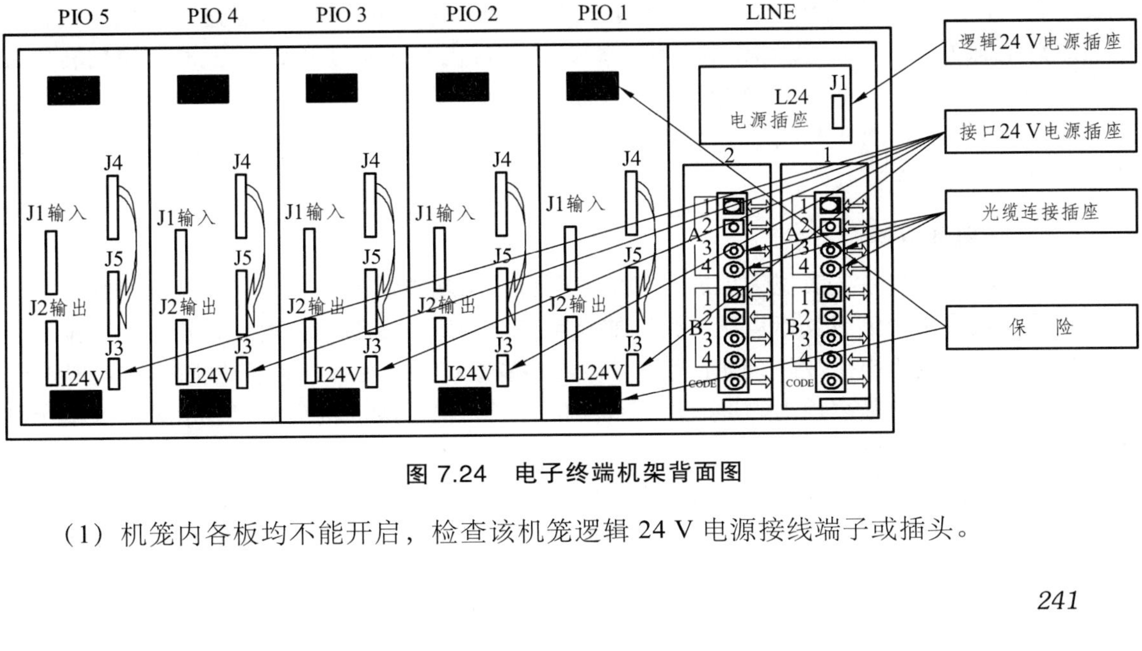

图 7.24 电子终端机架背面图

(1) 机笼内各板均不能开启，检查该机笼逻辑 24 V 电源接线端子或插头。

（2）ET-LINE 板 Normal 灯不亮，RXD 灯不闪烁，检查 ET-LINE 板后面光缆接插是否牢固。

（3）ET-PIO 板 Normal 指示灯灭灯，重新开启该 PIO 板电源开关，应可以正常启动。若不能启动则需用备用板更换该板。此类故障为不常见故障，故障原因通常也是微机室温度偏高。另外，PIO 板的故障只要不是同一对 PIO 板同时发生故障都不会影响设备的正常使用。

（4）某一对 PIO 板运行状态正常而对应的所有采集信息无表示或对应的所有驱动位均不能驱动继电器，检查该对 PIO 背面的接口 24 V 电源的接线端子、插头或保险。

3. 控显单机故障

（1）无法开机，机器内置电源风扇不转，前面电源指示灯不亮，在确认机器背面的输入电源插头有 AC 220 V 电源的情况下应为该机电源故障，需更换电源。

（2）开机后，机器内发出“嘀……嘀……”的报警声，则是内存条或显卡接触不良，打开机箱盖，重新拔插内存条或显卡即可恢复。

（3）电源正常的情况下无法开机，也无报警声，应为主板与机箱底板接触不良或主板故障，在重新拔插紧固主板后仍若不能恢复则需更换主板。

（4）发生控制台操作显示异常（鼠标不能操作，站场图形显示异常），为缩短故障延时，需立即进行控显倒机操作（关掉该机），如故障现象不能排除，需将控显双机重新启动。

4. 控显机转换箱故障

（1）电源模块故障时，故障模块前面板 5 V 或 ±12 V 表示灯灭灯。该模块在控显机转换箱上有两个，处于热备状态，主模块故障时会自动切换到备用模块，监控模块给出声光报警，日常巡视时及时发现并更换电源模块即可。

（2）控显机转换箱内一般都插有备用的串行转换板和视频转换板，当遇到在用的两种板故障时，将故障板上各插头拔下平移至备用板相应插座上即可。

（3）控显机转换箱前面板全部灭灯，或控制台无显示也无法操作时，将串行转换板上的鼠标长线和视频转换板上视频长线从转换箱上拔下，直接插到处于工作状态的控显机上可以恢复设备使用。进行长线倒接时先确认两台控显机是否处于运行状态（通过观察控显机背面的表示灯状态可以确认）。如都在运行状态，关掉一台机器（如控显 B），此时将串口转换板上 A 机输入插头拔下，同时将该板上“接控制台鼠标”的插头拔下，把这两个插头对接，再将视频转换板上“输出 1（接控制台前台显示器）”的插头拔下，直接插在控显 A 机的显卡插座上即可。

5. 显示功能故障

显示功能故障，主要表现为黑屏。发生控制台显示功能故障后，应首先检查控制台操作功能是否有效。用光笔或鼠标点压按钮，如果有音响回应，说明按钮输入有效，可以排除控显主机和控显转换箱电源故障，确定为单一显示功能故障。造成单一显示功能故障的原因有：

（1）显示器坏，其表现为黑屏。检查视频信号线和电源线连接正常，显示器电源指示灯不亮。更换显示器，可恢复显示。

（2）控显机内视频卡故障。当前工作的控显机视频卡坏，切换控显机，可恢复正常。

（3）控显转换箱内视频转换卡故障。若控显倒机后显示仍不能恢复，将显示器连线从转换箱上取下，直接连到控显机视频卡插座上，如果显示恢复，证明控显转换箱内视频转换卡故障，应更换视频转换卡。

（4）控显倒机。若跳过转换箱仍然不能恢复显示，应检查连接电缆是否断线和接插件是否接触不良。

6. 操作设备故障

控制台的操作设备包括数字化仪和鼠标，个别车站还有单元式控制台。一般情况下数字化仪为主用设备，鼠标为备用设备。有单元式控制台的车站，操作方式为按钮操作方式。

（1）在数字化仪及鼠标操作同时发生失效故障而显示器上未提示故障停用时，应为控显机故障，须进行要点倒机，使系统恢复使用。

（2）若主用设备数字化仪失效，需要按以下步骤确认并排除故障：

① 检查数字化仪电源是否正常。

② 用光笔点压数字化仪时，检查数字化仪右上角的表示灯是否由红变绿，如果是，数字化仪本身故障应排除。

③ 查看数字化仪图纸坐标是否对齐，如发生移位，须对齐后操作。

④ 确认数字化仪使用过程中是否掉电，若数字化仪掉电，需要复位控显机才能使数字化仪正常工作。

⑤ 确认数字化仪长线、控显转换箱上串行通信板，乃至控显机内串口是否故障。在此过程中需电务维修人员要点试验，如果不能马上确定故障点使设备恢复正常，则应该首先启用备用操作方式，以免影响行车。

⑥ 切换控显机，将故障机从网络上脱开单独测试，确认故障点。

（3）鼠标操作失效时，通常是鼠标故障、鼠标长线断线或控显转换箱中串口板故障。若通过更换相应设备不能排除故障，可将控显机倒至备机工作，然后将故障机从网络上脱开，单独加电测试。

7. 网络故障

（1）观察控制台显示器屏幕上的字符提示。“联锁 A 机+表示灯”表示联锁 A 机网络状态，“联锁 B 机+表示灯”表示联锁 B 机网络状态，“监测机+表示灯”表示监测机的网络状态。

若以上字符后面的表示灯显示绿色，表示该机双网通信正常；显然黄色，表示该机有一个网卡下网，处于单网工作；显示红色，表示该机两个网卡全部下网。

（2）从监测机上的系统网络工作状态图判断下网节点。

（3）网络故障的处理：

① 光缆接头接触不良，重新安装牢固。

② 网络连接光缆断线，更换光缆。

③ 光分路器故障，更换光分路器。

④ 控显机的 INIO 通信卡故障或者两重系的 RSIO3 和 TLIO 故障，更换相应备件。

8. UPS 故障

UPS 故障时有声音和灯光报警，可以通过观察 UPS 面板指示灯状态进行确认。UPS 面板指示灯的含义已在第三章介绍过，此处不再赘述。

本章小结

(1) DS6-K5B 型计算机联锁系统是一套二乘二取二结构的系统。该系统由控制台子系统、联锁子系统、I/O 子系统、电源子系统和监测子系统五个部分组成，各子系统之间采用光缆连接。

(2) 为适应铁路现场环境分散的特点，系统的构成采用模块化结构，通过增减模块可灵活适应不同规模站场的需要。联锁机的 2 重系安装在一个机架的一个底板上，双机信息交换通过底板互连。每一系由 F486-4 板、IF486 板、FSD486 板三块模板组成，各板之间通过机架底板的 VME 总线互连。F486-4 板采用双 CPU 电路，完成联锁逻辑处理功能，有效保证安全。IF486 板通过光电接口板 TLIO 板与电子终端 ET 连接，每块 IF486 板可连接 5 个 ET 机架。FSD486 板通过光电接口板 RSIO3 与控显机和监测机连接。输入/输出接口称为电子终端 ET，ET 电路安装在 ET 机架内。一个 ET 机架内有 12 个插槽，机架正面左边的两个插槽用于安装两个 ET-LINE 板，其余的 10 个插槽用于安装 PIO 板，PIO 板成对安装。每块 PIO 板为具有双 CPU 电路的智能控制板，共处理 32 路输入和 32 路输出信息。

(3) DS6-K5B 计算机联锁系统中，联锁机 1 系和联锁机 2 系之间采用的是双系热备的方式，电子终端的 1 系和 2 系以 2 重系并联方式运行。联锁机 2 重系具有相同的双 CPU 电路，ET-PIO 板上也安装了双 CPU 电路，两个 CPU 比较一致，输出有效；不一致时，通过屏蔽对外输出或停止 CPU 动作，使安全得到最有效的保证。ET-PIO 的输入电路是典型的“静态-动态”变换的故障-安全输入电路。ET-PIO 两重系的输出电路采取并联输出。ET-PIO 的输出电路接收联锁机发来的输出信息，经过双 CPU 的同步运算处理，对有输出的端口同时生成两路输出信号：一路为静态（直流）信号，另一路为动态（脉冲）信号。因此，只有在静态和动态两路输出的电路均无故障的情况下，才输出电压为直流 24 V，直接驱动 JWXC-1700 安全型继电器。

(4) DS6-K5B 型计算机联锁系统软件包括联锁机软件、控显机软件和监测机软件。

(5) 系统的可靠性和安全性是综合应用避错技术和容错技术实现的。

(6) DS6-K5B 型计算机联锁系统具有完善的自检测和自诊断功能，电务维护人员可以根据系统的各种记录、屏幕提示、机柜面板指示灯情况分析和判断故障。

思 考 题

1. DS6-K5B 型计算机联锁系统主要由哪几部分组成?

2. DS6-K5B 型计算机联锁系统中，联锁双系的每一系分别由哪些电路板组成？各电路板有何作用?

3. 阐述 DS6-K5B 型计算机联锁系统中光分路器的组成和作用。

4. 阐述 DS6-K5B 型计算机联锁系统的联锁双系中 F486-4 板上 D0～D7 指示灯的含义。

5. 阐述 DS6-K5B 型计算机联锁系统中 IF486 板面板指示灯及开关功能。

6. 阐述 DS6-K5B 型计算机联锁系统中 FSD486 板面板指示灯及开关功能。

7. DS6-K5B 型计算机联锁系统中，两块光电接口板的作用是什么?

8. 阐述 DS6-K5B 型计算机联锁系统输入接口电路的工作原理。

9. 阐述 DS6-K5B 型计算机联锁系统输出接口电路的工作原理。

10. DS6-K5B 型计算机联锁系统状态信息的采集和控制命令的输出采用静态方式还是动态方式？采集电源和驱动继电器的电源是由电源屏供给还是由微机系统供给？

11. 说明 DS6-K5B 型计算机联锁系统开机、关机顺序。

12. 说明 DS6-K5B 型计算机联锁系统中光缆维护的注意事项。

13. DS6-K5B 型计算机联锁系统，有输出命令，但驱动的继电器不动作，说明可能的原因及处理办法。

14. DS6-K5B 型计算机联锁系统，信号无法开放或道岔无法转换，说明可能的原因及处理办法。

15. DS6-K5B 型计算机联锁系统，鼠标不能操作，显示器不能正常显示，无语音，说明可能的原因及处理办法。

第八章　EI32-JD 型计算机联锁系统

第一节　概　述

一、EI32-JD 型计算机联锁系统结构

EI32-JD 型计算机联锁系统由操作表示机及操作表示机倒机单元，联锁机，驱采机及驱动、采集电路，电务维修机及电源等组成，如图 8.1 所示。

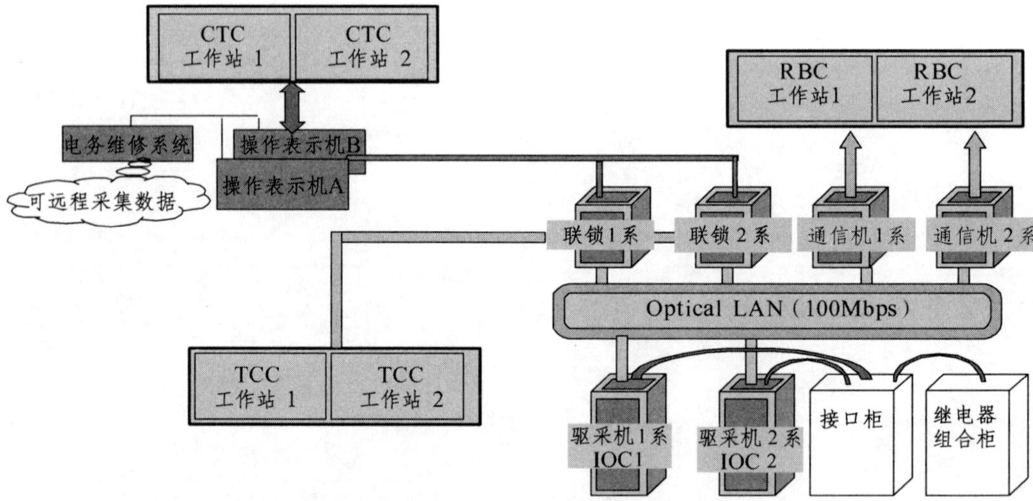

图 8.1　EI32-JD 型计算机联锁系统结构

二、EI32-JD 型计算机联锁系统的主要特点

（1）联锁机和驱采机的硬件及驱动、采集电路为日本信号公司产品，操作表示机为工控机。

（2）联锁机为二乘二取二结构，分为 1、2 系，各系内部为二取二结构，双系互为热备。即联锁机及驱采机均为双系（双硬件体系）冗余工作，双系中每一单系均包括双套计算机实时校核工作。每一单系中必须双机工作一致才能对外输出，实现全系统的高安全性。任一单系检出故障均可立即倒向备系工作，实现全系统的高可靠性。

（3）联锁系统中联锁功能和驱采功能分离，联锁系统由联锁层和执行层（驱动、采集电路）组成。根据车站规模，每一冗余系可能包括一套驱采机或两套驱采机。每套驱采机均为二乘二取二冗余结构。

（4）单系为双 CPU 结构，双系各自独立，具备自律功能。

（5）各联锁机和驱采机之间采用双环光缆构成专用局域网，物理通道为双倍冗余。

（6）每一继电器输出驱动的末级采用独立电源隔离技术，驱动无极继电器，防止因线路混线使继电器误动。

（7）操作表示机为双机热备结构。

（8）考虑了与调度集中自律机结合方案，支持设备集中和设备分散两种制式。

（9）联锁系统可与微机监测系统一并设计。

（10）适用于区域联锁。联锁机和驱采机分离，使冗余结构更为灵活、合理，易于通过远程连接实现分散控制、区域集中。

第二节　EI32-JD 型计算机联锁系统的主要组成及功能

一、EI32-JD 型计算机联锁系统的典型设备配置

EI32-JD 型计算机联锁系统典型的设备配置如图 8.2 所示。

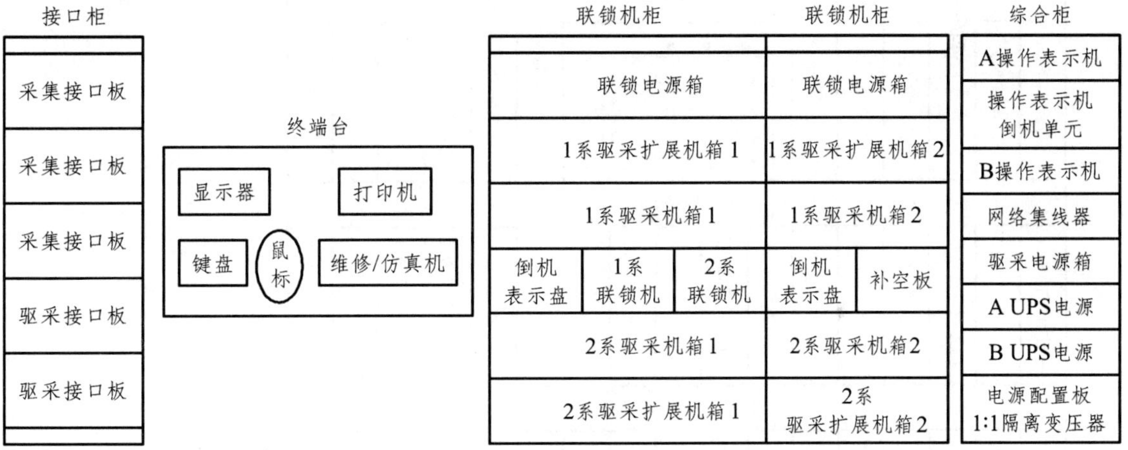

图 8.2　EI32-JD 型计算机联锁典型的设备配置图

一个联锁机柜内部的印制板配置如图 8.3 所示。

一个驱采机箱可插 11 块采集板及 3 块驱动板，每块驱动板有 16 路输出。驱动板前面板有两类指示灯。一类在板前面上端（1 个绿灯、1 个红灯），用以表明驱动板是否正常工作。如果绿灯点亮，则该板工作正常；如果红灯点亮，则该板故障。一类在板前面中端（16 个绿灯），用以表明驱动电路是否有输出。如果有输出，则对应位的绿灯点亮；如果没有输出，则对应位的绿灯灭灯。

一个驱采机扩展箱可插 16 块采集板（及 3 块驱动板），每块采集板有 64 路采集。某块采集板某路采集的是哪个继电器接点（前接点/后接点）由接口信息表约定。采集板前面上端指示灯表明采集板是否工作正常。如果绿灯点亮，则该板工作正常；如果红灯点亮，则该板有故障。

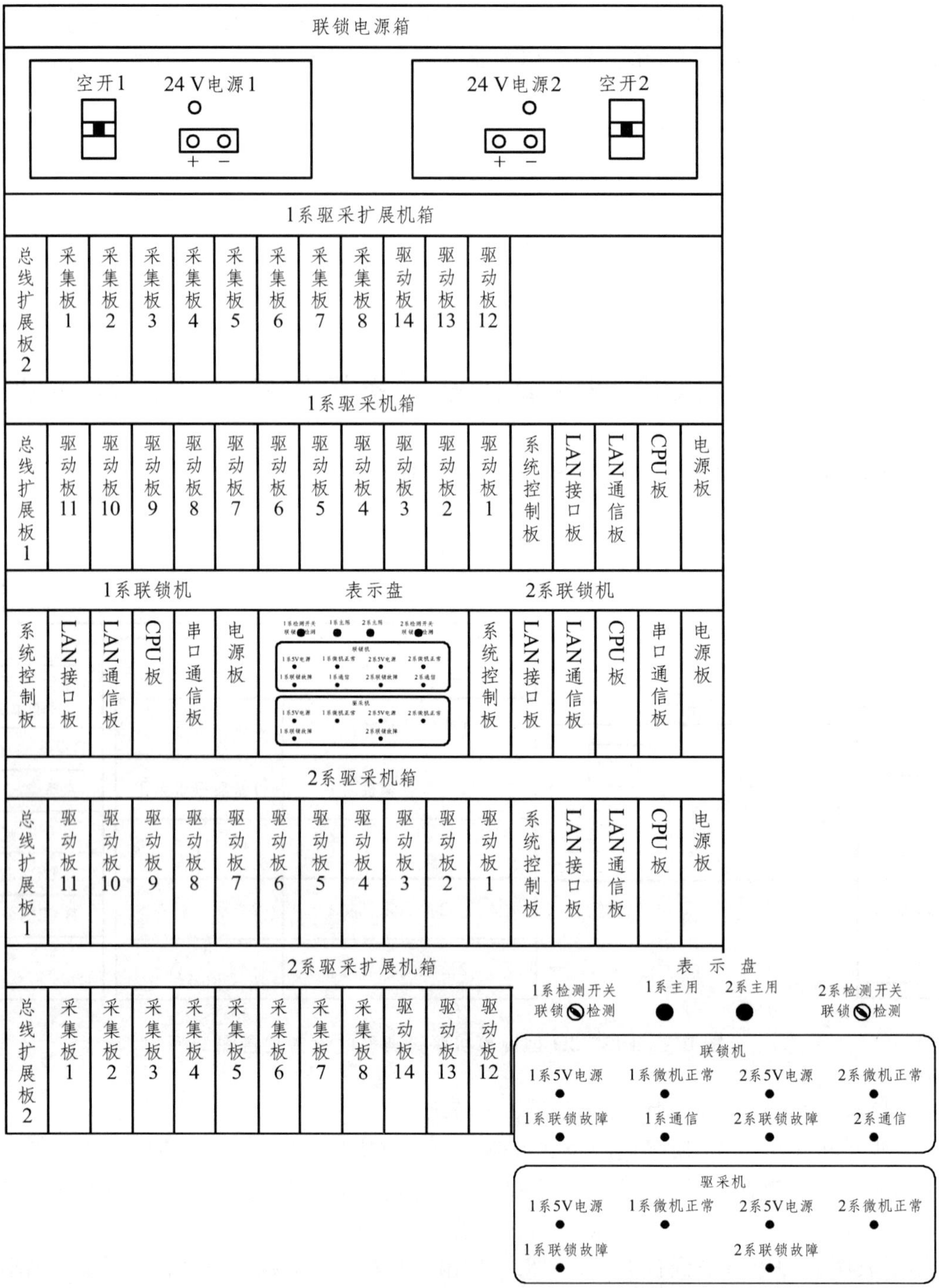

图 8.3　一个联锁机柜内部的印制板配置图

二、操作表示机

操作表示机（俗称上位机）采用 PC 系列工业控制计算机。根据系统具体配置和要求的不同可插入不同的电路板。CPU 采用 PⅢ或以上的处理器，向上兼容。

操作表示机的主要作用是为车站值班员提供操作显示界面。操作表示机具有从联锁机取得站场当前状态、驱动站场屏幕显示器、采集操作信息传输给联锁机、将当前联锁状态信息传输给电务维修机和监测机等功能。

操作表示机为双机热备。设备的倒接无需人工干预，也不对正常行车造成干扰。

操作表示机可支持单元拼装式控制台、数字化仪、鼠标器、显示器等多种操作显示工具。

三、操作表示机倒机单元

操作表示机 A、B 机，通过操作表示机倒机单元实现与运转室控制台的联系。操作表示机倒机单元前面板如图 8.4 所示。

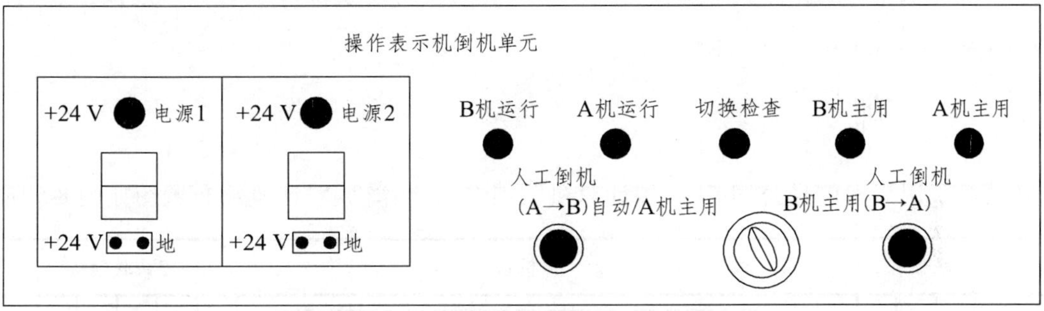

图 8.4 操作表示机倒机单元前面板

1. 指示灯的含义

（1）B 机主用——指示灯亮，表示 B 操作表示机为主机；指示灯灭，表示 B 操作表示机为备机。

（2）A 机主用——指示灯亮，表示 A 操作表示机为主机；指示灯灭，表示 A 操作表示机为备机。

（3）电源 1——指示灯亮，表示电源 1 正常工作。

（4）电源 2——指示灯亮，表示电源 2 正常工作。

（5）B 机运行——指示灯亮，表示 B 操作表示机正常工作；指示灯灭，表示 B 操作表示机故障。

（6）A 机运行——指示灯亮，表示 A 操作表示机正常工作；指示灯灭，表示 A 操作表示机故障。

（7）切换检查——指示灯亮，表示 B 操作表示机为主机，A 操作表示机为备机；指示灯灭，表示 A 操作表示机为主机，B 操作表示机为备机。

正常情况下，切换单元面板指示灯应显示如下：A 机为主用时，电源 1、电源 2、A 机运行、B 机运行、A 机主用等指示灯亮；B 机为主用时，电源 1、电源 2、A 机运行、B 机运行、切换检查、B 机主用等指示灯亮。

2. 按钮的用途

（1）人工倒机（A→B）——自复按钮，当 A 操作表示机为主用时，按下此按钮人工倒引 B 操作表示机为主用。

(2) 人工倒机（B→A）——自复按钮，当 B 操作表示机为主用时，按下此按钮人工倒引 A 操作表示机为主用。

3. 开关的用途

(1) 电源开关——电源 1 开关打开，给电源 1 供 220 V 电压；电源 2 开关打开，给电源 2 供 220 V 电压。

(2) 测试孔——分别测试电源 1、电源 2 的 24 V 输出电压。

(3) 钥匙开关——钥匙开关转到“自动/A 机主用”位置时，A、B 操作表示机处在自动切换状态，当倒机电路故障时默认为 A 机主用。钥匙开关转到“B 机主用”位置时则强制 B 操作表示机为主用，A、B 操作表示机不能自动切换。正常运行时钥匙开关处于“自动/A 机主用”位置。

无论何种系统，当操作表示切换单元故障时，均转向连接将 A 套计算机连接至控制台的电缆。

四、联锁机

联锁机采用日本信号公司 EI32 型计算机联锁专用计算机。联锁机箱布置图如图 8.5 所示。

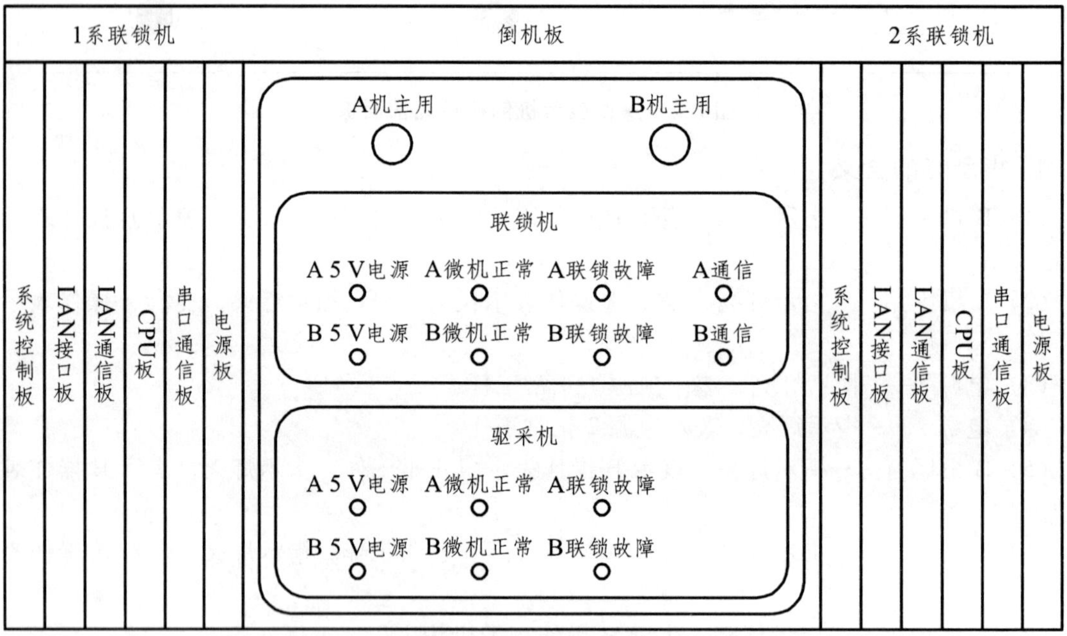

图 8.5　联锁机箱布置图

联锁机也称下位机，它接收操作表示机下发的操作命令，进行联锁运算，根据运算结果产生控制命令，并通过 LAN 通信将控制命令传送到驱采机，还通过 LAN 通信接收驱采机传送的站场状态信息，并将站场状态信息、提示信息、故障信息等传送给操作表示机。联锁机采用双系热备的动态冗余结构，两套联锁机互为备用。联锁系统通过联锁机柜内的倒机电路实现动态冗余，不影响整个系统的运行，即实现了系统的动态无缝切换。联锁机为安全型系统。

五、驱采机及驱动、采集电路

驱采机采用日本信号公司 EI32 型计算机联锁系统系列产品，为二乘二取二容错结构。

驱采机安装在驱采机箱中。驱采机通过 LAN 通信，接收联锁机传送的控制命令，并根据控制命令控制相应的驱动电路。

驱采机为安全型系统。安全型驱动采集电路为驱采机的组成部分，其小型化的动态采集、输出电路为其电路特色。

驱采机控制采集电路和驱动电路的工作，通过 LAN 通信，将采集到的站场状态信息传送到联锁机，接收联锁机传送的控制命令，并根据控制命令控制相应的驱动电路。

采集电路在驱采机的控制下采集组合架继电器的状态，为双路采集，即每个采集点都通过两路进行采集，两路采集结果通过 LAN 通信传送到联锁机，作为联锁运算的依据。

联锁机通过驱采机箱的驱动电路驱动组合架继电器，为双路驱动，即两路驱动电路的输出并联后，再驱动继电器。一旦某路驱动故障，另一路仍可继续工作。

六、电务维修机

电务维修机采用 PC 系列工业控制计算机，放置于维修机桌内。电务维修机为电务维护人员提供设备维护和管理信息。电务维修机从操作表示机取得当前站场联锁的状态信息，予以长达一个月的记录，可以通过列表、回放、跟踪等方式检索、显示这些信息，供设备维护时参考。电务维修机同时具有与其他系统，如 DMIS、调度监督等管理信息系统通信的功能。

联锁机对系统自身具有自检测和自诊断的能力，故障可诊断到板级，I/O 板故障诊断定位到通道级。联锁机检测出的故障通过上位机实时传输给维修机，维修机对联锁机正常和故障情况下的动作予以记录、储存，包括值班员的操作过程、现场设备运转情况、列车/车列走行过程的实时监督和记录。在平时运用的过程中，维护终端可同步显示站场设备的运用状态。

记录内容实时存盘，可以通过列表、回放、跟踪等方式检索、显示这些信息，供维护人员随时参考。记录容量达到 1 个月。记录内容以实时记入磁盘的方式保存。

电务维修计算机以 Windows NT 为编程平台，并采取措施使系统因停电等原因非正常关闭、重新启动后自行进入应用程序。

七、电　源

EI32-JD 型计算机联锁系统的电源子系统的构成如图 8.6 所示。

该系统所需的两路 220V 交流电源由信号电源屏独立提供，在引入联锁系统之前进行防雷、抗干扰、净化处理。

1. 电源防雷、抗干扰措施

（1）电源引入线装设防雷单元。

（2）采用隔离变压器隔离。

（3）采用在线式 UPS 电源。

2. 电源系统配置

(1) 经过净化、隔离、抗干扰处理后的电源分别提供给：A、B 操作表示机，操作表示机倒机单元，电务维修机，电务维修终端设备（打印机、显示器），车务终端设备（显示器、音箱等），两套 24 V 开关电源。

(2) 两套 24 V 开关电源的 220 V 接入分别来自不同的 UPS。

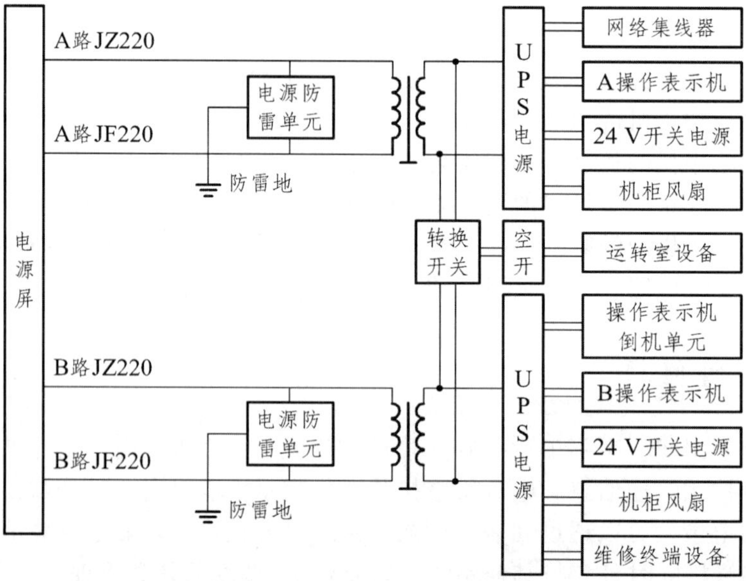

图 8.6　EI32-JD 型计算机联锁系统的电源子系统的构成

第三节　EI32-JD 型计算机联锁系统的工作原理

一、EI32-JD 型计算机联锁系统的双系热备

EI32-JD 型计算机联锁系统的双系热备如图 8.7 所示。双系热备方式中，输入/输出处理机的 1 系和 2 系均仅接收同一联锁机计算机发来的输出信息，如联锁机 1 系的输出或联锁机 2 系的输出，而联锁机另一系的输出不予采纳。也就是说，联锁机的双系中存在主用系和备用系的区别。只有主系对外的输出才被输入/输出机采纳，备系的输出虽然也被送到局域网上，但不被输入/输出机取用，而仅用于联锁机双系之间的校验。当联锁机的主系发生故障时，才自动地倒向备系。从这个意义上说，联锁机双系之间采用的是双系热备的方式。在双系热备方式中，联锁两系之间采用单线程操作系统实现应用软件的数据同步。

输入/输出处理机的 1 系和 2 系同时工作，同时产生输出，并且均以线圈并联的方式连接到被驱动的继电器上。因此，双系热备仅针对联锁机而言，对于输入/输出处理机，双系均以 2 重系并联方式运行。

双系热备的联锁机有四种工作状态，可通过查看操作表示机显示器或电务维修机显示器，得知各机器的工作状态。

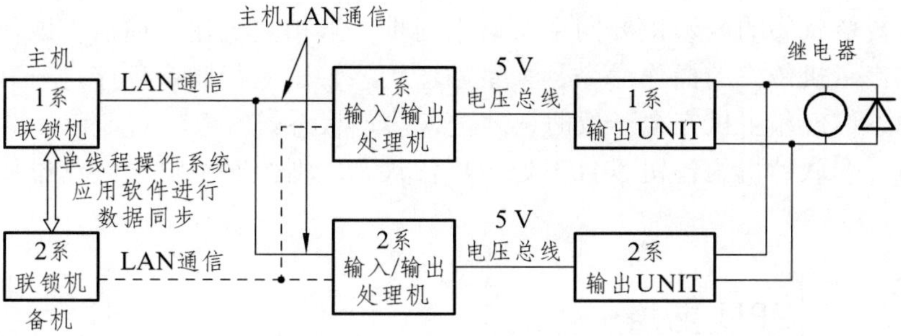

图 8.7　EI32-JD 型计算机联锁系统的双系热备

1. 停机状态

联锁机关机掉电或正在重启、联锁程序未运行，此时联锁机处于停机状态。当联锁机处于停机状态时，不执行联锁运算。此时，操作表示机显示器中，在屏幕右下角对应该联锁机的小方块显示红色。维修机显示器中，在屏幕右上角对应该联锁机的小方块显示红色。

2. 主机状态

在双系热备系统中，倒机电路决定在某一时刻只有一套联锁机运行于主机状态。当联锁系统上电启动时，先投入运行的联锁机自动进入主机状态。在系统运行期间，两套联锁机通过自诊断和互诊断机制，判断系统是否工作正常，只有主机判断发生危险性故障，或主机有故障同时备机处于热备状态，才会切换到备机，由备机作为主机维持系统运行。

只有运行于主机状态的联锁机发出控制命令，才能最终驱动组合架继电器。

此时，操作表示机显示器中，在屏幕右下角对应该联锁机的小方块显示绿色。维修机显示器中，在屏幕右上角对应该联锁机的小方块显示绿色。

3. 热备状态

在双系热备系统中，当一套联锁机作为主机运行后，另一套联锁机则可运行于热备状态。

联锁机上电启动后，采集到另一套联锁机已处于主机状态的前提下，经自诊断、互诊断，认为本机无故障，且与主机的动态信息同步后，进入热备工作状态。

当备机处于热备工作状态时，接收操作表示机的操作命令，通过 LAN 通信接收采集电路所采集站场状态，进行联锁运算。同时根据联锁运算结果产生控制命令，但两套驱动电路不会根据热备机的控制命令进行工作。

此时，操作表示机显示器中，在屏幕右下角对应该联锁机的小方块显示黄色。维修机显示器中，在屏幕右上角对应该联锁机的小方块显示黄色。

4. 同步校核状态

在双机热备系统中，当一套联锁机作为主机运行后，另一套联锁机已运行于同步校核状态。

同步校核状态是备机由停机状态向热备状态过渡的中间状态。

另一套联锁机上电启动后，经自诊断无误后，这套联锁机处于同步校核状态。此时，操作表示机显示器中，在屏幕右下角对应该联锁机的小方块显示红色。维修机显示器中，在屏幕右上角对应该联锁机的小方块显示白色。

处于同步校核状态的联锁机要向主机请求同步，当和主机建立通信，取得主机的同步信息，接收操作表示机传来的操作命令，采集站场状态，试运行联锁程序进行联锁运算，并且本机的联锁动态信息和主机完全一致时，才进入热备状态。

当查询另一套联锁机为备机，且不处于热备状态，则此时主机会继续维持工作，直到备机热备。

二、二取二 CPU 电路

二取二 CPU 板电路结构如图 8.8 所示。

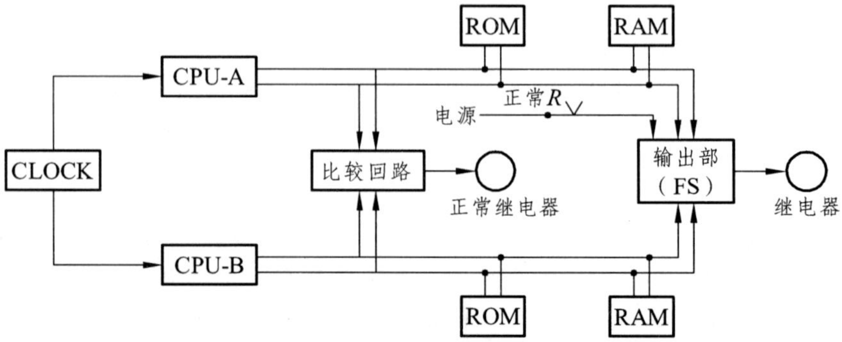

图 8.8　二取二 CPU 板电路结构

在该印制板上集成了完全相同的两套计算机系统，包括时钟、RAM、ROM 和必要的接口电路，还集成了实现双机校核的总线比较电路。CPU-A 和 CPU-B 硬件完全相同，所装软件（包括系统软件和应用软件）完全相同。该印制板已通过了日本国内有关机构的安全性认证。正常情况下，A、B 两套 CPU 电路工作状态应完全相同，此时，由该板驱动一个继电器，称作正常继电器，证明该印制板双套电路工作正常并且同步，可以运用。只有正常继电器接点闭合，才能给该板输出部供电，形成真实的输出，从硬件上保证设备的安全。

三、采集电路

采集电路原理框图如图 8.9 所示。该电路从组合架引入接点闭合时的直流电压，由软件产生内部动态信号，形成对外部采集的开闭，形成采集的动态信号。该动态信号被采集到后分别送往 A、B 两条总线，即采用双套采集，分别通过 LAN 通信被 CPU 板的两个 CPU 读取，纳入联锁运算。该电路采用的是典型的动态采集原理。

该系统采集板采集的动态信号的电压范围为 DC 21.6～26.4 V，由驱采 24 V 电源供出，可在内分线盘上（接口架）与采集 24 V 电源负极进行测量。

某块采集板某路采集的是哪个继电器接点由接口信息表约定。采集板上端指示灯表明采集板是否正常工作，绿灯表示正常，红灯表示有故障。

采集电路配线图如图 8.10 所示。

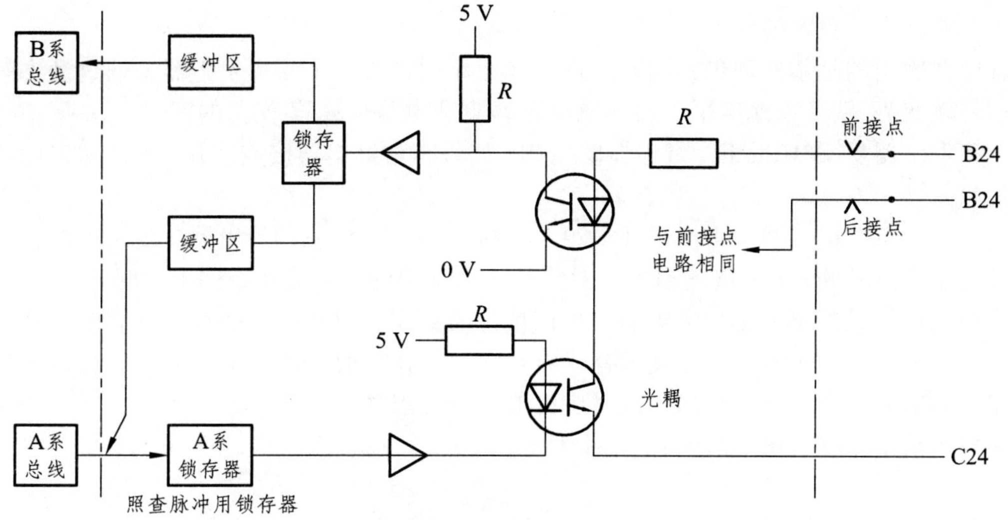

图 8.9 采集电路原理框图

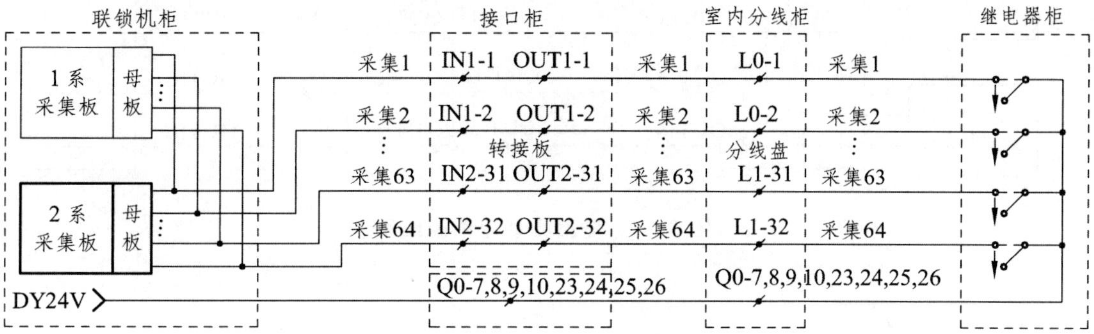

图 8.10 采集电路配线图

四、输出驱动电路

输出驱动电路原理图如图 8.11 所示。

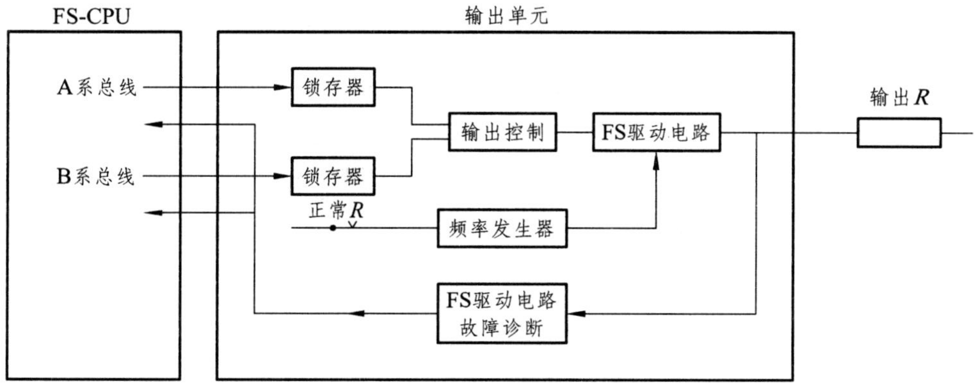

图 8.11 驱动电路原理图

该板同时挂在双 CPU 板的两条总线上，只有在两条总线上对其进行的 I/O 操作完全一致时，才能对外产生真实的输出。

继电器输出的基本原理仍为动态原理。在电路内部设一个频率发生器，通过动态转换将频率信号转变为 24 V 直流电平。转换电路，即驱动电路是故障-安全的。

频率发生器受 CPU 板正常继电器的控制，如果正常继电器接点断开，则频率发生器不工作，使故障导向安全。

输出电路每路提供两条引出线（+24 V、24 V 地）用以驱动继电器。输出电路和它所驱动的继电器相互并联，1 系统输出的一对线和 2 系统输出的一对线在物理上并联。

某块驱动板某路驱动哪个继电器由接口信息表约定。驱动板上端指示灯表明驱动板是否正常工作，绿灯表示正常，红灯表示有故障。面板中间的指示灯（16 个绿灯）用以表明驱动电路是否有输出。当某路有输出时，对应位的指示灯点亮。

输出驱动电路配线图如图 8.12 所示。

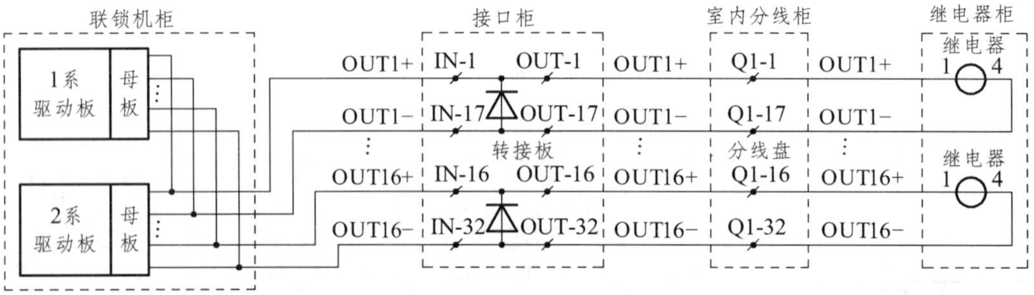

图 8.12　输出驱动电路配线图

五、双断驱动

单断的驱动结构如图 8.13 所示，所有被驱动的继电器 1 线圈连至公共回线，4 线圈连至计算机各个驱动端子。此时，如果在 4 线圈处发生混线，则极易发生继电器误动。

EI32-JD 型计算机联锁系统的驱动继电器电路为独立的双线方式，没有共用回线，具有较高的防止混线误动的能力，提高了系统的安全性。双断的驱动结构如图 8.14 示。

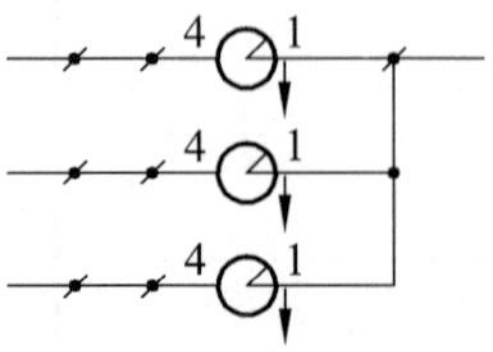

图 8.13　单断的驱动结构

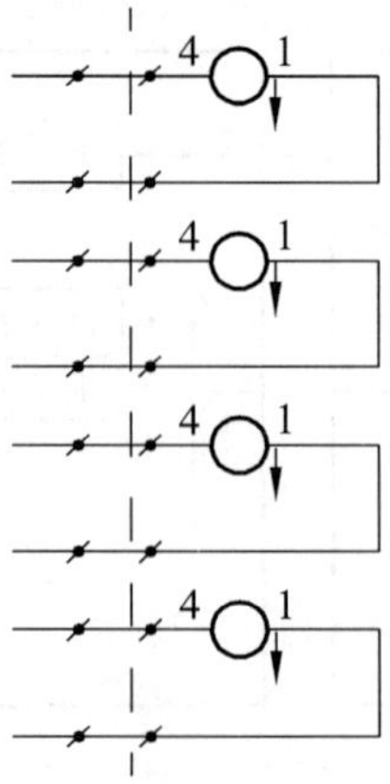

图 8.14　双断的驱动结构

六、倒机机制

1. 概　述

（1）日信公司提供有支持双系切换的硬件电路（VSYS 电路板）。该板上安装有数个小型的安全型继电器，对各系的主 CPU 板及其软件运转正确性的判断，最终驱动一组倒机继电器。

（2）两系的切换时间为 300～500 ms。EI32-JD 型系统的双系切换，本质上是驱采机对联锁机通过 LAN 传来的主用信息的校核，从而驱采机的输出缓冲区从“根据原主机设置内容”切换到“根据当前主机设置内容”。

（3）联锁机、驱采机的每一系均提供一个倒机切换板（VSYS 板），安装有复位开关，允许通过对本机系统复位实现人工倒机。

（4）VSYS 板上安装的各种继电器均在设备面板上有指示等，以便于维护人员监督设备运行，辅助判断故障。

2. 上　电

（1）计算机联锁系统上电时，先启动的一联锁系上电后优先进入主控。为保证安全，此时令全场区段处于锁闭状态，要求值班员采用区段故障解锁的方法逐段解锁区段。为避免值班员操作过于烦琐，本系统简化了上电解锁手续，值班员只需按压“区段故障解锁”按钮，输入口令，即可进入上电解锁状态，此后值班员只需连续按压“区段故障解锁”按钮和各个轨道区段按钮（用处于该区段的道岔名称代替）即可逐段解锁各个区段，不必重复输入口令。在此期间如果值班员办理了其他操作，则系统退出上电解锁过程。如需恢复此过程，则需再次按压“区段故障解锁”按钮，重新输入口令，才可再次进入上电解锁过程，直至所有区段都解锁完毕。

（2）在全系统已有一联锁系以主控方式运行的情况下，另一作为备系的联锁机上电、自检通过后，则可自动地在 10 s 左右时间内从主控系取得站场联锁数据，自动地跟踪主控系，与主控系取得同步，自动地投入运行，实现热备。第二套联锁系从主控系取得站场当前全部的联锁数据后，必须经过试联锁过程，校核所取得数据的正确性。只有判定两系的这些数据完全一致并与操作机取得通信联系之后，才认为两系的确取得了同步，可以开始联机工作。只有这时，第二套联锁系才可联机，成为备系。

（3）切换逻辑。

① 第一次开机时，先启动的一系优先进入工作状态，成为主控系（如 1 系），后启动的一系自动成为备系。如果工作中主控系发生故障，则自动由备系接替工作，此时 2 系成为主控机。只要 2 系不发生故障，无论 1 系是否修复，是否投入运转，重新联机，2 系都将一直工作下去，充当主控系的角色，而并不急于倒回 1 系。只有当 2 系也发生了故障不宜继续作为主控系工作时，才再次倒回 1 系。

② 平时两系同时接收操作机发来的按钮控制信息和驱采机采集到的设备状态，并据此进行联锁运算。平时只有 1、2 系中的某一系联锁机作为主控机，只有主控机可向驱采机发出实际控制命令，可以对外输出。另一系用作备机，备机只有联机后，才能实现热备。

③ 在计算机联锁系统运行的过程中，两联锁系之间实时交换关键联锁信息和现场信号设备状态信息，以保证两联锁系之间的同步。在两联锁系均联机的情况下，由备系校核主控系发来的主控系关键联锁信息和现场信号设备状态信息。一旦发现两机信息不一致，则

意味着两系失去同步，备系需重新进行同步请求，直至重新恢复同步。当备系确认与主控系失去同步后停机。

④ 一旦发生故障，则将发生倒机，发生故障的一系自动停机。如果故障系为备系，则停机后由主控系单机工作；如果故障发生在主控系，则由备系充当主系接替工作，实现倒机。

七、与室外信号设备的结合

EI32-JD 型计算机联锁系统与室外信号设备的结合如图 8.15 所示。

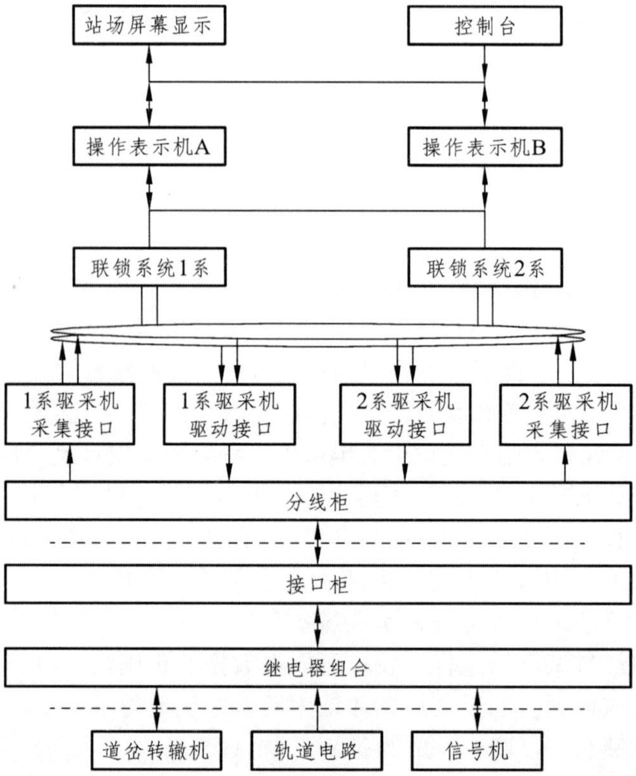

图 8.15 EI32-JD 型计算机联锁系统与室外信号设备的结合

EI32-JD 型计算机联锁系统适用于目前我国车站广泛使用的各种定型室外设备，包括各型轨道电路、各种定型点灯电路以及道岔转换与表示电路。作为室内、外设备的界面，目前仍采用安全型继电器实现计算机设备和现场设备的结合，如闭塞结合、道口通知、驼峰结合、机务段、场间联系、站间联系、电码化结合等。为保证安全，本系统设置 SJ，各道岔启动电路中串联 SJ 的接点用以防护。

第四节 EI32-JD 型计算机联锁系统软件

本系统的软件采用简单叠加的方式，这种叠加的示意图如图 8.16 所示。

底层软件由日信公司提供，包括安全性专用实时操作系统 FS-OS、通信软件、标准 I/O

驱动程序、标准时钟等。涉及双 CPU 系统之间的总线比较及同步判别等安全保证的软件也由日信公司提供并包含在安全操作系统的内核中。这些软件运行于联锁机、输入/输出处理机的各 CPU 中。该套软件在日本国内经过了有关部门的安全认证，并在运用过程中证明是安全、可靠、高效的。

适用于中国铁路现场的计算机联锁软件由北京交大微联科技有限公司提供。该软件采用 Borland C 语言编制，已通过了铁道部计算机联锁检验站的制式测试。

操作表示机的硬件软件直接采用 JD-IA 型计算机联锁的相应系统。软件直接使用，仅对通信程序做了改变，已将 JD-IA 型计算机联锁对应 CAN 通信的底层驱动程序用日信公司提供的相同功能、利用标准同步串行通信的驱动程序所代替，但传输信源编码方式未做任何改动，以适应已成熟的联锁程序与操作表示程序之间的数据交换格式。

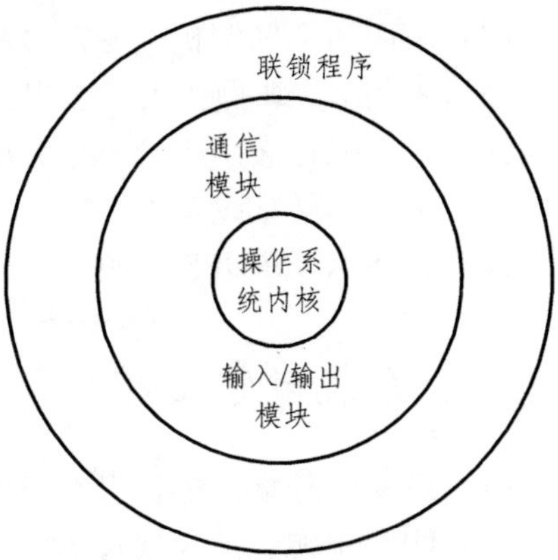

图 8.16　软件叠加示意图

总之，EI32-JD 型计算机联锁的软件系统本质上是在日信公司安全性操作系统内核上安装了 JD-IA 型计算机联锁系统的联锁软件。由于两者均分别通过了本国国内相应的认证，在该项目上的结合各自均未做本质上的改动，因而其开发的成功是必然的，而且其结合之后软件的安全性、正确性和可靠性是可以被认可的。

第五节　EI32-JD 型计算机联锁系统维护

一、系统开启步骤

（1）开启分线柜下部电源板上的所有 220 V 空气开关。

（2）开启联锁机柜、驱采机柜后面的所有空气开关，即 1 系联锁机、2 系联锁机、1 系驱采机、2 系驱采机的电源开关，包括 LAN 电源开关。

(3) 开启 A、B UPS 电源。在电源屏正常供电情况下，按压 UPS 的电源按钮 1～2 s，UPS 应正常启动，输入显示亮稳定绿灯。

（4）打开操作表示机倒机单元的 24 V 电源 1 和 24 V 电源 2。

（5）打开 A、B 操作表示机电源。

（6）开启两个联锁电源前面板开关。

（7）开启联锁机柜和所有驱采机柜上部两台驱采电源前面板开关。

（8）开启两个接口电源前面板开关。

（9）打开维修机电源。

（10）打开运转室设备电源。

二、系统关闭步骤

当电源屏停止供电后，关闭系统的步骤为：

（1）退出维修机程序，点击“信息”菜单下的“关机按钮”选项，关闭维修机电源。

（2）关闭两个接口电源前面板开关。

（3）关闭所有联锁机柜和驱采机柜最上部两台驱采电源前面板开关。

（4）关闭两个联锁机电源前面板开关。

（5）关闭 A、B 操作表示机电源。

（6）关闭操作表示机倒机单元的 24 V 电源 1 和 24 V 电源 2 的电源。

（7）关闭运转室设备电源。

（8）关闭 A、B UPS 电源。

三、系统日常维护

（1）借助电务维修机，查看系统运行情况，查看故障记录。

（2）UPS 电源电池需要每三个月进行一次充放电。充放电方法如下：

① 确认哪台 24 V 开关电源为热备。

② 把为热备 24 V 开关电源供电的 UPS 电源输入插头拔下，UPS 电源发出报警声。此时 UPS 电源靠电池供电，电池开始放电。

③ 观察 UPS 电源前面板电池充电条形图，当 5 个发光管只亮 3 个时（仅需要几分钟），电池放电到 60% 以下。

④ 插上 UPS 电源输入插头，电池开始充电。

四、电源模块的维护

在接口柜内有两路电源防雷模块，电源防雷模块正面有一个方形绿色色标，当绿色色标变为红色时，应及时更换电源防雷模块。

五、系统故障处理

为保证系统安全、可靠、不间断地运行，EI32-JD 型计算机联锁系统采用双系热备的动态冗余结构，并设计有专用的硬件诊断部件和诊断程序，提供尽量全面的软硬件自检测、互检测功能。I/O 故障可至少定位到电路板，检测故障实时送往维修机显示、记录，并给出详细、清晰的故障报告，维修人员可很方便地从维修机中得到这些数据，根据这些数据可迅速排除故障。

1. 常见故障及处理方法

常见故障现象、分析和处理方法列于表 8.1。

表 8.1 EI32-JD 型计算机联锁系统常见故障及处理方法

序号	故障信息	含 义	可能的故障原因
1	采集（第×板第×路）前后接点混线	某个继电器的前后接点同时采集到为闭合状态	该继电器或配线有故障
2	道岔×室外混线（定反表都有）	某道岔 DBJ、FBJ 都采集到为前接点闭合状态	组合架配线或与联锁系统间配线有故障
3	调信×的 DXJ 室外混线	DXJ 吸起，但联锁系统没有驱动它	
4	信号因故障关闭		
5	采集（第×板第×路）前后接点均断开	某个继电器的前后接点同时采集到为断开状态	组合架继电器或配线有故障
6	采集（第×板第×路）驱采机 B 有采集，驱采机 A 无采集		驱采机 A 中对应的采集板有故障
7	采集（第×板第×路）驱采机 A 有采集，驱采机 B 无采集		驱采机 B 中对应的采集板有故障
8	驱采机 A，第×块采集板故障		频繁出现该提示信息，表明该采集板故障
9	联锁机 A，系统控制板采集故障		频繁出现该提示信息，表明该系统控制板有故障
10	联锁机 A，系统控制板输出检查错误		频繁出现该提示信息，表明该系统控制板有故障
11	操作表示机倒机单元故障		
12	查询不到主控联锁机		两台联锁机同时故障
13	A 联锁机与 A 驱采机 LAN 通信中断		在 A 驱采机重启时，该提示属于正常信息
14	A 联锁机与 B 联锁机 LAN 通信中断	在 B 联锁机重启时，该提示属于正常信息	
15	B 联锁机与 A 联锁机 LAN 通信中断		在 A 联锁机重启时，该提示属于正常信息
16	操作表示机与 A 联锁机 通信中断		在 A 联锁机重启时，该提示属于正常信息
17	操作表示机与 B 联锁机通信中断		在 B 联锁机重启时，该提示属于正常信息

2. 注意事项

（1）所有板卡均不能带电插拔。

（2）备机自诊断发现自己有非危险性故障，则会不断重新启动计算机。此时主机单机工作，需尽快排除备机故障，使其正常运行，进入热备状态。

（3）要定期检查各设备的输入电源线是否牢固、完全接触，不能有松落现象。

（4）在查找故障时必须注意：拔插设备的连线，特别是视频线，一定要关闭设备电源，必要时要点进行检修。

本章小结

（1）EI32-JD 型计算机联锁系统是一套二乘二取二结构的系统。该系统由操作表示机、联锁机、驱采机及驱动、采集电路，电务维修机及电源等组成。

（2）为适应铁路现场环境分散的特点，系统的构成采用模块化结构，通过增减模块可灵活适应不同规模站场的需要。联锁机的两重系安装在一个机箱内，双系信息交换通过 LAN 网互连。每一系由 LAN 接口板、LAN 通信板、CPU 板、串口通信板、电源板、系统控制板组成，各板之间通过机架底板的 VME 总线互连。CPU 板完成联锁逻辑处理功能，有效保证安全。双系通过串口通信板与操作表示机双机相连，通过 LAN 通信板进行信息交换并与驱采机双系通信，通过 LAN 接口板进行信息采集与控制命令的输出。

（3）EI32-JD 计算机联锁系统中，联锁机 1 系和联锁机 2 系之间采用的是双系热备的方式，输入/输出处理机的 1 系和 2 系以二重系并联方式运行的。联锁机 2 重系具有相同的双 CPU 电路，输入/输出处理机 1 系和 2 系上也安装了双 CPU 电路，两个 CPU 比较一致，输出有效；不一致时，通过屏蔽对外输出或停止 CPU 动作，使安全得到最有效的保证。采集电路是典型的“静态-动态”变换的故障-安全输入电路。输出电路采取并联输出，直接驱动 JWXC-1700 安全型继电器。

（4）EI32-JD 型计算机联锁系统软件由日信公司提供的底层软件和北京微联科技有限公司提供的联锁软件进行简单的叠加。

（5）系统的可靠性和安全性是综合应用避错技术和容错技术实现的。

（6）EI32-JD 型计算机联锁系统具有完善的自检测和自诊断功能，电务维护人员可以根据系统的各种记录、屏幕提示、机柜面板指示灯情况分析和判断故障。

复习思考题

1. EI32-JD 型计算机联锁系统主要由哪几部分组成，有何作用？

2. EI32-JD 型计算机联锁系统的核心部件是什么？从该部件的电路结构说明如何保证联锁设备的安全。

3. 阐述 EI32-JD 型计算机联锁系统采集电路的工作原理。

4. 阐述 EI32-JD 型计算机联锁系统驱动电路的工作原理。

5. 双断驱动有哪些优点？

下篇

实训篇

实训任务一　车站联锁系统联锁表编制

一、实训目的

(1) 掌握联锁设备之间的联锁关系。
(2) 掌握联锁表的编制方法及使用方法。

二、实训设备

车站信号平面布置图。

三、实训步骤

(1) 按照所发的车站信号平面布置图，填写联锁表各栏内容。
(2) 教师进行指导，对具有共性的问题进行讲解。
(3) 用电脑绘制联锁表。
(4) 上交联锁表（包括电子及纸质文档）。

方向			进路	进路方式	排列进路按下按钮	确定运行方向道岔	信号机		表示器	道岔	敌对信号	轨道区段	迎面进路		其他联锁	进路号码	说明
							名称	显示					列车	调车			

实训任务二　6502 电气集中联锁系统室内设备名称及端子号识别

一、实训目的

（1）认识 6502 电气集中联锁系统设备名称、端子号。
（2）掌握 6502 电气集中联锁系统设备名称、端子号编号方法及使用方法。

二、实训设备

6502 电气集中联锁系统设备一套。

三、理论知识

（一）分线盘端子

分线盘有 6 柱和 18 柱端子板两种。分线盘可安装 10 层，从下向上顺序编为 F1～F10。每层可装 15 块端子板，站在分线盘正面看，每层端子板从左向右顺序编号，用两个数字就可以给每个端子板编号，比如“F23”表示第 2 层第 3 块端子板。分线盘的第 1 层一般装 4 柱熔断器板，其他层装 6 柱端子板。至此可以给分线盘的任一端子编号，比如“F310-6”表示第 3 层第 10 块端子板的第 6 个端子。分线盘可以分层使用，比如第 1 层专用于向室外设备送电，第 2 层用于轨道受电，第 3 层用于道岔控制，第 4 层用于信号点灯和区间联系等。如果设备较少，同一层也可用于不同用途，为方便维修这时不同用途端子板之间应留有空位。每层端子板的分配，应按照站场设备的顺序。例如，分配道岔控制用端子，从第 1 块开始向右，依次排下行咽喉的道岔，道岔号码也是由小到大。排上行咽喉的道岔，则从第 15 块开始向左，道岔号码由小到大。两咽喉使用同一层端子板时其间最好也留有空位，以利于维修。

（二）控制台端子

控制台零层端子板设在控制台的下部。站在每段控制台后面看，从左向右依次为：4 柱电源端子板、4 柱熔断器板、30 柱汇流排端子板和 18 控制台零层柱端子板（西信为 24 柱端子板）。每种端子板排成三行，分别从上到下和从左向右顺序编号。每块 4 柱端子板端子从上而下顺序编号，30 柱和 18 柱端子板的端子分成两排，左面编为奇数，右面编为偶数。K_1、K_2 和 K_3 分别表示控制台一段、二段和三段；D 表示 4 柱电源端子板；RD 表示熔断丝端子板，H 表示汇流排端子板，01～0*n* 为 18 柱控制台零层端子板。

（三）区段人工按钮盘端子

按钮盘共有四种规格，具体设计时可根据站场规模选择不同的规格，举例站场选用了 D 型规格按钮盘。按钮盘的零层可容纳 4 柱熔断器板 3 块，18 柱端子板 9 块，分三行排列，每行排列着 1 块熔断器板和 3 块 18 柱端子板。熔断器板从上到下编号为 D_1～D_3，18 柱端子板一列一列从左向右编号为 01～09。

SGA 接点的有关电路绘制在 Q 组合类型图中，各区段事故按钮 SGA 的 11 接点都连 KF-ZRJ-Q 电源，其 12 接点接至按钮盘零层 18 柱端子板的端子上，然后集中接至某一组合架零层端子板，再分别连到对应的 Q 组合的 05-3 侧面端子上。

（四）组合架端子

1. 组合架零层端子

每个组合架零层能安放 13 块端子板，从组合架的正面看，从左向右顺序编号，01～03 为 4 柱电源端子板，04～06 为 4 柱断器端子板，07～08 为供本架各组合用的各种电源的 18 柱端子板，09～013 为供组合与控制台、人工解锁按钮盘连接用的 18 柱端子板。

2. 组合侧面端子

从组合架后面看，每个组合右侧有两块侧面端子板，每块端子板上有三列 18 柱端子，从右向左依次编号为 01～06，每列端子从上到下依次编号为 1～18。

四、实训步骤

（1）将学生分成 4 组，每组由指导教师指定一人为组长。

（2）在各组长带领下，各组轮流到方向盘、控制台、区段人工解锁按钮盘、组合架识别相应设备端子。

（3）指导教师在整个过程中进行指导，回答学生的提问。

实训任务三　6502 电气集中联锁系统室内外设备断线故障处理

一、实训目的

(1) 学会通过控制台表示灯显示，判别室内、室外设备工作状态。
(2) 练习 6502 电气集中室内设备的断线故障处理方法。

二、实训设备

6502 电气集中联锁系统设备一套，检修工具包，相应仪表，电路图册。

三、理论知识

(一) 处理故障的程序

处理故障不能盲目乱动，要按一定的程序进行，这是缩短故障处理时间，防止将故障扩大、复杂化的关键所在。处理设备故障一般应按下面的程序进行:

1. 赶赴现场

信号设备发生故障不能正常动作时，信号维修人员应立即赶赴现场了解情况。

2. 询问情况

信号维修人员到达现场后，应向有关部门询问具体情况，问明故障设备的名称、号码、区段及故障发生的时间，以及故障现象和状态。经过了解后，对故障原因一时查不清或原因已清楚，但不能及时进行修复的设备，应办理登记停用手续，并向调度及领工员汇报，重大、大事故应向段长汇报，以求得到帮助。

3. 登　记

办理停用登记时，应在车站有关登记簿上记明故障发生与设备停用的时间，以及由于停用故障设备而影响到的其他设备的名称、号码、区段、地址，在签上登记者姓名后，应请车站值班员确认签字。注意，发生故障后不能忙于处理，应先登记后处理，不能使事故性质升级。

4. 汇　报

在问明情况后，应及时向段调度和领工员汇报。汇报内容包括故障设备名称、故障现象及影响范围，并说明已采取的措施，以得到技术上的指导。必要时还应请求行政领导的帮助。

5. 特殊情况会签

原因一时不清或涉及车务、工务及机务等部门时，应会同有关人员进行详细记录，经签字确认后开始工作。注意，在没有弄清原因之前不得擅自乱动设备。

6. 查找原因

设备停用后，应按故障现象、状态进行分析查找。查找过程中应采取一定的措施与方法，使用合适的工具及仪表，必要时应征得值班员同意后方可进行试验，以确定故障的性质和范围，做到沉着、细心、耐心、又快又准地把故障地点和原因找出来。

7. 处理修复

故障原因查清后，在修复过程中不准采用拆甩联锁条件、不合理的人工解锁等不正当的处理故障方法，严禁盲目乱干，防止事故越级上升。在处理修复过程中，自始至终应执行“三不动、三不离和十二禁止”的安全措施，迅速使设备恢复正常工作状态。

8. 试　验

故障修复后，应按所停用的范围，认真进行试验，经试验确认故障已排除，无其他异常现象后方可交付使用。

9. 消记恢复使用

故障确已排除，经过试验确认一切良好后，可在有关登记簿上进行登记，写明恢复停用设备的名称、时间与故障原因，并经车站值班员签字。至此，设备恢复正常使用。

10. 事故障碍登记

把故障发生原因概况登记在工区事故登记簿上，作为依据和资料。

11. 处理汇报

故障处理完后，应把故障的发生状况、处理经过、故障原因及修复措施、恢复使用时间、影响行车情况及故障责任人从中吸取到的教训、今后的改进措施等，如实地向段调度和领工员进行汇报。

（二）故障处理的方法

1. 应急处理方法（由车务人员办理）

信号发生故障，一时又无法修复，有可能发生重大或大事故时，应采取应急处理，尽可能采取有效措施，把损失减少到最低限度。但应特别注意，决不能使故障升级，为避免发生一般事故而违章作业，以致造成重大事故。可借鉴现场采取的应急处理方法有：

1）危及行车安全，有可能发生重大事故时采取的应急处理方法

（1）关闭信号。

首先应关闭防护进路的信号机，室内可采用取消进路或人工解锁方式关闭信号，室外可采取短路有关轨道电路区段关闭信号。当机车已越过信号机，司机看不见停车信号时，应向列车发出停车手信号。

（2）改排进路。

若时间允许应改排进路，使列车避开危险处。列车已驶入进路，如果时间、条件允许，危险处能用道岔隔开时设法隔开，如用手摇把摇动道岔。

（3）道岔四开处理。

当对向道岔故障，处于四开位置时，应用手摇把摇动道岔使其密贴，无手摇把时应用其他办法将尖轨靠向基本轨，并设法钉固。

2）进站信号机不能开放，中断行车时的应急处理方法

办理基本进路信号机不能开放时，应改排变通进路。变通进路不能开放时，改变接车股道。改变接车股道仍不能开放信号时，改用引导接车开放引导信号。引导信号不能开放时，利用手信号引导接车。

3）出站信号机不能开放，影响发车时的应急处理方法

当办理发车进路，出站信号机不能开放时，应改排变通进路。若变通进路仍不能开放出站信号或无变通进路时，单线区段则改用电话闭塞，签发路票发车；双线区段接车线设有区间半自动闭塞时，可办理向接车线发车。双线区段接车线仍不能发车时，采用电话闭塞，签发绿色许可证发车。

4）进路不能解锁影响其他作业时的应急处理法

确认列车或车列通过进路后，进路不能解锁时，首先考虑应进行取消进路方式解锁。其次按人工解锁方式解锁。最后按故障解锁方式解锁。上述方式仍不能解锁，可考虑停电后重新送电再办理解锁。若是全咽喉道岔均不能解锁，可能是条件电源 KZ-GDJ 无电所致。

应特别注意，信号设备是车站值班人员操纵使用的，应急处理不仅是信号部门的事，还应与车务人员相互配合。

2. 处理故障的常规方法

铁路现场的信号维修技术人员，从实践中总结出处理故障的常规方法，即“一看、二试、三查、四测、五处理”。掌握和灵活运用这些方法，对于稳、准、快地处理 6502 电气集中设备故障是很有帮助的。

1）看

看，就是认真观察控制台现象。

主要从控制台各种表示灯的亮灯及其灯光显示变化情况，电流表指针摆动，电铃鸣响及非自复式按钮的位置等方面获取故障信息，进行综合分析，初步判断故障的性质和故障的范围。

2）试

试，就是办理与试验。

通过重复办理试验使故障再现，核实故障发生的现象与经过。再经不同办理与试验，进一步缩小故障范围。所谓不同办理，其一是指同一控制对象的不同操纵方法，如对道岔的单独操纵和进路式操纵，同一进路的取消进路解锁和人工解锁等；其二是指路径重叠或部分重叠的进路办理，如 X 至 IG 接车和 D3 向 IG 调车的长调车进路或该调车进路的分段办理，以此确定具体的故障电路或故障部位。

3）查

查，就是核实与复查。

首先要核实继电器室内或现场与控制台作出的判断是否相符，如根据控制台始端按钮表

示灯未亮稳定灯光判断 FKJ 不励磁，就要在继电器室外确认 FKJ 是否在落下状态。其次，要复查故障电路的联锁条件是否满足，该动作的设备是否动作，不该动作的设备是否误动。

4）测

测，就是测试。

故障范围缩小，故障点已确定在某段电路上后，应使用万用表进行测试，查出故障点。室内网络电路应在组合侧面端子测试，先将故障确定在某个组合内。属局部电路故障，如信号机点灯电路应采用接点查找测试，找出故障点。如果故障与室外设备有关，应在分线盘上测试，区分室内还是室外，再进行查找。

5）处　理

处理，查出故障原因后，对症下药，采取相应的措施。需更换元器件的立即更换；能修复的尽快修复；一时不能修复的，应采取应急处理措施；确不能修复时，应将设备停用。

（三）6502 电气集中联锁系统室内设备断线故障判断及处理

1. 了解各种表示灯与继电器动作的对应关系

1）进路按钮表示灯与继电器动作的对应关系

（1）列车进路按钮表示灯闪绿光：说明该按钮被按压过，表示 LAJ 吸起。

（2）出站兼调车或进站内方兼调车的调车按钮表示灯闪白灯：说明该调车按钮被按压过，表示 DAJ 吸起。

（3）单置调车按钮表示灯闪白灯：表示 DXF 组合内的 1AJ 或 JXJ 吸起，还表示 DX 组合里的 AJ 或 JXJ 吸起。

（4）尽头式、差置或并置处调车进路按钮表示灯闪白灯：表示 AJ 或 JXJ 吸起。

（5）列车进路按钮表示灯亮稳定绿灯：说明该按钮作列车进路始端按钮，表示 LKJ 和 FKJ 均吸起。

（6）调车进路按钮表示灯亮稳定白灯：说明该按钮作调车进路始端按钮，表示 FKJ 吸起。

（7）进路排列表示灯亮红灯：表示 LJJ、LFJ、DJJ、DFJ 四个方向继电器中有一个方向继电器吸起。

（8）无论是列车进路还是调车进路，当进路按钮表示灯由闪光变为亮稳定灯光，终端按钮表示灯由闪光变为灭灯，排列进路表示灯由亮红灯变为灯灭，说明选岔电路工作正常，进路已经选出。

（9）观察控制台各种表示灯显示时，应特别注意各种按钮的位置。

2）道岔表示灯与监督道岔状态的继电器的对应关系

（1）道岔定位表示灯亮绿灯：说明 DBJ 或 TCJ 在吸起状态，表示道岔在定位。

（2）道岔反位表示灯亮黄灯：说明 FBJ 或 TCJ 在吸起状态，表示道岔在反位。

（3）总定位表示灯亮绿灯：说明按压了 ZDA，准备将道岔操至定位，表示 ZDJ 在吸起状态。

（4）总反位表示灯亮黄灯：说明按压了 ZFA，准备将道岔操至反位，表示 ZFJ 在吸起状态。

（5）道岔单独锁闭表示灯亮红灯：说明道岔已单独锁闭，表示钮 CA 在拉出位置。

（6）控制台电流表指针摆动：说明道岔正在启动，表示 1DQJ 自闭电路接通。

3）进路光带表示灯与进路锁闭、解锁继电器的对应关系

（1）进路中某区段亮白光带：说明该区段已锁闭，表示至少有一个 LJ 在落下状态。

（2）进路中某区段亮红光带：说明该区段有车占用或故障，表示区段 DGJ（或 DGJF）落下或 FDGJ 在吸起状态。

（3）股道亮白光带：说明股道已锁闭，表示 ZCJ 在落下状态。

（4）股道亮红光带：说明股道有车占用或故障，表示 GJ 或 GJF 在落下状态。

（5）整条进路亮白光：说明进路锁闭，进路中各区段的 1LJ 和 2LJ 均已落下。

（6）引导总锁闭按钮表示灯亮红灯：说明全咽喉道岔实现总锁闭，表示 YZSJ 吸起。

（7）总取消按钮表示灯亮红灯：说明按压了 ZQA，表示 ZQJ 吸起。

（8）总人工解锁按钮表示灯亮红灯：说明按压了 ZRA，表示 ZRJ 吸起。

（9）3 min 延时解锁表示灯亮红灯：说明接车进路或正线发车进路办理了人工解锁，进路要经过 3 min 才解锁，表示 1RJJ 吸起。

（10）30 s 延时解锁表示灯亮红灯：说明站线发车或调车进路办理了人工解锁，进路要经过 30 s 才能解锁，表示 2RJJ 吸起。

4）信号复示器与开放信号用继电器的对应关系

（1）进站信号复示器。

亮红灯：说明进站信号机在关闭状态，表示 1DJF 吸起，LXJ 落下。

闪红灯：表示 1DJF 落下。

亮绿灯：说明进站信号已开放，表示 LXJ 励磁吸起。

亮一红灯一白灯：说明引导信号已开放，表示 LXJ 落下，YXJ 吸起。

亮一红闪一白灯：说明引导白灯未点亮，表示 YXJ 吸起，2DJ 落下。

（2）出站兼调车信号复示器。

亮绿灯：说明列车信号已开放，表示 LXJ 吸起。

亮白灯：说明调车信号已开放，表示 DXJ 吸起。

闪白灯：说明红灯主、副灯丝断丝，表示 DJ 落下。

（3）调车信号复示器。

亮蓝灯：说明调车信号关闭状态，表示 DXJ 落下。

亮白灯：说明调车信号已开放，表示 DXJ 吸起。

闪白灯：说明红灯主、副灯丝断丝，表示 DJ 落下。

5）控制台各种报警及表示灯

（1）接近报警电铃及表示。

当列车进入一接近区段或二接近区段时，区段亮红光带，同时接近电铃鸣响，表示 1JGJ 或 2JGJ 吸起。

（2）挤岔报警电铃及表示。

当发生挤岔事故时，道岔处于四开状态，13 s 后挤岔电铃鸣响，同时挤岔表示灯亮红灯，说明 DBJ 和 FBJ 均为落下状态。

（3）主灯丝断丝报警电铃及表示。

当列车信号的主灯丝断丝后，点亮灯丝断丝报警表示红灯，同时电铃鸣响。

(4) 主、副电源切换电铃及表示。

当主电源切换为副电源时，主电源表示绿灯改为副电源表示黄灯，同时响铃；当副电源切换为主电源时，副电源表示黄灯点为主电源表示绿灯，同时响铃。

2. 故障处理举例：办理 X 进站信号机至 1G 的接车进路

1）故障现象

按压进路始端按钮 XLA 和进路终端按钮 D_{17}LA 后，XLA 表示灯和 D_{17}LA 表示灯均闪绿灯。排列进路表示灯亮红灯，中间信号点按钮表示灯未亮灯，进路无法选出。

2）故障分析处理

XLA 和 D_{17}LA 表示灯均亮绿灯，说明 XLA 和 D_7LA 工作正常，均已励磁吸起。排列进路表示灯亮红灯，说明 XLJJ 励磁吸起并且自闭。进路始端 XLA 表示灯未从闪绿灯变为亮稳定绿灯，进路无法选出。由此可初步确定电路故障范围在选岔电路或进路始端的 FKJ 和 LKJ 电路中，为缩小故障范围查明原因应进行以下处理：

(1) 取消所办理 X 至 IG 接车进路，在原接车进路上办理三段调车基本进路，即 D_{13} 至 IG、D_9 至 D_{13}、D_3 至 D_9 三条调车进路。若哪段接车进路无法选出，故障就在那段进路范围之内。因 X 至 IG 接车进路始端按钮表示灯未亮稳定灯光，中间信号点按钮表示灯未闪光，故障一般在接车进路始端这一段，即 D_3 至 D_9 这一段进路的选岔电路范围内。

(2) 选岔电路内防止产生迂回电流的堵截二极管被击穿最为常见。

查找方法是观察哪一道岔的操纵继电器被错误选出，查明并更换已击穿插的二极管。例如 5/7 号道岔，应该选至定位，经 5、6 线使 5/71DCJ 励磁吸起，使 1/3 号道岔 2DCJ 励磁起。此时 5/7 号道岔 SDF 组合内 D_2 二极管击穿，就会错误地造成 5/7 号道岔 1FCJ3-4 线圈经 D_2 的迂回电流，使 5/71FCJ 励磁，用其第 4 组前接点切断 5 线向右送的 KZ 电源，从而使 5/7 道岔右边的 5 线得不到 KZ 电源，右边中间信号点的 JXJ 不会励磁吸起，中间信号的按钮表示灯不会闪光，造成进路无法选出。

(3) 选岔电路故障的另一种可能是进路始端 X-D_3/JXJ 未励磁吸起，或由于 KF-共用-Q 无电，未能构成其自闭电路。此时检查 6 线的 KF 电源是否接通，应分别测量可找到故障点，一般为接点接触不良或线头焊接质量不高造成。

(4) 进路始端的 LKJ 或 FKJ 没有励磁吸起，造成进路始端的 XLA 表示灯不能亮稳定绿灯，致使进路无法选出。因为 LKJ 和 FKJ 是单元电路应分别查明原因，排除故障点。

(四) ZD_6 型电动转辙机道岔控制电路故障分析

1. 故障分类

(1) 与道岔有关的故障，从结构上可分为电路故障和机械故障。

(2) 从电路动作程序上可分为启动电路故障和表示电路故障。

(3) 从设备位置上可分为室内设备故障和室外设备故障。

(4) 从故障现象上还可分为道岔不启动、空转和无表示三种故障。

2. 如何区分室内外故障

1）道岔启动电路的区分

(1) 道岔启动电路故障时，可单操道岔，道岔原来位置表示灯不灭，说明 1DQJ 未励磁；

单操道岔，道岔原来位置表示灯熄灭，但是当后松开单操按钮时，道岔原来位置表示灯又点亮，说明 2DQJ 不转极。根据上述两种故障现象，可判断故障在室内。

（2）道岔定、反位表示灯均无表示，且发生挤岔报警时，不单操道岔，应在分线盘有关端子上测启动电路回路电阻，以区分室内、外故障。

对于四线制道岔来说，X_1 为定位的启动和表示公用线，X_2 为反位的启动和表示公用线，X_3 为定、反位表示公用线，X_4 为定、反位启动公用线。因此道岔在定位，X_2 与 X_4 之间应该是通的；道岔在反位，X_2 与 X_4 之间应该是通的。以道岔在定位为例，X_2 与 X_4 之间不通，说明故障在室外，如果 X_2 与 X_4 之间电阻值不是无穷大，一般可确定为室内电路开路。为可靠起见，可单操道岔，用万用表直流 250 V 电压挡在分线盘处测 X_2 与 X_4 之间有无直流电压，如果无电压，故障肯定在室内，如果有电压，故障在室外。当判断故障在室内时，应首先看室内道岔启动电路的熔断器，如果熔丝熔断，应换上熔丝后试验一次，再烧断，则为混线故障。区分混线故障在室内还是在室外，应再次在分线盘处测试。拆下分线盘处故障道岔 X_2 与 X_4 的电缆线，测启动电路室内测的电阻，如果电阻无穷大（开路），则为室外故障；如果电阻值不是无穷大，则为室内故障。对于双动道岔，单独操纵后电流表指针摆动一次为室外故障。

2）道岔表示电路区分

对于四线制道岔控制电路，定位无表示时，在分线盘处测 X_1 与 X_3 的交流电压；反位无表示时，在分线盘处测 X_2 与 X_3 的交流电压。若测得交流电压有 110 V 左右，说明室外开路。若测得电压为 0 V 时，应拆开 X_3 电缆线再测电压。为 110 V 左右则是室外短路，仍为 0 V 则是室内开路。

（五）S700K 型电动转辙机道岔控制电路故障分析

1. 启动电路故障分析与处理

启动电路发生故障时，先区分故障是在室内还是在室外。

（1）观察控制台的提速道岔启动表示灯是否亮灯，判断道岔是否启动，如果亮灯说明道岔已经启动；灯亮后 30 s 才灭灯，说明室外道岔尖轨未转换到底，室外道岔有故障。如果操纵道岔后，启动表示灯不亮，说明室外道岔未转动。此种情况下应首先在室内检查，首先判断 1DQJ 是否吸起，2DQJ 是否转极，在 DBQ 的 11、13、51 端子上测量是否有三相电源。

（2）为区分故障在室内还是在室外，应拔掉表示熔断器后在分线盘处测室外电缆回路电阻。三相交流电动机一相线圈绕组约为 7.5 Ω，一个回路为两相线圈绕组，再加上电缆回路电阻，一般为 50 Ω 左右，如果三相间都是 50 Ω 左右，则说明室外设备正常。这时应检查室内插接件是否牢固，配线及继电器有无故障，更换 DBQ 继电器即可恢复正常。如果在分线盘处测得三相电缆回路电阻，其中有一个回路电阻值为无穷大，则说明室外设备有故障，可能有电缆断线、转辙机接点开路或电机绕组断线等。

（3）如果道岔已经启动，尖轨与基本轨不密贴，一般为室外机械故障。故障原因主要有：锁闭铁安装螺栓松动，造成燕尾铁不平衡以致卡阻；燕尾铁有泥沙，摩擦卡阻不灵活或缺油；尖轨有异物卡阻；滑床板严重缺油或吊板等。

2. 表示电路故障分析与处理

1）电压关系

表示电路中检查了三相交流电动机的线圈绕组，由电机线圈的电感特性起到滤波作用，并且整流元件与表示继电器线圈并联。当反位表示时，X_1与X_2交流电压约为65 V，X_2为负与X_4为正时直流电压为21 V左右；当反位表示时，X_1与X_3交流电压约为65 V，X_3为正与X_5为负时直流电压为21 V左右。

2）故障分析

（1）道岔表示电路故障时，一般是应该吸起的DBJ或FBJ处于落下状态，控制台道岔位置表示灯不亮。首先应判断是室内还是室外故障，以道岔定位无表示为例，应在分线盘处测X_1与X_2间是否有交流电压。若无交流电压，应断开X_1端子后再测室内X_1与X_2间是否有交流电压。若还是无交流电压，则故障在室内，应检查室内保险是否良好，或者有配线及接点是否开路。若有交流110 V电压，说明室外有开路故障。

（2）查找室外开路故障，应从主机电缆盒开始，测1、2号端子无交流电压，说明是电缆断线；有交流110 V电压，说明是转辙机或密贴检查器开路。

（3）查找室外转辙机或密贴检查器开路故障时，先检查是否卡缺口。如果没有卡缺口，应采用电阻法逐步测量，直到找出故障，并进行相应处理。卡缺口故障一般是连接杆螺母松动和调整不当造成的，紧固螺母并重新调整即可恢复。

（六）信号机及点灯电路故障分析

（1）信号机采用双灯丝灯泡，设有主、副灯丝自动转换装置，对应每个灯泡各设一台信号点灯变压器，起到变压器隔离防护作用。信号点灯电路采用了双重系统，具有主灯丝断丝后自动转换副灯丝和自动报警的功能，当点灯电路出现故障可能从控制台信号复示器亮灯状态以及电铃鸣响报警得到及时发现。

（2）信号机及点灯电路出现故障时，应根据控制台显示首先在室内区分故障在室内还是在室外。经测试判断确定为室内故障时，应首先在室内察看熔断器，检查是否电源有电，再检查测试控制条件是否满足。室内电路故障可按执行组电路故障分析方法查找。

（3）确定为室外故障时，应按下述方法进行处理。

① 先应根据信号机故障现象，观察室内控制台上信号复示器亮灯状态及主灯丝断丝报警电铃是否鸣响，在分线盘处对故障回路电缆接线端子进行测试，确认故障是否在室外。

② 经确认故障在室外后，对高柱信号机应在信号变压器箱处，对矮型信号机应在信号机内电缆端子处测试，无电压则为电缆故障；有220 V交流电压，一般为信号变压器故障或灯泡接触不良，或灯泡主、副灯丝均断丝或灯丝转换继电器故障等。当电缆故障时，应在该故障回路电缆经过的方向盒或终端盒端子处测试，找出故障断线点进行相应处理或换上备用芯线。当信号机内元器件故障时进行相应处理或更换元器件即可。

（七）轨道电路故障分析

1. 有车占用，无光带显示的故障分析

1）故障现象

有车占轨道电路区段时，控制台无光带显示。

2）故障分析处理

（1）此类故障是非常危险的，很容易引发大事故。发生这类故障后应首先通知值班员或

信号员停用设备，然后进行处理。

（2）这类故障发生的原因一般在室外设备，本着“先室内后室外”的原则，可先检查控制台光带表示灯是否有故障，轨道继电器是否落下或接点卡阻或粘连等。

（3）这类故障发生在室外设备的主要原因有:

① 道岔区段轨道电路设有轨端绝缘但没有设在受电端的双动道岔渡线或侧线上,因轨端接续线或岔后跳线断开、脱落，而造成死区段。

② 轨面电压调整过高或送电端可调电阻调整的阻值过小造成车辆压不死，即不能分路。

③ 一送多受轨道区段，因各受电端距离较远，轨面电压调整不平衡，有个别受电端轨面电压过高而造成车辆压不死。

④ 钢轨轨面生锈，车辆自重较轻或轮对电阻过大等，使车辆轮对分路不良。

⑤ 室外发生混线，有其他电源混入，或牵引电流干扰等。

2．无车占用，点亮红光带的故障分析

1）故障现象

无车占轨道电路区段时，控制台点亮红光带。

2）故障初步分析判断

发生这种故障时，应先在控制台观察故障现象，作出初步判断。

（1）如果几个轨道区段同时出现红光带，应重点在分线盘检查轨道电源熔断器熔丝和送电电缆芯线。

（2）若相邻两个轨道区段同时出现红光带，一般是相邻两轨道电路轨端绝缘双破损。

（3）只有一个轨道区段亮红光带时，应首先在分线盘处测试送电电缆端子有无电压，若有电压，确认为室外故障时，再去室外或通知室外维修人员处理。

（4）判断轨道电路是开路故障还是短路故障是分析轨道电路故障的关键。以交流连续式轨道电路为例，首先应测试送电端轨面电压，如果电压较高，一般能确定为开路故障。为确定是开路故障还是短路故障，无论电压是高还是低，应开箱测试 BG_5 变压器二次侧电压与可调电阻器电压，并进行比较后再作判断。若二次侧电压不正常，可从 BG_5 一次侧至熔断器方向查找故障点；若二次侧电压正常再测可调电阻器电压，如果可调电阻器电压为 0 V 或明显低于平常值，表明轨道电路开路；如果可调电阻器电压接 BG_5 二次侧电压明显高于平常值，说明轨道电路短路。

四、实训步骤

（1）教师结合实例，讲解故障处理程序、方法、表示灯与继电器的对应关系。

（2）根据教师预先设置的故障，学生进行练习。

（3）学生判断故障可能范围，写出分析过程及判断依据。

（4）学生处理故障，验证判断的正确性。

（5）指导教师在学生练习过程中进行指导，并在实训结束时进行点评。

实训任务四　DS6-11 型计算机联锁系统的显示

一、实训目的

（1）熟悉 DS6-11 型计算机联锁系统的组成及各组成部分的功能。

（2）熟悉 DS6-11 型计算机联锁系统操作界面的各种按钮、表示灯。

二、实训设备

DS6-11 型计算机联锁设备一套。

三、理论知识

（一）系统的界面

DS6 系列计算机联锁包括 DS6-11 型计算机联锁和 DS6-K5B 型计算机联锁，其系统的人机界面和操作方法是相同的。人机界面可采用单元拼装式控制台、显示屏（CRT）与鼠标结合的操作台或显示屏与数字化仪结合的操作台，也可采用显示屏与键盘结合的操作台。

在操作方式上，上述 4 种人机界面基本一致；在表示方式上，显示屏能提供更丰富的信息。

屏幕上的信息显示方式大致分为两大类：一类是自动显示的，一类是人工检索的。有关进路、道岔和信号的信息能直观、及时和形象化地显现出来，例如站场图中的许多信息。有些不经常发生或不经常变化的信息则在信息柜（屏幕最下一列的信息提示框）中自动显示出来。

为了使屏幕简明、清晰，有些信息，如道岔名、轨道区段名等，需以鼠标点击相应的菜单框才能显示出来。

无论是操作按钮还是选取菜单框，都是通过操纵鼠标实现的。当要操作某一按钮时，首先移动桌面上的鼠标，将屏幕上的箭头形光标移动到所要操作的按钮上。当按钮作用区内出现手形符号时，再点击鼠标左键，即相当于按压了该按钮。根据铁道部颁发的技术条件，本系统遵循顺序按压两个或两个以上的按钮才能形成操作命令的原则。如果操作不符合本手册规定的操作顺序（不会引起联锁失效），屏幕上将给出相应的提示，提醒操作者及时取消错误的或无效的操作。

（二）屏幕显示——站场图形部分

1. 站场图形及显示

（1）屏幕上的站场图形与信号平面布置图的站场图基本一致。

（2）绝缘节以白色短竖线（交叉渡线处的以短横线）表示，侵限绝缘以红圆圈中的红色竖线表示。

(3) 经由道岔的线路以实线连接为当前开通方向。线路的开口（道岔开口）表示了当前道岔的开通方向。

(4) 线路的显示颜色：轨道区段空闲且在解锁状态时呈青色；轨道区段空闲且在锁闭状态时呈白色；轨道区段有车或发生故障时呈红色。

2. 信号复示器设置及其显示

(1) 信号复示器在站场图中的位置与信号布置平面图中的位置一致。

(2) 列车信号复示器在信号机关闭时呈圆形红色，信号机开放时其圆形颜色与室外信号机显示一致。信号机第一灯泡主副灯丝均断丝时，复示器闪红光。第二灯泡被使用且灯丝断丝时仅有“2 灯泡断丝”的提示。

(3) 调车信号复示器在信号关闭时呈蓝色，在信号开放时呈白色，在灯泡断丝时闪蓝光。

3. 道岔状态显示

道岔的状态在站场图的相应道岔处和单设的道岔按钮处均有显示。

(1) 站场道岔处的显示：

道岔的开口表示当前线路断开的一侧；道岔暂时（如正在转换）失去表示时，线路断开；道岔挤岔时，线路上挤岔的岔心闪红光，并有语音报警；道岔单封时，道岔岔心处出现蓝色圆点；道岔单锁时，道岔岔心处出现红色圆点。

(2) 道岔按钮处的显示：

道岔在定位时，按钮呈绿色；道岔在反位时，按钮呈黄色；道岔在转换时，按钮呈灰色；道岔挤岔时，按钮呈红色；道岔单封时道岔按钮名呈蓝色；道岔单锁时道岔按钮名呈红色。

（三）屏幕显示——菜单选取部分

屏幕下方第一行为菜单框或称菜单按钮，多为非自复式。以鼠标点击某一菜单框时，框中出现“√”符号，表示曾被点击过，同时屏幕上显示相应的信息。再次点击该框时，表示按钮复原，框中符号“√”及相应的信息随之消失。

汉字提示——显示或隐藏在站场图中的汉字名，例如牵出线，专用线等。

按钮名称——显示或隐藏在站场图中各按钮的名称，例如 STA、D1A 等。

信号名称——显示或隐藏在站场图中各信号复示器的名称，例如 X、S、D3 等。

道岔名称——显示或隐藏在站场图中道岔的名称。

区段名称——显示或隐藏在站场图中轨道区段的名称。

语音暂停——停止当前正在重复（连续）播放的语音信息。该语音停播后不会重播，但不影响新发生的语音信息（重复性的）的播放。非重复性语音信息不受“语音暂停”框控制。

时钟设定——修改当前的系统日时钟。具体操作步骤见后面的“系统日时钟设定或调整”。

单屏——将当前的多屏显示切换为单屏显示。

多屏——将当前的单屏显示切换为多屏显示。

铅封记录——采用鼠标作为操作器具时，无法在屏幕的按钮上加装铅封，而是以“口令”代替“铅封”。例如按压区段故障解锁按钮（区故解）时，屏幕上自动弹出口令输入窗口，在该窗口中输入口令（相当于破了铅封）后，“区故解”的操作才能生效。“铅封记录”框是为查看破封次数而设置的。当点击该菜单框时，在屏幕上弹出破封记录窗口。从该窗口中可查看对各“加铅封”按钮已操作的次数。点击该窗口中的符号“▲”或“▼”可使窗口中的页面上下移（滚）动。点击窗口中的符号“×”，使窗口消失。

（四）屏幕显示——信息自动提示框部分

屏幕最下一行是信息自动提示框。

（1）操作或联锁出现异常时的提示框（在屏幕左下角）。

该框中能提供以下信息：

操作错误——按钮操作不符合规定或按钮配对有误。

操作无效——按钮操作符合规定，但因条件不满足而无法执行，例如办理敌对进路操作。

进路选不出——在进路选排过程中，因条件不满足而选不出。

进路不能锁闭——进路选排成功后因进路锁闭条件不满足而无法锁闭进路。

信号不能开放——开放信号的条件不满足。

信号不能保持——信号开放后因保持条件不满足而不能保持开放。

1 灯丝断丝——信号机的第 1 灯丝断丝（第 1 灯丝继电器失磁）。

2 灯丝断丝——信号机的第 2 灯丝断丝（第 2 灯泡电路断路）。

命令不能执行——在进路或道岔锁闭期间，无法实现的操作命令。

不能自动解锁——因某种故障使进路不能自动解锁。

（2）故障报警框。

当发生灯泡断丝、熔丝断丝、道岔挤岔、发码故障等故障时，框内提供汉字报警信息，而且该框的底色为红、蓝交替闪烁。

（3）延时信息框。

该框反映人工解锁、接近锁闭后的区段故障解锁、延续进路解锁、第一区段故障时引导造成开放信号或股道上道岔解锁的延时解锁的时间变化情况。框内显示相应的信号名、区段名和倒计时信息。例如，“X3 人解：14”表示下行 3 股道发车进路人工解锁尚需延时 14 s。

（4）联机信息框。

该框反映上位机、联锁机、电务机以及上位机与联锁机之间的通信网的状态。

上位机：对应两台上位机设有两个显示方块，左方块代表 A 机，右方块代表 B 机。绿色方块表示该机处于主控状态，黄色方块表示该机处于备机（热备）状态，红色方块表示该机处于脱机或停机状态。当方块的上半部分为红色时，表示与该机连接的第 1 通信网失效；下半部分为红色时，表示与该机连接的第 2 通信网失效。

联锁机：显示内容及方式与上位机一样。

电务维修机：设一个显示框，绿色表示该机正常运行，红色表示该机停止运行。

（5）系统日时钟框。

系统日时钟是指在系统内部表达当地标准时间的时钟，它有别于驱动计算机工作的时钟。在系统中（包括电务机），凡需要标明时间的设备状态，行车过程以及各种数据，均以系统日时钟的时间为准。系统日时钟的时间应与标准时间（以中央电台报时为准）相一致。系统日时钟的时间与标准时间的误差超过 1 min 时应进行校准。

系统时钟的底色不断变化时，表明上位机正在运行。

（6）电源屏供电框。

该框反映电源屏当前供电状态。

主电源：表示当前是主电源供电。

副电源：表示当前是副电源供电。

如果主副电源均停电或未采集到电源供电条件，该框为空白。

（五）按钮配置

1. 列车信号或进路按钮

（1）列车信号按钮——在每一架列车信号复示器的前方，紧靠复示器处，设置一个绿色列车信号按钮，也称作列车进路按钮，主要供进路排列、解除或重复开放信号使用。

（2）列车进路终端按钮——当列车进路终端未设有反方向列车信号机时，则需专设一个绿色列车进路终端按钮。

（3）列车坡道延续进路终端按钮（简称坡道终端按钮）——当接近车站的线路有大于6‰连续长大（列车制动距离内）下坡道时，需要为接车进路设置延续进路。在延续进路终端处设有列车或调车信号按钮时，它们可作为延续进路终端按钮使用；无信号按钮（如安全线处）时，应专设一绿色列车坡道终端按钮，供办理延续进路使用。

（4）列车变通进路按钮——当在进路的始端和终端之间有两条或两条以上的进路时，规定其中一条为基本进路，其他几条则为变通进路。为了排列变通进路的需要，在变通进路经由的线路处设置一个绿色列车变通按钮。若在列车变通进路上已设有调车信号按钮（单置、并置或差置），则该按钮可兼作列车变通进路按钮。

（5）列车通过按钮——为了简化操作，排列列车通过进路时，把正线直股接车进路和正线直股发车进路视为一条进路，只需按压一个通过进路的始端按钮和一个双线发车口处的列车终端按钮或单线进站口处的信号按钮即可。为此在每一进站信号复示器的前方靠近信号按钮处，设一个绿色列车通过按钮。

（6）引导信号按钮——当进站信号（或接车进路信号）机因故障不能开放或开放后又因故关闭时，可按引导方式接车。为了办理引导进路和开放引导信号，在每个接车信号复示器的前方设一个白色引导信号按钮。

2. 调车信号和进路按钮

（1）调车信号按钮（也称调车进路按钮）——在每一架调车信号复示器的前方设置一个白色调车信号按钮。它既可作调车进路的始端按钮，又兼作调车进路的终端按钮或列车进路变通按钮或调车进路变通按钮，由按压按钮的顺序而定。

（2）调车进路终端按钮——当调车进路的终端处，未设置调车信号机（相应的也未设调车信号按钮）时，须在该处设置一个白色调车进路终端按钮。

（3）调车变通进路按钮——当调车进路始端和终端两点间有两条或两条以上的调车进路时，规定其中只有一条为调车基本进路，其他皆为调车变通进路。为了排列调车变通进路，在变通进路必经的线路处需设变通按钮。列车变通按钮可兼作调车变通进路按钮用。若调车变通进路上设有反向单置调车信号机时，该信号机的信号按钮可兼作调车变通进路按钮。

3. 功能（共用）按钮

为了减少按钮数量和简化操作，把具有相同功能的操作赋予一个按钮承担。功能按钮可按车站或咽喉配置。

（1）进路总取消按钮——为取消预先锁闭的进路而设置的按钮。当防护信号机已开放其接近区段未被列车或机车车列占用时，若要解除已锁闭的进路，则须办理进路取消手续。为此，需设总取消按钮（总取消）。它需与进路始端按钮配合使用。

（2）进路总人工解锁按钮（带铅封）——当防护信号机开放后，其接近区段被列车或机车车辆所占用，这时要解除已锁闭的进路，须办理进路的人工解锁（限时解锁）手续。为此对应全站（或每一咽喉区）设一个带“铅封”的总人工解锁按钮（总人解）。所谓带铅封是一种习惯称法，操作这类按钮时，需输入口令码（相当于破封）后才能生效。它需要与进路始端按钮配合使用。

（3）轨道区段故障解锁按钮（带铅封）——当计算机联锁系统上电，交流停电恢复或列车通过进路后，因轨道电路故障而使部分乃至全部轨道电路区段未正常解锁时，为了解除上述轨道区段的进路锁闭，设置一个带铅封的按钮。它需与区段名配合使用。

（4）道岔总定位操纵按钮（总定位）——为了将道岔操纵到定位，对应全站（或每一咽喉区）的道岔设置一个共用的带灯的按钮。它配合道岔按钮把该道岔操至定位。

（5）道岔总反位操纵按钮（总反位）——为了将道岔操纵到反位，对应全站（或每一咽喉区）的道岔设置一个共用的带灯的按钮。它配合道岔按钮把该道岔操至反位。

（6）道岔单封按钮（单封）——同意电务人员对道岔进行维修的按钮。它需与道岔按钮配合使用。

（7）道岔解封按钮——解除单封的按钮。它需与道岔按钮配合使用。

（8）道岔单锁按钮——在特殊情况下（例如特种列车通过道岔时）将道岔单独锁闭的按钮。它需与道岔按钮配合使用。

（9）道岔单解按钮（单解）——解除道岔单锁的按钮。它需与道岔按钮配合使用。

（10）按钮封锁按钮（列车按钮封锁）——禁止对按钮操作的按钮。它需与列车信号按钮配合使用。

（11）坡道解锁（带铅封）按钮（坡道解锁）——在接车进路的延续进路锁闭后，一般情况下自列车头部驶入股道开始，延时 3 min 后延续进路才能自动解锁。为了缩短延迟时间，车站值班人员确认列车完全进入股道并已在股道停稳后，可按压特设的带铅封的坡道解锁按钮，使延续进路提前解锁。

4. 专用按钮

（1）道岔按钮——对应每组道岔（共用同一控制电路）设一个带显示的按钮。道岔按钮需与道岔功能按钮（如道岔总定位或总反位操纵按钮）配合操作，才能控制道岔。

（2）引导总锁闭（带铅封）按钮（X、S 引总锁）——当道岔失去表示、无法办理进路时，需将所在咽喉中的全部道岔锁闭后才能办理引导接车。为此，对应每一咽喉设置一个带铅封带灯的按钮。

（3）清除按钮（清除）——为清除不带铅封的操作按钮信息，“进路控制异常信息框”中的显示等。对应全站设一个清除按钮。

5. 其他按钮配置

（1）有的车站需要利用其中集中区（联锁区）进行“非进路调车”作业，为此需设非进路调车（作业）带灯按钮。

（2）有的车站允许由车站值班员管辖区以外向所辖联锁区办理列车或调车作业，为此需设相应的同意按钮。

四、实训步骤

（1）熟悉站场图形的显示意义。

（2）掌握信号复示器的设置，说明其显示意义。

（3）掌握道岔的状态在站场图的显示意义。

（4）练习屏幕上菜单的选取。

（5）熟悉屏幕上信息自动提示框部分。

（6）掌握按钮配置。

实训任务五 DS6-11型计算机联锁系统的操作

一、实训目的

（1）熟悉DS6-11型计算机联锁系统操作界面的各种按钮、表示灯。
（2）能够办理各种进路。

二、实训设备

DS6-11型计算机联锁设备一套。

三、理论知识

（一）操作说明

（1）对于不带“铅封”的按钮，通过鼠标点击该按钮，该按钮的操作立即生效。

（2）对于带“铅封”的按钮，当点击该按钮后屏幕上立刻弹出“口令保护操作，请输入口令”窗口（简称“口令窗”），要求操作者输入口令（相当于破铅封）并确认。口令的输入过程如下：

① 输入口令码。点击口令窗内的数字键，每点击一个数字键，窗口中显示一个“*”号。如果输入错误，可以点击删除键“←”，删除错误数字，重新输入。

② 操作者认为口令码无误后，点击“确认”键。

③ 点击“确认”键后，系统（上位机）自动检查口令的正确性。若口令正确，系统会自动记录破封次数并使操作生效（屏幕对此无显示）。

④ 系统若检查出口令不正确，在异常信息提示框中显示“口令检查不正确，请重新输入”的提示信息，要求操作者重新输入口令。口令不正确的按钮操作不记入破封次数。

⑤ 操作者按压“确认”键之前，想取消该次按钮操作时，可直接点击口令窗内的“取消”键。

（3）当顺序操作多个按钮而不符合配对规则（例如按压了“总定位”按钮，又按压了一个信号按钮）时，屏幕上会弹出“操作错误”提示窗口，要求操作者点击窗口内的“确认”键消除不正确的操作信息。

（二）办理列车进路和重复开放信号

1. 基本进路

操作：进路始端信号按钮+进路终端信号按钮（对于接车进路来说，进路终端信号按钮实际上是接车股道反向出站信号复示器处的信号按钮）或专设的进路终端按钮。这里“+”号左边的按钮为先按压的按钮，其右边的为后按压的按钮（下同）。

条件：符合联锁表要求。

显示：按压始端按钮后，信号机名闪烁，进路建立过程中，屏幕显示出有关道岔的动作情况。进路建立成功，进路呈白色光带，信号名呈白稳。信号开放后，复示器给出相应显示。信号名消失，进路建立失败，屏幕提供相应的信息。

2. 通过进路

操作：通过进路按钮（在通过进路的始端）+正线发车进路终端信号按钮或专设的进路终端按钮。

条件：符合联锁表要求。

显示：相当于同时排列接车进路和发车进路时的表示。

3. 变通进路

操作：始端信号按钮+变通按钮（一个或一个以上）+进路终端按钮。

条件：符合联锁表要求。

显示：与基本进路相同。

4. 带有延续进路的接车进路

操作：接车进路始端按钮+接车进路终端按钮+延续进路终端按钮（延续进路终端的列车、调车信号按钮，或专设的延续进路终端按钮）。

条件：符合联锁表要求。

显示：接车进路和延续进路的建立过程类似于基本进路。

5. 重复开放信号

操作：进路始端信号按钮。

主要条件：信号因故关闭，但开放条件仍然满足。

显示：信号复示器显示开放信号。

（三）办理调车进路和重复开放信号

1. 基本进路

操作：调车进路始端信号按钮+调车进路终端信号按钮（顺向单置信号机的信号按钮、并置或差置反向信号机的信号按钮、尽头线反向信号机按钮或专设的调车进路终端按钮）。

条件：符合联锁表要求。

显示：类似于列车基本进路。

2. 变通进路

操作：进路始端按钮+变通按钮（变通进路中反向单置调车信号机的信号按钮或专设的变通按钮）+进路终端按钮。

条件：符合联锁表要求。

显示：类似于基本进路。

3. 组合调车进路（长调车进路）

操作：组合进路始端按钮+组合进路的终端按钮（当组合进路包括变通进路时，在按压始端按钮之后，需按压变通进路的变通按钮)。

条件：符合联锁表要求。

显示：组合进路的调车信号由远及近地开放。

4. 重复开放信号

操作：进路始端信号按钮。

条件：信号开放的条件满足。

显示：信号开放。

(四) 进路或轨道区段的解锁

1. 取消进路

操作：总取消按钮+进路始端信号按钮。

主要条件：进路处于预先锁闭状态，进路空闲，轨道电路无故障，道岔位置正确。

显示：信号关闭，进路白光带消失。

2. 人工解锁

操作：总人解+输入口令+进路始端按钮。

条件：进路处于接近锁闭状态，进路空闲，道岔表示正确。

显示：自信号关闭后，延迟到规定的时间（屏幕上有延时提示），进路白光带消失。

3. 轨道区段故障解锁

操作：区故解按钮+输入口令+待解锁的区段按钮。

条件：被解锁的区段不在列车或车列运行的前方而且该区段轨道电路无故障。

显示：在按压“区故解”按钮并输入口令后，该按钮呈红色，同时所有需要解锁的区段处呈红色区段名，该区段名就是区段按钮。点击区段按钮，相应区段的白光带消失。

说明：(1) 在连续解锁多个区段的情况下，除了解除第一个区段时需按上述操作外，解锁其他区段只需点击“区故解”和“区段名”按钮，而不需输入口令码，以便提高操作效率。

(2) 在解锁多个区段期间，如果误按了其他（非区段）按钮，则“区故解”操作信息失效，必须重新按压“区故解”按钮和输入口令，再进行区段解锁。

(3) 在进路处于接近锁闭状态和列车未驶入进路的情况下，进路因轨道电路故障而不能人工解锁，而需按区段故障解锁方式解锁。在此情况下，必须先使进路内方某一轨道区段按故障解锁方式延时解锁。该区段需延时 3 min 或 30 s 才能解锁，以后各区段解锁不用延时。在延时期间办理其他区段解锁无效。

(4) 为了保证安全，系统初次上电后，全站所有轨道区段均处于锁闭状态。需按“区故解”方式使各区段解锁。

4. 调车组合进路解锁

调车组合进路是由若干条单元进路（基本进路或变通进路）组合而成。组合进路的解锁需按单元进路分别办理。

5. 延续进路的解锁操作

(1) 延续进路需在接车进路按取消或人工解锁方式解锁后才能解锁。

操作：总取消+延续进路始端按钮。
条件：接车进路的操作方式解锁。
显示：延续进路立即解锁，白光带消失。
（2）延续进路又转换成发车进路的解锁操作。
按发车进路的解锁条件和方式解锁。
（3）延续进路提前解锁。
操作：坡道解按钮+输入口令。
条件：列车完全进入股道，并人工确认列车已在股道上停稳。
显示：延续进路立即解锁。

（五）引导进路的办理与解锁

引导进路的办理与解锁分为三种方式：一是接车进路已锁闭后转为引导方式。在这种方式下，本系统对进路实施了双重锁闭，即进路锁和引导锁。在解除锁闭时，需先解除引导锁，后解除进路锁。二是接车进路不能锁闭时，办理引导进路方式。该方式对引导进路仅实施了引导锁。三是全咽喉道岔引导总锁闭方式。该方式对引导进路实施了引导总锁。对这三种方式的操作说明如下：

1. 接车进路锁闭后转引导方式

接车进路已经锁闭，由于某种故障不能开放允许信号时，需按本方式办理引导进路。
（1）办理操作。
① 当信号机内方第一轨道区段电路无故障时的操作为：引导按钮+输入口令。引导信号开放后保持到列车驶入信号机内方或人工关闭时为止。
② 信号机内方第一轨道电路区段故障时的操作为：引导按钮+输入口令。此后必须断续地点击引导信号按钮。重复点击的间隔时间不应超过 14 s。否则引导信号自动关闭。
（2）解锁操作。
① 轨道电路无故障（含进路为白光带）情况下的解锁。
• 列车未驶入进路时的解锁操作。
第一步，取消引导锁的操作：总人解+输入口令+列车信号按钮。
第二步，取消进路锁的操作：总取消+列车信号按钮。
• 列车到达股道后的解锁操作。
第一步，取消引导锁的操作：总人解+输入口令+列车信号按钮。
第二步，按“区故解”方式解除进路锁。
② 信号机内方第一轨道电路区段故障情况下的解锁。
• 列车尚未驶入接近区段时的解锁操作。
第一步，取消引导锁的操作：总人解+输入口令+列车信号按钮。
第二步，按“区故解”方式解除进路锁。
• 列车驶入接近区段则必须在列车到达股道后才能进行解锁操作。
第一步，取消引导锁的操作：总人解+输入口令+列车信号按钮。
第二步，按“区故解”方式解除进路锁。
③ 信号机内方非第一轨道电路区段（其他区段）故障情况下的解锁。

• 列车尚未驶入接近区段，或先办理引导进路然后列车驶入接近区段的解锁操作。

第一步，取消引导锁的操作：总人解+输入口令+列车信号按钮。

第二步，按“区故解”方式解除进路锁。

• 列车先驶入接近区段，而后办理引导进路的解锁操作。

第一步，取消引导锁的操作：总人解+输入口令+列车信号按钮。

第二步，按“区故解”方式解除进路锁，但在点击第一个区段名后需延时 3min 后才能解锁，其他区段解锁不再延时。

2. 接车进路不能锁闭时办理引导进路方式

接车进路因轨道电路区段故障不能建立，在此情况下，需按本方式办理引导进路。

（1）办理操作。

操作为：引导按钮+输入口令+接车股道入口处的列车信号（或终端）按钮。

在此操作下，无故障道岔轨道电路区段中的道岔自动转换到引导进路所需的位置，并实现引导锁，非故障轨道区段显示白光带，引导信号开放。若引导信号内方第一轨道区段故障，则需断续地点击引导信号按钮。重复点击的间隔时间应不大于 14 s，否则引导信号将自动关闭。

（2）引导进路的解锁操作。

① 信号机内方非第一轨道电路区段故障情况下的解锁操作：总人解+输入口令+列车信号按钮。

② 信号机内方第一轨道电路区段故障，列车尚未驶入接近区段情况下的解锁操作：总人解+输入口令+列车信号按钮。

③ 信号机内方第一区段故障，列车已驶入接近区段，必须在列车到达股道后，才能办理解锁，操作为：总人解+输入口令+列车信号按钮。

3. 全咽喉区道岔总锁方式

引导进路中的道岔失去表示时采用该方式。

（1）办理操作。

值班人员确认道岔位置正确、进路空闲、未建立敌对进路（敌对信号未开放）后，采取如下操作：引导总锁按钮+输入口令+引导按钮+输入口令。

经过以上操作，对全咽喉道岔实现引导总锁闭，引导信号开放。若进站信号机内方第一轨道区段电路故障，值班员必须断续点击引导信号按钮。重复点击间隔时间不应大于 14 s，直到列车驶入信号机内方为止。

（2）引导总锁解除操作。

列车到达股道后，才能解除引导总锁，操作如下：引导总锁按钮。

四、实训步骤

（1）办理列车基本进路、通过进路、变通进路和重复开发信号。

（2）办理调车基本进路、变通进路、长调车进路和重复开放信号。

（3）办理取消进路、人工解锁、轨道区段故障解锁、长调车进路解锁。

（4）办理引导接车、引导解锁。

实训任务六　DS6-11 型计算机联锁系统的日常维护

一、实训目的

（1）了解 DS6-11 型计算机联锁系统的日常维护内容。
（2）熟悉 DS6-11 型计算机联锁系统的开关机程序及 UPS 电路充放电的程序。

二、实训设备

DS6-11 型计算机联锁设备一套。

三、理论知识

（一）系统的开关机步骤

1. 系统开机步骤

（1）开启 A、B UPS 电源。在电源屏正常供电情况下，按压 UPS 的电源按钮 1～2 s，UPS 应正常启动。

（2）开启联锁机柜后面的 5 个空气开关，即顺序打开 A 联锁机、B 联锁机、A 驱采机、B 驱采机、接口电源。

（3）打开 A、B 操作表示机电源。

（4）打开操作表示机倒机机箱的电源。

（5）打开运转室设备电源。

（6）打开维修机电源。

2. 系统关闭步骤

（1）关闭维修机电源。

（2）关闭联锁机柜背后的 5 个空气开关。

（3）关闭 A、B 操作表示机电源。

（4）关闭操作表示机倒机机箱的电源。

（5）关闭运转室设备电源。

（6）关闭 A、B UPS 电源。

（二）日常维护工作

在系统正常运行的情况下，维护人员的主要任务是保持机房环境和掌握设备运行状况。当设备发生故障时，及时采取妥当的应对措施，使系统尽快恢复运行并排除故障。

1. 保持机房环境

机房环境条件包括：温度、湿度、电源、地线、防尘等。良好的环境有利于计算机设备的稳定运行，延长使用寿命。相反，恶劣的环境条件使设备故障率增高，使用寿命缩短。

(1) 日常维护工作应注意检查机房的温度。夏季应开启空调。计算机设备可在允许的最高环境温度下工作，但长时间在高温环境下工作将使设备的故障率上升，缩短设备使用寿命。因此，空调发生故障后应及时修复。

(2) 测量各种电源的电压值是否在规定的范围内。

(3) 定期监测地线的接地电阻，电阻值增高应采取措施降低。计算机系统的保护地线不允许有其他设备搭接在上面。

(4) 机房应保持清洁。工控机箱内的防尘网应定时清洗，以保证机箱内通风良好。

(5) 保持计算机联锁设备与其他设备的隔离。

2. 掌握设备运行状况

维护人员对设备运行状况要做到了如指掌。为此应建立值班定时巡视制度（每班至少早晚各巡视 1 次）。值班人员在巡视时须仔细观察设备运行状态，并认真作好值班记录。

1）设备状态巡视

(1) 联锁机运行状态巡视内容。

① 观察联锁监控机柜顶部所有 (运行、控制、同步、测试)指示灯的状态，正常情况下运行、同步指示灯均点亮，测试灯灭灯，处于主控状态的联锁机控制灯点亮，处于热备状态的联锁机控制灯灭灯。

② 通过观察机柜顶部指示灯的状态确认当前联锁双机工作的主备关系，并与前一班比较双机工作状态有无变化，如有变化则通过查询监测记录确认双机切换时间及切换原因。

③ 从联锁双机的背面观察 ARCNET 网卡指示灯是否稳定点亮，如频繁闪烁说明某一网络通信不正常。

④ 从联锁双机的背面观察 CAN 网卡指示灯是否闪烁，如稳定点亮或灭灯说明某一 CAN 网络通信不正常。

⑤ ③和④项内容中单一网络的故障不会影响设备正常使用。

⑥ 通过电务维修机的网络运行图察看系统各网络状态是否正常。

(2) 控显机柜巡视内容。

① 观察控显转换箱前面板上 A 机脉冲、B 机脉冲、A 机回读、B 机回读指示灯是否闪烁，如果是，说明控显 A 机、控显 B 机处于正常的运行状态。再进一步观察 A 机工作灯和 B 机工作灯的状态，哪一个灯点亮代表哪台控显机为工作机，另一台处于热备状态。

② 观察控显转换箱主电源模块、副电源模块上 5 V 及 ±12 V 电源指示灯是否点亮（点亮为正常，灭灯为故障)，监控模块上有无声、光报警。

③ 检查控显转换箱及控显双机背面的各种连接插头是否紧固。

(3) 电务维护终端巡视内容。

① 检查电务维修机图形显示、实时信息、历史信息记录等功能是否可用，同时查看维修机是否有报警信息，发现系统设备的报警记录及时核对确认并处理。

② 定期（一季度或半年）与一级维护中心连通远程，确认远程功能完好。

2）在值班记录中必须记录的内容

(1) 联锁机工作状态。通过观察联锁机柜面板的“运行”和“工作”指示灯确定哪一台机器为工作机，哪一台机器为备用机。

（2）通过观察比较双机输出板指示灯状态，判断双机同步情况。

（3）是否发生双机切换，如有，应记录切换发生时间和切换原因。

（4）控显机工作状态，并检查工作机和备用机的标志状态是否正确。

（5）UPS 工作状态。记录两台 UPS 所处的状态（工作或备用），UPS 有无故障指示灯点亮。

（6）网络工作状态。观察每个网卡的指示灯和监测机的网络状态图。

3）掌握备用机状态

系统采取了冗余的工作方式，工作机的故障能够被及时发现。备用机的故障处于隐蔽状态，不易被发现（有些明显的故障是可以发现的，如电源故障导致备机停机等），应通过定时巡视和定期倒机（每个月一次）及时发现并排除故障，保证系统的冗余性能完好。人工倒机须向车站值班员要点，在停止行车作业的情况下进行。值班人员应分别记录联锁和控显双机工作状态，哪一台是工作机，哪一台是备用机。如果自动发生了双机切换，应记录切换时间及切换原因。

4）识别指示灯状态

系统各组成部分都设有指示灯，直接表示设备的运行状态。监测系统为维护人员设计的人机界面，可以显示系统的运行状况和故障报警记录，并能将输入/输出接口的常见故障定位到电路板和端口。维护人员应熟记设备指示灯的正常显示状态和监测机的操作方法。定时巡视时，应仔细观察各指示灯的状态，并与正常显示状态相比较，确定设备运行是否异常，此外还应查看监测机的系统状态显示和历史记忆信息，及时发现故障情况，采取必要的维护措施。

5）电源系统维护

计算机设备所需的交流 220 V 电源由具有冗余功能的电源控制系统提供，该电源系统由电源屏供给一路 220 V/10 A 的经稳压净化的电源，经过具有冗余功能的电源控制箱和两台足够容量的 UPS 为系统的全部计算机设备供电。UPS 处于互为热备的状态，以保证系统供电的连续和稳定。

两台 UPS 应人工定期切换，使其带载时间均衡，UPS 电源的蓄电池使用寿命一般为 3～5 年，如果维护得当会延长电池的使用寿命。一般的电池维护方法是每三个月进行一次充放电，充放电可在天窗修时间进行，放电时必须有维护人员在场，此时让设备正常运行，只是关掉电源控制箱后面的开关，即切断外电，令 UPS 通过电池供电。

UPS 充放电方法如下：

（1）确认哪台 24 V 开关电源为热备。

（2）把为热备 24 V 开关电源供电的 UPS 电源输入插头拔下，UPS 电源发出报警声。此时 UPS 电源靠电池供电，电池开始放电。

（3）观察 UPS 电源前面板电池充电条形图，当 5 个发光管只亮 3 格时（仅需要几分钟），电池放电到 60% 以下。

（4）插上 UPS 电源输入插头，电池开始充电。

按照上述方式维护的 UPS 电池使用寿命可以延长，并且维护过程中不影响微机联锁系统使用。在此过程中切忌将电池放光，否则会给 UPS 造成不可恢复的损害。

UPS 电源本身免维护。需要更换电池时，UPS 电源前面板更换电池指示灯亮红灯，此时通知厂家更换电池。

6）电源模块的维护

在综合柜内有两路电源防雷模块，电源防雷模块正面有一个方形绿色色标，当绿色色标变为红色时，应及时更换电源防雷模块。

四、实训内容

（1）在教师的指导下练习系统开关机。

（2）在教师的指导下练习对 UPS 进行充放电。

（3）记录设备的运行状态。

实训任务七　DS6-11 型计算机联锁系统的故障处理

一、实训目的

（1）掌握 DS6-11 型联锁系统的组成。
（2）掌握 DS6-11 型联锁系统常见故障的处理流程。

二、实训设备

DS6-11 型计算机联锁设备一套。

三、理论知识

（一）DS6-11 型联锁系统控制台故障处理流程（见图 7.1）

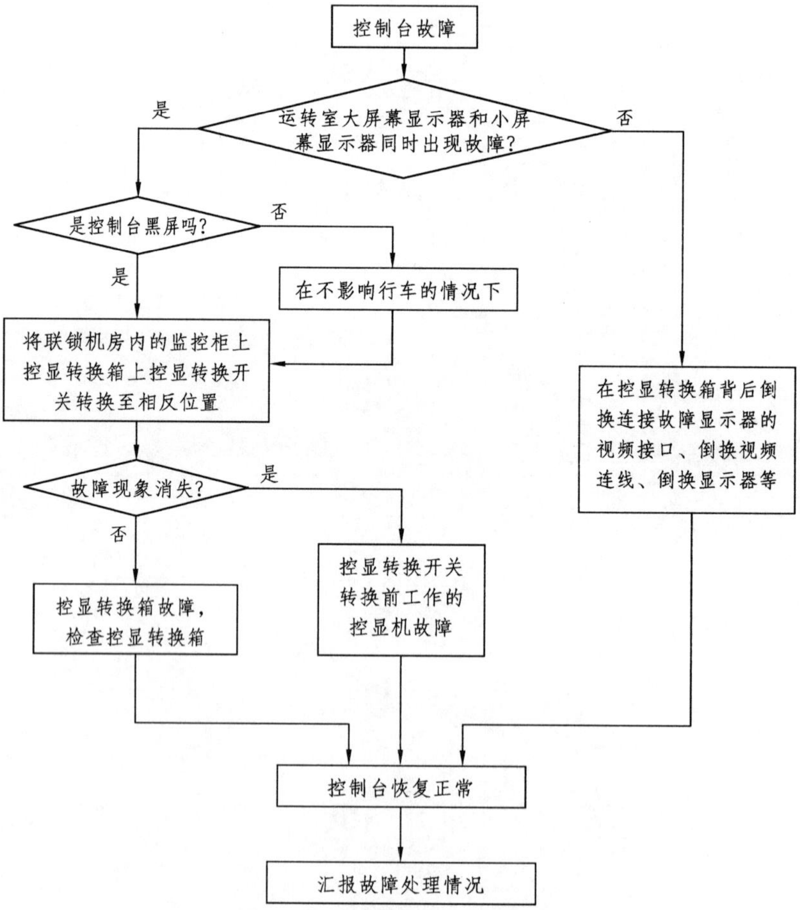

图 7.1　控制台故障处理流程

（二）DS6-11 型联锁系统道岔故障处理流程（见图 7.2）

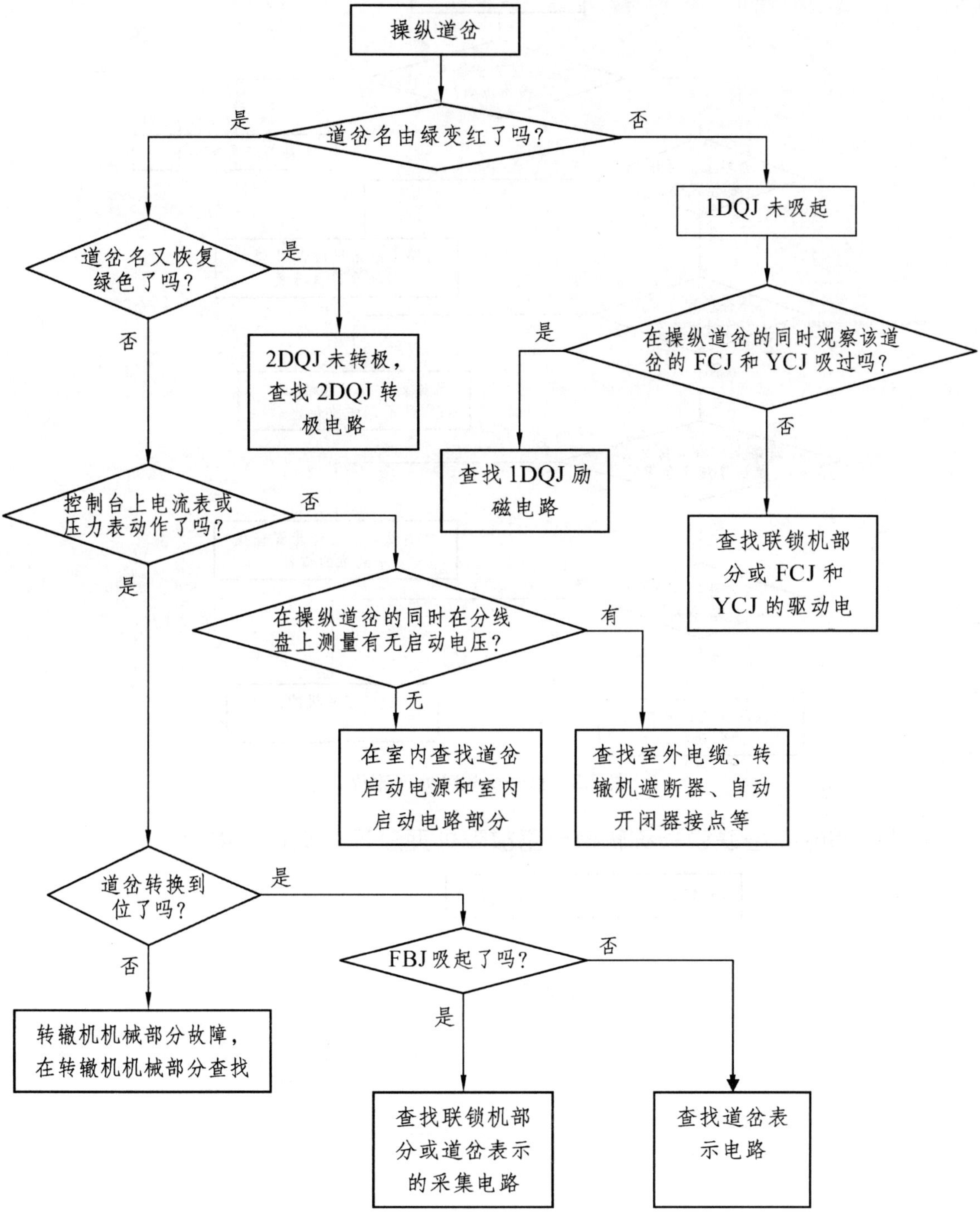

图 7.2　道岔故障处理流程

（三）DS6-11 型联锁系统信号不能开放时的处理流程（见图 7.3）

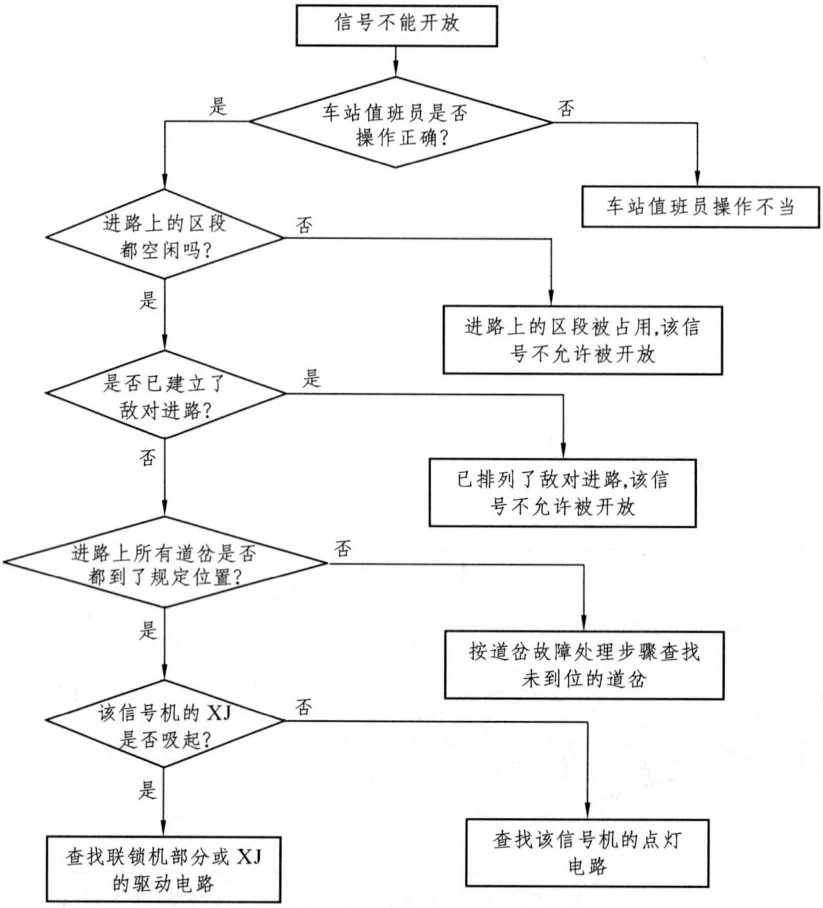

图 7.3　信号机故障处理流程

（四）DS6-11 型联锁系统轨道电路故障处理流程（见图 7.4）

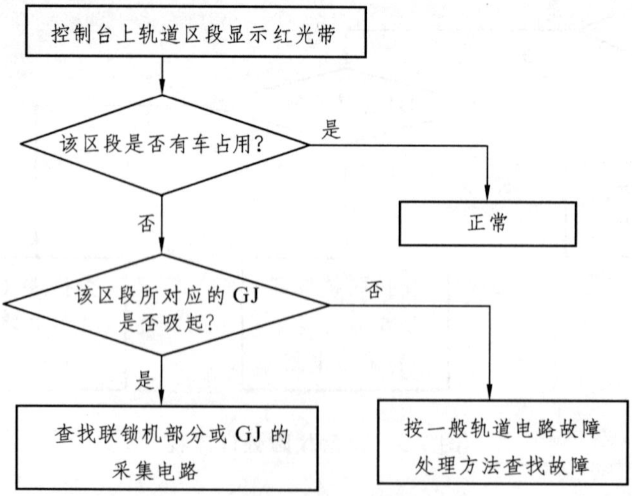

图 7.4　轨道电路故障处理流程

（五）采集电路故障处理流程（见图 7.5）

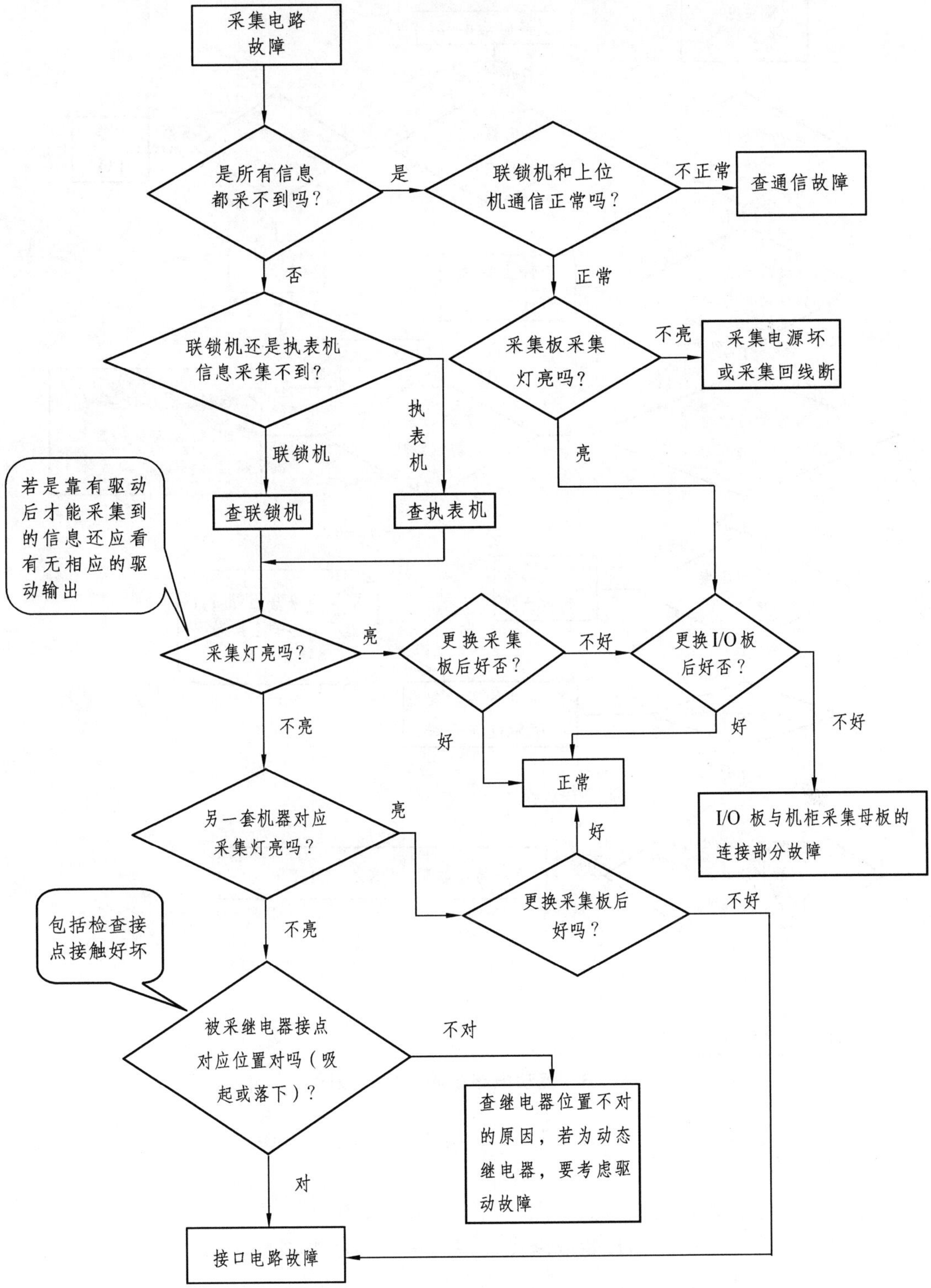

图 7.5　采集电路故障处理流程图

（六）驱动电路故障处理流程（见图 7.6）

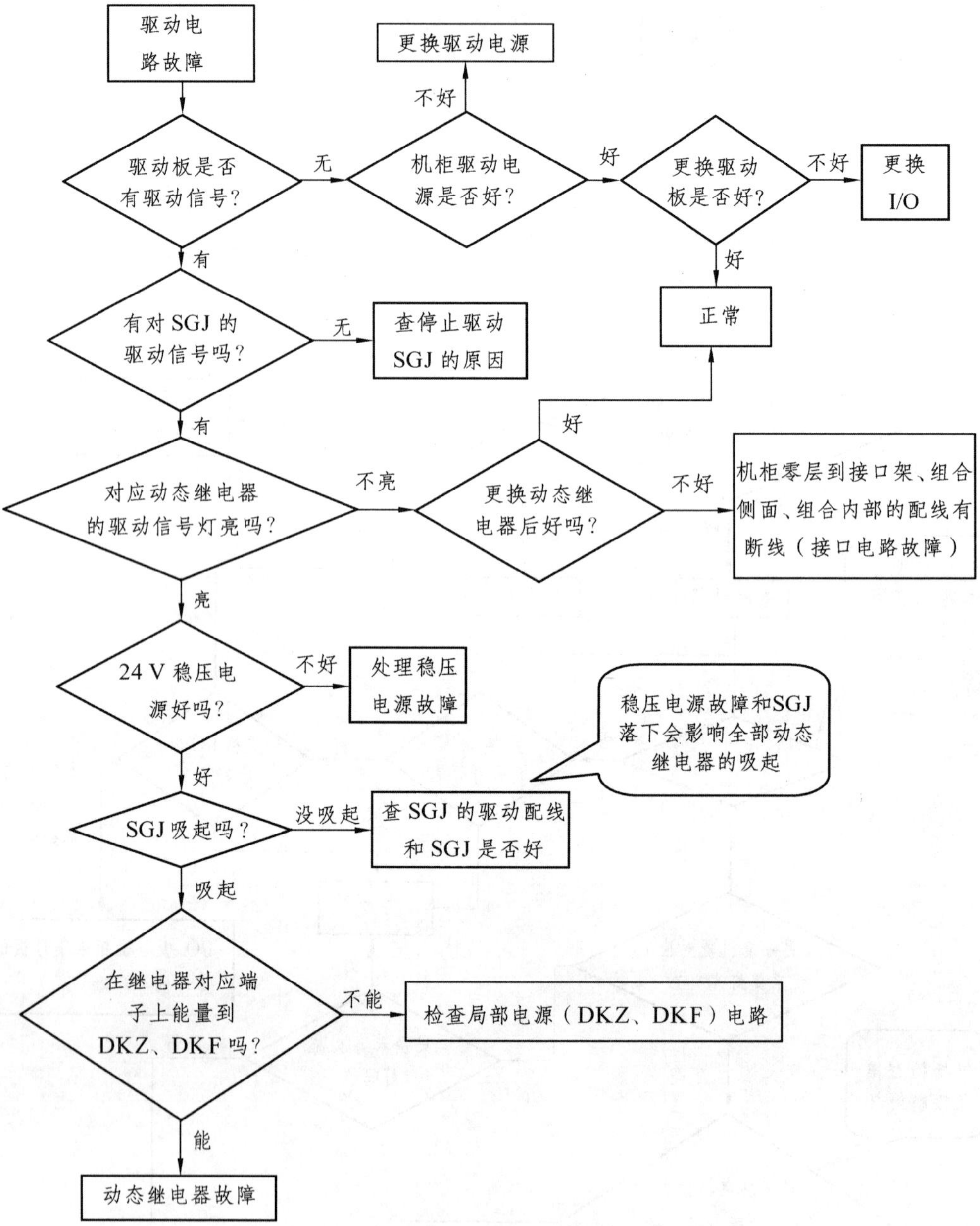

图 7.6　驱动电路故障处理流程图

四、实训内容

（1）预先对道岔控制电路设置故障点，请同学分析查找。

（2）预先对信号机点灯电路设置故障点，请同学分析查找。

（3）预先对采集电路设置故障点，请同学分析查找。

实训任务八　TYJL-Ⅱ型计算机联锁系统鼠标控制台操作

一、实训目的

（1）认识 TYJL-Ⅱ型计算机联锁系统显示界面。
（2）掌握 TYJL-Ⅱ型计算机联锁系统鼠标操作方法。

二、实训设备

TYJL-Ⅱ型计算机联锁系统设备一套。

三、理论知识

信号机显示与室外一致的颜色。信号机的名称用拼音字母表示。信号机名称是否显示受“显示信号名”按钮控制。信号机在开放状态时其名称始终显示，不受该按钮控制。信号机发生灯丝断丝时，除有灯丝断丝报警外，相应信号机灯禁止信号灯光闪光。排列进路时，点击信号按钮，显示按钮名称并闪烁，进路锁闭后按钮名称消失。

轨道区段解锁状态显示为灰色光带，进路初选时为蓝色光带，区段锁闭时显示白色光带，区段占用时显示红色光带。无岔区段名称固定显示在轨道线段附近。道岔区段名称的显示，可重复按压显示区段名按钮调出显示和消除显示。平时轨道区段为粗线，当该区段轨道继电器前后接点校核错时为细线。

道岔与所在轨道区段颜色相同，用缺口表示道岔位置，无缺口的一侧表示开通位置。当道岔无表示时，岔尖闪白光。道岔名称用道岔号的数字表示，可重复按压“道岔名”按钮调出显示或消除显示。道岔在定位时，点击道岔名显示为闪绿色光。道岔在反位时，点击道岔名显示为闪黄色光。道岔发生挤岔故障时，道岔名显示红色并闪烁。道岔单独锁闭时，道岔名显示红色，单独解锁后红色光消失。道岔封闭时，道岔名称显示白色，道岔解封后，白色消失。单独锁闭是指道岔可通过锁定位置排进路，但不能操纵。封闭是指可单独操作但不能操纵，封闭是为电务人员维修专设的。

列车按钮封闭后，其信号机红灯外方显示一个白色方框。调车按钮封闭后，其调车信号名称外方显示一个白色方框。对于出站信号机，无论封闭列车按钮还是封闭调车按钮，其信号机红灯外方及调车信号按钮外方均显示一个白色方框。

按钮的设置如下：

（1）信号按钮：列车及调车信号按钮均采用股道旁信号机作为对应的信号按钮，列车信号按钮用鼠标右键，调车信号按钮用鼠标左键，列车调车终端及变更按钮以灰色方框表示。

（2）功能按钮：包括“总取消”“总人解”“道岔总定”“道岔总反”“道岔单锁”“道岔单解”“封闭”“清封闭”“区段故障解锁”“破封检查”按钮。办理时先点压功能按钮，屏幕会有提示再点压道岔或信号按钮。对于铅封按钮需要再次输入口令，点压功能按钮这种操作只能一次有效。凡是按压带口令的按钮时系统记录使用次数，所以按压破封检查按钮可查此项内容。

（3）道岔按钮：道岔岔尖处是道岔按钮，双动道岔两端均是道岔按钮，按压任一端均可。

（4）区段按钮：区段按钮用轨道区段的名称表示。

按钮操作方式如下：

（1）点击自复式按钮后，听到蜂鸣器发出音响，按钮自动恢复抬起。

（2）点击非自复式按钮后，听到蜂鸣器发出音响，图形显示器上该按钮图形凹下，表示该按钮在按下状态。需要抬起该按钮时，必须再次点击该按钮，按钮恢复抬起。

（3）控制台操作有时必须同时按压两个按钮才能完成规定的操作。计算机联锁系统只能用一个鼠标操作，不能同时点击两个按钮。

（4）为了满足技术条件的要求，采用鼠标操作时，“总取消”“总人解”“道岔总定”“道岔总反”“道岔单锁”“道岔单解”“道岔封闭”“道岔解封”“按钮封闭”“按钮解封”“区段事故解锁”等按钮采取延时抬起的方法，并且规定按钮操作顺序，必须先点击上述功能按钮，后点击其他相关的设备按钮。在上述功能按钮保持按下的延时期间内，图形显示器菜单上对应的按钮图形凹下，并有延时倒计时显示。

（5）使用鼠标操作铅封按钮时，需要首先点击铅封按钮，CRT 上弹出一个白色方框，方框中显示红色的需破封按钮的名称。值班员确认按钮名称正确，输入正确的密码后，点击“确认”按钮，破铅封操作完成，然后进行相应的操作即可生效。

四、实训步骤

（1）按照界面说明，逐一核对认识界面符号，弄清含义。

（2）练习接车进路、发车进路、通过进路、调车进路和变通进路的办理与取消。

（3）办理引导进路和引导总锁。

（4）模拟列车运行。

（5）演练道岔单操、单锁和封闭。

（6）演练人工延时解锁。

（7）演练区段故障解锁。

实训任务九　TYJL-Ⅱ型计算机联锁系统计算机房设备故障处理

一、实训目的

(1) 学会通过机柜指示灯显示判别机房设备工作状态。
(2) 练习 TYJL-Ⅱ型机房设备的故障处理方法。

二、实训设备

TYJL-Ⅱ型计算机联锁系统设备一套，检修工具包，相应仪表，电路图册。

三、理论知识

(一) 处理方法

① 设备发生故障，首先应认清故障现象，确定故障影响范围，区分模块本身电路故障和模块之间通信联系故障。

② 确定故障点后，用备品进行更换。更换备件，必须首先切断被更换模块的电源，再从机架上取下故障模块，插入新模块，然后加电恢复。

③ 系统的冗余设计，容许单机离线断电实施模块更换，系统不间断运行。

(二) 联锁机故障

1. 联锁 A 机或 B 机异常停机的处理方法

(1) 记录停机状态下联锁逻辑部各板卡面板指示灯状态，反馈给一级维护中心。
(2) 将故障机的电源开关扳下，再重新扳起加电，观察是否恢复正常。
(3) 如不能启动，则需要更换该机板卡。

2. 主备机不同步，同步指示灯异常时的处理办法

(1) 在站场上无任何作业的情况下，重新启动备机。
(2) 若仍不同步，要点将联锁主备机重新启动。

3. 屏幕上某区段出现异常占用信息的处理办法

(1) 确认该区段属异常占用，反馈给一级维护中心。
(2) 系统对关键继电器实行前后接点检查，当该继电器接点连接的电路有混线时为保护系统会显示安全侧信息，所以可以检查该区段轨道继电器其前后接点连接电路是否有混线。

(三) 监控机故障

如发现屏幕上时钟不变，表明机器工作异常，需由电务值班人员处理。造成这种现象的

原因有：

（1）有人误动键盘上某些键，需按一下回车键。

（2）死机，此时需重新启动机器，以保证系统正常工作。

上述情况值班员室的监视器屏幕显示将不变化，不能反映真实情况，但此时联锁机仍正常工作，不会影响已排通的进路和开放的信号及其联锁关系。

监控机与联锁机的通信指示灯异常，有可能是受到干扰，通信暂时中断，重新启动系统，观察是否正常。若仍不恢复，可怀疑机内的 ARCNET 通信板有故障。处理方法是：切换故障机为备机，关闭电源，更换模块后再重新启动系统。

四、实训步骤

（1）教师预先设置故障。

（2）判断故障可能范围，写出分析过程及判断依据。

（3）处理故障，验证判断的正确性。

实训任务十　TYJL-Ⅱ型计算机联锁系统采集与驱动电路故障查找

一、实训目的

（1）进一步学习 TYJL-Ⅱ系统采集及驱动电路原理。
（2）学会看施工图纸。
（3）训练 TYJL-Ⅱ采集驱动电路的故障查找。

二、实训设备

TYJL-Ⅱ实验设备一套，工具包，相应仪表，电路图册。

三、理论知识

（一）TYJL-Ⅱ型计算机联锁系统采集与驱动电路结构

I/O 单元背面插座分布如图 10.1 所示。

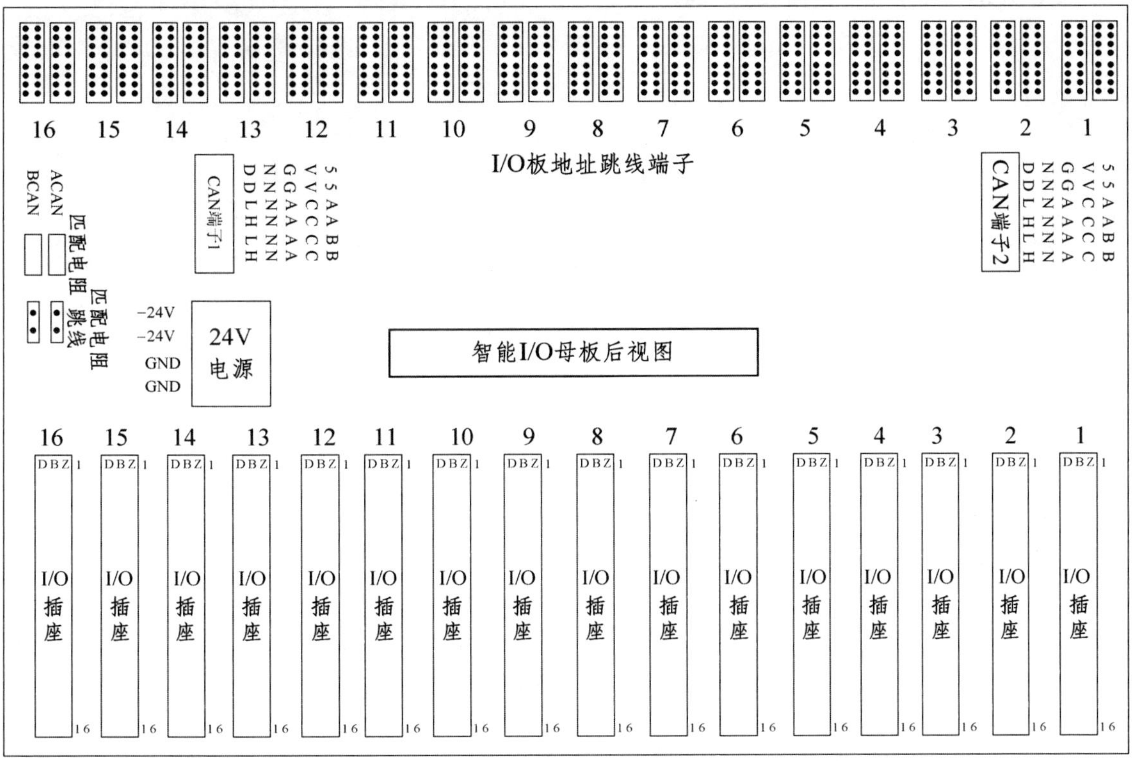

图 10.1

I/O 板与联锁机是通过 CAN 总线通信的，每个 I/O 板都是一个节点，并都由板上电源直接供电。I/O 板的输入信号是来自采集继电器的接点的信息，从接口架到联锁机柜背部的 I/O 板插头。I/O 板的输出驱动信号连接到被控继电器的线圈电源接点。

（二）I/O 板采集与驱动电路故障判断及处理过程

（1）I/O 板均不能开启，检查 24 V 电源接线端子或插头。

（2）RUN 指示灯不亮，表示该板的处理器不运行，处理方法有:

① 重新启动系统，若能正常工作，说明故障与室温或干扰有关。

② 更换 I/O 板，若能正常工作，说明电路板故障。

（3）CAN 指示灯不闪，表示 CAN 通信故障。重新启动一次，若不能启动则需用备用板更换该板，故障原因通常也是与室内温度偏高有关。

（4）若某板运行状态正常而对应的所有采集信息无表示或对应的所有驱动位均不能驱动继电器，检查核对板背面的 24 V 电源的接线端子、插头或保险。

（5）绘制信息采集回路与驱动回路的走线路径图。

四、实训步骤

（1）教师预先设置采集与驱动电路故障。

（2）判断故障范围。

（3）处理故障，验证判断的正确性。

实训任务十一　TYJL-TR9 的开关机操作练习

一、实训目的

（1）了解 TYJL-TR9 型计算机联锁系统的供电系统。
（2）掌握 TYJL-TR9 型计算机联锁系统开关机操作步骤及方法。

二、实训设备

TYJL-TR9 型计算机联锁系统模拟设备一套。

三、理论知识

（一）开机步骤

（1）电源屏向联锁系统供电合闸。

（2）配电柜 KR 合闸。

（3）K1、K2 闸刀打到 UPS 位置。

（4）UPS 工作正常，则配电柜 K1、K2 置 UPS 供电位置；UPS 故障，则配电柜 K1、K2 置电源屏直供位置。

（5）配电柜 K3～K9 顺序合闸。

（6）监控 A、B 机开机，电源灯点亮，硬盘灯闪烁，监控软件正常运行后，硬盘灯熄灭。注意严禁在硬盘灯闪烁时直接关闭计算机电源。

（7）维修机开机，电源灯点亮，硬盘灯闪烁，维修软件正常运行后，硬盘灯熄灭。注意严禁在硬盘灯闪烁时直接关闭计算机电源。

（8）联锁机 CPU 板在供电 1～6 min 后开始运行，ACTIVE 灯闪烁。

（9）先按下第一个输出板的 SGA1，其第一点 SGJ1 点亮，第二、三点 ZSGJ1，ZSGJ2 开始交替闪烁；顺序按下各输出板的 SGA2、SGA3 等，各输出板第一点 SGJn 点亮，第一个输出板的 ZSGJ1、ZSGJ2 开始动态输出，输出板开始正常工作。注意：SGA 不能长期按下，否则将有安全隐患。

（二）关机步骤

（1）在车务监控机 A，B 用鼠标单击右键，选择关闭计算机选项，等屏幕出现可以关闭计算机电源提示后，关闭监控 A，B 机电源。注意严禁在硬盘灯闪烁时直接关闭计算机电源。

（2）在维修机上选择关闭系统按钮，等待屏幕出现关闭计算机电源提示后，关闭维修机电源。注意严禁在硬盘灯闪烁时直接关闭计算机电源。

（3）顺序关闭配电柜 K3～K9。

（4）关闭 UPS。
（5）关闭 KR。
（6）关闭电源屏至联锁系统的闸刀。

四、实训步骤

（1）在教师指导下认识整个供电系统结构。
（2）按照给定的开关机步骤和方法进行开关机练习。

实训任务十二　TYJL-TR9 型计算机联锁系统设备故障处理

一、实训目的

（1）认识各种机柜表示灯，学会通过机柜指示灯显示判别设备工作状态。
（2）练习 TYJL-TR9 型机房设备的故障处理方法。

二、实训设备

TYJL-TR9 型计算机联锁系统设备一套，检修工具包，相应仪表，电路图册。

三、理论知识

（一）配电柜部分常见故障分析

1. 联锁系统无电

（1）电源屏没供电。
（2）电源屏至配电柜电线断线。
（3）配电柜没合闸。
（4）KR 故障。
（5）配电柜 K1 和 K2 在 UPS 供电位置且 UPS A 和 UPS B 没开机或故障。
（6）配电柜 K3-K10 没合闸。

2. 联锁系统部分有电，部分无电

（1）配电柜 K3-K10 相应开关没合闸。
（2）相应从配电柜至设备的电源连线断线。
（3）相应设备电源开关没开。

（二）联锁机柜部分常见故障分析

1. A、B 机电源灯不亮

（1）配电柜 K4、K8 没合闸。
（2）配电柜 K4、K8 至监控机的电源电缆断线。
（3）监控机故障。

2. 电源灯点亮，但系统不能正常启动

（1）硬盘或 NT 操作系统损坏。
（2）主板或其他硬件损坏。

3. 电源板

（1）正常状态：绿色“PASS”灯点亮，其他指示灯不点亮。

（2）常见故障及原因分析。

红色“FAULT”灯：无 220 V 电源，模块故障。

红色“ALARM”灯：本机笼有模板故障；第一个机笼的电源模板的“ALARM”灯反映整个联锁机有模板故障。

红色“TEMP”灯：环境温度过高或过低（工作温度范围：0～60 °C）。

红色“BAT LOW”灯：电池电压太低，需更换。

4. CPU 板

（1）正常状态。

① 绿色“PASS”灯点亮。

② 黄色“ACTIVE”灯闪烁。

③ 黄色“COM RX”灯闪烁。

④ 黄色“COM TX”灯闪烁。

⑤ 黄色“I/O RX”灯闪烁。

⑥ 黄色“I/O TX”灯闪烁。

（2）常见故障及原因分析。

① 红色“FAULT”灯点亮：模块故障（或 CPU 板在初始化状态）。

② 红色“MAINT1”灯点亮：模块故障（或 CPU 板在初始化状态）。

③ 红色“MAINT2”灯点亮：模块故障（或 CPU 板在初始化状态）。

④ 黄色“COM RX”“COM TX”灯不亮：与通信板通信中断。

⑤ 黄色“I/O RX”“I/O TX”灯不亮：与采集或驱动板通信中断。

5. 通信板

（1）正常状态。

① 绿色“PASS”灯点亮。

② 黄色“ACTIVE”灯点亮。

③ 与监控 A、B 机，维修机相连的通信口黄色“RX”“TX”灯闪烁。

（2）常见故障及处理。

① 红色“FAULT”灯点亮：模块故障，更换通信板。

② 与监控 A、B 机，维修机相连的通信口黄色“RX”“TX”灯不亮：通信中断。

③ 本通信口故障：更换通信口（口 1～4、6～7）。

④ 通信电缆断线：更换通信电缆。

⑤ 与之相连的监控 A、B 机，维修机的通信口故障：更换相应主板。

6. 采集板

（1）正常状态。

① 绿色“PASS”灯点亮，

② 黄色“ACTIVE”灯点亮。

③ 有输入的采集点相应红色指示灯点亮。

（2）常见故障及处理。

① 红色“FAULT”灯点亮：模块在初始化状态；模块瞬间故障，但仍正常工作，采用更换模板后，重新插入的方法，“FAULT”灯能熄灭；模块永久故障，更换模板。

② 黄色“POWER”灯点亮：无工作电源（IOZ），本板的 IOZ 断线；总事故继电器落下。

③ 被采集的继电器吸起，而相应采集点不点灯：从继电器至采集板之间采集连线断线；采集回线（IOZ）至继电器之间的连线断线。

7. 驱动板

（1）正常状态。

绿色“PASS”灯点亮，黄色“ACTIVE”灯点亮，有输出的驱动点相应红色指示灯点亮

（2）常见故障。

① 红色“FAULT”灯点亮：模块在初始化状态；模块瞬间故障，但仍正常工作，采用更换模板后，重新插入的方法，“FAULT”灯能熄灭；模块永久故障，更换模板。

② 黄色“LOAD”灯点亮：无工作电源（IOZ）；本板的 IOZ 断线；总事故继电器落下。

③ 驱动板的驱动点表示灯点亮，但被驱动的继电器不吸起：从继电器至驱动板之间连线断线；驱动回线（IOF）至继电器之间的连线断线。

8. 更换模板的方法

（1）电源板，CPU 板，通信板。

单一的此类模板均可直接带电拔出，不影响系统的正常运行，再将备用的相应模板插入即可。三个 CPU 板不能同时拔出，否则程序不能保持。

（2）采集驱动板。

此类模板当其“ACTIVE”灯点亮时，严禁直接拔出，否则将影响系统的正常运行，正确更换方法为：先将备用的相应模板插入相应槽位的 L 或 R 空位，当自检通过后，红色“FAULT”灯灭灯，绿色“PASS”灯点亮，然后“ACTIVE”灯点亮，当原有模板“ACTIVE”灯灭灯后，两板的切换工作完成，即可将原有模板拔出。

四、实训步骤

（1）教师预先设置故障。

（2）判断故障可能范围，写出分析过程及判断依据。

（3）处理故障，验证判断的正确性。

实训任务十三　TYJL-TR9型计算机联锁系统维修台与控制台故障判断及处理

一、实训目的

（1）认识维修台与控制台各种表示灯，学会通过指示灯显示，判别设备工作状态。
（2）练习TYJL-TR9型维修台与控制台的故障分析与处理方法。

二、实训设备

TYJL-TR9型计算机联锁系统设备一套，检修工具包，相应仪表，电路图册。

三、理论知识

（一）维修台部分常见故障分析

1. 维修台全部设备没电

（1）配电柜K6没合闸。
（2）配电柜K6至维修台电源处断线。

2. 维修机电源灯不亮

（1）相应维修台电源输出没电。
（2）电源电缆断线。
（3）维修机故障。

3. 维修机电源灯点亮，但系统不能正常启动

（1）硬盘或NT操作系统损坏。
（2）主板或其他硬件损坏。

4. 打印机电源灯不亮

（1）相应维修台电源处没电。
（2）电源电缆断线。
（3）打印机故障。

5. 打印机电源灯点亮，但不能打印

（1）打印机电缆断线（注意打印机电缆严禁带电拔插）。
（2）维修机打印口故障。
（3）打印机故障。

6. 维修机监视器信号指示灯不亮

(1) 相应维修台电源处没电。

(2) 电源电缆断线。

(3) 电源开关没开。

(4) 维修机监视器故障。

7. 维修机监视器信号指示灯亮黄灯（无视频信号）

(1) 视频电缆断线。

(2) 维修机视频口故障。

(3) 维修机监视器故障。

(二) 控制台部分常见故障分析

1. 控制台全部无电

(1) 配电柜 K4、K8 没供电。

(2) 配电柜 K4、K8 至控制台电源处电缆断线。

2. 车务监视器不显示

(1) 监视器信号指示灯不亮（电源故障）。

① 监视器电源开关没开。

② 控制台电源输出无电。

③ 控制台电源输出至车务监视器电源电缆断线。

④ 监视器故障。

(2) 监视器信号指示灯亮黄灯（无视频输入信号）。

① 相应视频复示器至监视器的视频电缆断线。

② 相应视频复示器故障:直接将车务视频电缆与相应监控机视频电缆对接可越过视频复示器。

③ 相应监控机至控制台的视频电缆断线。

④ 相应监控机的视频卡故障。

⑤ 监视器故障。

(3) 鼠标不动作。

① 鼠标故障。

② 相应监控机至控制台的鼠标电缆断线。

③ 相应监控机的鼠标口故障。

(4) 音响不报警。

① 相应监控机至控制台的音频电缆断线。

② 相应监控机的声卡故障。

(三) 设备报警

当设备发生故障时，在车务监视器上会有相应的报警提示，电务必须及时处理故障，防止故障积累，影响设备的正常运行与安全。

1. I/O 电源 1 或 I/O 电源 2

两个 I/O 电源并行向系统提供 IOZ、IOF 电源，若单一电源发生故障，另一电源仍能提供电源保证系统正常运行。

2. 联锁机中断

相应监控机与联锁机的通信中断。

3. 维修机中断

相应监控机与维修机的网络通信中断。

4. 监控 A、B 机

另一台监控机与维修机的网络通信中断。

5. 联锁机报警

联锁机有模板发生故障或当联锁机模板受到瞬间干扰时，都会点亮故障灯并报警。

6. SGA*n* 粘连

每个驱动板都有一个事故按钮与一个事故继电器配对，事故按钮起启动驱动板作用。事故继电器吸起后，给驱动板提供 IOZ 电源。当驱动板发生故障，相应事故继电器落下以保证切断至驱动板的 IOZ 电源。若事故按钮长期粘连，会影响驱动板故障后的安全，因 SGJ 不落下，QDZ 就不断，问题发现不了。

7. SFJ 失效

每组道岔的驱动由 DCJ（或 FCJ）和 SFJ 两点来驱动的，当操纵道岔时，DCJ 或 FCJ 先吸起，500 mS 后 SFJ 吸起，道岔才能动作。当 DCJ 或 FCJ 吸起而 SFJ 还没吸起时，道岔若动作则表明 SFJ 失去了应有的防护作用，必须立刻检查，否则有安全隐患。

四、实训步骤

（1）教师预先设置维修台和控制台故障。

（2）判断故障范围。

（3）处理故障，验证判断的正确性。

实训任务十四　TYJL-TR9 型计算机联锁系统日检与六个月检查内容练习

一、实训目的

（1）认识各种机柜、维修台及控制台表示灯，学会日常检测项目的检测。
（2）练习 TYJL-TR9 型板卡检测与更换。

二、实训设备

TYJL-TR9 型计算机联锁系统设备一套，检修工具包，相应仪表，电路图册。

三、理论知识

（一）每日检查内容

（1）整个联锁系统耗电电流。
（2）UPS A、UPS B、UPS C 工作正常且风扇正常。
（3）监控 A、B 机前后风扇正常。
（4）维修机前后风扇正常。
（5）维修机记录正常。
（6）联锁机各板工作指示灯正常，无故障显示。
（7）I/O 电源工作灯正常。
（8）车务监视器上无与联锁系统有关的设备故障。

（二）每六个月检查内容

（1）UPS 使用 BACKUP 能否正常供电。
（2）监控 A、B 机分别关机后，能否重新启动并正常工作。
（3）维修机关机后能否重新启动并正常工作。
（4）维修机打印记录，确保打印机正常。
（5）更换联锁机通信板至维修机的通信口，确保口 1～4、6～7 正常。
（6）更换联锁机备用的电源板、CPU 板、采集板、驱动板，确保联锁机备品正常。
（7）更换备用的通信电缆、视频电缆、鼠标电缆，确保备用电缆正常。
（8）更换备用的车务监视器，确保备用车务监视器正常。
（9）监控 A、B 机及维修机分别打开机盖，检查 CPU 风扇是否运转正常，检查机箱内部灰尘情况，若灰尘过多，用皮老虎除尘。

四、实训步骤

（1）教师演示各种检测与维护方法。
（2）学生进行练习。

实训任务十五　SICAS 计算机联锁系统的开关机操作练习

一、实训目的

（1）了解 SICAS 型计算机联锁系统的系统结构。
（2）掌握 SICAS 型计算机联锁系统开关机操作步骤及方法。

二、实训设备

SICAS 型计算机联锁系统模拟设备一套。

三、理论知识

（一）不同情况下的开机操作

（1）当 SICAS 计算机故障或检修，需重新启动时，应按以下操作规程执行：

① 检查确认所有板块及连线安装连接正常。

② 检查 3 个通道同步比较板（VESUV3）开关位置，开关必须打在 EIN 位置上。

③ 同时打开 M 层 3 个 SVK2102 的 5 V 电源开关，使 SICAS 计算机的 3 个通道同时上电（在关闭电源单元 IC 开关后，必须在 U_E 灯熄灭后才能再次打开电源开关）。

④ 检查 3 个通道的同步比较板的 RF 灯是否打开绿灯，如果 RF 灯灭灯时，按 VESUV3-PF 按钮删除错误存储（最好的方法是：在开机时，3 s 内按完 3 个通道 VESUV3-PF 按钮删除错误存储）。

⑤ 检查 3 个通道的同步比较板的 VR（红）、VL（红）灯是否亮红灯，若不在二取二情况下亮红灯，则关闭 M 层 3 个 SVK 2102 的 5 V 电源开关，在 U_E 灯熄灭后再同时打开 3 个电源开关，计算机自动重启，并重新检查同步比较板 RF 灯是否显示正常。

⑥ 检查 BUMA 板的 VL、VR、FS、VS 灯是否亮红灯，如果不在二取二情况下，有一个灯亮红灯，都必须对 BUMA 板进行复位操作。应先按有故障显示的通道的 BUMA 板的复位键（RV、RB 应同时按下，RV 使比较和剩余存储器复位，RB 使 BUMA 复位），接着循环按完另外两通道的 BUMA 板的复位键。

⑦ 如果 SICAS 计算机能够成功启动，3 个通道各板块的显示灯应有如下显示：

• 同步比较板（VESUV3）：VESUV3 BG 通道 A-C 的 LED 指示灯 VL（红）关和 VL（红）关（二取二时，正常工作的两通道其中一个 VL 亮，另一个 VR 亮）、RF（绿）开、BT（黄）开、SP（黄）开和 PF（黄）开。

• 处理器板（VENUS2）：VENUS2 BG 通道 A-C 的 LED 指示灯 1（绿）开、2（绿）关、RS（红）关和 SD（红）关。

• 中断板（VESIN）：VESIN BG 通道 A-C 的 LED 指示灯 ADR(黄) 闪光和 PUS（黄）闪光。

• 通信板（BUMA 0～4）：BUMA BG 通道 A-C 的 LED 指示灯 VL（红）关、VL（红）关、FS（红）关和 VS（红）关（二取二时，正常工作的两通道其中一个 VL 亮，另一个 VR 亮。）、SF（绿）开、BK（绿）关、ME（黄，闪光）、KO（黄，闪光）、L1（黄）开和L2（黄）开。

- 信号输入组件（MELDA2）：MELDA2 BG 通道 A-C 的 LED 指示灯 LD（黄）闪光。
- 指令输出组件（KOMDA2）：KOMDA2 BG 通道 A-C 的 LED 指示灯 LD1（黄）闪光和 LD2（黄）闪光。

（2）当 STEKOP 计算机故障或检修，需重新启动时，应按以下操作规程执行：

① 同时打开电源单元 IC 的四个开关，使 STEKOP 计算机恢复控制（在关闭电源单元 IC 开关后，必须在 U_E 灯熄灭后才能再次打开电源开关）。

② 按压每块 STEKOP 板的复位键。

③ 如果 STEKOP 计算机能够成功启动，STEKOP 面板显示灯应有如下显示：

- 通道 1：L1、L2、L3、L4（黄）关，RASS、ASS（红）关，5VVK、5VUK（绿）开。
- 通道 2：L1（黄）开，L2、L3、L4（黄）关，RASS、ASS（红）关，5VVK、5VUK（绿）开。
- 如果 STEKOP 启动后，出现 RASS、ASS（红）开，则需按压该 STEKOP 板的复位键，对该 STEKOP 板进行重新复位启动。
- 如果 STEKOP 启动后，出现通道 1 的 L4 黄灯亮，说明 STEKOP 与 SICAS 通信连接中断，此时须记录故障信息并检查 SICAS 计算机。

④ 如果在 STEKOP 正常运行后，出现 RASS、ASS（红）开，则须记录相关故障信息，并按压 STEKOP 的复位键，对 STEKOP 进行重新复位启动。

（3）当 DSTT 故障或检修，需重新启动时，应按以下操作规程执行：

① 检查所有供电是否正常。

② 检查所有连线是否正确。

③ 插上供电插头 X1，观察 DSTT 模块的面板指示灯的显示。

④ 如果是道岔模块，面板显示为：现场位置显示灯亮，继电器 HS1、HS2 指示灯关，命令指示灯 L、R 其中一个为绿开。

⑤ 如果是信号机模块，因为每个 DSTT 信号机模块可以管理两个点灯单元，所以只有一个点灯单元点灯时，显示如下：点灯的一组，S0（绿）关、S1（绿）关、IK1（黄）开和 IK2（黄）开；没点灯的一组，S0、S1、IK1、IK2 均为关。

（二）关闭操作规程

（1）当 SICAS 计算机故障或检修，需要关闭时，应按以下操作规程执行。

① 记录各板块故障信息；

② 关闭 M 层 3 个 SVK 2102 的 5 V 电源开关，待 U_E 灯熄灭后再进行检修或更换板块操作。

（2）当 STEKOP 计算机故障或检修，需要关闭时，应按以下操作规程执行：

① 记录各板块故障信息。

② 关闭电源单元 IC 的四个电源开关，待 U_E 灯熄灭后再进行检修或更换板块操作。

四、实训步骤

（1）在教师指导下认识整个供电系统结构。

（2）按照给定的开关机步骤和方法进行开关机练习。

实训任务十六　SICAS 计算机联锁系统检修内容练习

一、实训目的

（1）认识各种板卡机柜表示灯，学会日常检测项目的检测。
（2）练习 SICAS 计算机联锁系统各种板卡检测与维修。

二、实训设备

SICAS 计算机联锁系统设备一套，检修工具包，相应仪表，电路图册。

三、理论知识

（一）每日检查内容

1. 检查设备运行状态

（1）检查确定散热风扇转动时没有噪音，保持一定风量以起到散热作用，并且没有积尘。

（2）检查模块指示灯。各模块的指示灯应和各模块指示灯的正常显示一致，应特别注意闪烁状态的指示灯的显示。

2. 检查设备外表

检查设备外表是否有裂纹、刮花或破损等现象，如果有，应根据损坏程度作出适当的处理。

（二）每周检查内容

1. 检查外表卫生

设备外表干净、清洁、无灰尘、无污迹。

2. 清洁防尘网、过滤组件

防尘过滤组件应无积尘，通气良好。每月至少清洗一次。

（三）季检查内容

1. 与日常保养内容相同

2. 内部检查

（1）电缆入口密封性检查。
（2）机柜检查：机柜门开关灵活，锁闭灵活，机柜密封性良好。
（3）检查各插卡板插接是否松动。
（3）各接口接头（包括屏蔽线、地线、接线端子）是否松动。

3. 电气特性检查

电源电压输出应稳定并在允许范围内。

4. 清洁卫生

风扇无积尘，设备表面干净、清洁、无灰尘、无污迹。

5. 冗余试验

（1）排列跨联锁区进路，依次关 A、B、C 通道中的一个，检查系统工作是否正常。（关一个通道后需恢复三取二后，再关另一通道）

（2）依次只启动 AB、AC、BC 通道，检查系统工作是否正常。

（3）冗余试验（电源模块）（只适用于 STEKOP）。

电源 1、3 通道是主、备作用。设备运行时把 3 通道打下；把电源 3 通道合上，再把 1 通道打下；按上述操作检查 2、4 通道。

（四）年检项目

1. 彻底清洁设备

对设备进行彻底的清洁，吸尘。注意：尽量少卸光纤。

2. 检查各板卡、模块（电源模块需分解清洁）

（1）电路板外观无变形、无烧黑等不良现象，

（2）电容外观完整，无发胀、爆裂、漏液。

（3）磁性元件外观完整，无发黑。

（4）各类保险安装牢固，接触良好。

（5）各接点接触良好，无虚焊、无锈蚀和接触不良现象。

四、实训步骤

（1）教师演示各种检测与维护。

（2）学生按照规定步骤练习。

实训任务十七　DS6-K5B 型计算机联锁系统鼠标控制台操作

一、实训目的

（1）认识 DS6-K5B 型计算机联锁系统显示界面。

（2）掌握 DS6 型计算机联锁系统鼠标操作方法。

二、实训设备

DS6-K5B 型计算机联锁系统设备一套。

三、理论知识

（1）信号机的名称用拼音字母表示。信号机名称是否显示受“显示信号名”按钮控制。信号机在开放状态时其名称始终显示，不受该按钮控制。信号机发生灯丝断丝时，除有灯丝断丝报警外，相应信号机禁止信号灯光闪光。排列进路时，点击信号按钮，显示按钮名称并闪烁，进路锁闭后按钮名称消失。

（2）轨道区段解锁状态显示为蓝色光带，区段锁闭显示白色光带，区段占用显示红色光带。无岔区段名称固定，显示在轨道区段附近。道岔区段名称的显示，可重复按压显示区段名按钮调出显示和消除显示。

（3）道岔用与所在轨道区段颜色相同的线段表示当前开通位置。道岔名称用道岔号的数字表示，可重复按压“道岔名”按钮调出显示或消除显示。道岔在定位时，道岔名显示绿色；道岔在反位时，道岔名显示黄色。道岔发生挤岔故障时，道岔名显示红色并闪烁。道岔单独锁闭时，在道岔岔尖处显示一个圆圈；单独解锁后圆圈消失。道岔单独锁闭在定位，圆圈为绿色；道岔单独锁闭在反位，圆圈为黄色。道岔封闭时，道岔名称上显示一个红框；道岔解封后，红框消失。

（4）列车按钮封闭后，其信号机红灯外方显示一个黄色方框；调车按钮封闭后，其调车信号名称外方显示一个黄色方框。对于出站信号机，无论封闭列车按钮还是封闭调车按钮，其信号机红灯外方及调车信号按钮外方均显示一个黄色方框。

（5）按钮的设置。

① 信号按钮：列车信号按钮用信号机禁止灯光的图形表示，调车信号按钮用信号机名称的汉语拼音字母表示。没有对应信号机的终端按钮、通过按钮、变更按钮，用画在轨道线旁的方框图形表示。

② 道岔按钮：道岔按钮用道岔号的数字表示。

③ 区段按钮：区段按钮用轨道区段的名称表示。

④ 功能按钮。

(6) 操作方式。

自复式按钮点击后，听到蜂鸣器发出声响，按钮自动恢复抬起。

非自复式按钮点击后，听到蜂鸣器发出声响，图形显示器上该按钮图形凹下，表示该按钮在按下状态。需要抬起该按钮时，必须再次点击该按钮，按钮恢复抬起。

有时控制台操作必须同时按压两个按钮才能完成规定的操作。计算机联锁系统只能用一个鼠标操作，不能同时点击两个按钮。

为了满足技术条件的要求，采用鼠标操作时，“总取消”“总人解”“道岔总定”“道岔总反”“道岔单锁”“道岔单解”“道岔封闭”“道岔解封”“按钮封闭”“按钮解封”“区段事故解锁”等按钮采取延时抬起的方法，并且规定按钮操作顺序，必须先点击上述功能按钮，后点击其他相关的设备按钮。在上述功能按钮保持按下的延时期间内，图形显示器菜单上对应的按钮图形凹下，并有延时倒计时显示。

使用鼠标操作铅封按钮时，需要首先点击铅封按钮，CRT 上弹出一个白色方框，方框中显示红色的需破封按钮的名称。值班员确认按钮名称正确，输入正确的密码后，点击确认按钮，破铅封操作完成，然后进行相应的操作即可生效。

四、实训步骤

(1) 按照界面说明，逐一核对认识界面符号，弄清含义。

(2) 练习接车进路、发车进路、通过进路、调车进路和变通进路的办理与取消。

(3) 办理引导进路和引导总锁。

(4) 模拟列车运行。

(5) 演练道岔单操、单锁和封闭。

(6) 演练人工延时解锁。

(7) 演练区段故障解锁。

实训任务十八　DS6-K5B 型计算机联锁系统计算机房设备故障处理

一、实训目的

（1）学会通过机柜指示灯显示，判别机房设备工作状态。
（2）练习 DS6-K5B 型机房设备的故障处理方法。

二、实训设备

DS6-K5B 型计算机联锁系统设备一套，检修工具包，相应仪表，电路图册。

三、理论知识

（一）处理方法

（1）设备发生故障，首先应认清故障现象、故障影响范围、区分模块本身电路故障和模块之间通信联系故障。

（2）确定故障点后，用备品进行更换。更换备件，必须首先切断被更换模块的电源，再从机架上取下故障模块，插入新模块，然后加电恢复。

（3）系统的冗余设计，容许单重系模块断电更换，不间断系统运行。

（二）联锁机故障

（1）联锁 1 系或 2 系异常停机处理方法：

① 记录停机状态下联锁逻辑部各板卡面板指示灯状态，反馈给一级维护中心。

② 在 F486 板插入 IC 卡的情况下，将故障机的电源开关扳下，再重新扳起加电，即可恢复正常。

③ 如不能启动，则需要更换该系板卡（通常是 F486 板或 FSD486 板）。

（2）从系与主系不同步，从系 F486 板上 D2 灯点亮。处理办法：

① 在站场上无任何作业的情况下，重新启动从系。

② 若仍不同步，要点将联锁双系重新启动。

（3）在联锁 1 系或 2 系异常停机后如重新将该系加电仍无法启动，则须更换 F486 板。

（三）电子终端故障

（1）机笼内各板均不能开启，检查该机笼逻辑 24 V 电源接线端子或插头。

（2）ET-LINE 板 Normal 灯不亮，RXD 灯不闪烁，检查 ET-LINE 板后面光缆接插是否牢固。

（3）ET-PIO 板 Normal 指示灯灭灯，重新开启该 PIO 板电源开关，应可以正常启动，若不能启动则须用备用板更换该板，此类故障为不常见故障，故障原因通常也是与微机室温度偏高有关,另外PIO板的故障只要不是同一对PIO板同时发生故障都不会影响设备的正常使用。

(4) 若某一对PIO板运行状态正常而对应的所有采集信息无表示或对应的所有驱动位均不能驱动继电器时，检查核对PIO背面的接口24 V电源的接线端子、插头或保险。电源指示灯不亮，确认机器背面的输入电源插头有AC 220 V电源的情况下应为该机电源故障，需要更换电源。

(5) 开机后，机器内发出“嘀……嘀……”的报警声，内存条或显卡接触不良，须打开机箱盖，重新拔插内存条及显卡即可恢复。

(6) 电源正常的情况下无法开机，也无报警声，应为主板与机箱底板接触不良或主板故障，重新拔插紧固主板若不能恢复则须更换主板。

(7) 如发生控制台操作显示异常(鼠标不能操作，站场图形显示异常)，为缩短故障延时，须立即进行控显倒机操作（关掉该机)，如故障现象不能排除，须将控显双机重新启动。

(四) 控显机转换箱故障

(1) 电源模块故障时，故障模块前面板5 V或±12 V表示灯灭灯，该模块在控显机转换箱上有两个，处于热备状态，主模块故障会自动切换到备用模块，监控模块给出声光报警，日常巡视时及时发现并更换电源模块即可。

(2) 控显机转换箱内一般都插有备用的串行转换板和视频转换板，当遇到在用的两种板故障时，将故障板上各插头拔下平移至备用板相应插座上即可。

(3) 控显机转换箱前面板全部灭灯，或控制台无显示也无法操作时，需要将串行转换板上的鼠标长线和视频转换板上的视频长线从转换箱上拔下，直接插到处于工作状态的控显机上，即可以恢复设备使用。进行长线倒接前，须先确认两台控显机是否处于运行状态（通过观察控显机背面的表示灯状态可以确认)，如都在运行状态，关掉一台机器（如控显B)，此时将串口转换板上A机输入插头拔下，同时将该板上“接控制台鼠标”的插头拔下，把这两个插头对接即可；再将视频转换板上“输出1（接控制台前台显示器)”的插头拔下，直接插在控显A机的显卡插座上即可。

四、实训步骤

(1) 教师预先设置故障。

(2) 判断故障可能范围，写出分析过程及判断依据。

(3) 处理故障，验证判断的正确性。

实训任务十九　DS6-K5B 型计算机联锁系统采集与驱动电路故障查找

一、实训目的

（1）进一步学习 DS6-K5B 型计算机联锁系统采集与驱动电路原理。
（2）学会看施工图纸。
（3）训练 DS6-K5B 型计算机联锁采集与驱动电路的故障查找。

二、实训设备

DS6-K5B 实验设备一套，工具包，相应仪表，电路图册。

三、理论知识

（一）DS6-K5B 型计算机联锁系统 K5B 系统采集驱动电路结构

1. 电子单元背面插座分布及作用（见图 19.1）

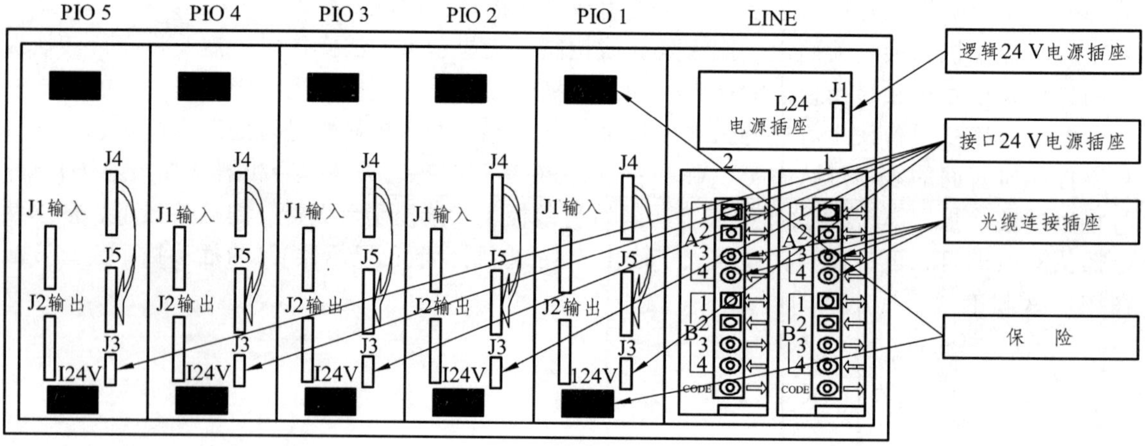

图 19.1

2. 电子终端的输入信号连接（见图 19.2）

PIO 输入信号电源从微机电源柜的接口 24 V（IB24 V）的“＋”引出，通过采集继电器的接点到接口架和联锁机柜的 CS-TX19-36T/Z 型插头/插座，从 PIO 的 J1，进入 PIO 模块，经 J4、J5 回到接口 24 V 电源的“－”极。

3. 电子终端输出信号连接（见图 19.3）

电子终端 PIO 的输出驱动信号电压为 24 V，输出信号极性为“+”。电子终端输出驱动信号从 PIO 模块的 J2 引出，经联锁机柜和接口架的 CS-TX19-36T/Z 型插头/插座，连接到被控继电器。经继电器线圈返回到接口 24 V 电源的“－”（IC24 V）。

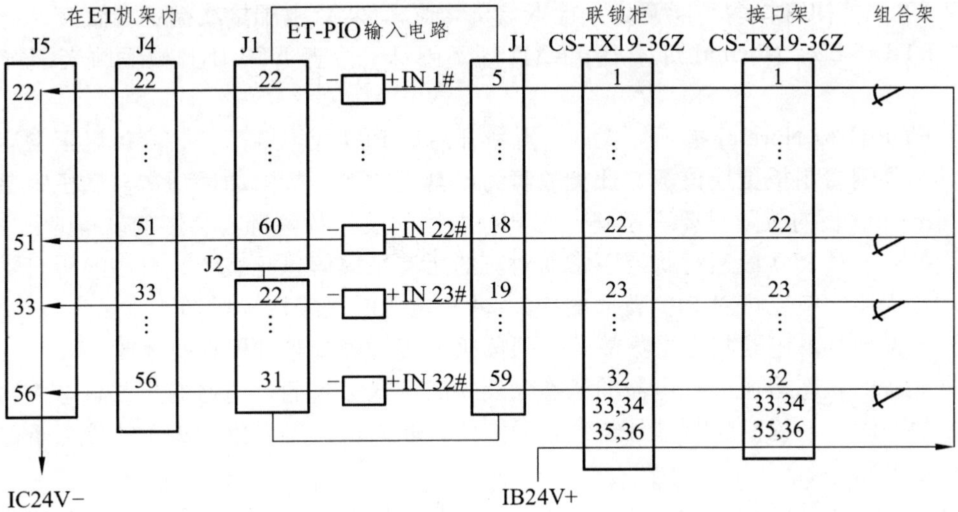

图 19.2

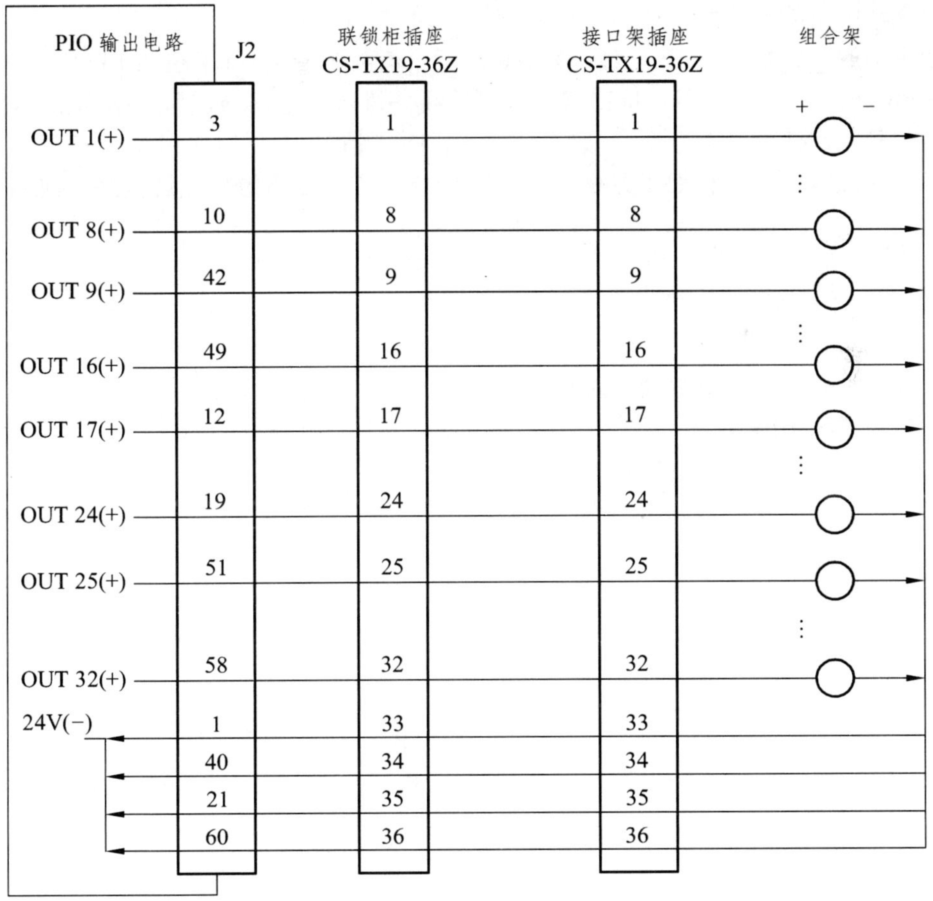

图 19.3

（二）ET单元及驱采故障判断处理过程

（1）ET机笼内各板均不能开启，检查该机笼逻辑24 V电源接线端子或插头。

（2）ET-LINE板Normal灯不亮，RXD灯不闪烁，检查ET-LINE板后面光缆接插是否牢固。

（3）ET-PIO板Normal指示灯灭灯，重新开启该PIO板电源开关，应可以正常启动，若不能启动则须用备用板更换该板，此类故障为不常见故障，故障原因通常与微机室温度偏高有关，另外PIO板的故障只要不是同一对PIO板同时发生故障都不会影响设备的正常使用。

（4）若某一对PIO板运行状态正常而对应的所有采集信息无表示或对应的所有驱动位均不能驱动继电器，检查核对PIO背面的接口24 V电源的接线端子、插头或保险。

（5）若出现某继电器状态采集故障，则按照下述信息传递过程查找处理：

室外设备的状态是通过继电器的状态来反映的。这里我们以道岔的定位状态为例。例如××道岔的DBJ↑，说明此时室外道岔开通定位，联锁机只需采集DBJ↑的接点条件，就可知道该道岔的状态。

DBJ↑的接点条件—塑料软线—接口架—电缆—电子ET机架（J1）—PIO板处理—LINE（A3）—联锁机架的IF486板—VME总线—联锁机。

（6）驱动电路故障按照下述信息流程查找：

联锁机架的联锁机—VME总线—IF486板—一根两芯光缆—ET机架LINE（A3）—PIO板处理—PIO板（J2）—电缆—接口架—塑料软线—执行继电器（道岔：DCJ和YCJ或FCJ和YCJ，信号：LXJ，DXJ等等），如果是道岔，DCJ和YCJ或FCJ和YCJ接通道岔控制电路，使道岔到规定的位置；如果是信号，LXJ，DXJ等来接通信号点灯电路，使列车或调车信号开放。

四、实训步骤

（1）教师预先设置采集驱动电路故障。

（2）判断故障范围。

（3）处理故障，验证判断的正确性。

参 考 文 献

[1] 王永信. 车站信号自动控制[M]. 北京：中国铁道出版社，2007.
[2] 林瑜筠. 城市轨道交通信号设备[M]. 北京：中国铁道出版社，2010.
[3] 徐洪泽. 车站信号计算机联锁控制系统——原理及应用[M]. 北京：中国铁道出版社，2005.
[4] 何宗华. 城市轨道交通通信信号系统运行与维护[M]. 北京：中国建筑工业出版社，2008.
[5] 赵志熙. 计算机联锁系统技术[M]. 北京：中国铁道出版社，1999.
[6] 张福祥. 车站计算机联锁[M]. 北京：中国铁道出版社，2000.